Hans-Gunther Scholz
Hans-Peter Heinen
Friedhelm Hagemann

Volks-wirtschafts-lehre

Kurzfassung

5. Auflage

Stam 0720

Stam-Verlag Köln · München

Inhaltsverzeichnis

F   Die Rolle des Geldes im Wirtschaftsprozeß

Stam Verlag
Fuggerstraße 7 · 51149 Köln

ISBN 3-8237-0720-5

A Ursachen, Mittel und Ziele wirtschaftlichen Handelns

I Ausgangsfragen der Wirtschaft

Die Wirtschaft eines Landes stellt ein recht kompliziertes Gebilde dar, das man nicht ohne gründliche Kenntnisse durchschauen kann. Andererseits treten wirtschaftliche Fragen immer häufiger in der öffentlichen und privaten Ebene auf und erfordern eine Stellungnahme des einzelnen. Als Beispiel seien hier einige Fragen aufgeführt, die sich nicht ohne weiteres richtig beantworten lassen:

Warum steigen in den meisten Ländern fortwährend die Preise?

Wie könnte man den Geldwert stabil halten?

Sind die Gewerkschaften, die Unternehmer oder gar der Staat an den Preissteigerungen schuld?

Wie kommt es, daß der eine wesentlich mehr Geld für seine Arbeitsleistung erhält als der andere, dessen Arbeit mühseliger ist?

Welchen Einfluß haben die Gewerkschaften auf die Lohnhöhe?

Sind die Gewinne der Unternehmer zu hoch?

Ist die Verteilung der Einkommen gerecht?

Kann eine Wirtschaftskrise wie die der dreißiger Jahre wiederkehren?

Droht vielleicht eine neue Massenarbeitslosigkeit aus der technischen Entwicklung, der Automation?

Wie kann das wirtschaftliche Wachstum gesichert werden?

Läßt sich die Armut in den Entwicklungsländern beheben?

Welche Rolle spielt der Staat im Wirtschaftsleben?

Sollen die Steuern gesenkt oder erhöht werden?
Soll der Staat mehr Schulen, Krankenhäuser oder Straßen bauen?
Sollte ein Preisstopp eingeführt werden?

Welche Stellung nimmt der Verbraucher ein?
Ist er den Großunternehmen schutzlos ausgeliefert, und läßt er sich durch Werbung manipulieren?

Dieser Fragenkatalog ließe sich beliebig erweitern.

Die Gegenüberstellung der Fragestellungen mit den einzelnen Stoffgebieten des Lehrbuchs ermöglicht einen ersten Überblick über die Behandlung der anstehenden Probleme.

Fragestellung		Kapitel
Warum muß der Mensch wirtschaften, und welche Ziele strebt er an?	A	Ursachen, Mittel und Ziele wirtschaftlichen Handelns
Welche Wirkkräfte sind zur Erzeugung von Gütern erforderlich? Wie geschieht die Güterproduktion in den Unternehmungen?	B	Die Produktion und die Produktionsfaktoren
Wie verhält sich der Verbraucher im Wirtschaftsleben?	C	Der private Haushalt als Aktionseinheit
Wie entsteht der Preis für die Güter?	D	Der Markt als Lenkungsinstrument der Volkswirtschaft
Nach welchen Maßstäben erfolgt die Verteilung des Produktionsergebnisses?	E	Die Einkommensverteilung
Welche Aufgaben hat das Geld im Wirtschaftsleben und welche Wirkungen gehen von ihm aus?	F	Die Rolle des Geldes im Wirtschaftsprozeß
Welche Regelungen bestimmen den Warenverkehr zwischen In- und Ausland? Wie bildet sich der Wechselkurs?	G	Die Außenwirtschaft
Wie entstehen wirtschaftliche Krisen? Wie läßt sich Arbeitslosigkeit vermeiden? Welche Rolle spielt der Staat im Wirtschaftsleben? Wie kann das wirtschaftliche Wachstum gefördert werden?	H	Wirtschaftspolitik in der dynamischen Wirtschaft
Welche Auswirkungen hat die Wirtschaftspolitik auf die Umwelt und wie lassen sie sich vereinen?	J	Wirtschaftspolitik und Umwelt
Wie hat sich die wirtschaftliche Vereinigung vollzogen bzw. vollzieht sich noch immer und welche Probleme treten dabei auf?	K	Wirtschaftliche Vereinigung Deutschlands

II Bedürfnisse als Voraussetzung wirtschaftlichen Handelns

1 Wesen der Bedürfnisse

Jeder Mensch hat zahlreiche Wünsche, die er zu erfüllen sucht. Nicht nur, daß er als biologisches Wesen Nahrung, Kleidung und Wohnung benötigt, auch hinsichtlich seiner geistig-seelischen Natur besitzt er Wünsche nach immateriellen Dingen, wie z. B. Bildungsbestreben, Theater- oder Kirchenbesuch.

Kann der Mensch diese zum Teil lebenswichtigen Wünsche nicht erfüllen, so entstehen in ihm Mangelgefühle, die er beseitigen will, unter Umständen sogar um seiner Existenz willen beseitigen muß. Diese Wünsche nennt man im wirtschaftlichen Sprachgebrauch *Bedürfnisse*.

> *Bedürfnis bedeutet das Empfinden eines Mangels mit dem Bestreben, diesen Mangel zu beheben.*

Die menschlichen Bedürfnisse sind sehr zahlreich, ja man kann sogar sagen praktisch unbegrenzt. Aber schon das Kind lernt, daß es nur einen Teil seiner Wünsche von den Eltern erfüllt bekommt.

Die Mittel zur Bedürfnisbefriedigung sind nicht in vollem Umfang gegeben, sie sind knapp. Stößt der Wunsch nach Befriedigung eines Bedürfnisses auf Widerstand, weil die Mittel in der Regel eng begrenzt sind, so beginnt der Mensch zu „wirtschaften", d. h. mit den vorhandenen Mitteln sparsam umzugehen. Da die Mittel von der Natur dem Menschen selten ohne Arbeitsaufwand in verbrauchsreifem Zustand zur Verfügung stehen, muß er die Mittel, die er zu seiner Bedürfnisbefriedigung benötigt, erarbeiten.

> *Wirtschaften bedeutet demnach die planvolle menschliche Tätigkeit, die die naturgegebene Knappheit der Mittel zur Bedürfnisbefriedigung verringern will.*

Damit stehen die Bedürfnisse am Anfang jeden Wirtschaftens, sie sind geradezu die Grundlage der Wirtschaft, denn sie bestimmen, ob, was und letztlich wieviel produziert (hergestellt) wird. Lebte man im Schlaraffenland und könnte man alle Bedürfnisse ohne weiteres befriedigen, gäbe es keine Wirtschaft.

Dem Menschen sind bestimmte Grundbedürfnisse wie Nahrung, Wohnung und Kleidung angeboren. Ihre Ausgestaltung (Kartoffeln oder Teigwaren, Haus oder Zelt) wird dagegen weitgehend durch die Kultur, in der der Mensch aufwächst, bestimmt. Durch gesellschaftliche Regelungen werden die Bedürfnisse in eine bestimmte Richtung gelenkt, und es bilden sich Verbrauchergewohnheiten heraus, die von Land zu Land sehr unterschiedlich sein können. Der einzelne Mensch orientiert sich hinsichtlich seines Konsumverhaltens weitgehend an seinen Mitmenschen, an seiner sozialen Umwelt.

Die Bedürfnisse sind wandelbar, und ihre Ausgestaltung ändert sich ständig durch technische Erfindungen und die gesellschaftliche Entwicklung. Auch von Mode und Werbung werden die Bedürfnisse beeinflußt, doch dieser Einfluß wird heute gemeinhin überschätzt. Wenn nicht bereits günstige Vorbedingungen und eine − wenn auch noch verborgene − Kaufbereitschaft bestehen, kann die Werbung nur relativ wenig ausrichten.

2 Arten der Bedürfnisse

Die Bedürfnisse lassen sich nach verschiedenen Merkmalen unterscheiden.

2.1 Individual- und Sozialbedürfnisse

Jedes Bedürfnis wird als Mangelgefühl beim einzelnen Menschen empfunden, unabhängig davon, ob das Bedürfnis auf individuellen oder sozialen Faktoren beruht. Die Gesellschaft als solche kann kein Bedürfnis empfinden. Es kommt lediglich auf die *Art der Befriedigung* eines Bedürfnisses an, ob es sich um ein Individual- oder Sozialbedürfnis handelt. Individualbedürfnisse (Hunger — Brot) werden im allgemeinen individuell befriedigt, während Sozialbedürfnisse nur von der Gesellschaft bzw. von Gruppen befriedigt werden können. So wird das Bedürfnis nach Rechtssicherheit nur für alle Menschen gemeinsam in einem Staate durch die Rechtsordnung befriedigt.

2.2 Existenz- und Kulturbedürfnisse

Existenz- bzw. Grundbedürfnisse sind solche Bedürfnisse, die der Mensch als biologisches Wesen empfindet, wie z. B. der Wunsch nach Nahrung, Kleidung oder Wohnung. Fraglich ist hierbei, ob nur das biologische Existenzminimum (Bedürfnisse, die den *biologischen* Mangellagen des Menschen entsprechen) oder das kulturelle Existenzminimum angesprochen wird. Unter kulturellem Existenzminimum versteht man hierbei nicht nur die Bedürfnisse, die im biologischen Sinne lebenswichtig sind, sondern zusätzlich alle Bedürfnisse, die innerhalb einer Kultur als lebensnotwendig angesehen werden. Dabei hängt es naturgemäß von der jeweiligen Kultursituation ab, welche Bedürfnisse zum kulturellen Existenzminimum zählen.

Kulturbedürfnisse sind alle über das Existenzminimum hinausgehenden Bedürfnisse, deren Befriedigung man in einer Gesellschaft weitgehend als selbstverständlich ansieht, wie z. B. Reisen, Fernsehen, Theater, Zentralheizung.

Gehen die Bedürfnisse auf Annehmlichkeiten hinaus, die absolut entbehrlich sind, so spricht man von Luxusbedürfnissen. Allerdings ist die Abgrenzung der Luxusbedürfnisse von den Kulturbedürfnissen nicht klar vorzunehmen. Was heute noch in unserer Gesellschaft Luxusbedürfnis ist, kann vielleicht morgen schon alltäglich sein und damit zum Kulturbedürfnis werden. Auch hängt es nicht nur von der Gesellschaft als Ganzem ab, ob es sich um Kultur- oder Luxusbedürfnisse handelt, vielmehr muß hier eine nach sozialen Schichten differenzierte Betrachtungsweise erfolgen. Was für die soziale Oberschicht als selbstverständlich angesehen wird, mag für andere Sozialschichten als Luxus empfunden werden (Swimming-pool, Weltreise).

2.3 Materielle und immaterielle Bedürfnisse

Während sich materielle Bedürfnisse auf sachliche Gegenstände (z. B. Nahrung, Kleidung) beziehen, zielen immaterielle Bedürfnisse auf Befriedigung im ethischen, geistigen oder religiösen Bereich, z. B. Konzertbesuch, Verlangen nach Gerechtigkeit, Ehre, Macht. Dabei obliegt die Befriedigung der immateriellen Bedürfnisse nur teilweise der Wirtschaft, zum großen Teil liegt ihre Erfüllung außerhalb des wirtschaftlichen Bereiches.

Bedürfnisse, die nicht durch die Wirtschaft befriedigt werden, nennt man *nicht-wirtschaftliche Bedürfnisse.*

	Individual-	Sozial-	
materielle	**Bedürfnisse**		immaterielle
	Existenz-	Kultur-	Luxus-	

3 Bedürfnis und Bedarf

Wenn der Mensch auch praktisch unzählige Bedürfnisse hat, so kann er doch nur einen Teil davon befriedigen, und er muß sich die Frage stellen, welche Bedürfnisse er befriedigt und welche er zunächst einmal unberücksichtigt lassen muß. Er stellt also nach der Dringlichkeit seiner Bedürfnisse eine *Bedürfnisskala* auf und konkretisiert seine Bedürfnisse. Das Mangelgefühl Hunger wird konkretisiert in dem Bedarf nach Brot, Kartoffeln und Gemüse. *Bedarf ist das konkretisierte Bedürfnis, soweit es im Bereich der Wirtschaft liegt.*

Kann dieser Bedarf nicht durch Eigenproduktion, wie es teilweise noch in der Landwirtschaft geschieht, gedeckt werden, und ist er mit Kaufkraft versehen, so tritt er an den Markt. *Wird der Bedarf am Markt wirksam, wird er* hier *zur Nachfrage.* Das Geldeinkommen des einzelnen muß daher auf die verschiedenen Bedarfe aufgeteilt werden.

Bedürfnis: Mangelgefühl des Menschen
Bedarf: Konkretisiertes Bedürfnis, das mit Mitteln der Wirtschaft befriedigt werden kann
Nachfrage: Wirksamwerden des Bedarfs am Markt

III Güter als Mittel der Bedürfnisbefriedigung

Alle Mittel, die Bedürfnisse des Menschen direkt oder indirekt befriedigen, nennt man Güter. Güter sind für den Menschen nützlich; sie stiften einen Nutzen, weil sie das bestehende Mangelgefühl beseitigen.

1 Freie und wirtschaftliche Güter

Nicht alle Güter werden durch wirtschaftliche Tätigkeit erstellt. So gibt es Güter, die die Natur dem Menschen frei zur Verfügung stellt, für die er keinerlei Arbeit leisten muß, wie z.B. Luft und Tageslicht. Man nennt diese Güter *freie Güter,* sie sind nicht Gegenstand des Wirtschaftens, weil ihre Beschaffung auf keinerlei Schwierigkeiten stößt und sie unbegrenzt vorhanden sind. Daher ist man auch nicht bereit, einen Preis dafür zu zahlen.

Die meisten Güter aber, die der Mensch benötigt, stellt die Natur entweder nicht in ausreichender Menge oder nicht in direkt verbrauchsfertigem Zustand zur Verfügung. Daher muß mit diesen knappen Gütern „gewirtschaftet" werden, sie sind *wirtschaftliche Güter*. Durch Bearbeitung werden freie zu wirtschaftlichen Gütern. Wird z. B. Meerwasser gereinigt, mit Kohlensäure versetzt und dem Verbraucher angeboten, so ist aus einem freien ein wirtschaftliches Gut geworden.

Güter

freie Güter z. B. Tageslicht, Luft	wirtschaftliche Güter z. B. Kleidung, Nahrung
sind unbegrenzt vorhanden verursachen keinen Aufwand haben keinen Preis sind von Natur aus konsumreif sind nicht Gegenstand des Wirtschaftens	sind knapp Herstellung erfordert Aufwand haben einen Preis sind Gegenstand des Wirtschaftens

Die Knappheit der Güter resultiert aus dem Spannungsverhältnis zwischen unbegrenzten Bedürfnissen und den begrenzten Mitteln, die zur Bedürfnisbefriedigung zur Verfügung stehen. *Relativ knapp* sind Güter, die prinzipiell in beliebiger Menge produziert werden können; *absolut knapp* sind Güter, die sich nicht vermehren lassen (z. B. der Boden).

2 Arten wirtschaftlicher Güter

Die Wirtschaft befaßt sich nur mit wirtschaftlichen Gütern. Diese werden aus Stoffen, die die Natur bietet, durch Be- oder Verarbeitung produziert.

Sinn der Produktion ist also die Erstellung wirtschaftlicher Güter zum Zwecke der Bedürfnisbefriedigung.

2.1 Sachgüter, Dienstleistungen und Rechte

Wirtschaftliche Güter bestehen aus Sachgütern, Dienstleistungen und Rechten. *Sachgüter* sind materielle Güter wie z. B. Butter, Schokolade. *Dienstleistungen* sind menschliche Leistungen, die der Bedürfnisbefriedigung dienen, wie z. B. Beratung durch einen Rechtsanwalt, Leistungen der Banken und Versicherungen. Nicht zu den Dienstleistungen im volkswirtschaftlichen Sinne zählen im Haushalt geleistete Arbeiten, da sie nicht in den Bereich der Wirtschaft fallen. Nur die *bezahlten* Dienste bezeichnet man als Dienstleistungen. Zu den *Rechten* zählen z. B. Patente und Lizenzen.

2.2 Konsum- und Produktionsgüter

Güter, die direkt dem Konsum dienen, bezeichnet man als *Verbrauchs-* oder *Konsumgüter*. *Produktions-* oder *Investitionsgüter* sind dagegen Güter, die innerhalb der Produktion (Gütererstellung und -verteilung) eingesetzt werden und damit mittelbar (indirekt) der Bedürfnisbefriedigung dienen. Ziel der Herstellung von Produktionsgütern ist letztlich auch der Verbrauch. So werden beispielsweise Maschinen erzeugt, um damit besser und kostengünstiger Konsumgüter zu erstellen.

Bei der Produktion von Sachgütern werden Roh-, Hilfs- und Betriebsstoffe eingesetzt. *Rohstoffe* sind solche Güter, die als Hauptbestandteil in das herzustellende Produkt eingehen (z. B. Holz bei einem Tisch). *Hilfsstoffe* sind die Nebenbestandteile für das neue Erzeugnis (z.B. Schrauben bei einem Tisch). *Betriebsstoffe* gehen nicht direkt in das Produkt ein, sie werden jedoch bei der Herstellung benötigt (z.B. Schleifpapier bei einem Tisch).

Ein Gut kann sowohl als Produktions- als auch als Konsumgut verwendet werden. Das Kraftfahrzeug, das ein Arzt für den Besuch von Patienten benötigt, ist Produktionsgut; benutzt er es für eine Urlaubsreise, so ist es Konsumgut.
Sachgüter wie auch Dienstleistungen können Produktions- oder Konsumgüter sein. So ist das Koffertragen für den Reisenden eine konsumtive Dienstleistung, während der Transport des Erzes zum Hochofen durch die Eisenbahn eine produktive Dienstleistung darstellt.

2.3 Ge- und Verbrauchsgüter

Gebrauchsgüter werden über einen längeren Zeitraum genutzt (z.B. eine Maschine). Sie können Konsumgut (Kühlschrank) oder Produktionsgut (Förderband) sein. *Verbrauchsgüter* gehen durch einmalige Nutzung unter, z.B. Brot als Konsumgut oder Kohle als Energiequelle im Industriebetrieb (Produktionsgut).

Sachgüter		Dienstleistungen	Rechte	
wirtschaftliche Güter				
Konsumgüter			Produktionsgüter	
Verwendung im Haushalt als			Verwendung im Unternehmen als	
Verbrauchsgüter	Gebrauchsgüter		Verbrauchsgüter	Gebrauchsgüter

IV Der Markt als Stätte des Ausgleichs zwischen Angebot und Nachfrage

Der Mensch hat, wie bereits dargestellt, zahlreiche Bedürfnisse, die er zu befriedig trachtet. Konkretisiert er seine wirtschaftlichen Bedürfnisse, so werden diese zum Bedarf. Soweit der Bedarf nicht durch Eigenproduktion gedeckt werden kann, wird er zur Nachfrage. Ist dieser Bedarf mit Kaufkraft ausgestattet und ist ein anderer bereit, diesen Bedarf zu decken, so wird er am Markt wirksam.

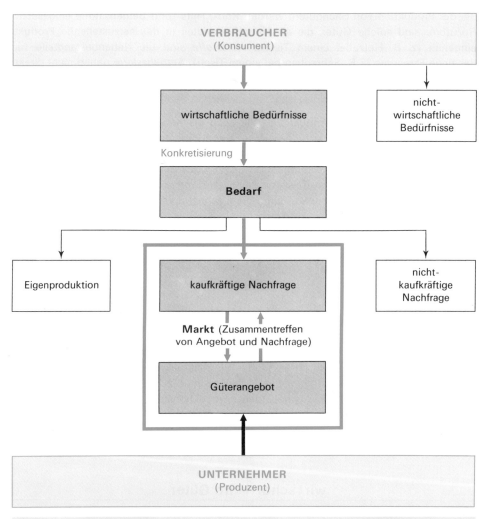

Unter Markt versteht man hierbei das Zusammentreffen von Angebot und Nachfrage.

Die nichtkaufkräftige Nachfrage kann am Markt nicht zum Zuge kommen.
Aufgrund der kaufkräftigen Nachfrage werden andererseits in den Unternehmen Güter produziert und auf dem Markt als Angebot wirksam. Dabei erfolgt der *Ausgleich zwischen Angebot und Nachfrage über den Preis der Güter.* Der Markt lenkt also — wenn auch nicht in allen Volkswirtschaften — Güterangebot und -nachfrage.

V Der Wirtschaftskreislauf

Da Konsum und Produktion sich laufend wiederholen und in einer Abhängigkeit zueinander stehen, läßt sich das wirtschaftliche Geschehen in einem Kreislauf, dem sogenannten Wirtschaftskreislauf, darstellen.

1 Einfacher Wirtschaftskreislauf

Erste Versuche, den Kreislauf bildartig darzustellen, gehen auf den Physiokraten François Quesnay (1694–1774) zurück, der das Einkommen, ausgehend von der Landwirtschaft, verfolgte. Das Zwei-Märkte-Modell von Léon Walras (1834–1910) geht vom Konsumgüter- und dem Produktionsgütermarkt aus und zeigt die gegenseitigen Verbindungen auf. Auch Jean Baptiste Say (1767 bis 1831) und Alfred Marshall (1842–1924) befaßten sich mit dem Wirtschaftskreislauf; es handelt sich um statische Modelle, die davon ausgehen, daß sich keinerlei Veränderungen in der Wirtschaft vollziehen.

Der volkswirtschaftliche Kreislauf, der die Zusammenhänge zwischen Produktion und Konsum verdeutlicht, läßt sich grafisch wie folgt darstellen:

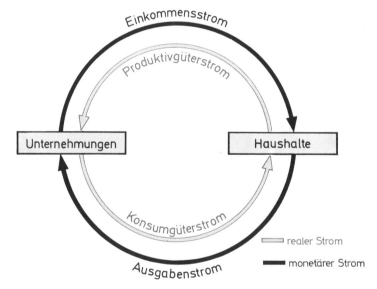

In der Wirtschaft bestehen Unternehmen, also wirtschaftliche Einheiten, die der Güterproduktion dienen, und Haushalte, d. h. Wirtschaftseinheiten, die lediglich konsumieren. Die einzelnen Mitglieder der Haushalte leisten produktive Dienste in den Unternehmungen, ebenso stellen sie diesen Kapital und den notwendigen Boden zur Verfügung *(Produktivgüterstrom)*. Diese Leistungen werden in den Unternehmungen zu Kosten der Produktion, und die Haushalte erhalten als Gegenleistung ein Geldeinkommen *(Einkommensstrom)* in Form von Löhnen, Gehältern, Zinsen, Mieten, Pachten. Die Haushalte verfügen über dieses Einkommen, indem sie Ausgaben *(Ausgabenstrom)* für Konsumgüter tätigen. Sie geben das Geld also wieder an die Unternehmungen, wo es im Austausch mit Konsumgütern *(Konsumgüterstrom)* zu Erlösen wird. Damit ist der Kreislauf geschlossen. Er besteht aus einem *Güterstrom* (realer Strom) und einem *Geldstrom* (monetärer Strom), die jeweils in entgegengesetzter Richtung verlaufen.

Für diese Kreislaufbetrachtung gelten folgende Prämissen (Voraussetzungen):
1. Alles Einkommen wird verbraucht.
2. Es gibt keine Ex- und Importe.
3. Der Staat nimmt keinen Einfluß auf den Kreislauf.
4. Es bestehen keine zeitlichen Differenzen zwischen Produktion und Konsum.

Es handelt sich hier um eine *statische Betrachtung,* also eine Wirtschaft in gleichgewichtiger Ruhelage.

Im Grunde führt nur das Geld einen eigentlichen Kreislauf aus, da es nicht verzehrt wird. Die produzierten Konsum- und Produktionsgüter werden dagegen in den Haushaltungen und Unternehmungen verzehrt. Daran schließen sich aber wieder ein neues Einbringen von Leistungen in die Unternehmen und eine neue Konsumgüterproduktion an.

2 Erweiterter Wirtschaftskreislauf

Der erweiterte Wirtschaftskreislauf läßt sich grafisch wie folgt darstellen:

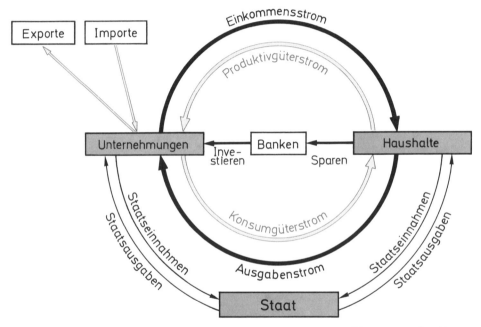

Die Haushalte können ihr Einkommen, das sie für ihre geleisteten Dienste von den Unternehmungen erhalten, entweder konsumieren, also zum Kauf von Konsumgütern verwenden, oder aber nicht konsumieren (sparen). *Sparen bedeutet demnach Nicht-Verbrauch von Einkommensteilen.* Die gesparten Beträge werden in den meisten Fällen bei den Banken angelegt. Die Banken ihrerseits vermitteln diese Beträge den Unternehmungen, die damit Investitionen durchführen. Setzt man vereinfachend voraus, daß die Banken die gesamten Ersparnisse der Haushalte an die Unternehmen weiterleiten, kann man die Gleichung aufstellen:

> Investieren (I) = Sparen (S)

Die Leistungen des Staates (Bund, Länder, Gemeinden), bisher noch nicht berücksichtigt, bringen eine Umverteilung der Einkommen, die sich zunächst am Markt gebildet haben. Der Staat erhebt von den Haushalten wie den Unternehmungen Steuern (Zwangsabgaben). Damit fließt ein Teil des Geldstromes von den Haushalten und Unternehmungen an den Staat. Der Staat benötigt diese Gelder zur Befriedigung der Sozialbedürfnisse. Dieser Teil des monetären Stromes fließt wieder in den Kreislauf zurück in Form von Staatsausgaben, z. B. an die Haushalte als Einkommen für öffentliche Bedienstete, Mietbeihilfen u. a., oder an die Unternehmen in Form von Güterkäufen bzw. Subventionen. Sachausgaben an die Unternehmen fallen z. B. an für Straßen-, Brücken-, Schul- und Krankenhausbauten, Einrichtungsgegenstände.

Zusätzlich muß der Außenhandel im Wirtschaftskreislauf berücksichtigt werden. Im Außenhandel erfolgen Lieferungen von Sachgütern und Dienstleistungen an das Ausland sowie Bezüge von Gütern aus dem Ausland für das Inland. Soweit sich Exporte und Importe ausgleichen, ändert sich zwar die Zusammensetzung des Güterstromes, nicht aber der Gesamtwert. Bei Exportüberschüssen wird der reale Strom im Inland kleiner, bei Importüberschüssen vergrößert sich der Güterstrom des Inlandes.

3 Expandierender und kontrahierender Wirtschaftskreislauf

Die der statischen Betrachtungsweise zu Grunde liegende Annahme, daß der Wirtschaftskreislauf unverändert bliebe, ist unrealistisch. Vielmehr kann der Kreislauf bei *dynamischer Sicht* wachsen (expandieren) oder auch schrumpfen (kontrahieren).

Ein *kontrahierender* Wirtschaftskreislauf ergibt sich, wenn beispielsweise die Nachfrage der Haushalte nach Konsumgütern eingeschränkt wird. Die Unternehmer passen sich an diese Situation an, indem sie entsprechend weniger Dienste der Haushaltungen nachfragen und weniger produzieren, so daß auch der Güterstrom kleiner wird. Durch die geringere Nachfrage nach Produktivgütern, die die Haushalte zur Verfügung stellen, sinkt der Einkommensstrom der Haushalte.

Auch der Staat kann zu einem kontrahierenden Kreislauf beitragen, indem er z. B. Steuereinnahmen stillegt und somit dem Kreislauf entzieht. Er wird dies allerdings nur in Zeiten überschäumender Konjunktur tun.

Ein *expandierender* Kreislauf kann etwa durch erhöhte Staatsausgaben (z. B. Straßenbau, Schulbau, Krankenhausbau) erfolgen oder auch durch steigende Nachfrage der Unternehmungen nach Investitionsgütern.

Steht einem steigenden Geldstrom kein wachsender Güterstrom gegenüber, so kann ein Ausgleich nur durch Preiserhöhungen erfolgen. Eine Einkommenserhöhung (z. B. Lohnerhöhung), der keine entsprechende Steigerung der Güterproduktion folgt, bringt also *real* keinen Einkommenszuwachs.

In der modernen Kreislaufbetrachtung geht man nicht nur davon aus, daß der Kreislauf expandiert oder kontrahiert, sondern berücksichtigt auch, daß das Einkommen aus der Produktion von *heute* das Konsumgütervolumen von *gestern* kauft. Es besteht mithin eine zeitliche Diskrepanz zwischen den Strömen.

Wenn bei der Besprechung der Bedürfnisse gesagt wurde, daß die Nachfrage der Haushalte die Produktion bestimmt, so muß jetzt festgestellt werden, daß die Nachfrage nach Konsumgütern wiederum abhängig ist von der Größe der Einkommen. Diese richtet sich aber nach der Höhe der Produktion. So wird die gegenseitige Abhängigkeit zwischen Unternehmen und Haushalten deutlich.

VI Sozialprodukt und Volkseinkommen

1 Die Maßgrößen des Wirtschaftskreislaufs: Sozialprodukt und Volkseinkommen

Da die Volkswirtschaft in ihrer Zielsetzung die optimale Bedürfnisbefriedigung der Menschen bzw. Haushalte verfolgt, stellen sich nun in diesem Kreislaufgeschehen die wichtigen Fragen, wie groß das den Haushalten zufließende Einkommen in Wirklichkeit ist und welche Gütermengen auf den Gütermärkten verkauft werden. Es ergibt sich mit diesen Fragen das Problem, bestimmte Teilströme des Kreislaufes in ihrer Größe zu messen. Dies geschieht durch die Verwendung der Begriffe Sozialprodukt und Volkseinkommen. Das Sozialprodukt erfaßt in dem Kreislauf die gütermäßigen und das Volkseinkommen die geldmäßigen Leistungen, wobei eine Abhängigkeit des Volkseinkommens von der Höhe der Güterproduktion der Unternehmen besteht.

Sozialprodukt	Volkseinkommen
Das Sozialprodukt umfaßt alle in einem bestimmten Zeitraum (Rechnungsjahr) produzierten Sachgüter und erbrachten Dienstleistungen eines Landes, soweit sie gegen Geld verkauft wurden.	Das Volkseinkommen ist die Summe aller Einkommen (Löhne/Gehälter, Unternehmergewinne, Zinsen, Mieten, Pachten) einer Volkswirtschaft innerhalb einer bestimmten Wirtschaftsperiode (Rechnungsjahr), die für die an der Produktion beteiligten Produktionsfaktoren gezahlt werden.

Der Begriff des Sozialproduktes schließt alle Güter ein, bei deren Herstellung bzw. Erbringung Einkommen entstanden ist und die auf den Gütermärkten verkauft wurden. Mit dem Verkauf ist eine Bewertung in Geldgrößen gegeben, denn der Marktpreis legt den Wert der Güter fest. Alle Güter, denen auf den Gütermärkten kein Marktwert beigelegt wird und die damit zu keinem Einkommen führen (z. B. produktive Tätigkeit der Hausfrau), zählen nicht zum Sozialprodukt.
Den Güterberg des Sozialprodukts könnte man mit einem Kuchen vergleichen, an dem alle Wirtschaftssubjekte ständig mitarbeiten, der aber zu keiner Zeit vollständig vorhanden ist.

Mit der Bewertung des Sozialprodukts in Geld ergeben sich Schwierigkeiten bei der Ermittlung des Produktionsergebnisses der Volkswirtschaft in einem Rechnungsjahr. Das Ergebnis kann zunächst aufgrund der jeweiligen Marktpreise ermittelt werden; dann spricht man vom **nominalen Sozialprodukt.** Ein derartiges Ergebnis sagt aber noch nichts über die tatsächlichen, gütermäßigen Veränderungen aus, denn die Steigerung des Sozialprodukts kann lediglich ihren Ursprung in einer allgemeinen Preissteigerung und nicht in der Erhöhung der produzierten Güter haben. Will man die tatsächliche gütermäßige Veränderung des Sozialprodukts erfassen, so muß man sich einer statistischen Berechnungsmethode bedienen. Diese Berechnungsmethode bereinigt das gegenwärtige nominale Sozialprodukt um die Preissteigerungsraten, indem die Güter mit der Kaufkraft des Geldes eines weiter zurückliegenden Jahres (Basis- oder Bezugsjahr) bewertet werden. Man erhält dann das **reale Sozialprodukt**. Erst bei einer Bewertung in einheitlichen Preisen lassen sich Sozialproduktsberechnungen überhaupt vergleichen.

Man unterscheidet verschiedene Abstufungen der Sozialprodukt- und Volkseinkommensbegriffe.

2 Die Systematik der Sozialprodukt- und Einkommensbegriffe

Geht man von den Marktpreisen als den Werten der einzelnen Güter aus, so ergibt sich der gesamte Umsatzwert einer Volkswirtschaft, indem man die produzierten Mengen mit den jeweiligen Marktpreisen multipliziert. Diesen Wert nennt man **Bruttoproduktionswert**.

Zieht man von diesem Bruttoproduktionswert die sog. **Vorleistungen**, das ist der Produktionswert der vorherigen Produktionsstufen, ab, so erhält man den **Nettoproduktionswert**. Er stellt den schöpferischen Wert dar, der den eingesetzten Gütern durch die Kombination der Produktionsfaktoren hinzugefügt wurde.

Bruttoproduktionswert

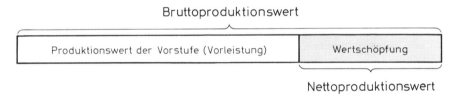

Nettoproduktionswert

Diese Wertschöpfung, bewertet mit Marktpreisen, bezeichnet man als **Bruttosozialprodukt zu Marktpreisen**. Diese Größe ist der gebräuchlichste Ausdruck für die wirtschaftliche Tätigkeit einer Volkswirtschaft.

Im Bruttosozialprodukt sind die Abschreibungen, die die Wertminderungen der Produktionsmittel (z. B. Maschinen, Fuhrpark) durch die ständige Abnutzung darstellen und die als Ersatzinvestition wieder in die Produktion zurückfließen, enthalten. Da man aber nur den Wert erfassen will, der einer Volkswirtschaft neu zugewachsen ist, zieht man vom Bruttosozialprodukt zu Marktpreisen die Abschreibungen ab und erhält das **Nettosozialprodukt zu Marktpreisen**. Das Nettosozialprodukt zu Marktpreisen ist der Geldwert aller neugeschaffenen Güter einer Volkswirtschaft in einem bestimmten Rechnungsjahr ohne Abschreibungen. Es zeigt die tatsächliche Produktionsleistung eines Wirtschaftszeitraumes.

In aktuellen Berichten wird häufig von Veränderungen des Sozialprodukts gesprochen. Diese Aussagen beziehen sich meist auf das Bruttosozialprodukt, da die Höhe der Abschreibungen in kurzen Zeitabständen nicht so schnell ermittelt werden kann. Man rechnet für die Abschreibung etwa $^1/_{11}$ bis $^1/_{12}$ des Bruttosozialproduktwertes.

Dem Nettosozialprodukt zu Marktpreisen müßte nun entsprechend dem geschilderten Kreislaufgeschehen das Volkseinkommen entsprechen, wenn nicht der Bereich des

Staates hinzukäme. Da die Verwaltungsleistungen des Staates nicht mit einem Marktpreis bewertet werden, drückt sich der Beitrag des Staates zum Sozialprodukt in den Ausgaben für Löhne und Gehälter der Staatsbediensteten und für die Käufe auf dem Gütermarkt aus. Die Mittel dazu verschafft der Staat sich durch Besteuerung der Unternehmungen und Haushalte.

In der Bewertung des Nettosozialprodukts zu Marktpreisen sind noch Elemente enthalten, die nicht als Kosten der Produktionsfaktoren (Faktorkosten) anzusehen sind und nicht als Bestandteil der Wertschöpfung und damit des Volkseinkommens gelten. Hierunter fallen die **indirekten Steuern** und die **Subventionen.** Indirekte Steuern sind alle Steuerwerte, die im Marktpreis der Güter enthalten sind (z. B. Umsatzsteuer, Mineralöl-, Tabak-, Bier-, Lotteriesteuer). Diese Steuern setzen den Marktpreis der Güter über das bei ihrer Produktion entstandene Einkommen. Es ergibt sich also ein geringeres Einkommen als das durch den Marktpreis ermittelte. Um das tatsächliche Einkommen zu erhalten, müssen diese Steuern vom Nettosozialprodukt zu Marktpreisen subtrahiert werden.

Außerdem werden manche Unternehmen staatlich unterstützt. Diese Unterstützungen, auch Subventionen genannt, die im Vergleich zu den indirekten Steuern allerdings geringer sind, lassen umgekehrt wie bei den indirekten Steuern mehr Einkommen entstehen, als durch die verminderten Marktpreise ermittelt wird. Die Subventionen sind daher als Faktorkosten anzusehen und müssen den Güterpreisen zugerechnet werden. Nach Verrechnung dieser Werte staatlicher Einflußnahme (·/. indirekte Steuern + Subventionen) ergibt sich das **Nettosozialprodukt zu Faktorkosten.** Diese Kosten entsprechen den Einkommen für die verwendeten Produktionsfaktoren, die man in ihrer Gesamtheit als Volkseinkommen bezeichnet.

Nettosozialprodukt zu Faktorkosten = Volkseinkommen

Diese Gleichung läßt erkennen, daß alle Einkommen als Gegenwert für die Bereitstellung von Produktionsfaktoren an den volkswirtschaftlichen Produktionsprozeß angesehen werden (Wertschöpfung = Faktoreinkommen).

Im Kreislaufgeschehen sind schließlich noch die **Beziehungen der Unternehmungen zum Ausland zu berücksichtigen.** Zum Nettosozialprodukt rechnen alle Güter, die von Produktionsfaktoren im Besitz von Inländern im Inland **und** Ausland erstellt werden. Das Volkseinkommen enthält dementsprechend auch Einkommen aus dem Ausland. Neben dem Export und Import von Sachgütern und Dienstleistungen müssen die Beziehungen mit dem Ausland berücksichtigt werden, die bestehen, wenn die Unternehmen ausländische Arbeitsleistungen in Anspruch nehmen (Ausländer mit einem inländischen Arbeitsplatz) oder mit ausländischem Kapital arbeiten (ausländische Beteiligung an einem Unternehmen) und dadurch Einkommen an ausländische Haushalte abgeführt werden (z. B. Überweisungen der Gastarbeiter). Die Wertschöpfung der Unternehmen kommt dann nicht nur den inländischen, sondern zu einem Teil auch den ausländischen Haushalten zugute. Umgekehrt können Inländer ihre Produktionsfaktoren auch ausländischen Produktionsprozessen zur Verfügung stellen (Pendler im Grenzbereich; Kapitalbeteiligung an ausländischen Unternehmen). Das den Inländern zufließende Einkommen wird dann im Ausland erzeugt.

Die Verrechnung aller Einkommen, die vom Ausland empfangen wurden und die ins Ausland abgeflossen sind, ergibt den **Saldo der Erwerbs- und Vermögenseinkommen zwischen Inland und Ausland.**

Einkommen aus dem Ausland
·/. Einkommen an das Ausland

= Saldo der Erwerbs- und Vermögenseinkommen zwischen Inland und Ausland

---

Der Saldo der Erwerbs- und Vermögenseinkommen zwischen Inland und Ausland kann positiv oder negativ sein. Positiv ist er, wenn dem Inland mehr Erwerbs- und Vermögenseinkommen zugeflossen ist als dem Ausland vom Inland, negativ, wenn das Inland weniger Erwerbs- und Vermögenseinkommen erhalten hat als das Ausland vom Inland. Subtrahiert man diesen Saldo vom Nettosozialprodukt zu Faktorkosten, so erhält man das **Nettoinlandsprodukt zu Faktorkosten,** das das Ergebnis des Produktionsprozesses innerhalb der geographischen Grenzen eines Landes darstellt. Das Nettoinlandsprodukt zu Faktorkosten ist die Summe aller Wertschöpfungen der einzelnen Wirtschaftsbereiche des Inlandes. Das sich daraus ergebende Einkommen heißt **Inlandseinkommen.** Das Inlandsprodukt erfaßt die Wertschöpfung der Güterproduktion durch die im Inland eingesetzten Produktionsfaktoren, das Inlandseinkommen das entsprechende Einkommen. Nicht zum Inlandseinkommen zählen die von Produktionsprozessen im Ausland zufließenden Einkommen.

Bei einem positiven Saldo der Erwerbs- und Vermögenseinkommen zwischen Inland und Ausland ist das Volkseinkommen größer als das im Inland erstellte Einkommen, bei negativem Saldo ist das Inlandseinkommen größer als das Volkseinkommen.

Nachdem das Volks- bzw. Inlandseinkommen bestimmt ist, werden zunächst die Einkommen des Staates aus Unternehmertätigkeit und Vermögen abgezogen und die Einkommensübertragungen des Staates an den privaten Bereich (z. B. Unterstützungen, Renten, Pensionen) addiert, um das Einkommen zu erhalten, das den Unternehmungen und Haushalten zufließt **(privates Einkommen).** Letztlich ist aber nur das Einkommen von Bedeutung, das den einzelnen Haushaltsmitgliedern zum Kauf von Gütern zur Verfügung steht **(verfügbares Einkommen).** Nach Abzug der direkten Steuern und der nicht ausgeschütteten Gewinne der Kapitalgesellschaften sowie der Arbeitgeberbeiträge zur Sozialversicherung vom privaten Einkommen ergibt sich das persönliche Einkommen. Das verfügbare Einkommen wird ermittelt, indem das persönliche Einkommen um die direkten Steuern der Haushalte und ihre Beiträge zur Sozialversicherung verringert wird. Dieser Einkommenswert sagt aus, wieviel Geld den einzelnen Wirtschaftsteilnehmern jährlich zur Verwendung nach eigenem Ermessen zur Verfügung steht. Es ist die Summe, die die Konsumenten jährlich für Konsumzwecke und Ersparnisse erhalten.

Da die direkten Steuern der Haushalte (z. B. Einkommensteuer) kurzfristig schwierig zu erfassen sind, kommt dem persönlichen Einkommenswert eine größere Bedeutung zu, da er eine monatlich erfaßbare Größe darstellt. Als Ersatz für das verfügbare Einkommen kann dieser Wert Aussagen über die mögliche Konsumgüternachfrage und Sparfähigkeit der Haushalte machen.

Entstehung des Bruttosozialprodukts und des Volkseinkommens
(in jeweiligen Preisen) – Früheres Bundesgebiet   in Mrd. DM

Jahr	1980	1985	1987	1988	1989	1990[2])	1991[2])	1992[2])
Bruttoinlandsprodukt zu Marktpreisen	1472,0	1823,2	1990,5	2096,0	2224,4	2417,8	2612,6	2772,0
Saldo der Erwerbs- und Vermögenseinkommen mit dem Ausland[1]) (−)	5,4	11,3	12,5	12,0	24,7	21,3	18,6	2,9
Bruttosozialprodukt zu Marktpreisen (Sozialprodukt)	1477,4	1834,5	2003,0	2108,0	2249,1	2439,1	2631,2	2774,9
Abschreibungen (−)	175,0	235,4	252,3	263,1	279,5	300,4	327,0	352,0
Nettosozialprodukt zu Marktpreisen	1302,4	1599,1	1750,7	1844,9	1969,7	2138,7	2304,2	2422,9
Indirekte Steuern (−)	193,5	230,3	245,5	257,1	278,3	302,2	342,1	369,9
Subventionen (+)	30,7	37,9	44,8	47,7	46,8	48,7	46,7	46,7
Nettosozialprodukt zu Faktorkosten (Volkseinkommen)	1139,6	1406,8	1550,0	1635,5	1738,1	1885,3	2008,8	2099,7

[1]) Zwischen Inländern und der übrigen Welt.   [2]) Vorläufig.
Quelle: BMWi, Wirtschaft in Zahlen '93, S. 39

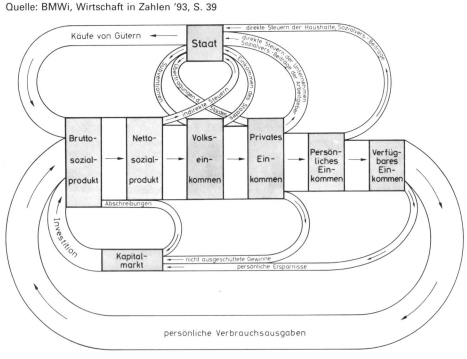

Das Einkommen im Geldkreislauf

Die folgende Übersicht zeigt die Systematik der verschiedenen Sozialprodukt- und Einkommensbegriffe.

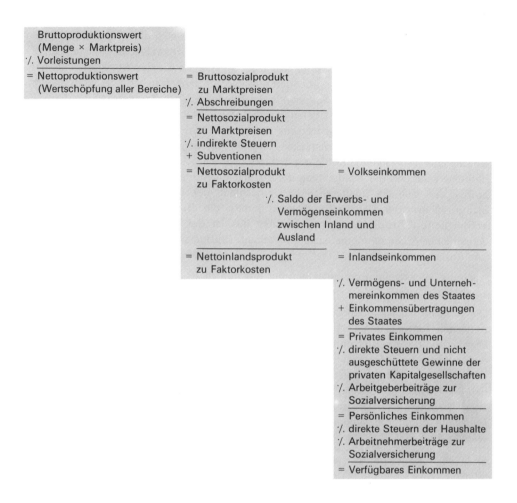

Bruttoproduktionswert
(Menge × Marktpreis)
·/. Vorleistungen

= Nettoproduktionswert   = Bruttosozialprodukt
  (Wertschöpfung aller Bereiche)   zu Marktpreisen
                           ·/. Abschreibungen

                           = Nettosozialprodukt
                             zu Marktpreisen
                           ·/. indirekte Steuern
                           + Subventionen

                           = Nettosozialprodukt   = Volkseinkommen
                             zu Faktorkosten
                                        ·/. Saldo der Erwerbs- und
                                            Vermögenseinkommen
                                            zwischen Inland und
                                            Ausland

                           = Nettoinlandsprodukt   = Inlandseinkommen
                             zu Faktorkosten
                                        ·/. Vermögens- und Unterneh-
                                            mereinkommen des Staates
                                        + Einkommensübertragungen
                                            des Staates

                                        = Privates Einkommen
                                        ·/. direkte Steuern und nicht
                                            ausgeschüttete Gewinne der
                                            privaten Kapitalgesellschaften
                                        ·/. Arbeitgeberbeiträge zur
                                            Sozialversicherung

                                        = Persönliches Einkommen
                                        ·/. direkte Steuern der Haushalte
                                        ·/. Arbeitnehmerbeiträge zur
                                            Sozialversicherung

                                        = Verfügbares Einkommen

3   Anteil des Staates am Sozialprodukt

Der Anteil des Staates am Bruttosozialprodukt betrug 1990 etwa 45%, d. h. fast die Hälfte des gesamten Bruttosozialprodukts wird durch die öffentlichen Hände (Bund, Länder und Gemeinden) einschließlich der Sozialversicherungsträger verausgabt.

Vor allem ist der Anteil des **Staatsverbrauchs** gestiegen (z. B. für die Besoldung der öffentlichen Bediensteten), aber auch das Ausmaß der Umverteilung durch Steuererhebungen einerseits und Transferzahlungen (Sozialleistungen und Subventionen) andererseits ist gestiegen. Dagegen blieb in den letzten 12 Jahren der Prozentsatz der öffentlichen Investitionen fast unverändert. Für das wirtschaftliche Wachstum wäre aber eine Zunahme der Ausgaben für öffentliche Investitionen wünschenswert gewesen.

Es ist zu fragen, ob eine solch hohe Staatsquote, d. h. ein solch hoher Anteil des Staates (der öffentlichen Haushalte) am Sozialprodukt, sinnvoll für die Marktwirtschaft ist. Das Sozialprodukt kann nur einmal verwendet werden, entweder von den privaten Haushalten und Unternehmungen oder vom Staat. Je stärker der Anteil des Staates am Bruttosozialprodukt wird, um so mehr entfernt sich die Volkswirtschaft von der marktwirtschaftlichen Ordnung. Immer mehr treten zentralverwaltungswirtschaftliche Elemente in den Vordergrund, wenn die Ansprüche an das Sozialprodukt nicht über den Markt gehen, sondern über den öffentlichen Bereich geltend gemacht werden. In den letzten Jahren war die Situation in der Bundesrepublik Deutschland wie folgt: Es ist dem Staat zum einen nicht gelungen, die private Nachfrage durch Steuererhöhungen zurückzudrängen, und andererseits wollte der Staat seine Ansprüche nicht durch beabsichtigte Reformen zurückstecken, z. B. im Bildungsbereich und im Bereich der Sozialpolitik. Der fehlende Erfolg des Staates beim Zurückdrängen der privaten Ansprüche einerseits und die Ausdehnung der staatlichen Aufgaben andererseits deuten daraufhin, daß sich die Bundesrepublik Deutschland der **Grenze ihrer Abgabenbelastung** nähert. Der Sachverständigenrat nimmt die **Belastungsquote des durchschnittlichen Arbeitnehmerhaushaltes,** das ist der Prozentsatz, den ein durchschnittlicher Arbeitnehmerhaushalt von seinem Bruttoeinkommen in Form von Steuern und Sozialbeiträgen an den Staat abführen muß, als Maßstab.

Nach wie vor erscheint die Belastung der privaten Haushalte und der Unternehmungen zu hoch.

Die Grenzen der Abgabenbelastung bedeuten jedoch nicht notwendigerweise gleichzeitig eine Eingrenzung der Staatstätigkeit. Als eine Ausweichmöglichkeit bliebe eine Erweiterung der **Kreditfinanzierungsquote der öffentlichen Hand.** Aber auch bei diesem Mittel ist zu bedenken, daß der Staat seinen Anteil am Kreditmarkt, der auch den Wirtschaftsunternehmungen zur Finanzierung ihrer Investitionen zur Verfügung steht und der letztlich auf private Ersparnisse angewiesen ist, nicht einfach beliebig steigern kann. Darüber hinaus ist ein Problem in der wachsenden Zinsbelastung der öffentlichen Haushalte durch die steigenden öffentlichen Ausgaben, die über Kredite finanziert werden, zu sehen.

So läßt sich insgesamt feststellen, daß in der Bundesrepublik eine zunehmende Staatstätigkeit (eine Steigerung der Staatsquote), wobei die Sozialversicherungsleistungen eingeschlossen sind, volkswirtschaftlich problematisch und darüber hinaus praktisch kaum noch mehr durchsetzbar ist. So wird die öffentliche Hand darüber nachdenken müssen, an welchen Stellen sie Einsparungen treffen kann. Zwei große Bereiche werden hierbei oft genannt: einmal sind es die Einsparungen im Bereich der öffentlichen Verwaltungstätigkeit, Einsparungen bei dem Personalbedarf der öffentlichen Haushalte und zum anderen Kürzungen der Leistungen im Sozialbereich.

Gerade für den Abbau der Aufgaben des Staates ist die **Privatisierung öffentlicher Leistungen** in der Diskussion. Es setzt sich immer mehr die Einsicht durch, daß nicht alle Leistungen, die bisher in den Bereich der öffentlichen Hand fielen, vom Staat erbracht werden müssen. Vor allem im kommunalen Bereich (bei den Gemeinden) wird gegenwärtig geprüft, in welchem Umfang man Leistungen auch durch private Unternehmer bereitstellen kann. Schon jetzt wird häufig die Müllabfuhr nicht von den Gemeinden selbst, sondern von privaten Unternehmern durchgeführt. Dies ist ein Schritt auf dem Wege zur Verringerung der Staatsquote, zum Abbau des hohen Staatsanteils am Bruttosozialprodukt.

VII Die volkswirtschaftliche Gesamtrechnung

1 Die Schwierigkeiten der Ermittlung volkswirtschaftlicher Gesamtgrößen

Die Ermittlung volkswirtschaftlicher Größen wie Sozialprodukt oder Volkseinkommen ist schwierig. Neben den allgemeinen statistischen Fehlerquellen liegt die Hauptschwierigkeit der Erfassung darin, daß Güter nicht doppelt gezählt werden dürfen, die erzeugt und im gleichen Jahr in höherwertige Güter eingegangen sind (z. B. Kohle und Eisenerz in Stahl, Leder in Schuhe). Läuft ein Gut durch mehrere Produktionsstufen, so darf nur der Wert, der in jeder Stufe dem bereits vorhandenen Gut neu hinzugefügt wurde, erfaßt werden, da der Wert der Grundprodukte ja im Endprodukt enthalten ist.

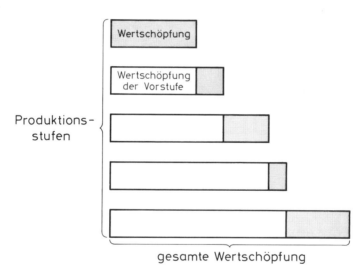

Wertschöpfung in mehreren Produktionsstufen

Eine weitere Schwierigkeit liegt in der Bewertung. Da die Statistiken es mit Größen zu tun haben, die ein Produkt aus Sachgütern und Leistungen und ihren Marktpreisen sind, können Veränderungen auftreten, die sowohl auf gütermäßige als auch auf rein monetäre Ursachen zurückführbar sind. Eine Erhöhung des Volkseinkommens kann deshalb ganz oder teilweise inflationistischen Ursprungs sein.

Die Statistiker rechnen zunächst in jeweils bestehenden Preisen, verwenden dann aber Preisindizes, mit denen ein gegenwärtig **nominales Sozialprodukt** bereinigt und in ein **reales** umgewandelt wird, indem mit der Kaufkraft des Geldes eines weiter zurückliegenden Jahres (Basis- oder Bezugsjahr) bewertet wird. Die Statistik der Bundesrepublik

Deutschland verwendet im Augenblick die Preise des Jahres 1980. Erst bei einer Bewertung in einheitlichen Preisen lassen sich Sozialproduktsberechnungen überhaupt vergleichen.

Die Leistung unserer Wirtschaft

Bruttoinlandsprodukt (BIP) in Milliarden DM (ab 1991 Gesamtdeutschland)

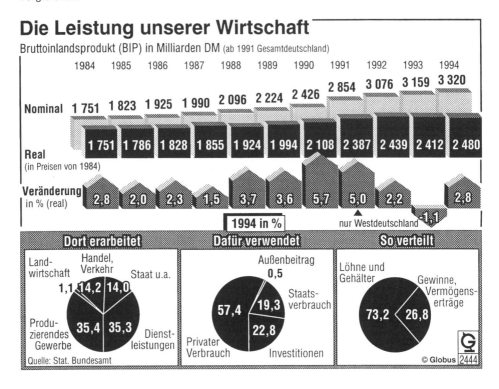

	1984	1985	1986	1987	1988	1989	1990	1991	1992	1993	1994
Nominal	1 751	1 823	1 925	1 990	2 096	2 224	2 426	2 854	3 076	3 159	3 320
Real (in Preisen von 1984)	1 751	1 786	1 828	1 855	1 924	1 994	2 108	2 387	2 439	2 412	2 480
Veränderung in % (real)	2,8	2,0	2,3	1,5	3,7	3,6	5,7	5,0	2,2	-1,1	2,8

▲ nur Westdeutschland

1994 in %

Dort erarbeitet

Land-wirtschaft 1,1
Handel, Verkehr 14,2
Staat u.a. 14,0
Produzierendes Gewerbe 35,4
Dienstleistungen 35,3

Quelle: Stat. Bundesamt

Dafür verwendet

Außenbeitrag 0,5
Staatsverbrauch 19,3
Investitionen 22,8
Privater Verbrauch 57,4

So verteilt

Löhne und Gehälter 73,2
Gewinne, Vermögenserträge 26,8

© Globus 2444

2 Das Kontensystem der volkswirtschaftlichen Gesamtrechnung der Bundesrepublik Deutschland

Jedes Unternehmen in der Wirtschaft erfaßt in seinem Rechnungswesen seine Vermögenswerte und Schulden mit den jeweiligen Zu- und Abgängen und ermittelt in der Erfolgsrechnung einen Gewinn oder Verlust. Ebenso ist das Rechnungswesen einer Volkswirtschaft aufgebaut, das man als volkswirtschaftliche Gesamtrechnung bezeichnet. Als eine Art Erfolgsrechnung erfaßt sie gesamtwirtschaftliche Wertströme und Daten innerhalb eines bestimmten Zeitabschnitts (Jahr). Die Begriffe „Sozialprodukt" und „Volkseinkommen" sind in dieser „Buchführung der Gesamtwirtschaft" von Bedeutung, da sie den Maßstab für die wirtschaftliche Gesamtleistung einer Volkswirtschaft bilden.

Ähnlich wie im Kontenrahmen der Buchführung eines Unternehmens mit Kontenklassen und Kontengruppen, ist auch die volkswirtschaftliche Gesamtrechnung der Bundesrepublik Deutschland in ein geschlossenes Kontensystem gegliedert, in dem alle Vorgänge doppelt gebucht werden. Auf diesem Kontensystem bauen die Berechnungen auf, die u. a. die Entstehung und Verwendung des Sozialprodukts, die Verteilung des Volkseinkommens, den Staat als Teil der Volkswirtschaft sowie das Einkommen der Haushalte und seine Verwendung aufzeigen. Das Kontensystem gliedert zunächst alle inländischen wirtschaftlichen Institutionen in die drei Sektoren:

- Unternehmen,
- Staat,
- Private Haushalte und Organisationen ohne Erwerbscharakter (Verbände, Vereine, Institute).

Um die verschiedenartigen wirtschaftlichen Tätigkeiten und die damit verbundenen Vorgänge übersichtlich darzustellen, ist jeder Sektor wiederum in 7 Kontengruppen unterteilt, die folgende Sachverhalte erfassen:

Kontengruppe 1: Produktion und ihre Verwendung,
2: Entstehung von Erwerbs- und Vermögenseinkommen,
3: Verteilung von Erwerbs- und Vermögenseinkommen,
4: Umverteilung der Einkommen,
5: Letzter Verbrauch und Ersparnis,
6: Veränderungen des Reinvermögens,
7: Veränderungen der Forderungen und Verbindlichkeiten.

Neben diesen 7 Kontengruppen für jeden Sektor gibt ein „zusammengefaßtes Konto der übrigen Welt" (Auslandskonto) Auskunft über die wirtschaftlichen Beziehungen der inländischen Sektoren zum Ausland.

Die Graphik auf S. 33 zeigt den Wirtschaftskreislauf in der Bundesrepublik Deutschland in einem vereinfachten System von 6 Konten. Die Summe der in jedes Konto einmündenden Ströme ist gleich der Summe der Ströme, die die Konten wieder verlassen.

Im folgenden sind diese 6 Konten und ihre Buchungsvorgänge, die nach den Grundsätzen der doppelten Buchführung erfolgen, beschrieben. Das wichtigste Konto ist das nationale Produktionskonto, das die Produktionsleistungen aller Unternehmen sowie der privaten und öffentlichen Haushalte erfaßt.

Nationales Produktionskonto

Nettosozial- produkt zu Marktpreisen	Löhne und Gehälter verteilte Gewinne der Unternehmen unverteilte Gewinne der Unternehmen Zinsen, Mieten indirekte Steuern, abzüglich Subventionen Gewinne des Staates Sozialversicherungs- beiträge der Unternehmen Importe	Verkäufe an Haushalte = privater Konsum Verkäufe an den Staat = staatlicher Konsum Verkäufe von Investitions- gütern an Unternehmen = Bruttoinvestition Exporte	Bruttosozial- produkt zu Marktpreisen
	Abschreibungen		

Auf der rechten Seite steht die gesamte Produktion der Volkswirtschaft (Bruttosozialprodukt), während die linke Seite die Verwendung der Erlöse für die eingesetzten Produktionsfaktoren aufzeigt.

Konsumausgaben	Löhne und Gehälter
direkte Steuern der	verteilte Gewinne der
Haushalte	Unternehmen
	Zinsen, Mieten
Sozialversicherungsbeiträge	Zahlungen des Staates an
der Haushalte	Haushalte
Ersparnis (Saldo)	

Einkommen nach Herkunft (rechte Seite) und Einkommen nach Verwendung (linke Seite) stehen sich gegenüber.

Einkommenskonto Staat

Zahlungen des Staates an Haushalte	indirekte Steuern, abzüglich Subventionen
Ausgaben für Güter	direkte Steuern der Haushalte
Ersparnis (Saldo)	direkte Steuern der Unternehmen
	Sozialversicherungsbeiträge der Unternehmen
	Sozialversicherungsbeiträge der Haushalte
	Gewinne des Staates

Auf dem Einkommenskonto des Staates stehen sich die Ausgaben und die Einnahmen gegenüber. Der Saldo, der als Haushaltsüberschuß bzw. Haushaltsdefizit errechnet wird, ist die Höhe der Ersparnis bzw. Verschuldung des Staates.

Einkommenskonto Unternehmen

direkte Steuern der Unternehmen	unverteilte Gewinne der Unternehmen
Ersparnis (Saldo)	

Vermögensänderungskonto

Bruttoinvestition	Abschreibungen
Zunahme der Forderungen an das Ausland	Ersparnis der Unternehmen
(= Exportüberschuß)	Ersparnis der Haushalte
	Ersparnis des Staates

Auslandskonto

Exporte	Importe
	Exportüberschuß

Der Saldo des Auslandskontos wird auf dem Vermögensänderungskonto gegengebucht.

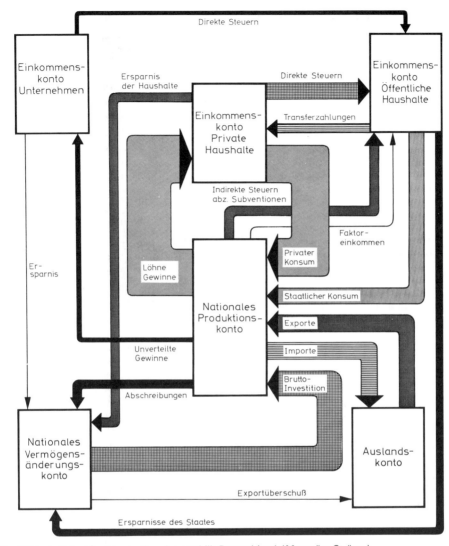

Der Wirtschaftskreislauf in der Bundesrepublik Deutschland (Monetäre Ströme)

3 Die Auswertung der Gesamtrechnung

Die volkswirtschaftliche Gesamtrechnung, die vom Statistischen Bundesamt in Wiesbaden durchgeführt wird, stellt die Grundlage dar für die Ermittlung volkswirtschaftlicher Gesamtgrößen. In der Auswertung dieser Buchführung werden drei bedeutende Bereiche der Volkswirtschaft berechnet: die Entstehung des Bruttoinlandsprodukts in den Wirtschaftsbereichen (Entstehungsrechnung), die Verteilung des Volkseinkommens auf die Einkommensarten (Verteilungsrechnung) und die Verwendung des Bruttosozialprodukts (Verwendungsrechnung).

3.1 Entstehungsrechnung

Bei der **Entstehungsrechnung** wird die Wertschöpfung an den Orten der Produktion (Entstehung) gemessen. Dazu teilt das Statistische Bundesamt die Wirtschaft in 11 Wirtschaftsbereiche ein:

1. Land- und Forstwirtschaft, Fischerei ⎫
2. Energiewirtschaft und Bergbau ⎬ Urproduktion
3. Verarbeitendes Gewerbe ⎫
4. Baugewerbe ⎬ Verarbeitung
5. Handel ⎫
6. Verkehr und Nachrichtenübermittlung ⎪
7. Kreditinstitute und Versicherungsgewerbe ⎬ Dienstleistung
8. Wohnungsvermietung ⎪
9. Sonstige Dienstleistungen ⎭

Unternehmen insgesamt

10. Staat ⎫
11. Haushalte und private Organisationen ⎬ Staat und Haushalte

alle Bereiche insgesamt

Für jeden Wirtschaftsbereich wird ein Produktionskonto geführt, das mit der Erfolgsrechnung im einzelnen Unternehmen vergleichbar ist.

Produktionskonto eines Wirtschaftsbereichs

Der Nettoproduktionswert entspricht dem Ergebnis des Produktionsprozesses des jeweiligen inländischen Wirtschaftsbereiches (Inlandsprodukt). Da dieser Wert noch nicht um die Abschreibungen vermindert ist, spricht man vom Bruttoinlandsprodukt zu Marktpreisen.

3.2 Verteilungsrechnung

In der **Verteilungsrechnung** wird das Volkseinkommen nach den Einkommensarten in Einkommen aus unselbständiger Arbeit und Einkommen aus Unternehmertätigkeit und Vermögen aufgegliedert. Die Aufteilung beider Arten zeigt folgende Übersicht:

Bruttoeinkommen aus unselbständiger Arbeit
·/. Arbeitgeberbeiträge zur Sozialversicherung

Bruttolohn- bzw. Gehaltssumme
·/. Arbeitnehmerbeiträge zur Sozialversicherung
·/. Lohnsteuer

Nettoeinkommen aus unselbständiger Arbeit
Bruttoeinkommen aus Unternehmertätigkeit und Vermögen
·/. direkte Steuern und ähnliche Abgaben

Nettoeinkommen aus Unternehmertätigkeit und Vermögen

3.3 Verwendungsrechnung

In der **Verwendungsrechnung** wird das Sozialprodukt auf vier Verwendungszwecke aufgeteilt: auf den privaten Konsum, den staatlichen Konsum (Staatsverbrauch), die Investitionen und den Außenbeitrag (Ausfuhr minus Einfuhr).

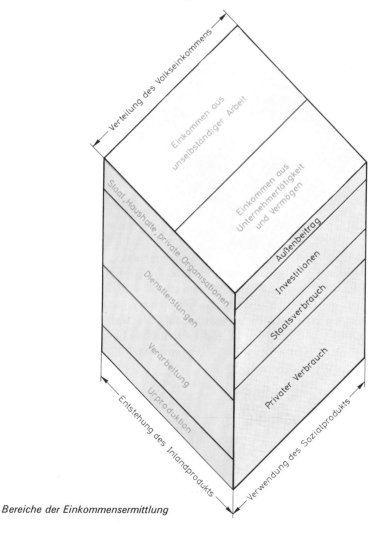

Bereiche der Einkommensermittlung

Die Verwendung des Bruttosozialprodukts – Früheres Bundesgebiet
(in jeweiligen Preisen)

Jahr	1980	1985	1987	1988	1989	1990[2])	1991[2])	1992[2])
Anteile in v.H.								
insgesamt	100	100	100	100	100	100	100	100
Privater Verbrauch	56,9	56,9	55,6	55,0	54,4	54,6	54,4	53,9
Staatsverbrauch	20,2	20,1	20,0	19,7	18,7	18,4	17,9	18,0
Investitionen								
zusammen	23,4	19,6	19,2	20,1	20,7	21,1	21,3	21,3
Bruttoanlage-investitionen	22,6	19,5	19,4	19,6	20,0	21,0	21,6	20,4
Vorratsveränderung	0,8	0,1	−0,0	0,5	0,7	0,1	−0,3	−0,2
Außenbeitrag[1])	−0,5	3,5	5,0	5,2	5,4	5,9	6,4	6,8

[1]) Einschließlich innerdeutscher Transaktionen.
[2]) Vorläufig.
Quelle: BMWi, Wirtschaft in Zahlen '93, S. 44

4 Die Input-Output-Tabelle

Wie das Kontensystem der volkswirtschaftlichen Gesamtrechnung gezeigt hat, werden die innerhalb des Sektors Unternehmen stattfindenden Transaktionen in einer Summe gebucht. Die vielfältigen Beziehungen zwischen den einzelnen Industriezweigen lassen sich dadurch nicht aus dem Kontensystem herauslesen. Hier ergänzt die Input-Output-Tabelle (auch Verflechtungstabelle) die volkswirtschaftliche Gesamtrechnung, in der die einzelnen Industriezweige einmal als liefernder Produktionsbereich in der Vorspalte (Input), zum anderen als empfangender Bereich (Output) in der Kopfzeile stehen.

Beispiel einer Input-Output-Tabelle mit 3 Industrien (Zahlen in Mrd. DM)

Kopfzeile: Vorspalte: Empfangende Liefernde Industrien Industrien (Output) (Input)	Spalte 1 Kohlen- bergbau	Spalte 2 Eisen- und Stahl- industrie	Spalte 3 Maschinen- und Fahrzeugbau	
Zeile 1 Kohlenbergbau	—	2,2	0,2	
Zeile 2 Eisen- und Stahlindustrie	0,5	—	10,5	
Zeile 3 Maschinen- und Fahrzeugbau	0,6	0,8	—	

Jede Lieferung von Sachgütern und Dienstleistungen, die in der gleichen Periode im Produktionsprozeß eingesetzt worden sind (Vorleistungen), wird durch eine einmalige Eintragung doppelt nachgewiesen. Jede Zeile zeigt die Aufteilung der Lieferungen einer bestimmten Industrie auf die anderen Industriezweige (z.B. Zeile 1: Der Kohlenbergbau hat Güter im Werte von 2,2 Mrd. DM an die Eisen- und Stahlindustrie und von 0,2 Mrd. DM an den Maschinen- und Fahrzeugbau geliefert). Jede Spalte gibt an, welche Leistungen eine Industrie von den anderen Zweigen erhalten hat (z.B. Spalte 1: Der Kohlenbergbau hat Güter im Werte von 0,5 Mrd. DM von der Eisen- und Stahlindustrie und von 0,6 Mrd. DM vom Fahrzeug- und Maschinenbau erhalten).

In der Tabelle werden aber nicht nur die Leistungen zwischen den einzelnen Industriezweigen (industrielle Verflechtung), sondern auch die Verkäufe an die Haushalte, den Staat und das Ausland festgehalten (Lieferungen für die volkswirtschaftliche Endnachfrage). Schließlich registriert sie in einem dritten Teil noch die Löhne und Gehälter, die Importe, Abschreibungen, indirekten Steuern abzüglich Subventionen und die sonstigen Einkommen (Gewinne).

Die Bedeutung einer Input-Output-Tabelle liegt darin, die Produktionsverflechtung innerhalb einer Volkswirtschaft zu analysieren (Input-Output-Analyse) und die Erkenntnisse wirtschaftspolitisch zu nutzen. Die Zusammenhänge zwischen dem Bruttoproduktionswert (Output) und dem Einsatz von Produktionsfaktoren (Input) sollen deutlich werden, damit sich die Auswirkungen einer Änderung der Endnachfrage oder der Struktur einzelner Zweige auf die einzelnen Bereiche bestimmen lassen.

		Interindustrielle Verflechtung			Volkswirtschaftliche Endnachfrage					Summe der Spalten 1–8
Empfangende Industrien /// Liefernde Industrien		Industrie Nr. 1	Industrie Nr. 2	Industrie Nr. 3	Privater Konsum	Staatlicher Konsum	Bruttoanlageinvestition	Lagerinvestition	Export	Bruttoproduktionswert
		(1)	(2)	(3)	(4)	(5)	(6)	(7)	(8)	(9)
Industrie Nr. 1	(1)									
Industrie Nr. 2	(2)									
Industrie Nr. 3	(3)									
Importe	(4)									
Abschreibungen	(5)									
Ind. Steuern abzüglich Subv.	(6)									
Löhne und Gehälter	(7)									
Sonstige Einkommen	(8)									
Summe der Zeilen 1–8 = Bruttoproduktionswert	(9)									

5 Die Bedeutung der volkswirtschaftlichen Gesamtrechnung

Die volkswirtschaftliche Gesamtrechnung als Buchführung für die Wirtschaft eines Landes wurde während und nach dem Zweiten Weltkrieg entwickelt und erfaßt die wichtigsten Ströme im Wirtschaftskreislauf. Sie baut auf der Kreislauftheorie und der Volkseinkommensstatistik auf und dient sowohl der Analyse abgelaufener Prozesse (Rückschaurechnung = nationale Buchführung) als auch als Grundlage für Probleme der Zukunft (Vorschaurechnung = Prognosebudget, Nationalbudget). Eine wichtige Rolle spielt sie für die Konjunkturdiagnose und -prognose.

Die der volkswirtschaftlichen Gesamtrechnung zugedachte Funktion liegt darin, sowohl Instrument zur Messung des Volkswohlstandes als auch zur konjunkturellen Stabilisierung zu sein. Durch die Erarbeitung eines Grundsystems wird eine internationale Vereinheitlichung erreicht und damit eine Vergleichbarkeit der Statistiken über Entstehung, Verteilung und Verwendung des Sozialprodukts möglich.

Durch die Messung des Volkswohlstandes kann die Entwicklung der Produktivkraft eines Landes zeitlich verfolgt werden. Gerade die Entwicklung des Volkseinkommens gilt als wichtigster Indikator für die Entfaltung der produktiven Kräfte. Daneben soll die Nationalbuchführung der Stabilisierungspolitik dienen. Man baut ein Nationalbudget für die Wirtschaftspolitik auf, das eine Vorschau auf das zu erwartende Angebot und die mögliche Nachfrage zuläßt. Sobald sich inflatorische oder deflatorische Tendenzen zeigen, will man durch **Globalsteuerung** eingreifen, worunter man eine Beeinflussung gesamtwirtschaftlicher Größen (z. B. Investitionsvolumen, Geldmenge, Konsum, Volkseinkommen) durch systemkonforme Maßnahmen versteht.

In Verfolgung der Ziele der Gesamtrechnung ergeben sich Schwierigkeiten, die zunächst durch die statistischen Werte bereitet werden. Wegen ihrer Lückenhaftigkeit müssen sie durch möglichst genaue Schätzungen ergänzt werden. Damit erhöhen sich die Unsicherheiten für Prognosen. Durch verzögerten Anfall der Daten ergibt sich eine weit hinter der Rechnungsperiode herhinkende Auswertung.

Für die Messung des Wohlstands (Sozialproduktberechnung) lassen sich einige Schwächen der Gesamtrechnung erkennen:

- Nichtberücksichtigung der sozialen Kosten, die die durch Produktion oder Konsum bewirkten Schäden verursachen (z. B. Umweltschutz, Verunreinigung der Luft durch Autoabgase).
- Nichtbewertung der Freizeit, deren Ausmaß durch Verkürzung der Arbeitszeit ständig zunimmt und deren Unterschiede im Vergleich zu berücksichtigen sind.
- Falsche Bewertung oder Nichtbewertung öffentlicher Leistungen. Dies ist noch ein ungelöstes Problem, da öffentliche Leistungen nicht auf den Märkten gehandelt und daher mit keinem Marktpreis bewertet werden.

VIII Gliederung der Wirtschaft

Bisher wurde von „den" Unternehmungen gesprochen. An der Bereitstellung der Güter sind aber zahlreiche Unternehmen der verschiedensten Wirtschaftszweige beteiligt.

1 Urerzeugung

Bei der Urerzeugung *(primärer Wirtschaftsbereich)* handelt es sich um die Gewinnung von Rohstoffen, wie sie unmittelbar von der Natur geboten werden. Im einzelnen zählen zur Urerzeugung: Landwirtschaft einschließlich Garten- und Weinbau, Forstwirtschaft, Jagd und Fischerei sowie der Bergbau (Kohle, Erze, Salze, Steine) einschließlich der Erdölgewinnung. Die Urerzeugung bildet die Grundlage jeder Wirtschaft, und der Reichtum an Bodenschätzen kann eine entscheidende Bedeutung für den Reichtum einer Volkswirtschaft haben.

2 Weiterverarbeitung

Nur in wenigen Fällen sind die Produkte der Urerzeugung konsumreif (Obst, Gemüse), sie müssen meist zu Produktions- oder Konsumgütern be- oder verarbeitet werden. Oft besteht ein sehr weiter Weg zwischen den Produkten der Urerzeugung und den daraus erstellten Gütern.

Die Be- und Verarbeitung erfolgt innerhalb von Industrie und Handwerk *(sekundärer Wirtschaftsbereich)*. Man unterscheidet folgende Industriezweige:

1. Grundstoffindustrie (Eisenschaffende Industrie, Metallgießereien, Mineralölverarbeitung, Zellstoffindustrie, Chemische Industrie u. a.);
2. Investitionsgüterindustrie (Maschinenbau, Elektroindustrie, Fahrzeugbau u. a.);
3. Konsumgüterindustrie (Bekleidungsindustrie, Nahrungs- und Genußmittelindustrie u. a.).

Die Industrie ist heute der bedeutendste Wirtschaftsfaktor. Ihrer Bedeutung entsprechend nennt man unsere heutige Gesellschaft nicht zu Unrecht „Industriegesellschaft".

Das Handwerk gliedert sich in das warenproduzierende (z. B. Bauhandwerk, metallverarbeitendes Gewerbe) und das Dienstleistungshandwerk (z. B. Friseure). Eine wichtige Rolle spielt das Lebensmittelhandwerk (Metzgereien, Bäckereien).

Die Abgrenzung zwischen Industrie und Handwerk ist nicht immer leicht zu ziehen. Im allgemeinen sind im Industriebetrieb der Kapitaleinsatz und der Maschineneinsatz höher und die Arbeitsteilung weiter vorangeschritten. Demgegenüber ist im Handwerk die manuelle Tätigkeit bedeutsam, wenn auch der Maschineneinsatz in den letzten Jahrzehnten stark zugenommen hat.

3 Handel

Zwischen Unternehmungen und Konsumenten, aber auch zwischen den einzelnen Unternehmen müssen Verbindungen geschaffen werden, die die produzierten Waren verteilen helfen. Diese *Distributionsfunktion* erfüllt der Handel.

Man unterteilt den Handel in *Binnen- und Außenhandel*. Der Außenhandel gliedert sich wiederum in *Export, Import und Transithandel* (Durchfuhrhandel).

Der *Großhandel* hat verschiedene Funktionen zu erfüllen und gliedert sich demgemäß in den *Aufkaufgroßhandel* (Pelze, Altmetalle, Hopfen u.a.), den *Produktionsverbindungshandel* (Handel zwischen zwei Herstellungsbetrieben) und den Absatzgroßhandel, der den Absatz der Waren an den Einzelhandel besorgt.

Kriterium des *Einzelhandels* ist es, Güter an private Verbraucher zu liefern. Er bildet die Verbindung zwischen Hersteller und Verbraucher.

4 Dienstleistungen

Im weiten Sinne zählt der Handel auch zu den Dienstleistungsbetrieben, aus Zweckmäßigkeitserwägungen wurde er hier jedoch gesondert aufgeführt.

Zu den Dienstleistungsbetrieben *(tertiärer Wirtschaftsbereich)* zählen alle Betriebe, die Dienstleistungen „produzieren", z.B. Kreditinstitute (Banken, Sparkassen), Verkehrsbetriebe (Bahn, Post, Reedereien, Fuhrunternehmen), Versicherungsbetriebe sowie die Angehörigen der „Freien Berufe" (Steuerberater, Rechtsanwälte, Ärzte u.a.).

5 Verzweigung der Wirtschaft

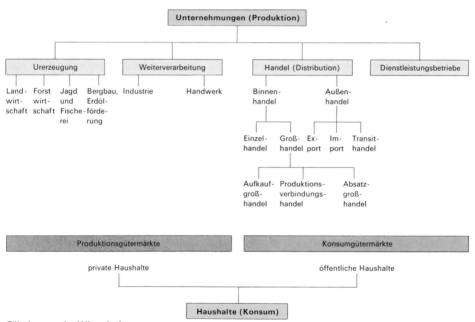

Gliederung der Wirtschaft

Die zahlreichen Unternehmen der verschiedenen Wirtschaftszweige sind eng miteinander verzahnt. Nicht zu Unrecht vergleicht man die Wirtschaft mit einem Uhrwerk, in dem die einzelnen Zahnräder genau ineinander passen müssen.

Dem Güterstrom zwischen den verschiedenen Unternehmungen sowie zwischen Unternehmen und Haushalten läuft der Geldstrom entgegengesetzt. Bei diesen Strömen werden mannigfache Hilfsleistungen in Anspruch genommen (Güterstrom: Verkehrsbetriebe, Versicherungen), Geldstrom: Banken (Zahlungsverkehr). Während die Güter laufend verzehrt werden, vollzieht das Geld einen ständigen Kreislauf *(Zirkulation)*.

Die starke Verflechtung der einzelnen Teilbereiche der Wirtschaft setzt ein ordnungsgemäßes Funktionieren aller Teilbereiche voraus. Umgekehrt wirken sich Störungen in einem Wirtschaftszweig (z. B. Streik) vielfältig auf die Gesamtwirtschaft aus.

6 Veränderungen in der Erwerbsstruktur

Die Bedeutung der einzelnen Wirtschaftsbereiche hat sich im Laufe der Zeit stark verschoben. Noch um etwa 1800 gehörten etwa 80% der Erwerbstätigen dem primären Sektor an. Der Rest verteilte sich vor allem auf den sekundären Sektor und den kleinen Dienstleistungsbereich.

Die Landwirtschaft setzte im Zuge der Industrialisierung trotz stetig steigender Produktion immer mehr Menschen frei, die vor allem in die Industrie abwanderten. In der Zahl der Beschäftigten nahm der sekundäre Sektor zunächst stark, in jüngster Zeit aber nur noch geringfügig zu, und allmählich tritt ein Stillstand ein. Dank der technischen Entwicklung können die industriellen Güter trotz verkürzter Arbeitszeiten von immer weniger Menschen produziert werden.

Dienstleistungen, zu denen auch häufig alle Tätigkeiten in der Verwaltung industrieller Betriebe gezählt werden, können nur in geringem Maße durch maschinelle Hilfsmittel bewältigt werden, wenn dies auch nicht für alle Dienstleistungsbereiche gleichermaßen gilt. So hat die Zahl der Beschäftigten auf dem Dienstleistungssektor in letzter Zeit einen immer größer werdenden Umfang angenommen, und man geht allgemein davon aus, daß er in Zukunft den sekundären Sektor überflügeln wird.

Diese unterschiedliche Entwicklung der Wirtschaftsbereiche wurde insbesondere von dem Franzosen Jean Fourastié herausgestellt und läßt sich grafisch wie folgt darstellen:

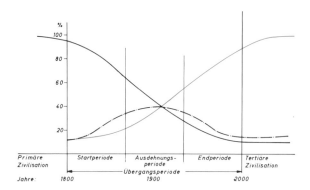

Entwicklung des primären Sektors im Laufe der Industrialisierung

——————— Anteil der landwirtschaftlichen Bevölkerung (primär) an der gesamten aktiven Bevölkerung (in v. H.)

Entwicklung des sekundären und tertiären Sektors

—·—·—· Anteil der industriell Beschäftigten (sekundär)
——————— Anteil der Personen in Beschäftigungen mit geringem technischen Fortschritt (tertiär)

Jean Fourastié: Die große Hoffnung des zwanzigsten Jahrhunderts, 2. Auflage, Köln 1969, S. 120f.

42

Es handelt sich hier um ein Drei-Phasen-Modell mit einer im wesentlichen agrarischen Gesellschaft (erste Phase) als Ausgangspunkt. In der zweiten Phase erhöht sich die Zahl der in der Güterproduktion Beschäftigten stark, sinkt dann aber wieder ab. Demgegenüber steigt der tertiäre Sektor zunächst weniger stark, dann aber beschleunigt sich sein Wachstum, so daß er schließlich den sekundären Sektor überflügelt. In der Endphase stehen einer hohen Beschäftigtenzahl im tertiären Sektor eine geringere in der Industrie und eine kleine Zahl in der Landwirtschaft gegenüber.

Die folgende Aufstellung gibt einen zahlenmäßigen Überblick über die tatsächliche Entwicklung. Allerdings ist zu beachten, daß vor allem im produzierenden Gewerbe ein beachtlicher Anteil von Angestellten mit Verwaltungstätigkeiten enthalten ist, die nach Fourastié zum tertiären Sektor zählen. Ob die von Fourastié vorhergesagte Entwicklung letztlich eintritt, wird davon abhängen, inwieweit die Dienstleistungen auch rationeller erbracht werden können.

Entwicklung der Erwerbstätigen in den einzelnen Wirtschaftsbereichen in %

Wirtschaftsbereich	um 1800	um 1880	1950	1960	1970	1980	1990
Land- und Forstwirtschaft	ca. 80	ca. 42	24,6	13,8	8,5	5,5	3,5
Produzierendes Gewerbe	ca. 15	ca. 36	42,6	47,7	48,8	44,2	38,9
Handel, Verkehr und sonstige Dienstleistungen	ca. 5	ca. 22	32,8	38,5	42,7	50,3	57,7

Quellen: Bolte: Deutsche Gesellschaft im Wandel. Bd. 2 und BMWi, Wirtschaft in Zahlen '93, S. 15

Die folgende Tabelle zeigt die Zahl der Erwerbstätigen (in Mill. und %) in den verschiedenen Wirtschaftsbereichen für die Bundesrepublik Deutschland.

Erwerbstätige nach Wirtschaftsbereichen (Jahresdurchschnitt)

Jahr	Land- und Forstwirtschaft		Produzierendes Gewerbe		Handel und Verkehr		Sonstige Wirtschaftbereiche	
	in Mill.	in %	in Mill.	in %	in Mill.	in %	in Mill.	in %
1970	2,3	8,5	13,0	48,8	4,7	17,5	6,7	25,2
1975	1,8	6,9	11,7	45,3	4,8	18,4	7,6	29,4
1980	1,4	5,5	11,6	44,1	4,8	18,5	8,4	31,9
1990	0,99	3,5	11,1	38,8	5,4	19,1	10,9	38,6

Quelle: BMWi, Leistung in Zahlen '89, S. 12, BMWi, Wirtschaft in Zahlen '93, S. 15

IX Einzelwirtschaftliche und gesamtwirtschaftliche Zielsetzungen

1 Wirtschaftssubjekte

In der Wirtschaft müssen mannigfache Entscheidungen getroffen werden. Die Entscheidungseinheiten, also die Träger wirtschaftlichen Handelns, nennt man *Wirtschaftssubjekte*. Man unterscheidet hierbei:

1. private Haushalte,
2. Unternehmungen,
3. Staat (Bund, Länder, Gemeinden).

Personen, die keine selbständigen wirtschaftlichen Entscheidungen treffen können (z. B. unmündige Kinder), sind demnach keine Wirtschaftssubjekte.
Die Beziehungen der Wirtschaftssubjekte zueinander ergeben sich aus dem bereits dargestellten Wirtschaftskreislauf.

2 Wirtschaftspläne

Wirtschaftliche Entscheidungen können grundsätzlich nicht spontan getroffen werden, vielmehr ist ein *planvolles Handeln* notwendig, wenn ein optimaler Erfolg erreicht werden soll. Hierfür stellen die Wirtschaftssubjekte *Wirtschaftspläne* auf.
Der Haushalt plant u. a. die Verteilung seines Einkommens auf die verschiedenen Konsumgüter und seine Sparquote, der Unternehmer Art und Umfang der Produktion sowie den Mitteleinsatz zur Güterherstellung.
Pläne sind auf die Zukunft gerichtet. Da sich aber die Gegebenheiten ständig ändern können, wird es unter Umständen zu einer laufenden Revision der Wirtschaftspläne kommen müssen.

3 Das ökonomische Prinzip

Eine Hausfrau, die sich überlegt hat, welches Gericht sie kochen will, wird die Geschäfte aufsuchen, in denen sie – bei gleicher Qualität – am billigsten einkaufen kann. Sie will also das geplante Mittagessen so preiswert wie möglich zubereiten.
Der Rat einer Gemeinde wird sich – um ein weiteres Beispiel zu nennen – reiflich überlegen müssen, wie er die gegebenen Steuermittel verwendet (z. B. Bau einer Straße, Schule oder eines Kindergartens). Er wird die Entscheidung so treffen, daß diejenige Maßnahme ergriffen wird, die für die Bewohner der Gemeinde den höchsten Nutzen bringt.

Handeln Hausfrau und Gemeinderat den angeführten Beispielen entsprechend, so entscheiden sie nach dem *ökonomischen Prinzip.*

ökonomisches Prinzip		
Ein gegebenes Ziel mit möglichst geringem Mitteleinsatz erstreben	o d e r	Mit gegebenen Mitteln den höchstmöglichen Erfolg zu erreichen suchen

Das setzt voraus, daß Wirtschaften ein Entscheiden zwischen verschiedenen Möglichkeiten ist.

Den Menschen, der ausschließlich nach diesem *Rationalprinzip* handelt, nennt man „homo oeconomicus''. Er ist als reiner „Wirtschaftsmensch'' eine Abstraktion der Wissenschaft, wodurch die Aufstellung von Gesetzmäßigkeiten des wirtschaftlichen Verhaltens erleichtert wird.

In Wirklichkeit gibt es diesen „homo oeconomicus'' nicht, da der Mensch in vielen Bereichen „irrational'' handelt. Die Handlungen werden nicht nur durch wirtschaftliche Erwägungen, sondern durch ethische und religiöse Überzeugungen, Gewohnheit, Verhaltensweisen anderer sozialer Gruppen und Leitbilder sowie emotionale Reaktionen beeinflußt.

Ein Unternehmer ist in höherem Maße gezwungen, nach dem ökonomischen Prinzip zu handeln als der Verbraucher, da er sich im Wettbewerb behaupten muß.

4 Nutzenmaximum der Haushalte

Der private Haushalt hat unter der Voraussetzung wirtschaftsrationalen Handelns das Ziel, seine Bedürfnisse mit dem gegebenen Einkommen so zu befriedigen, daß für ihn ein Maximum an Nutzen erreicht wird *(individuelles Nutzenmaximum).* Hierzu ist es erforderlich, die dringenden Bedürfnisse eher zu befriedigen als die weniger dringenden. Dies setzt bei gegebenen Preisen und Einkommen eine Entscheidung über Art und Menge der einzelnen nachgefragten Güter voraus.

In der Realität müssen an der „Rechenhaftigkeit'' der privaten Haushalte erhebliche Abstriche gemacht werden.

Die *öffentlichen Haushalte* des Staates müssen ebenso bestrebt sein, ein Nutzenmaximum für die Gesellschaft zu erreichen. Durch sie müssen die Sozialbedürfnisse in bestmöglicher Form befriedigt werden. Die Dringlichkeit dieser Bedürfnisse (Schulen oder Kanonen) wird durch politische Entscheidung festgelegt.

5 Gewinnmaximum des Unternehmers

Die Unternehmungen haben im allgemeinen zum Ziel, einen maximalen Gewinn zu erreichen *(erwerbswirtschaftliches Prinzip).* Um dieses Ziel zu erreichen, versuchen sie, kostengünstig zu produzieren und – bei gegebenen Preisen – soviel absetzen, daß die Grenzkosten gleich dem Absatzpreis werden. Dieses Ziel des maximalen Gewinns kann kurz- oder langfristig verfolgt werden. Allgemein ist der Unternehmer bestrebt, langfristig ein Maximum zu erreichen, auch wenn er kurzfristig auf Gewinnchancen verzichtet.

Hierzu ein Beispiel: Ein Automobilwerk hat längere Lieferfristen für ein bestimmtes Modell. Trotzdem erhöht das Unternehmen die Preise nicht – obwohl marktmäßig durchaus möglich –, um langfristig keine Kunden zu verlieren. Kurzfristig wäre eine Gewinnerhöhung möglich, langfristig besteht die Gefahr, aus dem Markt verdrängt zu werden. So wird zwar nicht kurzfristig, aber langfristig das Gewinnmaximum angestrebt.

Dieses Gewinnstreben ist nach Ansicht vieler Wirtschaftswissenschaftler eine Triebfeder unserer Wettbewerbswirtschaft, und es ist für die gesamte Wirtschaft von Vorteil, wenn die Unternehmen durch den Wettbewerb gezwungen werden, immer kostengünstiger zu produzieren. Diese Kostensenkungen müssen langfristig durch den Wettbewerbsdruck auch zu Preissenkungen für den Verbraucher führen.

Da auch der Unternehmer kein reiner „homo oeconomicus" ist, spielen neben dem Gewinnstreben noch andere Faktoren für die unternehmerischen Entscheidungen eine Rolle (z.B. Machtstreben, soziales Ansehen, Interesse am technischen Fortschritt, ethische Überzeugungen).

So kann die Gewinnmaximierung nicht für alle Unternehmen unbedingt als Ziel unterstellt werden. Viele Unternehmen, insbesondere kleinere des sogenannten selbständigen „Mittelstandes", mögen auch einen angemessenen Gewinn erstreben *(Angemessenheitsprinzip)*.

Diese Wirtschaftsgesinnung herrschte im Mittelalter vor, angemessen bedeutete dabei „standesgemäße Lebenshaltung". Auch heute, wo den Unternehmen häufig das Recht auf maximalen Gewinn abgestritten wird, sind hierfür außerwirtschaftliche Einstellungen verantwortlich.

6 Gemeinwirtschaftliches Prinzip

Nicht alle Produktionsbereiche lassen sich nach dem erwerbswirtschaftlichen Prinzip organisieren. Bereiche, in denen der Wettbewerb nicht regulierend auf die Preisbildung und damit die Gewinnbildung einwirkt, müssen zur Vermeidung einer Übervorteilung der Verbraucher so eingerichtet werden, daß bei kostendeckenden Preisen der Bedarf gedeckt wird. Kommunale Verkehrsbetriebe, Bundesbahn und Bundespost sollen z.B. nach diesem *gemeinwirtschaftlichen Prinzip* geführt werden (Kostendeckungsbetriebe).

Oftmals reichen aber Preise, die gerade die Kosten decken, nicht aus, da zusätzliche Investitionen durchgeführt und finanziert werden müssen. Insoweit kann der Preis der Güter (angemessen!) über den Kosten liegen.

Dem gemeinwirtschaftlichen Prinzip entspricht es auch, wenn aus sozialen Gründen ein Ausgleich zwischen verschiedenen Leistungen erfolgt. So wird z. B. der Brief zum einsam liegenden Bauernhof vom Telefonbenutzer „mitbezahlt".

7 Gesamtwirtschaftliche Zielsetzung

Der Verbraucher soll im Mittelpunkt der Wettbewerbswirtschaft stehen. Nur um seinetwillen besteht die Güterproduktion. Gesamtwirtschaftliche Aufgabe kann es deshalb auch nur sein, eine *optimale Bedürfnisbefriedigung* der Bevölkerung zu erreichen.

Dem widerspricht das erwerbswirtschaftliche Prinzip insoweit nicht, als die Konkurrenz einen Druck auf die Preise ausübt und die Unternehmer zu immer kostengünstigerer Produktion zwingt. Funktioniert der Wettbewerb, bringt auch dieses erwerbswirtschaftliche Prinzip Vorteile für den Verbraucher. In Bereichen mit eingeschränktem Wettbewerb muß jedoch, notfalls durch staatliche Zwangsmaßnahmen, das Angemessenheitsprinzip bzw. das gemeinwirtschaftliche Prinzip zum Zuge kommen.

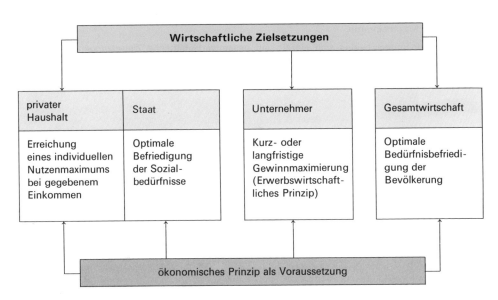

Lernkontrolle

1. Erläutern Sie die Aufgaben der Volkswirtschaftslehre.

2. Worin unterscheiden sich die Begriffe Bedürfnis, Bedarf, Gut?

3. Welche Bedeutung hat der Markt im wirtschaftlichen Geschehen?

4. Worin liegt die praktische Nutzanwendung des Wirtschaftskreislaufmodells?

5. Unter welchen Voraussetzungen (Prämissen) spricht man von einem einfachen Wirtschaftskreislauf?

6. Welche Ströme lassen sich im Wirtschaftskreislauf unterscheiden?

7. Erklären Sie den erweiterten Wirtschaftskreislauf.

8. Erklären Sie den Zusammenhang zwischen Sparen und Investieren.

9. Welche Bedeutung kommt dem Staat im Wirtschaftskreislauf zu?

10. Erklären Sie die Grundzüge der volkswirtschaftlichen Gesamtrechnung.

11. Erläutern Sie die Begriffe Sozialprodukt und Volkseinkommen und grenzen Sie beide voneinander ab.

12. Worin unterscheiden sich nominales und reales Sozialprodukt?

13. Die volkswirtschaftliche Gesamtrechnung kennt drei Berechnungsbereiche. Worin unterscheiden sich diese Bereiche?

14. Worin unterscheiden sich
    - Bruttosozialprodukt zu Marktpreisen,
    - Nettosozialprodukt zu Marktpreisen,
    - Nettosozialprodukt zu Faktorkosten?

15. Welche Rolle spielt der Dienstleistungssektor in der modernen Industriegesellschaft?

16. Was besagt das ökonomische Prinzip? Erläutern Sie den Unterschied zwischen Minimal- und Maximalprinzip.

17. Worin unterscheiden sich einzel- und gesamtwirtschaftliche Zielsetzungen? Stellen Sie Beispiele für einzelwirtschaftliche und gesamtwirtschaftliche Zielsetzungen zusammen.

B Die Produktion und die Produktionsfaktoren

I Begriffliche Grundlegung

1 Der Begriff „Produktion"

Der Mensch lebt schon längst nicht mehr in einer natürlichen Umwelt, er hat sich vielmehr seine Welt erschaffen, in der er lebt. Und er arbeitet ständig an ihrer weiteren Ausgestaltung. Im weitesten Sinne ist dieser Vorgang des Umweltschaffens Produktion.
Aus wirtschaftlicher Sicht reicht dieser umfassende Begriff der Produktion nicht aus. Er ist zu ungenau und vage. Streng ökonomisch gesehen meint der Begriff der Produktion die *Bereitstellung von Gütern für den Konsum.*
Produktion ist deshalb notwendig, weil nur wenige Güter in einer derart großen Zahl vorhanden sind, daß alle Menschen unmittelbar, ohne jede Tätigkeit ihre Bedürfnisse befriedigen können (freie Güter – wirtschaftliche Güter). Hinzu kommt, daß die Güter sich selten in ihrer ursprünglichen Form zur Bedürfnisbefriedigung eignen; sie müssen zunächst konsumierbar gemacht werden.

2 Die technische und ökonomische Produktion

Die Bereitstellung von Gütern für den Konsum findet in den *Unternehmungen* statt, wobei Bereitstellung zweierlei bedeuten kann. Einmal versteht man darunter den Prozeß der Umwandlung eines Gutes in eine *konsumfertigere Form,* d. h. den technischen Vorgang der Gütererzeugung, wie z. B. die Montage eines Autos aus Einzelteilen. Zum anderen faßt man darunter auch den Prozeß auf, ein Gut in eine *konsumnähere Lage* zu bringen, d. h. dem Verbraucher das erstellte Produkt sicher und bequem zu übermitteln, wie es z. B. der Großhändler mit seinen Dienstleistungen tut. In dieser Sicht gehören Handel, Banken, Versicherung, Speditionen usw. zur Produktion, die dann ausschließlich ökonomisch gesehen wird.

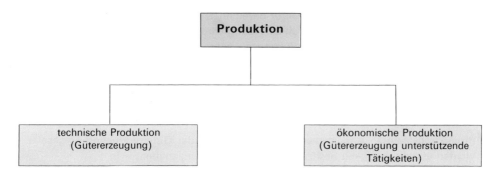

II Das Wesen der Produktionsfaktoren

1 Begriffliche Bestimmungen

Die Produktion ist ein Prozeß, in dem die produktiven Faktoren: *Boden-Arbeit-Kapital* kombiniert werden.

Diese Feststellung, daß der Kombinationsprozeß der Güterproduktion auf den drei elementaren Faktoren Boden, Arbeit und Kapital beruht, geht auf Jean Baptiste Say (1767–1832) zurück. Er war der erste, der von einer Dreigliederung der Produktionsfaktoren sprach.

Andere Nationalökonomen gingen von nur einem Produktionsfaktor aus, entweder vom Boden oder von der Arbeit, wieder andere von zwei, nämlich vom Boden und von der Arbeit, und für Karl Marx (1818–1883) z. B. war nur die Arbeit ein Produktionsfaktor. Einzelne Wirtschaftswissenschaftler gehen über die drei genannten produktiven Faktoren hinaus, so etwa Friedrich List (1789–1840), der die Produktionskraft der Nation als eigenständigen Produktionsfaktor herausstellte. Und John M. Keynes (1883–1946) stellte fest, daß dem Unternehmer eine eigenständige Bedeutung als Produktionsfaktor zukomme.

Über die Zahl der Produktionsfaktoren, die in dem Produktionsprozeß der Unternehmungen kombiniert werden, besteht demnach keine unbedingte Einhelligkeit. Es ist jedoch allgemein üblich, von den *drei Produktionsfaktoren,* die Say herausstellte, nämlich Boden, Arbeit und Kapital, auszugehen.

Dabei bedeutet der produktive Faktor Boden den vom Menschen bewirtschafteten Bestand der Natur. Unter Arbeit sind alle wirtschaftlichen Leistungen des Menschen innerhalb des Produktionsprozesses zu verstehen; und Kapital als Produktionsfaktor bezeichnet die im Kombinationsprozeß eingesetzten Bestände an produzierten Gütern.

> **Boden** = alle bearbeiteten Böden und nicht ausgenutzte Rohstoffvorkommen
> **Arbeit** = alle wirtschaftlichen Leistungen von Menschen
> **Kapital** = alle Bestände an produzierten Gütern, die in Unternehmungen im Produktionsprozeß eingesetzt werden

Diese Gruppen lassen sich nicht immer scharf voneinander trennen; so ist der bewirtschaftete Boden erst durch Arbeits- und Kapitaleinsatz veredelt. Darüber hinaus sind die Leistungen innerhalb der einzelnen Produktionsfaktoren nicht immer gleichartig.

Arbeit und Boden bezeichnet man als *originäre (ursprüngliche) Faktoren,* weil sie ohne vorherigen produktiven Einsatz in den Kombinationsprozeß eingehen. Kapital dagegen wird als *derivativer (abgeleiteter) Faktor* bezeichnet, weil seine Verwendung erst durch vorherige Leistungserstellung möglich ist. Häufig wird deshalb auch bei den produktiven Faktoren Boden und Arbeit von *Produktionselementen* gesprochen, weil sie die in nichts mehr auflösbaren Wirtschaftsgüter darstellen.

Der Wert der in der Produktion eingesetzten Produktionsfaktoren ist in der Regel geringer als der Wert des fertiggestellten Gutes. Diesen Wertzuwachs, der durch die Verbindung der Produktionsfaktoren erreicht wird, bezeichnet man als Mehrwert.

> Produktionsfaktoren sind elementare Güter, die bei der Güterproduktion eingesetzt werden und die Fähigkeit besitzen, einen Mehrwert zu schaffen.

2 Produktion und Produktivität

Ökonomisch gesehen ist nicht allein die Höhe der Produktion maßgebend, sondern die Beziehung zwischen Produktionsmenge und den hierzu eingesetzten Produktionsfaktoren. Dieses Verhältnis, das die Ergiebigkeit der Produktionsfaktoren aufzeigt, bezeichnet man als Produktivität. Jede Leistung, die direkt oder indirekt Bedürfnisse befriedigt, ist produktiv.

$$\text{Produktivität} = \frac{\text{Produktionsergebnis}}{\text{Faktoreneinsatz}}$$

Da jeweils verschiedene Faktoren bei der Produktion eingesetzt werden, muß eine Bewertung in Geld erfolgen, um die Größen vergleichbar zu machen, z. B.

$$\frac{\text{erzeugte Stückzahl} \cdot \text{Marktpreis}}{\text{Kosten der Produktion}}$$

Die Produktivität kann jedoch auch mengenmäßig errechnet werden, wenn das Produktionsergebnis auf *einen* Einsatzfaktor bezogen wird. Man muß sich jedoch darüber im klaren sein, daß immer nur die Kombination *mehrerer* Faktoren die Produktion ermöglicht, und daß der Beitrag, den *ein* Faktor leistet, letztlich nicht eliminierbar ist. Im einzelnen unterscheidet man drei Arten der Produktivität:

$$\text{Arbeitsproduktivität} = \frac{\text{Produktionsergebnis}}{\text{Arbeitseinsatz}}$$

Die Arbeitsproduktivität wird z. B. gemessen in:
Stück je geleistete Arbeitsstunde,
Stück je Arbeiter oder
Stück je Beschäftigtem.

$$\text{Kapitalproduktivität} = \frac{\text{Produktionsergebnis}}{\text{Kapitaleinsatz}}$$

Die Kapitalproduktivität kann beispielsweise gemessen werden in:
Stück je eingesetzte Maschine oder
Stück je Maschinenstunde.

In der Landwirtschaft ist auch die Bodenproduktivität von Bedeutung. Sie läßt sich z. B. berechnen in: dz je ha.

$$\text{Bodenproduktivität} = \frac{\text{Produktionsergebnis}}{\text{Bodeneinsatz}}$$

In der wirtschaftspolitischen Diskussion ist die Arbeitsproduktivität und deren Entwicklung insbesondere für die Lohnfindung von Bedeutung. Die folgende Tabelle beweist, daß sich die Produktivität der Arbeit seit 1970 gewaltig erhöht hat. Diese Entwicklung zeigt indessen nicht nur die höhere Leistungsfähigkeit der Arbeitskräfte, sondern ist zugleich Ausdruck eines höheren Kapitaleinsatzes und des technischen Fortschritts.

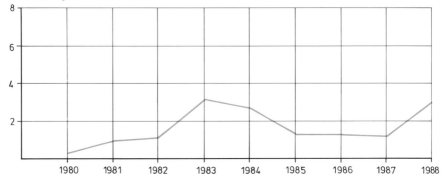

Arbeitsproduktivität

Anstieg des realen BSP
je Erwerbstätigenstunde in %

Durchschnittlicher jährlicher Produktivitätsanstieg

1951–1960	+6,2%	1981–1985	+1,8%	1990[1])	+2,0%
1961–1970	+5,3%	1986–1989	+1,8%	1991[1])	+1,1%
1971–1980	+3,9%	1989	+1,9%	1992[1])	+0,7%

Quelle: BMWi, Leistung in Zahlen '89, S. 15, BMWi, Wirtschaft in Zahlen '93, S. 23

[1]) Vorläufig

III Der Produktionsfaktor Boden

1 Die Rolle des Bodens in der Volkswirtschaft

Der Boden wurde von den Physiokraten*) zum ersten Mal als Produktionsfaktor erkannt
und sogar als alleinige Quelle des Wohlstandes einer Volkswirtschaft angesehen.

Für die Physiokraten ist nur die Natur produktiv, da sie allein die Güter hervorbringen
kann, deren Gebrauchswert größer ist als ihre Produktionskosten, d. h. einen Mehrertrag
(produit net) schaffen. Aufgrund der natürlichen Produktivität des Bodens sei allein in
der Landwirtschaft und im Bergbau eine Wertschöpfung möglich. Alle übrigen Zweige
der Gütererzeugung würden nur stoffumwandelnde und ortsverändernde Tätigkeit ent-
falten und seien daher unproduktiv.

Die Auffassung der Physiokraten, daß nur die Natur produktiv sei, ist in ihrer Einseitigkeit
falsch, machen doch die entwickelten Volkswirtschaften heute deutlich, daß der produktive Beitrag des Faktors Boden hinter den Beiträgen der Faktoren Arbeit und Kapital
am Sozialprodukt zurückbleiben. Die Physiokraten haben aber zu recht auf die Bedeutung
des Bodens für die Volkswirtschaft hingewiesen, insofern sind sie bei der Betrachtung
der Natur als produktiver Faktor besonders hervorzuheben.

---

*) So bezeichnet man die französischen Nationalökonomen im 17. und 18. Jahrhundert, die die
   auf dem Naturrecht basierende Gesellschaftsphilosophie François Quesnays (1694–1774) ver-
   traten.

52

Man sollte sich vor jeder einseitigen Betrachtung der Rolle der einzelnen Produktionsfaktoren in bezug auf ihre Bedeutung im Rahmen der Leistungserstellung einer Volkswirtschaft hüten. Keiner der produktiven Faktoren ist ohne den anderen wirkungsvoll; deshalb kommt es letztlich auf ihre sinnvolle Kombination an.

Der Produktionsfaktor Boden dient dem Menschen grundsätzlich in zweierlei Weise, einmal als elementarer aktiver Wirtschaftsfaktor in Form von Anbauboden (Landwirtschaft) und Abbauboden (Bergbau) und zum anderen als Standort der Produktion in Landwirtschaft und Industrie.

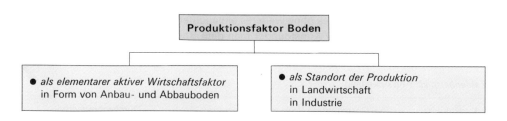

2 Der Boden als elementarer aktiver Wirtschaftsfaktor

2.1 Der Boden als Anbauboden

Beim Anbauboden handelt es sich um Boden als Träger ersetzbarer Stoffe, d. h. landwirtschaftlicher Produkte. Es sind solche Stoffe, die ständig aus dem Boden wiedergewonnen werden können, das sind organische Produkte. Der Boden regeneriert (erneuert) seine Kräfte selbständig oder durch entsprechende Bearbeitung des Menschen.

2.2 Das Ertragsgesetz

Ein wesentliches Kennzeichen des Bodens ist seine Nichtvermehrbarkeit. Diese Tatsache führte schon früh zu der Erkenntnis, daß man mit dem vorhandenen Boden haushalten muß, da sich die Produktionsergebnisse der Landwirtschaft nicht beliebig steigern lassen. Der Ertrag einer gegebenen Bodenmenge läßt sich nicht durch vermehrten Arbeitseinsatz und durch gesteigerte Kapitalzufuhr (Dünger) unbegrenzt erhöhen.
Anne Robert Jacques Turgot (1721–1781) stellte als erster empirisch fest, daß sich bei einer gegebenen Bodenfläche durch vermehrten Einsatz der Produktionsfaktoren Arbeit und Kapital der Gesamtertrag bis zu einem bestimmten Punkt zwar steigern läßt, dann aber bei weiterem Einsatz sogar insgesamt abnimmt, da die Ertragszuwächse sich keineswegs proportional zur Vermehrung des veränderten Produktionsfaktoreinsatzes verhalten, sondern sich zwar zunächst steigende, dann aber sinkende Ertragszuwächse ergeben.

Man nennt diese Gesetzmäßigkeit „*Gesetz vom abnehmenden Bodenertrag*", wie sie Turgot 1768 erstmalig formulierte oder heute genauer „Gesetz vom abnehmenden Bodenertragszuwachs".

Diese Gesetzmäßigkeit soll an einem einfachen Beispiel erläutert werden:
Auf einem Hektar Ackerfläche soll Weizen angebaut werden. Zur Steigerung der Anbauergebnisse soll Kunstdünger dem Boden zugegeben werden. Um die Ertragsveränderungen bei vermehrtem Düngereinsatz feststellen zu können, sollen das Saatgut in der Qualität und der Arbeitsaufwand gleich bleiben. Nur der Kunstdüngereinsatz wird also variiert, alle übrigen Faktoren bleiben konstant.

Unter diesen Bedingungen ist es ohne weiteres einleuchtend, daß die Weizenernte um so reichhaltiger sein wird, je mehr Kunstdünger man dem Boden zuführt. 3 dz Kunstdünger werden einen größeren Ernteertrag bringen als 2 dz.

Zahlenbeispiel: 1 ha Ackerland

Kunstdünger in dz	Gesamtertrag Weizen in dz	Grenzertrag (Ertragszuwächse) in dz	Durchschnittsertrag (Gesamtertrag dividiert durch Einsatzmenge) in dz
0	–	–	–
1	2	2	2
2	5	3	2,5
3	10	5	3,33
4	18	**8**	4,5
5	25	7	5
6	30	5	**5**
7	32	2	4,57
8	34	2	4,25
9	35	1	3,9
10	**35**	0	3,5
11	33	–2	3

Das Zahlenbeispiel zeigt, daß der Gesamtertrag von Weizen bis zu einem Kunstdüngereinsatz von 10 dz steigt, danach aber wegen Übersättigung des Bodens wieder abfällt. Wenn auch der Gesamtertrag zunächst ansteigt, so sind doch die Ertragszuwächse unterschiedlich. Diese Ertragszuwächse bezeichnet man als Grenzertrag. So läßt sich beobachten, daß der Grenzertrag mit dem Einsatz von 1 bis 4 dz Kunstdünger zunimmt, bei einem weiteren Düngereinsatz aber sinkt. Beim Einsatz von 4 dz Kunstdünger haben die Ertragszuwächse ihr Maximum erreicht. Der *Durchschnittsertrag*, der sich aus der Division des Gesamtertrages durch die aufgewendeten dz Kunstdünger ergibt, steigt dagegen noch an, aber nur solange, wie der Grenzertrag den Durchschnittsertrag übertrifft (in dem Beispiel bis zum Einsatz von 6 dz Kunstdünger). An diesem Punkt hat der Durchschnittsertrag mit 5 dz Weizen sein Maximum erreicht. Der Durchschnittsertrag kann deshalb nur solange steigen, wie die Ertragszuwächse größer sind als der Durchschnittsertrag, weil sich dann der Überschuß des Grenzertrages über den Durchschnittsertrag auf alle eingesetzten Kunstdüngereinheiten verteilt. Aus demselben Grund muß der Durchschnittsertrag mit steigendem Düngereinsatz abnehmen, wenn der Grenzertrag kleiner als der Durchschnittsertrag ist. Erreicht also der Durchschnittsertrag sein

Maximum, so muß er demzufolge dem Grenzertrag gerade gleich sein. Das ist beim Einsatz von 6 dz Kunstdünger der Fall. Hier ist das *günstigste Wirkungsverhältnis der eingesetzten Faktoren* erreicht. Man bezeichnet diesen Punkt deshalb auch als eigentliches *Optimum des Ertrages* (Optimalpunkt), weil die Aufwendungen, im Beispiel die eingesetzten Mengen Kunstdünger, und die Erträge im optimalen (d. h. günstigsten) Verhältnis zueinander stehen. Jenseits dieses Optimums steigt der Ertrag absolut zwar noch an, aber nicht mehr in demselben Verhältnis wie der Kunstdüngereinsatz steigt; er nimmt relativ ab.

Diese Zusammenhänge lassen sich auch graphisch verdeutlichen:

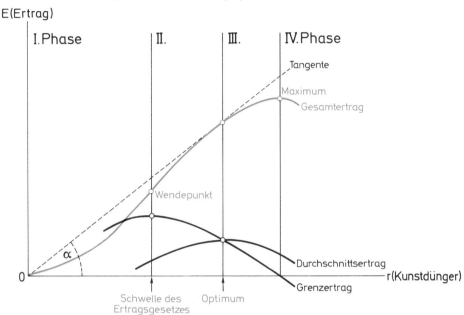

Die *Gesamtertragskurve* zeigt einen s-förmigen Verlauf. Sie steigt mit zunächst zunehmenden Steigungsraten (bis zum Wendepunkt) und dann mit abnehmenden Steigungsraten bis zum Maximum an, um sich dann nach unten zu wenden, weil die Steigungsraten negativ werden.

Die *Grenzertragskurve* gibt die Entwicklung der Ertragszuwächse wieder. Sie nehmen bis zum Wendepunkt der Gesamtertragskurve zu, um dann bei abnehmenden Grenzerträgen schließlich im Maximum der Gesamtertragskurve die Abszisse zu schneiden; hier ist der Grenzertrag gleich 0.

Die *Durchschnittsertragskurve* erreicht ihr Maximum später als die Grenzertragskurve. Es läßt sich geometrisch ermitteln, indem man an die Gesamtertragskurve eine vom Ursprung (0) ausgehende Gerade als Tangente anlegt. Diese bildet den größten Winkel mit der positiven Richtung der Abszisse. Hier erreicht der Durchschnittsertrag sein Maximum. Da aber die Tangente an die Gesamtertragskurve gleichzeitig ihr Steigungsmaß, d. h. den Grenzertrag mißt, werden Grenzertrag und Durchschnittsertrag in dem Punkt gleich, in dem der Durchschnittsertrag sein Maximum erreicht hat.

Zusammenfassend lassen sich die Beziehungen zwischen den Ertragskurven (Gesamtertrags-, Durchschnittsertrags- und Grenzertragskurve) in dem folgenden von Gutenberg entwickelten Vier-Phasen-Schema darstellen. In der graphischen Darstellung sind die Phasen bereits gekennzeichnet.

I. Phase:

Der Gesamtertrag, der Grenzertrag und der Durchschnittsertrag nehmen zu, da jeder zusätzliche Einsatz des variablen Faktors (Kunstdünger) einen größeren Ertragszuwachs als der vorhergehende erbringt. Das Wirkungsverhältnis der beiden Faktoren (Boden und Dünger) gestaltet sich immer günstiger. Am Ende der ersten Phase erreicht der Grenzertrag sein Maximum, und zwar dort, wo die Gesamtertragskurve ihren Wendepunkt hat. (Schwelle des Ertragsgesetzes)

II. Phase:

Der Gesamtertrag und der Durchschnittsertrag verlaufen auch während dieser Phase noch positiv steigend, während der Grenzertrag bereits sinkt und schließlich am Ende der zweiten Phase gleich dem Durchschnittsertrag wird. Im Schnittpunkt der Grenzertragskurve mit der Durchschnittsertragskurve hat der Durchschnittsertrag sein Maximum erreicht. Hier ist das Ertragsoptimum erreicht.

III. Phase:

Nach dem Ertragsoptimum steigt der Gesamtertrag zwar weiter, während Grenzertrag und Durchschnittsertrag sinken. Der Grenzertrag ist jedoch geringer als der Durchschnittsertrag. Am Ende dieser Phase erreicht der Gesamtertrag sein Maximum und der Grenzertrag wird gleichzeitig gleich Null.

IV. Phase:

Nach dem Maximum der Gesamtertragskurve sinkt der Gesamtertrag absolut und der Grenzertrag wird sogar negativ. Das bedeutet, daß bei vermehrtem Einsatz des variablen Faktors (Kunstdünger) der Ertragszuwachs ausbleibt und eine Verminderung des Gesamtertrages eintritt. Die Durchschnittsertragskurve hat weiterhin fallende Tendenz.

Phase	Gesamtertrag	Grenzertrag	Durchschnittsertrag
I	+ ↗ Wendepunkt	+ ↗ Maximum	+ ↗
II	+ ↗	+ ↘	+ ↗ Maximum Schnittpunkt mit Grenzertrag
III	+ ↗ Maximum	+ ↘ Grenzertrag = 0	+ ↘
IV	+ ↘	— ↘	+ ↘

Wenn das Ertragsgesetz gilt, dann verhalten sich die Ertragsveränderungen bei der Änderung eines Faktors (z. B. Kunstdünger) und der Konstanz des anderen Faktors (Boden) wie die geschilderten drei Kurvenverläufe. Es läßt sich deshalb zusammenfassend formulieren:

> Werden die Einsatzmengen eines Faktors fortlaufend vermehrt bei gleichzeitiger Konstanz der Einsatzmengen eines anderen Faktors, dann ergeben sich zunächst steigende, dann abnehmende Ertragszuwächse (Grenzerträge). Beim Erreichen einer bestimmten Faktoreinsatzmenge werden die Ertragszuwächse negativ.

Das Ertragsgesetz gilt aber nur, wenn folgende *Voraussetzungen* erfüllt sind:

1. Die variablen Faktoreinsatzmengen müssen homogen, d. h. gleichartig sein. Der Kunstdünger, der zunehmend eingesetzt wird, muß von völlig gleicher Qualität sein.
2. Der variable Faktor muß beliebig teilbar sein.
3. Die Produktionstechnik muß unverändert bleiben.
   Die Ertragskurven gelten immer nur unter der Voraussetzung eines gegebenen Standes der Technik; ändert sich der Stand der Produktionstechnik, so kommt es zu einer „Verschiebung" der Ertragskurven. Das bedeutet, daß durch Fortschritte der Technik die Geltung des Ertragsgesetzes zwar „hinausgeschoben", aber nicht aufgehoben werden kann.
4. Die Qualität des hergestellten Produkts (hier Weizen) ist gleichbleibend.
5. Der Ertrag ist rein gütermäßig (güterwirtschaftlich) und nicht geldwirtschaftlich aufzufassen.

Das Ertragsgesetz gilt zunächst in der landwirtschaftlichen Produktion. Aber auch für die Industrie hat es eine gewisse Bedeutung, obwohl die industriellen Produktionsbedingungen nicht ohne weiteres mit den Produktionsverhältnissen in der Landwirtschaft verglichen werden können, denn die Erzeugung in der Industrie ist weniger durch natürliche Bedingungen begrenzt als die Landwirtschaft.

Das Ertragsgesetz hat deshalb eine gewisse Bedeutung für die Industrie, weil es auf dem *Minimumgesetz* beruht, das Ausdruck dafür ist, daß sich der Gesamtertrag nur in dem Umfang steigern läßt, wie der sich im Minimum befindliche Faktor verbessern läßt. Innerhalb eines relativ großen Bereichs der industriellen Produktion wird das Ertragsgesetz ohne Einfluß sein. Es wird seine Wirksamkeit aber immer dann zeigen, wenn Engpässe auftreten, wenn ein Teil der Produktionsausstattung nur noch in verhältnismäßig engen Grenzen vermehrt werden kann; das zeigt sich etwa dann, wenn bei erhöhtem Auftragseingang die Produktionsanlagen nicht von heute auf morgen ausgeweitet werden können; man wird aber versuchen, die vorhandenen Anlagen in größerem Umfang als bisher zu nutzen (wenn das möglich ist), indem Überstunden gemacht oder in doppelter Schicht gearbeitet wird. Damit läßt sich aber nicht der zur Verfügung stehende Lagerraum erweitern oder die Auslieferung ohne weiteres vergrößern. Immer dann, wenn sich irgendein Produktionsmittel nicht mehr beliebig weiter vermehren läßt, wird sich auch in der Industrie die Wirksamkeit des Ertragsgesetzes zeigen.

Einige Betriebswirtschaftler, vor allem Erich Gutenberg, bestreiten, daß das Ertragsgesetz repräsentativ für die Industrie ist, mit dem Hinweis, in der industriellen Produktion werde die *Voraussetzung,* daß die *Faktoreneinsatzmengen* wenigstens in gewissen Grenzen *frei variierbar* sind, *nicht* immer *erfüllt,* weil sie *technisch bestimmt* sind. An folgendem einfachen Beispiel läßt sich die technische Bestimmtheit in der industriellen Produktion leicht nachweisen. Der konstante Faktor 10 Schaufeln läßt sich nicht mit jeder Menge des variablen Faktors Arbeiter kombinieren, sondern nur mit 10 Arbeitern. An diesem Beispiel läßt sich ebenso schlüssig zeigen, daß der Mehrertrag bei einer Änderung der Faktoreinsatzmengen nur der Gesamtheit dieser zusätzlichen Faktoreinsatzmengen zugerechnet werden kann. Wenn die Einsatzmengen der Produktionsfaktoren in einem technisch festgesetzten Verhältnis zueinander stehen, hat das Ertragsgesetz keine Gültigkeit. Das ist in großen Bereichen der industriellen Produktion der Fall.

2.3 Der Boden als Abbauboden

Beim Abbauboden zehrt der Mensch von einem gegebenen Gütervorrat, ohne dabei den Wertverzehr der Wirtschaft ersetzen zu können; das ist bei den Bergwerken (Kohle, Steine, Erz) und bei der Produktion von Erdöl und Erdgas usw. der Fall.

Die Rohstoffe der Erde sind von grundlegender Bedeutung für die Wirtschaft. Deshalb richtete sich von jeher das wirtschaftliche Interesse auf die Vorräte eines Landes an nutzbaren Rohstoffvorkommen. Der Reichtum einer Volkswirtschaft ist in hohem Maße von den ihr zur Verfügung stehenden Rohstoffvorräten abhängig.

Häufig ist die Befürchtung ausgesprochen worden, daß die Weltvorräte mit zunehmendem Abbau sich in stärkerem Maße verknappen werden. Dieser Pessimismus war bisher weitgehend unbegründet, da die vorhandenen Rohstoffe immer besser ausgenutzt werden und darüber hinaus neue Stoffe an die Stelle der heute verwendeten Grundstoffe treten konnten. Diesen Substitutionsprozeß konnte man z. B. bei der Kunstseide beobachten, die statt Naturseide verwendet wird, ebenso bei der verstärkten Ausnutzung der Wasserkraft anstelle des Energieträgers Kohle. Dazu kommt noch, daß immer wieder neue Rohstoffvorkommen entdeckt und in erweitertem Umfang neue Landstriche erschlossen werden, die dann Bedeutung für den Rohstoffabbau gewinnen. Denn nicht nur die Menge eines Rohstoffvorkommens und die Leichtigkeit seiner Gewinnung ist entscheidend, sondern vor allem auch die Abbaugegend und ihre Verkehrsverhältnisse.

Der in den sechziger und Anfang der siebziger Jahre beobachtbare anhaltend hohe Verbrauch an Primärenergie in der Bundesrepublik Deutschland zeigt in den letzten Jahren einen deutlichen Rückgang. Vor allem ist der sinkende Anteil des Öls bemerkenswert.

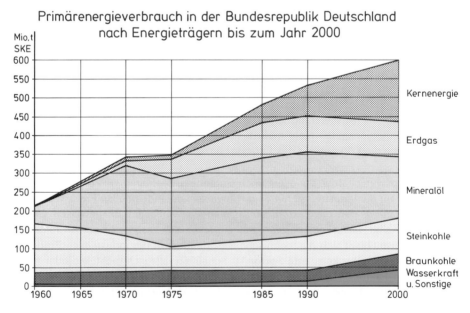

Primärenergieverbrauch in der Bundesrepublik Deutschland nach Energieträgern bis zum Jahr 2000

Anmerkung: Zur Vereinfachung wird Perspektive 2000 an Prognosewerte 1990 angeknüpft, obwohl Basis der Perspektive die Prognosewerte für 1985 sind.

Quelle: Gemeinschaftsgutachten der Institute DIW/Berlin, RWI/Essen, EWI/Köln

58

Neuere, wenn auch nicht unbestrittene Berechnungen auf der Grundlage der bisher bekannten Rohstoffreserven beweisen, daß bei weiterem Wachstum des Verbrauchs die Rohstoffquellen in absehbarer Zeit versiegen werden. Das gilt selbst dann, wenn man annimmt, daß die insgesamt bestehenden Rohstoffreserven das Fünffache der bisher bekannten Vorräte ausmachen.

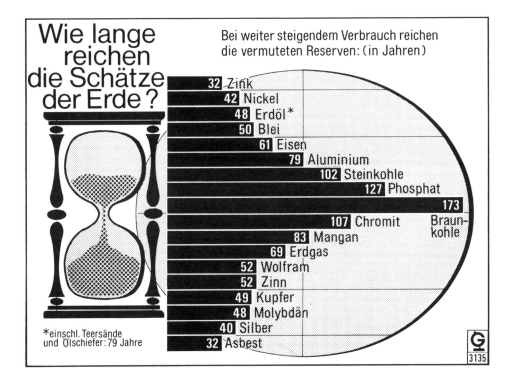

2.4 Der Boden als Standort der Produktion

Eine wesentliche Besonderheit des Produktionsfaktors Boden ist neben dem Merkmal der Nichtvermehrbarkeit das *Kennzeichen der Nichttransportierbarkeit*. Der Boden läßt sich zwar mobilisieren, etwa durch Zertifikate eines Immobilienfonds, damit das Eigentum an Grund und Boden leichter von Person zu Person auswechselbar ist, aber er kann von seinem Eigentümer nicht dorthin mitgenommen werden, wo er ihn gerade haben will oder am besten gebrauchen kann.

Daraus ergibt sich die Erscheinung eines möglichen absoluten Kostenvorteils eines Grundstücks gegenüber dem anderen, da nicht alle Grundstücke gleich günstig liegen; man spricht in diesem Zusammenhang deshalb auch davon, daß das günstiger gelegene Grundstück eine Lagerente gegenüber einem weniger günstig gelegenen Grundstück habe. (Näheres zum Begriff „Rente" siehe S. 150). Dieser Tatbestand ist für die Wahl des Standorts der Produktion, insbesonders im Bereich landwirtschaftlicher Erzeugung, von grundlegender Bedeutung.

IV Der Produktionsfaktor Arbeit

1 Allgemeines

Der Produktionsfaktor Arbeit ist ebenso wie der Boden ein ursprünglicher Produktionsfaktor. Es ist darunter jede zweckgerichtet körperliche und geistige Tätigkeit zu verstehen, die auf Erzielung von Ertrag bzw. Einkommen gerichtet ist, d. h. der Bedarfsdeckung dient. Der Produktionsfaktor Arbeit ist das verbindende Element zwischen den beiden anderen Produktionsfaktoren Boden und Kapital.

In wirtschaftspolitischen Diskussionen und Betrachtungen steht der Produktionsfaktor Arbeit immer mehr im Vordergrund, so z. B. bei der Frage der Vollbeschäftigung, die häufig nur unter dem Blickwinkel der Vollbeschäftigung der Arbeit gesehen wird. Ihm kommt deshalb eine besondere Bedeutung zu, weil Arbeit niemals als Ware aufzufassen ist, obwohl sie einen wirtschaftlichen Wert darstellt, indem sie am Arbeitsmarkt bewertet und entlohnt wird. Sie ist deshalb nicht Ware, weil sie untrennbar mit der *Persönlichkeit des Menschen* verbunden ist. Gleichgültig welche Arbeit geleistet wird, hinter ihr steht immer der Persönlichkeitswert des Menschen.

Die Arbeit besitzt zugleich einen wesentlichen sozialen Aspekt. Der Mensch als soziales Wesen erbringt seine Arbeitsleistung im Zusammenwirken mit anderen Menschen in den Unternehmen. Die Arbeit erhält ihre Orientierung und Wertung durch die Gesellschaft. Arbeitswelt und Gesellschaftssystem stehen in enger Wechselwirkung. Die Stellung im Produktionsprozeß entscheidet über die sozioökonomische Lage, und aus dem Beruf erhält der einzelne weitgehend sein soziales Ansehen.

2 Arten der Arbeit

In jede Arbeit gehen Kräfte des Menschen in unterschiedlichen Formen ein. Jeder Beruf erfordert in verschiedenem Umfang körperliche und geistige, ja auch seelische und ethisch-sittliche Kräfte. Eine rein körperliche oder eine ausschließlich geistige Tätigkeit gibt es nicht. So verlangen z. B. die Berufe des Rechtsanwalts, des Arztes und des Lehrers, die man häufig als geistige Berufe bezeichnet, sowohl geistige als auch körperliche Anstrengungen.

Wenn zwischen körperlicher und geistiger Arbeit unterschieden wird, so ist diese Unterscheidung nicht im strengen, sich gegenseitig ausschließenden Sinne zu verstehen. Wesentlich ist, welcher Teil überwiegt.

Neben der Unterscheidung der Arbeit in körperliche und geistige Arbeit läßt sie sich ferner in ausführende, leitende und schöpferische Arbeit unterteilen.

● Ausführende Arbeit

Die überwiegende Zahl der im Produktionsprozeß stehenden Menschen führt Arbeiten aus, die von einer leitenden Stelle aus angeordnet werden.

Es läßt sich bei der ausführenden Arbeit die gelernte, die angelernte und die ungelernte Arbeit unterscheiden.

Gelernte Arbeit zeichnet sich dadurch aus, daß sie erst nach einer geregelten Ausbildungszeit, z. B. einer gewerblichen oder kaufmännischen Lehre, vollgültig ausgeführt werden kann. Neben diesen auf einer Lehre in Langform beruhenden Tätigkeiten gibt es auch noch solche, die nach einer kürzeren Ausbildungszeit übernommen werden können. Man spricht dann von *angelernter Arbeit*. Anlernverhältnisse reichen von einer Kurzausbildung von einigen Wochen oder Monaten bis zu zwei Jahren.

Daneben gibt es in den Betrieben Tätigkeiten, die gar keine Ausbildung erfordern. Sie werden von ungelernten Hilfsarbeitern übernommen. *Ungelernte Arbeit* leisten z. B. Bauhilfsarbeiter oder Transportarbeiter.

● **Leitende Arbeit**

Leitende (dispositive) Arbeit wird meist von den Unternehmern, den Handwerkern und sonstigen freiberuflich Schaffenden ausgeführt. Sie unterscheidet sich von der ausführenden Arbeit durch zunehmende *Verantwortung*. Der Unternehmer muß den Produktionsablauf planen, die Produktionsfaktoren richtig kombinieren; damit trägt er das Risiko des Scheiterns und gleichzeitig die Verantwortung, nicht leichtsinnig Arbeitsplätze aufs Spiel zu setzen. Oft sind heute Leitungsaufgaben des Betriebes in Händen tüchtiger kaufmännischer und technischer Angestellter. Die Unternehmeraufgabe ist keineswegs immer mit der Kapitalgeberfunktion verknüpft. (Vgl. Manager in den Unternehmen) Leitende Arbeit wird auf jeden Fall gelernte Arbeit sein, wenn es auch nicht eine besondere, zeitlich festgesetzte Lehrzeit für Betriebs- und Unternehmensleiter gibt.

● **Schöpferische Arbeit**

Kombination von Produktionsfaktoren bedeutet in einer sich entwickelnden Wirtschaft auch den Zwang zu ihrer ständigen Verbesserung. Dazu bedarf es der Entwicklung richtungsweisender Ideen, wie etwa der Erfindung eines vereinfachenden Produktionsverfahrens; Rationalisierungsmaßnahmen im Betrieb setzen immer schöpferische Arbeit voraus. Daraus wird ersichtlich, daß es nicht genügt, schöpferische Ideen zu entwickeln, sondern vielmehr diese Ideen in die Wirklichkeit umzusetzen, in leitende und ausführende Arbeit zu übersetzen. Viele Unternehmungen haben sogenannte Stabsabteilungen, die ausschließlich schöpferische Aufgaben lösen sollen.

Von Amerika her ist die Methode des „Ideensturms" (brainstorming) in der Unternehmensführung in Deutschland bekannt geworden, die darauf ausgerichtet ist, neue Produktionsideen auf dem Wege des Ausnutzens vieler schöpferischer Individuen in Form von Gruppenarbeit zu entwickeln; den schöpferischen Einzelpersönlichkeiten soll unbeschränkte Entfaltungsmöglichkeit in einer anregenden Atmosphäre gegeben werden.

Zu der Dreiteilung: ausführende, leitende und schöpferische Arbeit muß kritisch angemerkt werden, daß bei den immer differenzierter werdenden Arbeitsaufgaben größerer Unternehmungen diese Einteilung in zunehmendem Umfang problematisch wird.

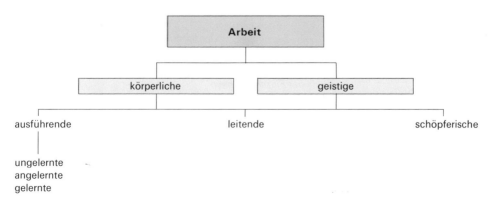

3 Bevölkerungsstruktur

Die Qualität des Produktionsfaktors Arbeit einer Volkswirtschaft ist abhängig von

● der Größe der Bevölkerung, der Altersstruktur und
● dem Bildungsstand der Bevölkerung.

3.1 Größe der Bevölkerung und Altersstruktur

Die Produktivkraft eines Landes ist zunächst von der Größe der Bevölkerung und ihrem Altersaufbau bestimmt. Sie sind wandelbare Größen. Mit der Geburtenzahl und der durchschnittlichen Lebensdauer ändert sich die Verteilung der Bevölkerung nach Altersklassen. Diese Verteilung läßt sich in *Alterspyramiden* darstellen.

Folgende typische Formen des Altersaufbaus der Bevölkerung eines Landes sind bekannt:

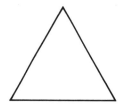

Eigentliche Pyramidenform

Die Pyramidenform kommt zustande bei ständig wachsenden Geburtsjahrgängen und proportionaler Sterblichkeit der einzelnen Altersklassen.

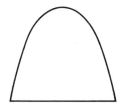

Glockenform

Die Glockenform entsteht bei ungefähr gleichbleibend starkem Umfang der jüngeren Altersklassen infolge geringer Geburtenzahl oder hoher Kindersterblichkeit.

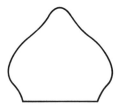

Zwiebelform

Die Zwiebelform entsteht bei stark rückläufiger Geburtenziffer.

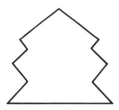

Pyramide mit Einschnürungen

Die Pyramide mit Einschnürungen entsteht, wenn auf geburtenarme Jahrgänge wieder geburtenreiche folgen.

Altersaufbau der Bevölkerung Deutschlands am 1. 1. 1993

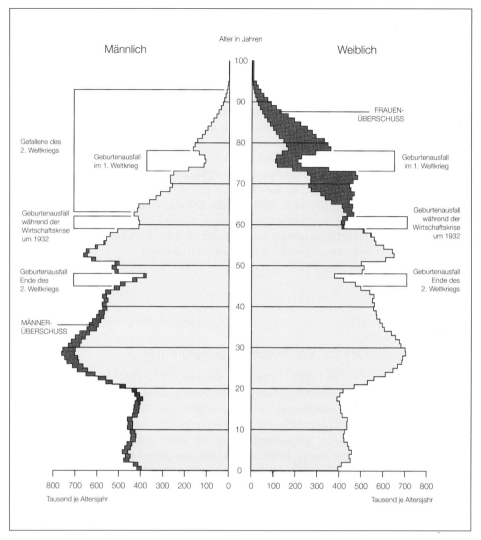

Quelle: Statistisches Jahrbuch 1994

Aus dem Schaubild über den Stand der Bevölkerung nach Altersgruppen wird deutlich, daß der Bevölkerungsaufbau der Bundesrepublik Deutschland verzerrt ist. Die beiden Weltkriege haben ihren Einfluß auf den Altersaufbau der Bevölkerung gehabt. Während der Kriege sank die Geburtenrate besonders auffällig.

Für eine Volkswirtschaft ist es von besonderer Bedeutung, ob der arbeitende Teil der Bevölkerung (zwischen dem 15. und 65. Lebensjahr) groß genug ist, um die noch nicht oder nicht mehr im Produktionsprozeß stehende Bevölkerung wirtschaftlich versorgen zu können.

3.2 Bildungsstand der Bevölkerung

Es kommt bei der Beurteilung der volkswirtschaftlichen Leistungsfähigkeit eines Landes nicht nur auf die rein quantitativen Größen Bevölkerungsgröße und Altersstruktur an, sondern auch auf den Bildungsstand der arbeitenden Bevölkerung.

Hochentwickelte Volkswirtschaften benötigen qualifizierte Arbeitskräfte, denn die rein mechanischen Arbeiten werden in steigendem Umfang von Maschinen übernommen. Deshalb ist es für die Entwicklung des Sozialprodukts wichtig, Einrichtungen für die Schulung und ständige Weiterbildung der Bevölkerung zu schaffen. Ausgaben für derartige Einrichtungen wirken sich auf lange Sicht auf die Qualität des Produktionsfaktors Arbeit aus.

Zu übersehen ist aber nicht, daß eine ständig sich verlängernde Ausbildungszeit Arbeitskräfte dem Produktionsprozeß vorenthält. Hier sind Maßnahmen zu durchdenken, wie die Ausbildungszeiten der Jugendlichen verkürzt, aber gleichzeitig effektiver gestaltet werden können. Der häufig gebrauchte Satz „Nicht für die Schule, sondern für das Leben lernen wir" scheint heute wirklich ernsthaft erfaßt und nicht nur als Floskel gebraucht zu werden. Bildung, und dazu gehört gleichzeitig auch berufliche Bildung, wird mehr und mehr in ihrem Wert für das Individuum und für die Gesellschaft erkannt.

4 Der Beschäftigungsgrad der Volkswirtschaft

4.1 Notwendigkeit zur Vollbeschäftigungspolitik

Zur Zeit der Klassiker Smith (1723–1790) und Ricardo (1772–1821) galt der Beschäftigungsgrad der Volkswirtschaft nicht als ein Problem, über das es sich nachzudenken lohnte. Entsprechend der Auffassung von der prästabilierten Harmonie waren mögliche Erscheinungen der Unterbeschäftigung (Arbeitslosigkeit) ausgeschlossen. Die geschichtliche Entwicklung der Volkswirtschaften, vor allem die Weltwirtschaftskrise zu Beginn der dreißiger Jahre dieses Jahrhunderts, hat aber deutlich gemacht, daß Vollbeschäftigung nicht eine Selbstverständlichkeit ist, wie die Klassiker der Nationalökonomie mit dem Vertrauen auf die selbstregulierende Wirkung des Laissez-faire-Prinzips annahmen.

Der Staat muß vielmehr zielstrebig dafür Sorge tragen, daß die Volkswirtschaft sich im Zustand der Vollbeschäftigung befindet. Man spricht auch dann noch von Vollbeschäftigung, wenn etwa 2% der unselbständigen Erwerbspersonen arbeitslos sind. Der Staat muß *Vollbeschäftigungspolitik* betreiben, um die Arbeitsplätze zu sichern; denn Vollbeschäftigung ist das Ergebnis einer Vielfalt von Maßnahmen, die vor allem die Beweglichkeit der Produktionsfaktoren, insbesondere des Faktors Arbeit, die Löhne, die Preise, den Geldumlauf, die öffentlichen Ausgaben und den Außenhandel betreffen. Vollbeschäftigung gehört zu einem der vorrangigen Ziele der Wirtschaftspolitik des Staates. Ganz gleich, ob man die Maximierung des Sozialprodukts oder die Stabilität der Preise als Leitmaxime der Volkswirtschaftspolitik ansieht, immer wird dabei die Frage der Vollbeschäftigung mit berücksichtigt werden müssen, da sie den Menschen unmittelbar in seiner Existenz betrifft.

Um die Vollbeschäftigung mit wirtschaftspolitischen Maßnahmen sichern zu können, muß man die Ursachen und die sich daraus ergebenden Arten der Unterbeschäftigung kennen, die zur Arbeitslosigkeit führen.

4.2 Arten der Unterbeschäftigung (Arbeitslosigkeit)

4.2.1 Strukturelle Unterbeschäftigung

Die strukturelle Unterbeschäftigung ergibt sich aufgrund großer ungünstiger Veränderungen im Aufbau der Volkswirtschaft. Man spricht von *Disproportionalitäten,* die sich zwischen den einzelnen Produktionsfaktoren oder den einzelnen Wirtschaftszweigen ergeben können.

Als Beispiel kann das Land Schleswig-Holstein angeführt werden, das nach dem Zweiten Weltkrieg unter Kapitalmangel litt und auch heute noch leidet und dazu einen starken Zuzug von Flüchtlingen aus den deutschen Ostgebieten zu verzeichnen hatte. Aber auch die entstandenen Verluste der Absatzgebiete (Märkte) in den sogenannten Zonenrandgebieten durch die deutsche Teilung sind hier zu erwähnen, um Formen struktureller Arbeitslosigkeit zu veranschaulichen.

4.2.2 Friktionelle Unterbeschäftigung

In jeder Volkswirtschaft gibt es sogenannte Friktionen (Reibungen), die durch Anpassungsprozesse an veränderte Wirtschaftsdaten entstehen. Niemand kann verhindern, daß sich im Laufe der wirtschaftlichen Entwicklung Marktdaten, etwa Verbrauchergewohnheiten, Produktionsmethoden und ähnliches, ändern. Da die Veränderungen in diesem Falle nur einen begrenzten Bereich der Volkswirtschaft betreffen, finden die Arbeitslosen deshalb auch häufig rasch wieder einen neuen Arbeitsplatz; trotzdem wird es Schwierigkeiten in der Anpassung geben.

4.2.3 Konjunkturelle Unterbeschäftigung

Verfolgt man die Wirtschaftsbewegungen der letzten Jahrzehnte zurück, so lassen sich in mehr oder weniger regelmäßigen Abständen Produktionseinschränkungen, d.h. konjunkturelle Abschwünge, verzeichnen und auf der anderen Seite nach einer bestimmten Zeit wiederum Produktionsausdehnungen, das bedeutet konjunkturelle Aufschwünge. Die sich aus einem konjunkturellen Tief ergebende Unterbeschäftigung bezeichnet man als konjunkturelle Arbeitslosigkeit.

Im konjunkturellen Abschwung und im Aufschwung muß mit gezielten wirtschaftspolitischen Maßnahmen dafür gesorgt werden, daß nicht genutzte Arbeitsplätze wieder in den Produktionsprozeß einbezogen werden. Eine besonnene Wirtschaftspolitik muß derartige große Arbeitslosigkeiten, wie sie zur Zeit der Weltwirtschaftskrise bestanden haben, in Zukunft zu vermeiden suchen.

4.2.4 Saisonale Unterbeschäftigung

Die saisonale Arbeitslosigkeit entsteht aus dem Wechsel der Jahreszeiten. Besonders die Landwirtschaft und das Baugewerbe haben mit Formen der saisonalen Unterbeschäftigung zu rechnen: die Arbeit auf dem Feld kommt in den Wintermonaten zum Erliegen, und in der Bauwirtschaft hat es im Winter immer Arbeitslosigkeit gegeben. In letzter Zeit sucht man in der Bauwirtschaft aber durch technische Hilfsmittel die Winterarbeitslosigkeit zu reduzieren. Spezielle soziale Maßnahmen, wie z.B. das Schlechtwettergeld sollen hier ebenfalls korrigierend wirken.

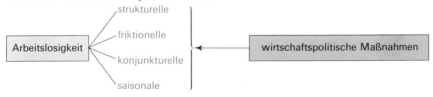

4.3 Überbeschäftigung

Wenn die Zahl der Arbeitslosen innerhalb einer Volkswirtschaft unter 1–2% sinkt, dann spricht man von Überbeschäftigung. Einen Rest an Arbeitslosigkeit wird es immer geben. Er ergibt sich aus dem Arbeitsplatzwechsel (Fluktuationsarbeitslosigkeit) und anderen Einflüssen, wie Krankheit und mangelnde Arbeitslust (Bodensatzarbeitslosigkeit).

Der Zustand der Überbeschäftigung ist nicht so ideal für die Volkswirtschaft, wie man auf den ersten Blick annehmen könnte. Sinkende Arbeitsmoral und gesteigerter Arbeitsplatzwechsel können auftreten. Durch den Mangel an Arbeitskräften werden die Arbeitgeber bereitwilliger Lohnerhöhungen zustimmen, wobei aber gleichzeitig der Versuch gemacht wird, die erhöhten Lohnkosten in den Güterpreisen weiterzugeben. So kann eine langsame Verschlechterung des Geldwertes (schleichende Inflation) die Folge der Überbeschäftigung sein. Darüber hinaus entstehen durch zunehmende Fluktuation den Unternehmungen in steigendem Umfang Anlernkosten.

V Der Produktionsfaktor Kapital

Der Kapitalbegriff hat in der Volkswirtschaftslehre den Theoretikern von jeher Kopfzerbrechen bereitet und zu den unterschiedlichsten Definitionsversuchen geführt. Eine Einhelligkeit in der Verwendung des Begriffs ist bisher nicht erzielt worden.

1 Begriffliche Abgrenzung

Die Volkswirtschaftslehre sieht den Kapitalbegriff anders als die Betriebswirtschaftslehre. Zunächst sei die Klärung des Begriffs im volkswirtschaftlichen Sinne vorgenommen.

1.1 Der Kapitalbegriff im volkswirtschaftlichen Sinn

Die Volkswirtschaftslehre versteht unter Kapital einmal *Realkapital* und zum anderen *Geldkapital*.

1.1.1 Realkapital (güterwirtschaftlicher Kapitalbegriff)

Realkapital bezeichnet die güterwirtschaftliche Betrachtungsweise des Kapitals. Hier wird es aufgefaßt als das Gut, das im Produktionsprozeß eingesetzt wird neben den Faktoren Boden und Arbeit. Da es aber im Gegensatz zu ihnen zunächst hergestellt werden mußte, bezeichnet Böhm-Bawerk (1851–1914) diesen Gütervorrat, der der Produktion dient, als *produzierte Produktionsmittel*, wie z. B. alle Gebäude für Produktionszwecke, alle Maschinen und maschinelle Anlagen eines Betriebes, seine Roh-, Hilfs- und Betriebsstoffe.

Wichtig ist für ein Gut, damit es Realkapital wird, daß es im Produktionsprozeß und nicht für private Zwecke, d. h. konsumtiv, verwendet wird; insbesondere bei solchen Gütern, wie bei einem Personenkraftwagen, ist die Zuordnung zum Realkapital nur aufgrund ihrer Verfügung vorzunehmen.

Eine anschauliche Bestimmung dessen, was Realkapital im volkswirtschaftlichen Sinne meint, ist die Erklärung, daß es *eingefangene und wirtschaftlich nutzbar gemachte Naturkräfte* darstelle.

An diese Bestimmung läßt sich auch die wortgeschichtliche Ableitung des Begriffs Kapital anknüpfen. Das Wort Kapital läßt sich ableiten aus dem lateinischen *caput,* das Viehkopf bedeutet. So wie in der Zeit agrarisch orientierter Wirtschaft das *Vieh* gleichsam das *Kapital* des wirtschaftlich tätigen Menschen darstellt, so ist es in der industriellen Gesellschaft der Bestand an Maschinen und Rohstoffen, die den Wohlstand vermehren helfen sollen.

Kapital stellt im Gegensatz zum Boden und zur Arbeit einen *derivativen* (abgeleiteten) *Produktionsfaktor* dar. Warum man überhaupt von einem eigenständigen Produktionsfaktor Kapital sprechen kann, liegt in dem Faktor *Zeit* begründet. Es ist in diesem Zusammenhang von zeitraubenden, aber ertragreichen Produktionsumwegen zu sprechen. Die Herstellung eines Netzes zum Beispiel, um besser den Fischfang betreiben zu können, erfordert neben der Kombination der Produktionsfaktoren Arbeit und Boden darüber hinaus die Zeitdauer seiner Herstellung.

Realkapital ist vom Standpunkt der Konsumgüterproduktion aus gesehen ein *Zwischengut,* das die Kombination der Produktionsfaktoren Boden und Arbeit produktiver werden läßt.

1.1.2 Geldkapital (geldwirtschaftlicher Kapitalbegriff)

Geldkapital bedeutet im volkswirtschaftlichen Sinne diejenigen finanziellen Mittel, die für Investitionen bereitgestellt sind oder bereitgestellt werden können, also *Geld* für die produktive Anlage, oder anders ausgedrückt: geldliche Mittel, die zu Realkapital werden können. Da das Geldkapital die Vorstufe zum Realkapital bildet, spricht man auch von *Kapitaldisposition.* Im weiteren Sinn kann man auch das Geldkapital zum volkswirtschaftlichen Kapitalbegriff zählen.

1.1.3 Produktives und soziales Kapital

Eine weitere Unterscheidung beim Kapitalbegriff im volkswirtschaftlichen Sinne findet sich in den beiden Begriffen „produktives Kapital" und „soziales (indirekt produktives) Kapital".

Unter produktivem Kapital versteht man all die Formen des Realkapitals in den Unternehmen. Es handelt sich hier also um eine privatwirtschaftliche Form des Kapitals.

Soziales Kapital dagegen bezeichnet die Einrichtungen, die geschaffen worden sind, um der Allgemeinheit, der Gesellschaft, im speziellen Fall den Produktionsstätten zu dienen. Es sind Straßen, künstliche Wasserstraßen, Schulungsstätten, Krankenhäuser usw. Die grundlegenden Dienste, die diese Einrichtungen vermitteln, sind nicht am erwerbswirtschaftlichen Rentabilitätsprinzip orientiert. Sie werden in ihren Kosten von der Gesamtheit der Volkswirtschaft getragen und sind Voraussetzung und wesentliches Mittel einer effektiven Produktion und eines gut funktionierenden Handels. Die *Infrastruktur* der Volkswirtschaft ist ein anderer Ausdruck für die genannten Einrichtungen.

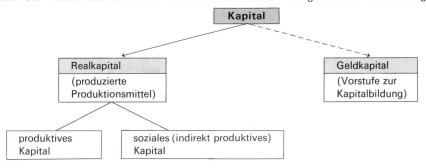

2 Die Kapitalbildung

2.1 Die Voraussetzungen der Kapitalbildung

In einer naturalen Robinson-Wirtschaft, die nur über die Produktionsfaktoren Arbeit und Boden verfügt, werden diese Faktoren so kombiniert, daß als Ergebnis stets Konsumgüter entstehen, wie etwa beim Fischfang mit der Hand.

Um die Produktivität dieser Kombination zu erhöhen, vereinigt Robinson seine Arbeitskraft mit dem Faktor Boden (Natur) nicht dahingehend, daß als Ergebnis wieder ein Konsumgut (Fisch), sondern ein Produktionsgut (Netz oder Angel) entsteht. Mithin muß er an diesem Tag auf den Fischfang verzichten, der ihm den Konsum des Fisches ermöglicht *(Konsumverzicht)*.

Wenn Robinson für den Tag (Faktor Zeit), an dem er das Produktionsgut Angel hergestellt hat, Fisch auf Vorrat gefangen hat, so verfügt er über einen „Subsistenzmittelfonds", aus dem er für die Zeit der Herstellung seiner Angel seinen Lebensunterhalt bestreiten kann.

Da Robinson jetzt mehr Fische fangen kann als vorher mit der Hand, bedeutet für ihn die Angel eine *produktive Anlage*. Man kann auch sagen, daß die Herstellung des Produktionsgutes eine *Investition* darstellt.

In der modernen Geldwirtschaft erfolgt die Kapitalbildung ebenfalls durch Konsumverzicht, d.h. durch den Verzicht auf Nachfrage nach Konsumgütern. Die Geldbeträge, die die Haushalte nicht für den Kauf von Konsumgütern verwenden, werden gespart. Unter der Voraussetzung, daß das Geld bei der Bank gespart wird, wird es möglich, daß die Banken die Ersparnisse der Haushalte an die Unternehmungen weiterleiten, die hierfür Produktionsgüter kaufen können. Diese Zusammenhänge wurden bereits bei der Darstellung des erweiterten Wirtschaftskreislaufs betrachtet.

Grundsätzlich sind also notwendige Voraussetzungen der Kapitalbildung:
● das Vorhandensein eines Subsistenzmittelfonds,
● der Konsumverzicht,
● die Investition des Gesparten.

2.2 Die Investition

Die Kapitalbildung vollzieht sich in der modernen Volkswirtschaft demnach ähnlich wie in der Naturalwirtschaft, nur wesentlich komplizierter. Die Kreislaufbetrachtung vermittelte bereits einen Eindruck von der Kompliziertheit dieser Vorgänge. Grundsätzlich ist aber das Ziel der Kapitalbildung immer die *Schaffung von Sachkapital* (Investition), das nur möglich ist über die Bereitstellung bestimmter Geldmittel für diese Investitionen (Sparen).

Die produktive Anlage kann in den verschiedensten Formen erfolgen. Wenn darunter die Maschinen und maschinellen Anlagen der Unternehmen aufgefaßt werden, dann spricht man von *Anlageinvestitionen*. Auch die zur Produktion notwendigen Roh-, Hilfs- und Betriebsstoffe und die Halbfertig- und Fertigerzeugnisse, die noch nicht verkauft sind, bedeuten eine produktive Anlage; sind sie gemeint, so spricht man von *Vorratsinvestitionen*.

Wenn es sich bei den Anlageinvestitionen um den Ersatz von verbrauchten oder technisch veralteten Maschinen handelt, dann spricht man von *Ersatzinvestitionen* oder von Re-Investitionen. Anlageinvestitionen, die nicht nur den bisher erreichten Stand des Anlagevermögens erhalten, sondern eine echte Erweiterung oder Modernisierung des Betriebes darstellen, werden als Neuinvestitionen bzw. *Netto-Investitionen* bezeichnet. Sie geben Auskunft über die tatsächliche wirtschaftliche Expansion einer Volkswirtschaft und nicht die Investitionen schlechthin, die innerhalb einer Wirtschaftsperiode durchgeführt wurden. Sämtliche Investitionen innerhalb einer Wirtschaftsperiode faßt man unter dem Begriff *Brutto-Investitionen* zusammen.

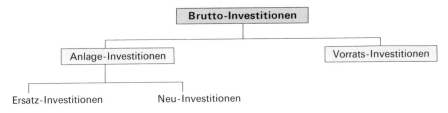

2.3 Die Rolle des Zinses im Kapitalbildungsprozeß

Betrachtet man den *Vorgang der Kapitalbildung güterwirtschaftlich,* so ergibt sich folgendes Bild: Zunächst ist Konsumverzicht notwendig, dadurch sinkt die Nachfrage nach Konsumgütern. Hieraus folgt, daß die am kostenungünstigsten produzierenden Unternehmen am Markt nicht mehr bestehen können; die Folge ist ihr Ausscheiden und damit die Freisetzung von Produktionsfaktoren, die für die Herstellung von Produktionsgütern verwendet werden können. *Geldwirtschaftlich* stellt sich der Ablauf der Kapitalbildung so dar: Zunächst ist auch in dieser Sicht Konsumverzicht erforderlich, dadurch können erübrigte Einkommensteile zur Bank gebracht werden. Das erhöht das Angebot an Spargeldern und führt zur Zinssenkung, wodurch die Unternehmer zur Investition angeregt werden.

Diese Modellbetrachtung gibt einen grundsätzlichen Eindruck vom Vorgang der Entstehung von neuem Sachkapital innerhalb einer Volkswirtschaft. Eine entscheidende Rolle spielt, wie man bei der geldwirtschaftlichen Betrachtung der Zusammenhänge sieht, der *Zins,* genauer die Höhe des Zinssatzes. Er hat die Aufgabe Sparen (S) und Investieren (I) so auszugleichen, daß dem Sparakt der Haushalte ein gleich großer Investitionsakt der Unternehmen gegenübersteht.

Bei der geldwirtschaftlichen Modellbetrachtung wurde vorausgesetzt, daß der Zins Sparen und Investieren automatisch in Übereinstimmung bringt. In dieser Form des *gelungenen Sparens* sahen die Klassiker der Nationalökonomie den Kapitalbildungsprozeß. In diesem klassischen Modell können deshalb Konjunkturen und Krisen nicht auftreten, da die Wirtschaft wohl vorübergehend Anpassungsprozesse (friktionelle Störungen), nicht aber längerfristige Ungleichheiten von Sparen und Investieren aufweist. Hier ist I immer gleich S.

Der Zinsmechanismus, wie ihn die klassische Nationalökonomie beschreibt, steht aber im Widerspruch zur wirtschaftlichen Wirklichkeit. Zur Zeit der Klassiker und in der Folgezeit gab es Konjunkturen und Krisen, lang andauernde Störungen des volkswirtschaftlichen Gleichgewichts. Die neoklassische Schule der Nationalökonomie, deren Hauptvertreter Knut Wicksell (1851–1926) ist, hat nachgewiesen, daß S und I voneinander abweichen können. Nicht alle gesparten Geldbeträge werden zur Bank gebracht, die Unternehmer können trotz vorhandener Spargelder und niedriger Zinsen nicht investieren wollen, da sie pessimistische Zukunftserwartungen haben. Nicht zu übersehen sind auch die Fehlinvestitionen, die zu einer Ungleichheit zwischen Sparen und Investieren innerhalb der Volkswirtschaft führen können.

VI Die Kombination der Produktionsfaktoren

1 Der Produktionsprozeß als Kombination der Produktionsfaktoren

Der Produktionsprozeß besteht aus einer Kombination der Produktionsfaktoren Boden, Arbeit und Kapital. Das Ergebnis dieser Kombination ist eine bestimmte *Menge an Gütern,* die als *Ertrag* bezeichnet wird. Ertrag ist demnach das mengenmäßige Ergebnis der Produktion.

Bewertet man die Mengen der eingesetzten Produktionsfaktoren *mit ihren Preisen,* so erhält man die *Kosten der Produktion.* Kosten sind also der in Geld gemessene betriebliche Werteverzehr, der bei der Produktion neuer Güter anfällt.

Wird der Ertrag mit den am Markt erzielbaren *Absatzpreisen bewertet,* so erhält man den *Erlös.*

Demnach bedeuten:

> **Kosten** bei der Produktion entstehender betrieblicher Werteverzehr, in Geld gemessen
> (Menge der Einsatzfaktoren × Preise)
> **Ertrag** mengenmäßiges Ergebnis der Produktion
> **Erlös** Produktionsmenge, bewertet zu Absatzpreisen
> (Produktionsmenge × Absatzpreise)

Aufgabe des Unternehmers ist es, die Produktionsfaktoren derart zu kombinieren, daß die Kosten bei vorgegebener Produktionsmenge ein *Minimum* erreichen. Die Kombination ist nicht nur ein technisches, sondern auch ein wirtschaftliches Problem, da die günstigste Kombination durch die *Preise der Einsatzfaktoren* beeinflußt wird.

Zwischen dem Einsatz an Produktionsfaktoren und dem Ertrag besteht ein bestimmter Zusammenhang. Man nennt diesen Zusammenhang *Produktionsfunktion* (Funktion im mathematischen Sinne: gegenseitige Abhängigkeit einer Größe von einer oder mehreren anderen Größen).

Mathematisch kann man die Produktionsfunktion wie folgt ausdrücken: $E = f(r_1, r_2, r_3)$. Dabei bedeuten: E = Ertrag, f = Funktion, r_1, r_2, r_3 = Produktionsfaktoren. Die Produktionsfunktion zeigt die Beziehung zwischen den eingesetzten Mengen der Produktionsfaktoren und dem Gesamtertrag. Prämisse hierbei ist die konstante Qualität der Produktionsfaktoren.

> **Produktionsfunktion:** Abhängigkeit des Ertrages von Menge und Kombination der Einsatzfaktoren

2 Die Kosten der Produktion

Kosten sind der in Geld gemessene betriebliche Werteverzehr (eingesetzte Arbeitsleistungen, Roh-, Hilfs- und Betriebsstoffe usw.), der durch die Erstellung betrieblicher Leistungen verursacht wird. Da durch den Verzehr an Produktionsmitteln neue Erzeugnisse erstellt werden, bedeutet dies eine Umformung, keine Vernichtung.

2.1 Aus dem Ertragsgesetz abgeleiteter Gesamtkostenverlauf

Geht man von einer S-förmig verlaufenden Gesamtertragskurve aus, wie sie sich aus dem Ertragsgesetz ergibt, so steigt bei einem variablen Faktor und Konstanz der übrigen Faktoren der Ertrag zunächst progressiv, nach dem Wendepunkt degressiv.

Das folgende Schaubild stellt dar, daß die *Kostenkurve eine Umkehrung der Ertragskurve* bedeutet.

Während beim Ertragsgesetz Ertrag und Einsatzmengen des variablen Faktors quantitativ gemessen werden, werden in diesem Schaubild sowohl Ertrag als auch Einsatzfaktoren in Geld gemessen; Konstanz der Preise ist hierbei vorausgesetzt. Auf der Abszisse sind die Kosten der Einsatzfaktoren (Einsatzmenge × Preis) abgebildet, auf der Ordinate ist der in Geld gemessene Ertrag (Ertragsmenge × Preis) dargestellt.

Auf der Abszisse wird zunächst die konstante Faktormenge multipliziert mit dem Preis abgetragen (O − B), was den fixen Kosten entspricht. Bis zu diesem Punkte ist der Ertrag gleich Null, da bis hier die Kosten der Betriebsbereitschaft anfallen. Erst wenn jetzt ein variabler Faktor (bewertet zu seinem Preis) eingesetzt wird, ergibt sich bei steigendem Einsatz ein zunächst progressiv, nach dem Wendepunkt degressiv steigender Ertrag.

Spiegelt man die Ertragskurve um eine Gerade, die im Winkel von 45° aus dem Nullpunkt verläuft (Spiegelachse), erhält man die Gesamtkostenkurve. Ordinate und Abszisse wechseln hierbei ihre Bedeutung (Abszisse = Ertrag, Ordinate = Kosten).

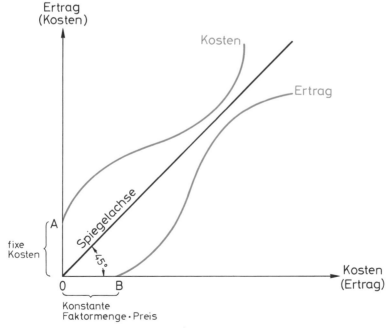

Gesamtkostenverlauf nach dem Ertragsgesetz

Das Schaubild zeigt, daß bei progressivem Steigen der Ertragskurve die Kostenkurve degressiv ansteigt und umgekehrt. Wird also die Gültigkeit des Ertragsgesetzes für die Industrie angenommen, so verlaufen die Gesamtkosten zunächst degressiv, nach dem Wendepunkt progressiv ansteigend.

Die typischen Kostenverläufe nach dem Ertragsgesetz lassen sich anhand eines Zahlenbeispiels verdeutlichen.

Aus-bringungs-menge m	fixe Kosten Kf	variable Kosten Kv	Gesamt-kosten Kg	Durch-schnitts-kosten kg	Grenz-kosten KGr
0			9		
1	9	13	22	22	13
2	9	21	30	15	8
3	9	26	35	11,7	5
4	9	29	38	9,5	3
5	9	31	40	8,0	2
6	9	34	43	7,2	3
7	9	39	48	6,9	5
8	9	47	56	7,0	8
9	9	58	67	7,4	11
10	9	72	81	8,1	14
11	9	91	100	9,1	19
12	9	116	125	10,4	25

Es handelt sich bei diesem Beispiel um ein Ein-Produkt-Unternehmen, das ein homogenes Gut, z. B. Zement, herstellt. Es wurde unterstellt, daß allein die Unterhaltung der Produktionsanlagen 9 Geldeinheiten erfordert. Diese Kosten für die Erhaltung der Produktionsanlagen und der Produktionsmöglichkeit, die von der produzierten Menge unabhängig sind und in jedem Fall — also auch bei Nichtproduktion — anfallen, werden als **fixe Kosten** bezeichnet. Zu diesen fixen Kosten, die auch Kosten der Betriebsbereitschaft genannt werden, kommen noch diejenigen Kosten hinzu, die sich mit der ausgebrachten Menge verändern, d. h. zunehmen, je mehr produziert wird. Diese Kosten, die sich mit der ausgebrachten Menge verändern, werden als **variable Kosten** bezeichnet. Die fixen Kosten und die variablen Kosten machen zusammen die **Gesamtkosten** aus. In dem Beispiel kommen noch die Durchschnittskosten oder Stückkosten und Grenzkosten vor. Die **Durchschnittskosten** geben die durchschnittlichen Kosten einer Ausbringungseinheit an. Sie ergeben sich aus der Division der Gesamtkosten durch die produzierte Stückzahl. Die **Grenzkosten** sind diejenigen Kosten, die bei einer zusätzlichen Ausbringungseinheit entstehen. Sie stellen die Differenz zwischen zwei Gesamtkostenbeträgen dar, wenn die Ausbringungseinheit um eine Einheit zunimmt.

Die Gesamtkosten zeigen folgenden Verlauf.

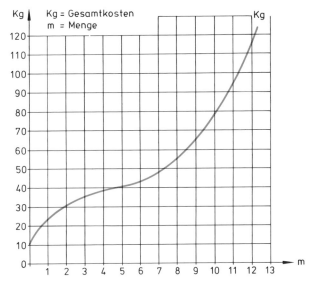

Gesamtkostenverlauf nach dem Ertragsgesetz

Die Darstellung der Durchschnittskosten und Grenzkosten zeigt die folgende Graphik.

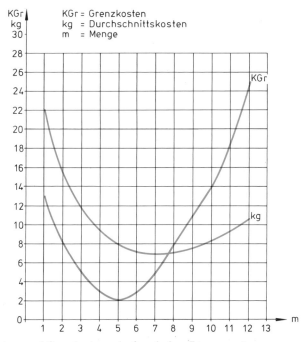

Durchschnittskosten- und Grenzkostenverlauf nach dem Ertragsgesetz

2.2 Linearer Gesamtkostenverlauf

Häufig wird die Gültigkeit des Ertragsgesetzes für die Industrie bestritten, weil die Unternehmungen zahlreiche Möglichkeiten haben, auf Beschäftigungsänderungen zu reagieren. So finden sich kritische Einwendungen gegen einen S-förmigen Kostenverlauf, der sich bei der Unterstellung der Gültigkeit des Ertragsgesetzes ergibt. Bei linearen Kostenverläufen geht man von gleichmäßig ansteigenden Gesamtkosten aus. Die variablen Kosten, die einen Einfluß auf die Veränderungsrate der Gesamtkosten haben, steigen in gleichbleibenden Prozentsätzen.

Ein Zahlenbeispiel soll die Besonderheit linearer Gesamtkosten verdeutlichen. Es wird von fixen Kosten in Höhe von 100,00 DM ausgegangen; die variablen Kosten betragen pro ausgebrachter Mengeneinheit jeweils 30,00 DM.

Ausbringungsmenge (m)	Fixe Kosten (Kf) DM	Variable Kosten (Kv) DM	Gesamtkosten (Kg) DM
0	100	——	100
2	100	30	130
4	100	60	160
6	100	90	190
8	100	120	220
10	100	150	250
12	100	180	280

Trägt man die fixen Kosten, die variablen und die Gesamtkosten in ein Koordinatensystem ein, so ergeben sich folgende Kostenverläufe.

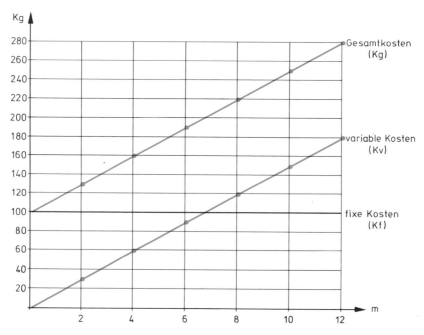

Verlauf der fixen, variablen und Gesamtkosten

Zusammenfassung der Kostenbegriffe

Gesamtkosten (Kg)	Summe aller Kosten, die bei der Produktion in einer Zeiteinheit anfallen
Durchschnittskosten (kg)	$\dfrac{\text{Gesamtkosten}}{\text{produzierte Stückzahl}}$
Fixe Kosten (Kf)	Kosten, die unabhängig von der Ausbringungsmenge in gleicher Höhe anfallen
Variable Kosten (Kv)	Kosten, die in ihrer Höhe von der Ausbringungsmenge abhängig sind
Grenzkosten (KGr)	Kostenzuwachs bei Vergrößerung der Ausbringungsmenge um je eine Einheit

Lernkontrolle

1. Nennen Sie die klassischen Produktionsfaktoren der Volkswirtschaftslehre und erläutern Sie im einzelnen, welche Rolle ihnen im Wirtschaftsgeschehen zukommt.

2. Erklären Sie, was unter der Produktivität zu verstehen ist und zeigen Sie ihre Bedeutung für das gesamtwirtschaftliche Geschehen auf.

3. Erklären Sie das Ertragsgesetz.

4. Welche Arten der Arbeitslosigkeit lassen sich unterscheiden? Erklären Sie stichwortartig die einzelnen Arten der Unterbeschäftigung.

5. Zeigen Sie den Unterschied zwischen dem volkswirtschaftlichen Kapitalbegriff und dem betriebswirtschaftlichen Kapitalbegriff auf.

6. Skizzieren Sie den Kapitalbildungsprozeß. Erklären Sie den Zusammenhang zwischen Kapitalbildung und Investition. Erklären Sie den Zusammenhang zwischen Produktion und Kosten. Stellen Sie die Definitionen der verschiedenen Kostenbegriffe zusammen.

7. Erklären Sie den Unterschied zwischen fixen und variablen Kosten.

8. Wie verlaufen die Gesamtkosten bei der Gültigkeit des Ertragsgesetzes.

C Der private Haushalt als Aktionseinheit

I Die Einkommensverwendung in den Haushalten

1 Das Wesen der Haushaltung und des privaten Verbrauchs

Bei der Betrachtung des Wirtschaftskreislaufs ergab sich u.a. ein Güterstrom von den Unternehmungen (Wirtschaftseinheiten, die der Produktion dienen) zu den Haushaltungen. Die Haushaltung ist eine Wirtschaftseinheit, in der die wirtschaftlichen Güter konsumiert (verbraucht) werden.

In den Unternehmungen erzielt der Verbraucher als Arbeitnehmer oder Unternehmer ein Einkommen, das für den Kauf von im Haushalt benötigten Gütern (Verbrauchs- und Gebrauchsgüter) verwendet wird, d.h. zum Verbrauch. Dabei zählen zum Verbrauch nicht nur die Befriedigung der grundlegenden Bedürfnisse, wie Essen, Trinken und Kleidung, auch die Ausgaben für Hausrat und die Einrichtung der Wohnung, den Frisör und die Urlaubsreise sind zu den Verbrauchsausgaben zu rechnen. Wird nicht das gesamte dem Haushalt zur Verfügung stehende Einkommen für Verbrauchszwecke ausgegeben, so kann der Restbetrag gespart werden; Sparen bedeutet Verzicht auf Verbrauch (Konsumverzicht).

Ein Blick auf die wirtschaftliche Entwicklung der Bundesrepublik nach dem 2. Weltkrieg zeigt, wie mit dem Wachstum der Wirtschaft eine ständige Zunahme des Verbrauchs erfolgt ist. Von 1950 bis 1975 stieg das verfügbare Einkommen der privaten Haushalte in der Bundesrepublik von 65,4 Mrd. DM auf 687,1 Mrd. DM. Während des gleichen Zeitraums wuchs der private Verbrauch von 63,4 Mrd. DM auf 577,7 Mrd. DM. Die privaten Ersparnisse stiegen auf insgesamt 109,4 Mrd. DM im Jahre 1975.

2 Private und öffentliche Haushalte

Wenn man von einer Haushaltung spricht, dann denkt man zunächst an die Wirtschaft der Familie. Aber auch die Wirtschaft von anderen Gruppen, die ein geordnetes Zusammenleben führen und deren Zweck nicht in der Güterproduktion liegt, und die Wirtschaft von Einzelpersonen müssen als Haushaltung angesehen werden. Alle derartigen Wirtschaftseinheiten bezeichnet man als *private Haushaltungen,* privat deshalb, weil man sie auf diese Weise von dem Haushalt des Staates abgrenzt, den man auch *öffentlichen Haushalt* nennt.

Die größte Bedeutung unter den privaten Haushaltungen hat der Mehrpersonenhaushalt oder Familienhaushalt, wobei der 3-Personenhaushalt statistisch am häufigsten festzustellen ist. Von geringerer Bedeutung ist der Einzelhaushalt, d.h. der Haushalt einer Einzelperson oder der sog. Junggesellenhaushalt. Eine Besonderheit unter den privaten Haushaltungen bilden die Anstaltshaushalte. So werden Wirtschaftseinheiten genannt wie Krankenhäuser, Sanatorien, private Kinderheime, Internate, Klöster u.ä.

Der öffentliche Haushalt (auch Staatshaushalt genannt) ist die Wirtschaftsführung der öffentlichen Hand, d. h. des Staates, der Länder und Gemeinden. Der Haushaltsplan des Staates ist eine spezielle Frage der Volkswirtschaftslehre, genauer Gegenstand der Finanzwissenschaft.

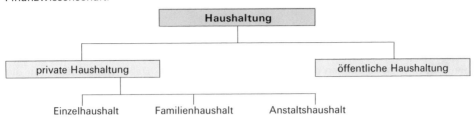

3 Der Verbrauchswirtschaftsplan des Haushalts

Wie sich der einzelne Haushalt verbrauchswirtschaftlich verhält, darüber entscheidet sein Verbrauchswirtschaftsplan. Dieser Plan wird nicht immer bewußt oder gar schriftlich aufgestellt und streng rational durchgestaltet sein. Für die Realität kann angenommen werden, daß er wesentlich geringer nach rationalen Gesichtspunkten und wirtschaftlichen Erwägungen aufgestellt wird als etwa Pläne in Unternehmungen.

Der Verbrauchswirtschaftsplan besteht in der Entscheidung darüber, welche Güter im einzelnen während eines bestimmten Zeitraums gekauft und welche Geldbeträge (Einkommensteile) dem Kauf der verschiedenen Gütermengen (für Nahrung, Kleidung, Hausrat, Körperpflege usw.) gewidmet werden sollen.

Werden die Güterpreise als gegeben angenommen, dann bedeutet die Entscheidung über die begehrten Gütermengen gleichzeitig auch die Entscheidung über die den einzelnen Käufen zu widmenden Einkommensbeträge.

Die Kauffähigkeit eines Haushaltes begrenzt die Kaufmöglichkeiten während des Zeitraums, für den der Verbrauchswirtschaftsplan aufgestellt wird. Die Kauffähigkeit ihrerseits ist abhängig von:

1. dem für den geplanten Zeitraum erwarteten Einkommen,
2. dem am Anfang dieses Zeitraums vorhandenen Kassenbestand und
3. den für den geplanten Zeitraum zur Verfügung stehenden Kreditmöglichkeiten.

Wird nicht der gesamte Geldbetrag, der dem Haushalt während eines bestimmten Zeitraums zur Verfügung steht, für Konsumzwecke verwendet, dann bedeutet das, daß eine bestimmte Summe gespart wird (Sparsumme). Die Differenz aus dem zu erwartenden Einkommen und aus geplanten Ersparnissen (Sparsumme) bildet die *Konsumsumme,* das ist die gesamte für Konsumzwecke zur Verfügung stehende Geldsumme.

Es ergibt sich, daß diese für einen bestimmten Zeitraum geplante Konsumsumme bei freier Konsumwahl derart aufgeteilt wird, daß ein *Maximum an subjektiver Bedürfnisbefriedigung* (Nutzenmaximum) erreicht wird. Wie dieser höchstmögliche Nutzen aussieht, ist von der Persönlichkeit jedes einzelnen abhängig. Die individuelle Rangordnung der Bedürfnisse bezeichnet man als Bedarfsstruktur.

Ziel des Verbrauchswirtschaftsplans des Haushalts ist es also, entsprechend der Bedarfsstruktur mit dem gegebenen Einkommen den höchstmöglichen Nutzen zu erzielen. Alle Entscheidungen des Haushaltes gehen somit in Richtung auf die *Maximierung des Verbrauchernutzens*.

II Das Verbraucherverhalten

1 Motive der Konsumentscheidungen

Die Erfahrung zeigt, daß eine Vielfalt von fast unentwirrbaren Motiven (Beweggründen) die Konsumentscheidungen des Verbrauchers beeinflussen. Dabei spielen nicht nur die individuell bestimmten Motive eine Rolle, sondern auch Einflüsse durch Gruppen.
Den sozial isolierten Verbraucher, der nach rein rationalen Gesichtspunkten entscheidet, gibt es nicht. Schon durch den Sozialisierungsprozeß wird der Mensch mit den Werten und Normen der Kultur vertraut gemacht, seine biologisch begründeten Bedürfnisse werden in eine bestimmte Richtung gelenkt, sein Verbrauchsverhalten ist sozio-kulturell geprägt.

Der Mensch ist in der modernen Gesellschaft zahlreichen Beeinflussungen durch seine soziale Umwelt ausgesetzt, die auf seine Konsumgewohnheiten einwirken. Das Streben nach Geltung und Anerkennung und der Nachahmungstrieb wie auch die Befürchtung von negativen Sanktionen führen häufig zur Anpassung an die Normen der Gruppen, in denen der einzelne lebt. Will er nicht als Außenseiter gelten, so wird er sich auch in seinen Konsumgewohnheiten denjenigen der Gruppe anpassen. Hierdurch kommt es zu einer oft zu beobachtenden Konformität im Konsumverhalten. Weil man eben dieses oder jenes Gut haben „muß", wenn man vor den anderen nicht „zurückstehen" will, kauft man es auch, ohne sich dabei so recht bewußt zu sein, daß das Gut in der individuellen Nutzenvorstellung gar nicht so dringlich ist. Sozial-motivierte und individual-motivierte Nutzenschätzungen sind nur schwer voneinander zu trennen. Kauft ein Jugendlicher, der sich als Hippie fühlt, diejenigen Güter, die zu den Kennzeichen eines Hippies gehören, weil er sich der Gruppennorm unterwirft oder weil er aus ursprünglicher individueller Überzeugung dieses oder jenes Kleidungsstück tragen will, das ihn dann als Hippie erscheinen läßt? Wer will hier Gruppenzwang und individuelle Entscheidungsfreiheit, Ursache und Wirkung auseinanderhalten?

Ähnliche Wirkungen in Richtung auf Konformität in den Konsumgewohnheiten, die gegen eine Konsumentensouveränität zu sprechen scheinen, zeigen die Einflüsse der Mode überhaupt. Ihnen sich zu entziehen, wird dem einzelnen schwer, wenn nicht unmöglich. Auf der anderen Seite muß aber auch gesehen werden, daß das Bedürfnis nach Veränderung Anlaß für ein Mitmachen jeder Modeneuheit sein kann.
Modisches Verhalten bedeutet oft „Anpassung nach oben" und scheint heute vornehmlich für die Mittelschichten von Bedeutung zu sein. „In der Regel wird ein neu kreierter (= geschaffener) Stil zuerst in den oberen Mittelschichten getragen, also von denen, die den Eintritt in die Oberschichten fast, aber noch nicht ganz erreicht haben und nun diesen kleinen, für sie aber bedeutsamen Mangel durch besonders aufwendigen ... Konsum zu kompensieren trachten ... Von daher erfährt der neue Stil ... seine Ausbreitung über die mittleren und unteren Mittelschichten bis in die oberen Stufen der Unterschicht. Spätestens dann, wenn er dort angekommen ist, erscheint seine Besonderheit verschlissen, und die oberen Mittelschichten, auf Distinktion (= Unterscheidung) bedacht, starten eine neue Moderunde". (K. M. Bolte: Deutsche Gesellschaft im Wandel I. S. 329)

Die Verbraucherausgaben werden durch die soziale Schicht, der man angehört, beeinflußt (z. B. schichtspezifisches Verhalten von Facharbeiter- und Beamtenhaushalt). Oft orientiert sich der Verbraucher in seinem Konsumverhalten an der nächst höheren Schicht, der Waren- und Dienstleistungsaufwand wird dann zum Statussymbol.

Der sozial normierte Bedarf ist auch von den Lebensphasen, die eine Familie durchläuft, abhängig: Familiengründung, Kindererziehung und schließlich Rückbildung der Familie nach Selbständigwerden der Kinder bringen jeweils einen typischen Wechsel der Verbrauchergewohnheiten mit sich. Auch die Werbung bedient sich sozialer Elemente, wenn sie das soziale Rollenverhalten des Verbrauchers durch Weckung bestimmter Rollenerwartungen zu beeinflussen sucht („Jede Hausfrau kauft . . .").

Konformität im Verbraucherverhalten fördert den Massenkonsum, der für die gegenwärtige Gesellschaft kennzeichnend zu sein scheint. Der Massenkonsum wird aber auch stets durchbrochen, indem der einzelne sich von dem allgemein Gültigen abzusetzen sucht, um seine Individualität bewußt zu zeigen. Konformität und Individualisierung der Konsumäußerungen nehmen deshalb einen besonderen Einfluß auf die Vorstellungen des Verbrauchers über die Maximierung seiner Nutzenvorstellungen.

Die Ausweitung des Konsums hat dazu geführt, daß Wohlstand und relativer Überfluß nicht mehr einer kleinen privilegierten Oberschicht vorbehalten, sondern für die Mehrheit der Bevölkerung, vor allem für die breiter gewordene Mittelschicht, mehr oder weniger selbstverständlich geworden sind. Insofern kann man von einer Demokratisierung der Konsumchancen sprechen, wenn auch noch nicht alle Schichten voll am Konsum teilhaben.

Die Vielfalt des Angebots sowie die zunehmende Differenzierung und Verfeinerung der angebotenen Sachgüter und Dienstleistungen bieten die Möglichkeit zu einem individuelleren Konsumverhalten. „So enthält das Konsumsystem unserer Tage zumindest die Chance der schöpferischen Entfaltung in anderen Lebensbereichen als der Arbeit". (G. Wiswede: Soziologie des Verbraucherverhaltens. S. 282) Es könnte die Vorhersage gemacht werden, daß „im Zuge der weiteren Vergrößerung der Kaufkraft und der Konsumchancen der Hang zum geltungsbetonten . . . Verbrauch wahrscheinlich in zunehmendem Maße von Konsumverhaltensweisen zurückgedrängt wird, die dem Streben nach einem persönlich-individuellen Lebensstil und nach einer autonomen Daseinsgestaltung breiteren Spielraum gewähren". (K. H. Hillmann: Soziale Bestimmungsgründe des Konsumverhaltens. S. 113)

Andererseits ist in unserer offenen Gesellschaft, in der sich traditionell geprägte Lebensstile weitgehend aufgelöst haben, die Möglichkeit zur Beeinflussung des Konsumentenverhaltens größer geworden. So wird in negativer Wertung davon gesprochen, daß der Konsum in seinem heutigen Ausmaß durch sozialen Zwang und ökonomischen Druck der Produzenten künstlich hochgehalten werde. „Der Mensch in unserer Gesellschaft tritt in der Freizeit eigentlich nur unter eine andere Zwangsgesetzlichkeit der industriellen Gesellschaft als er sie im Beruf hat, unter die Zwangsgesetzlichkeit des Konsums". (H. Schelsky: Schule und Erziehung in der Industriegesellschaft. S. 73) Tatsache ist, daß die differenzierten Möglichkeiten, die der Konsum bietet, höhere Anforderungen an Urteil und Geschmack, an Selbständigkeit und Kritikfähigkeit des Verbrauchers stellen. „Wo diese Voraussetzungen nicht gegeben sind, da mag die passive Hingabe an die Lockungen des Angebots und der Werbung durchaus zu einer neuen Form der Ausbeutung des Menschen durch den Menschen, der Berauschung und Verdummung führen." (G. Scherhorn: Stichwort Verbrauch. In: Bernsdorf: Wörterbuch der Soziologie. S. 1226)

2 Markttransparenz

Zur Maximierung des Verbrauchernutzens fehlt dem Haushalt zumeist die notwendige Übersicht über das Angebot an Konsumgütern. Der Verbraucher weiß oft gar nicht, wie viele Güter für den Konsum angeboten werden. Selbst der sorgfältigste Konsument kann sich nicht die erforderliche Übersicht über das bestehende Konsumgüterangebot machen. Ihm *fehlt* es an hinreichender *Marktübersicht* (Markttransparenz), vor allem, was die Preise betrifft.

Darüber hinaus kann er nicht immer die Qualität der Waren richtig einschätzen; ihm fehlt es an dem fachlichen Urteil über die Preiswürdigkeit der Güter. Er muß sich zumeist über die technische Qualität eines Produkts bei Bekannten informieren oder auf die Aussagen des Herstellers oder Verkäufers verlassen. Eine objektive Entscheidung etwa zwischen der technischen Güte des einen oder anderen Autos ist dem Verbraucher in der Regel wegen mangelnder technischer Kenntnisse nur sehr schwer möglich.

In dieser Sicht scheint es mit der Konsumentensouveränität nicht gut bestellt zu sein. So erstaunt es auch nicht, daß die Situation des Verbrauchers in der Marktwirtschaft oft mit dem etwas überspitzten Satz gekennzeichnet wird: „Der Verbraucher ist nur ein Märchenkönig; man spielt mit ihm Blindekuh und läßt ihn dieses Spiel auch noch bezahlen."

Die Konsumfreiheit erfordert natürlich Marktübersicht, kritisches Urteilsvermögen bei der Güterauswahl und ein ausgeprägtes Verbraucherbewußtsein. Um nicht zum Spielball der Produzenten zu werden, die mit Methoden der Werbung häufig *nicht* an den kritischen Verstand appellieren und gezielt die Marktübersicht auszuschalten versuchen, um den Warenabsatz zu steigern, ist in der sozialen Marktwirtschaft eine konsequente Verbraucherpolitik notwendig, die nicht den Regeln des Wettbewerbs widerspricht, aber dennoch den Verbraucherinteressen dient.

3 Verbraucheraufklärung und Konsumerismus

Damit der Konsument Marktübersicht gewinnt, ist eine unterstützende *Verbraucheraufklärung* notwendig, d. h. eine warenkundliche, rechtliche, preisliche und qualitätsvergleichende Aufklärung.

Bekannt sind die Warentests, die seit einiger Zeit in der Bundesrepublik nach amerikanischem Vorbild ein Bild von den Eigenschaften, Vorzügen und Nachteilen eines bestimmten Produkts geben wollen. Sie erleichtern die Entscheidung beim Einkauf, indem sie Vergleichsmöglichkeiten zwischen den einzelnen Waren schaffen und einseitige Informationen der Werbung durch den Hersteller zu überwinden suchen. In der Bundesrepublik gibt es beim Bundesministerium für Ernährung, Landwirtschaft und Forsten und beim Bundesministerium für Wirtschaft besondere Verbraucherreferate, die den Interessen der Konsumenten durch staatliche Aufklärungsmittel dienen. In den skandinavischen Ländern gibt es bereits seit 1954 eigenständige Ministerien für Familien- und Verbraucherangelegenheiten.

In der sozialen Marktwirtschaft sind aber staatliche Maßnahmen immer nur als Unterstützung der Eigeninitiative des Verbrauchers zu betrachten. Eine neue Verbraucherselbsthilfe — *Konsumerismus* genannt — gewinnt im Wirtschaftsleben eine zunehmende Bedeutung. Sie hat ihren Ursprung in den USA, wo sich im Jahre 1962 erstmalig Präsident John F. Kennedy für die Belange der Verbraucher einsetzte. Heute ist der Konsumerismus zu einer umfassenden Bewegung in allen Industriestaaten geworden.

Ursprünglich setzte der Konsumerismus bei einer Kritik an konkreten Unzulänglichkeiten im unternehmerischen Verhalten an. Heute hat er sich wesentlich größere Ziele gesetzt. Er kritisiert ganze Bereiche der Unternehmenspolitik und darüber hinaus allgemeine gesellschaftliche Wertmaßstäbe. Vor allem geht es dem Konsumerismus darum, kritisch

● die Preis- und Produktpolitik und
● die Werbepolitik

der Unternehmen zu untersuchen, um die Interessen der Verbraucher zu schützen.

Eine von den Konsumenten der Bundesrepublik Deutschland selbst ins Leben gerufene Organisation zur Verbraucheraufklärung ist die Arbeitsgemeinschaft der Verbraucherverbände (AGV) in Bonn, die überregional tätig ist und zusammen mit den elf Verbraucherzentralen in den einzelnen Bundesländern aufklärend und informierend wirkt. Ihr Ziel ist vor allem die Verbesserung der Warenkenntnisse mit Hilfe von Marktübersichten.

4 Wachsende Konsumfreiheit bei wachsendem Einkommen

Eine unterstützende Verbraucherpolitik ist auch bei gut funktionierendem Wettbewerb nötig, um die Konsumentensouveränität zu sichern. Trotzdem darf aber auf der anderen Seite nicht übersehen werden, welche Macht der Konsument in einer hochentwickelten Volkswirtschaft schon von vornherein hat. Auf diese Tatsache weist G. Katona mit seinem Buch „Die Macht des Verbrauchers" (1962) hin. Mit steigendem Einkommen wächst die Möglichkeit der Haushalte, nach ihrem Ermessen über ihr Geld zu verfügen. Und das bedeutet zwangsläufig immer mehr Macht über den Wirtschaftsprozeß. Wie groß diese Macht des Konsumenten bereits ist, wurde besonders deutlich in dem Rückgang der wirtschaftlichen Entwicklung der Bundesrepublik Deutschland im Jahre 1967. Sie hatte eine nicht zu übersehende Veränderung des Ausgabeverhaltens der Haushalte zur Folge;

obwohl die Einkommen in ihrer tatsächlichen Höhe (Realeinkommen) unverändert blieben, gingen die Ausgaben für langlebige Konsumgüter (Gebrauchsgüter) im Jahre 1967 absolut zurück, dagegen stieg der Zuwachs der Ersparnisse, der 1966 fast auf Null zurückgegangen war, im gleichen Zeitraum um rund 20% des Zuwachses vom Vorjahr. Somit bedeutet das Jahr 1967 gleichsam ein Jahr, das der Verbraucher zum finanziellen Atemholen nutzte, um danach einen neuen Sprung in einen wiederum höheren Lebensstandard wagen zu können.

Auch wenn man an dieser Stelle noch nicht alle Einflußgrößen der wirtschaftlichen Entwicklung übersieht, so läßt sich trotzdem mit dem Blick auf diese Ausgabenänderungen während des Jahres 1967 feststellen, welche Macht der Konsument im Hinblick auf die Gesamtentwicklung der Volkswirtschaft hat. Auch dieser Einfluß muß gesehen werden, wenn von der Konsumentensouveränität in der sozialen Marktwirtschaft gesprochen wird. Vor allem der Drang nach neuen und ständig verbesserten Konsumgütern, wie man auch sagen könnte, ein *„offenes" Konsumverhalten* der Haushalte gegenüber neuen Waren und Dienstleistungen, ist eine entscheidende Anregung für die wirtschaftliche Entwicklung einer Volkswirtschaft.

Aus dieser Tatsache wird unter anderem sichtbar, welche Bedeutung den Verbrauchergewohnheiten und deren Veränderungen für die Volkswirtschaft zukommt. Es ist deshalb nicht verwunderlich, daß die Erforschung des Konsumentenverhaltens einen zunehmenden Einfluß und wachsende Bedeutung gewinnt.

III Statistische Untersuchungen zum Verbraucherverhalten

Erste eingehende Beobachtungen der Verbrauchergewohnheiten wurden in England bereits im 18. Jahrhundert vorgenommen. Heute versucht man mit statistischen Methoden in immer stärkerem Umfang, Einblicke in das Verbraucherverhalten und seine Veränderungen zu gewinnen.

Die ersten Untersuchungen zur Verbrauchsforschung wurden von Ernst Engel, dem Begründer der preußisch-deutschen Statistik, 1857 in Deutschland und 1868 von Gustav Schwabe vorgenommen. Engel stieß aufgrund von Haushaltsrechnungen der Arbeiter im Königreich Sachsen auf folgende Gesetzmäßigkeit der Einkommensverwendung:

Mit steigendem Einkommen nehmen die Ausgaben für *Nahrungsmittel* zu, ihr relativer Anteil an den Gesamtausgaben nimmt jedoch ab.

Diese Regelmäßigkeit im Ausgabeverhalten, die auch heute noch gilt, wird nach Engel als *Engelsches Gesetz* bezeichnet. So sank der Anteil der Nahrungsmittelausgaben der Haushalte in der Bundesrepublik in den Jahren 1950 bis 1980 von ca. 50% auf 28% des Einkommens.

Schwabe konnte später aufgrund von Untersuchungen in Berlin die Feststellung treffen, daß für die *Wohnungsausgaben* eine ähnliche Gesetzmäßigkeit besteht. „Eine Familie verwendet um so größere Summen auf die Wohnungsmiete, je wohlhabender sie ist, jedoch sind das um so weniger Prozent der Gesamtausgaben."

Dieses sogenannte *Schwabesche Gesetz* gilt allerdings nur innerhalb gleicher sozialer Schichten und von einer bestimmten Einkommenshöhe an.

In der Bundesrepublik Deutschland werden heute umfangreiche Erhebungen zum Verbraucherverhalten durch das Statistische Bundesamt durchgeführt. Die Methoden der statistischen Erhebung sind in Deutschland zwar schon seit über hundert Jahren bekannt und ständig verbessert worden, trotzdem wurde erst durch den Einsatz elektronischer Rechenanlagen (EDV-Anlagen) eine hinreichende Verwertung der Millionen von Einzelangaben der beteiligten Haushalte möglich.

Ganz allgemein läßt sich für das Verbraucherverhalten eine starke Veränderung seit der Währungsreform von 1948 feststellen. Der Verbrauch an geringwertigen Nahrungsmitteln ging ständig zurück, dagegen stieg der Verbrauch an Genußmitteln anfänglich in starkem Umfang, ging jedoch in den letzten Jahren zurück.

Monatliche Ausgaben von Vier-Personen-Arbeitnehmerhaushalten mit mittlerem Einkommen

Ausgabearten / Anteile in Prozent

	1950	1960	1970	1980	1990
Nachrichten, Verkehr	2,1	5,0	10,9	14,0	15,9
	7,2	12,0			
	8,8		13,8	16,3	17,8
Gesundheitspflege, Unterhaltung und Bildung – Persönliche Ausstattung	16,7	9,9	9,0	9,4	7,2
		15,2			
Übrige Güter für die Haushaltsführung, Haushaltsmaschinen, Garten, Nutztierhaltung, Möbel, Teppiche, Reinigungsmittel	13,5	12,6	20,2	22,9	26,9
	51,7		10,8		
Wohnungsmiete, Heizung, Beleuchtung		45,3		9,3	8,1
Kleidung, Schuhe			35,3	28,1	24,1
Nahrungs- und Genußmittel					

Quellen: BMWi, Leistung in Zahlen '85, S. 16, BMWi, Wirtschaft in Zahlen, S. 22

Eine besondere Bedeutung kommt den statistischen Erhebungen für die Ermittlung des *Preisindex für die Lebenshaltung* zu. Denn das für den Konsum verwendete Einkommen bestimmt die Lebenshaltung bzw. den Lebensstandard.

Einmal ist mit dem Lebensstandard die Art und Weise des Konsumverhaltens gemeint und zum anderen der Stand der Konsumgestaltung. Je nach dem Angebot von Konsumgütern innerhalb einer Volkswirtschaft spricht man von einem hohen oder niedrigen Lebensstandard.

Für das einzelne Wirtschaftssubjekt, für den Konsumenten, ist es von entscheidender Bedeutung, was und wieviel er für sein Einkommen an Waren kaufen kann. Bei hohen Preisen für die Konsumgüter und vergleichsweise niedrigem Einkommen ist die Kaufkraft seines Einkommens gering. Diesen Tatbestand versucht der Preisindex für die Lebenshaltung zu messen.

83

Der Gedanke des Preisindex kam schon in der zweiten Hälfte des vorigen Jahrhunderts auf. Er gewann in den Zeiten der Geldverschlechterung nach dem Ersten Weltkrieg mehr und mehr an Bedeutung. So begann das Statistische Reichsamt 1920 Reichsteuerungs- ziffern zu berechnen. Im Wort liegt schon der Sinn, nämlich die Verschlechterung der Kaufkraft mit diesem Index feststellen zu wollen. Einen neutraleren Namen erhielt er nach der Stabilisierung der Währung 1923/24, als „Reichsindex für die Lebenshaltungs- kosten". 1952 wurde daraus der Preisindex für die Lebenshaltung. *Er ist die Maßzahl für den Einfluß der Preisentwicklung auf die Lebenshaltung des Haushaltes.*

Seine Berechnung ist schwierig, denn man muß zunächst eine Konstante finden, auf welche die sich verändernden Preise für die Konsumgüter bezogen sind. Das ist der *Warenkorb des „typischen" Haushalts.* Ein typischer Haushalt läßt sich zwar mit Ein- schränkungen hinlänglich ermitteln, aber Einflüsse auf Haushaltsausgaben, die andere Ursachen als Preisänderungen haben, sind kaum bzw. gar nicht zu berücksichtigen, wie z. B. Änderungen der Menge und Qualität der Ware oder die Einkaufsgewohnheiten. Ging die ältere Statistik bis 1962 von dem typischen 4-Personen-Haushalt mit mittlerem Einkommen aus, so versuchen die neueren Erhebungen, drei Haushaltstypen zu berück- sichtigen, um zu einer genaueren Ermittlung des Lebenshaltungskostenindex zu kommen. Man unterscheidet jetzt:

1. den 4-Personen-Haushalt von Angestellten und Beamten mit höherem Einkommen,
2. den 4-Personen-Haushalt mit mittlerem Einkommen und
3. den 2-Personen-Haushalt von Renten- und Sozialhilfeempfängern.

Für den 4-Personen-Haushalt mit mittlerem Einkommen wird ein „Warenkorb" mit ca. 440 Waren und Dienstleistungen für die monatliche Lebenshaltung angenommen. Hierzu gehören Ausgaben für Nahrungs- und Genußmittel, Bekleidung, Schuhe, Woh- nungsmieten, Elektrizität, Brennstoff u. a., sonstige Haushaltsgüter (Hausrat, Reinigung usw.), Verkehr und Nachrichten, Körper- und Gesundheitspflege, Bekleidung und Unter- haltung, Sonstiges wie z. B. Schmuck, Reisen usw.

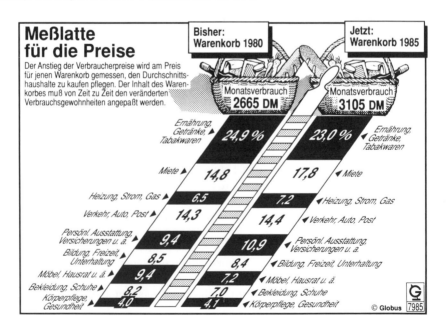

Die Schwierigkeit bei einer wirklichkeitsbezogenen Berechnung des Lebenshaltungs-kostenindex bereitet vor allem die Zusammensetzung des Warenkorbs, die bei veränderten Verbrauchergewohnheiten der Wirklichkeit ständig neu angepaßt werden muß. So kamen z. B. 1958 erstmalig Brathähnchen, Schallplatten und elektrische Haushaltsgeräte in den Warenkorb der typischen Arbeitnehmerfamilie der Bundesrepublik Deutschland. Die Realitätsanpassung des Warenkorbs ist für die Statistiker keine leichte Aufgabe.

Das Statistische Bundesamt hat 1989 den Warenkorb neu gestaltet und die Basiszahl für den Preisindex der Lebenshaltung auf das Jahr 1985 festgelegt.

Der Vergleich der Warenkörbe zeigt einen deutlichen Rückgang des Anteils der Nahrungs- und Genußmittel gegenüber einem beachtlichen Anstieg bei den Wohnungs-mieten.

Der Wert der Indexberechnungen ist unbestreitbar, denn sie vermitteln einen **Überblick über die gesamtwirtschaftliche Entwicklung.** Sie ermöglichen, die Preisentwicklung der volkswirtschaftlich wichtigsten Warengruppen langfristig zu beobachten, und bilden damit für die wirtschaftspolitischen Entscheidungen der Bundesregierung und der Deutschen Bundesbank eine bedeutende Hilfe. Als Hilfen für die Konjunkturpolitik sind die Preisindizes von unschätzbarem Wert. Nur darf nicht übersehen werden, daß auch Indizes, die von politisch neutralen Stellen, wie dem Statistischen Bundesamt, erstellt werden, **Unzulänglichkeiten** aufweisen, die bei ihrer Auswertung zu berücksichtigen sind. Der Preisindex ist nämlich nicht in der Lage, Qualitätsveränderungen der Güter voll zu erfassen. So unterscheidet sich ein Kraftfahrzeug beispielsweise bei gleichem Preis vom Jahre 1960 wesentlich von einem Automobil im Jahre 1990 in der technischen Ausstattung und im Fahrkomfort.

Zu beachten ist auch, daß sich Veränderungen der Konsumgewohnheiten nur in der veränderten Gewichtung der Güterzusammensetzung bei den Preisindizes für Lebenshaltung berücksichtigen lassen.

Die unterschiedlichen Konsumgewohnheiten in den einzelnen Ländern sind es auch, die einen **internationalen Vergleich** der Preisindizes problematisch machen. Der Warenkorb der Franzosen ist anders als der Warenkorb der Deutschen.

Lernkontrolle

1. Welche Arten von Haushalten lassen sich unterscheiden?

2. Welche Rolle spielt die Markttransparenz für das Verbraucherverhalten?

3. Zeigen Sie die Rolle der Verbraucheraufklärung in der Marktwirtschaft auf.

4. Welche Organisationen der Verbraucheraufklärung gibt es in der Bundesrepublik?

5. Was versteht man unter Konsumerismus?

6. Beschreiben Sie die Aussagen des Schwabe'schen und Engel'schen Gesetzes.

D Der Markt als Lenkungsinstrument der Volkswirtschaft

I Die Ausgangstatsachen für den Preisbildungsprozeß

In einer arbeitsteiligen Wirtschaft produzieren die Unternehmungen Güter nach individuellen Plänen, und der Produktion folgt nach freier Wahl die Nachfrage der Haushaltungen nach den Gütern, die die Unternehmungen anbieten. Arbeitsteilung und Individualplanung sind Kennzeichen der Marktwirtschaft. Eine Wirtschaftsordnung, die eine freie Planentscheidung von Unternehmungen und Haushaltungen gewährleistet, bedarf eines **Lenkungsinstruments,** das die Pläne der Einzelwirtschaften aufeinander abstimmt. Dieser Steuerungsmechanismus der Marktwirtschaft ist die freie **Preisbildung durch Angebot und Nachfrage am Markt.**

1 Der Markt

1.1 Der Begriff „Markt"

Wenn man den Ausdruck „Markt" hört, stellt man sich zunächst in der Regel darunter den Wochenmarkt der eigenen Stadt vor, wo die Hausfrauen an den einzelnen Ständen die verschiedensten Waren einkaufen, also einen Ort, an dem sich Käufer und Verkäufer treffen, um Geschäfte miteinander abzuschließen.

Angebot und Nachfrage treffen jedoch nicht nur auf dem Wochenmarkt zusammen, sondern auch in Einzelhandelsgeschäften, in Großhandlungen, Speditionsbüros, in Börsen und auf Messen, in den Ein- und Verkaufsabteilungen der Industrieunternehmen und an vielen anderen Orten.

Dabei ist es unwichtig, den Ort zu bestimmen, an dem wirtschaftliche Güter ausgetauscht werden, etwa den konkreten Gemüsemarkt der Stadt A. Im volkswirtschaftlichen Sinn ist der Begriff Markt sehr weit gefaßt; er bedeutet ganz allgemein **jedes Zusammentreffen von Angebot und Nachfrage.**

So verstanden, gibt es zum Beispiel einen Weltmarkt für Weizen, auf dem sich das gesamte Weizenangebot und die gesamte Weizennachfrage der Welt begegnen. Es gibt für jede Güterart einen Markt, auf dem sich Angebot und Nachfrage treffen, so etwa einen Markt für Konsumgüter, einen Markt für Investitionsgüter, einen Markt für Wohnungen usw.

1.2 Arten der Märkte

Stellt man sachliche Gesichtspunkte in den Vordergrund, dann ist eine Unterscheidung verschiedener Marktarten nach dem Gegenstand des Tausches möglich. Grundsätzlich lassen sich zwei Marktarten unterscheiden:

● Faktormärkte
● Gütermärkte

Mit den **Faktormärkten** sind diejenigen Märkte gemeint, an denen die Preisbildung der produktiven Faktoren Boden, Arbeit und Kapital erfolgt. Faktormärkte sind also der Boden- bzw. Immobilienmarkt, der Arbeitsmarkt und der Geld- und Kapitalmarkt.
Unter den **Gütermärkten** sind die Konsumgütermärkte und die Investitionsgütermärkte zu verstehen. An den Konsumgüter- bzw. Warenmärkten besteht Nachfrage der Haushaltungen bei den Unternehmungen nach Gütern für konsumtive Zwecke, während an Investitionsgütermärkten Unternehmungen bei anderen Unternehmungen Güter für Investitionszwecke nachfragen.

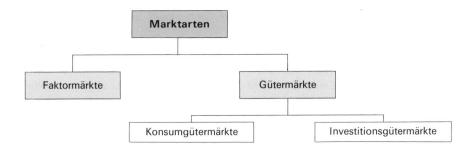

Hier soll nur die Preisbildung an den Konsumgütermärkten betrachtet werden. Die Besonderheiten der Preisbildung an den Faktormärkten, z. B. die Lohnpreisbildung, sollen unberücksichtigt bleiben. Doch zunächst geht es um die Untersuchung der Entscheidungen der Haushaltungen und Unternehmungen, wenn sie am Markt als Nachfrager bzw. Anbieter auftreten. Sie führt zu einer Analyse der Nachfrage und des Angebots.

2 Die Haushaltsnachfrage

In der Nachfrage findet der Wunsch der Konsumenten seinen Ausdruck, eine bestimmte Menge eines Gutes zu erwerben. Sie ist Ausdruck für ein bestimmtes Verbraucherverhalten.

2.1 Das Verbraucherverhalten

Die Motive für die Nachfrageentscheidungen der Haushalte sind mannigfaltig und fast unentwirrbar, wie die Betrachtung des privaten Haushalts als Aktionseinheit bereits gezeigt hat. Grundsätzlich aber lassen sich für das Verhalten der Verbraucher **Gesetzmäßigkeiten** erkennen.

Da jeder Haushalt für eine bestimmte Periode ein **begrenztes Einkommen** zur Verfügung hat, das nur durch eventuelle Kreditaufnahme oder durch Verzehr von Vermögensteilen (entsparen) erweitert werden kann, muß er seine im Grunde unbegrenzten **Bedürfnisse nach ihrer Dringlichkeit** ordnen, um den höchsten Grad an Bedürfnisbefriedigung zu erreichen.

Für einen Haushalt bedeutet dies, aus der Fülle von angebotenen Gütern diejenigen auszuwählen, die ihm den größten Nutzen stiften, wenn er mit dem gegebenen Einkommen entsprechend seiner Bedarfsstruktur die **Maximierung seines Verbrauchernutzens** erreichen will.

2.2 Die Bestimmungsgrößen der Nachfrage

Die mengenmäßige Nachfrage des Haushalts nach einem bestimmten Gut wird von unterschiedlichen Einflußgrößen bestimmt.

Zunächst ist die Bedarfsstruktur zu nennen, das sind die Bedürfnisse in ihrer sachlichen Rangordnung, die wiederum von psychologischen und sozialen Faktoren bestimmt werden. Mit steigendem Einkommen wird der Haushalt sich grundsätzlich mehr Wünsche erfüllen können. Die Nachfrage wird sich insgesamt erhöhen, aber auch in ihrer qualitativen Zusammensetzung verändern, wie das Schwabe-Engelsche Gesetz zeigt.

Der Preis des Gutes, nach dem Nachfrage besteht, hat ebenfalls einen wesentlichen Einfluß auf die nachgefragte Menge. Dabei ist nicht nur die absolute Höhe des Preises entscheidend, auch Veränderungen der Güterpreise zeigen ihre Wirkungen auf das Nachfrageverhalten der Verbraucher. Aber auch die Preise aller anderen Güter, die der Haushalt begehrt, werden mit in die Entscheidung über die Nachfrage nach einem bestimmten Gut einbezogen. Gerade durch den Vergleich der Güterpreise untereinander und durch das Abwägen der Preise mit dem erzielbaren Nutzen erreicht der Haushalt bei seinem gegebenen Einkommen die bestmögliche Gestalt seines Verbrauchswirtschaftsplans.

Auch die Erwartungen über zukünftige Entwicklungen der Preise und des Einkommens spielen eine Rolle. So wird sich ein Haushalt in bezug auf seine gegenwärtige Nachfrage ausgabenfreudiger verhalten, wenn er mit einer Einkommensverbesserung durch Gehaltserhöhung rechnet. Dagegen wird er seine Nachfrage jetzt einschränken, wenn fallende Preise zu erwarten sind.

Zusammenfassend lassen sich folgende Einflußgrößen feststellen, von denen die Nachfragemenge im wesentlichen abhängt:

● die Bedarfsstruktur des Haushalts,
● das verfügbare Einkommen,
● der Preis des nachgefragten Gutes,
● die Preise der übrigen Güter, die der Haushalt begehrt,
● die Erwartungen über zukünftige wirtschaftliche Entwicklungen.

2.3 Die Nachfragefunktion

Es sollen nicht alle Einflußfaktoren der Nachfrage betrachtet werden, sondern wir wollen uns nur mit der Beziehung zwischen dem Preis des Gutes und der nachgefragten Menge befassen.

Die Beziehung zwischen der nachgefragten Menge (N) und dem Preis (p) eines Gutes wird als Nachfragefunktion bezeichnet:

$$N = f(p)$$

Die Nachfragefunktion gibt die Beziehung zwischen Preis und Nachfragemenge an.

Es wird also angenommen, daß bei gegebener und unveränderter Bedarfsstruktur und konstantem verfügbarem Einkommen und unveränderten Preisen der übrigen Güter die Nachfrage ausschließlich vom Preis des betreffenden Gutes abhängt. Diese Vereinfachung ist zulässig, weil die Höhe des Preises des nachgefragten Gutes meist die wichtigste Einflußgröße der Nachfrage ist.

Wie sieht nun diese Abhängigkeit aus? Wie verhält sich die Nachfrage bei steigenden oder fallenden Preisen?

Zur Beantwortung dieser Fragen soll folgendes Beispiel betrachtet werden:

Preis je kg in DM	Nachfragemenge in kg pro Monat
30,00	100
25,00	200
20,00	350
15,00	600
10,00	1000

Nachfrage nach Kaffee

Das Beispiel stellt eine hypothetische (angenommene) Nachfragefunktion am Kaffeemarkt dar. Es zeigt diejenigen Mengen Kaffee, die von der Gesamtheit der Konsumenten auf diesem Markt zu den jeweiligen Preisen nachgefragt werden. Man spricht deshalb auch von einer Gesamtnachfragefunktion.

Die Zusammenhänge zwischen den Preisen und der nachgefragten Menge lassen sich auch graphisch veranschaulichen. Die Ordinate der Abbildung gibt die jeweilige Höhe des Kaffeepreises an, gemessen in DM je kg; die Abszisse bezeichnet die Kaffeemengen, die jeden Monat nachgefragt werden (vgl. das folgende Schaubild).

Dabei ist festzustellen, daß Preis und Menge im umgekehrten Verhältnis zueinander stehen. Wenn der Preis fällt, nimmt die nachgefragte Menge zu und umgekehrt. Die Nachfragekurve hat demzufolge im Koordinatensystem einen von links oben nach rechts unten fallenden Verlauf. Diese Beziehung zwischen Nachfragemenge und Preis wird auch als **Gesetz der abnehmenden Nachfrage** bezeichnet. Es gilt praktisch für alle Güter.

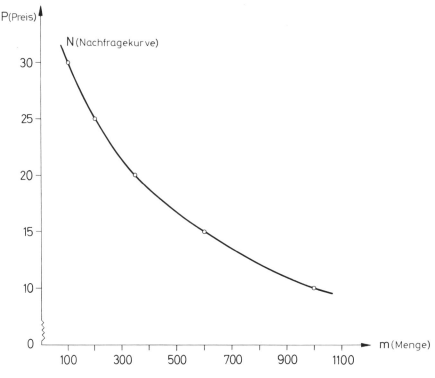

Nachfragefunktion für Kaffee

Warum aber sinkt die Nachfragemenge, wenn der Preis steigt, und umgekehrt?
Zwei Gründe sind im wesentlichen für den Nachfragerückgang bei steigenden Preisen
ausschlaggebend.

● Wenn der Preis steigt, wird man natürlich versuchen, das teurer gewordene Gut durch
  ein anderes zu ersetzen, z. B. Weizen durch Roggen, Kartoffeln durch Reis, Kaffee
  durch Tee usw.

● Gleichzeitig bedeuten steigende Preise bei gleichbleibendem Einkommen, daß
  man ärmer geworden ist; die Folge wird sein, man kauft weniger von dem Gut, weil
  man insgesamt seinen Konsum einschränken muß.

Sinkende Preise zeigen entgegengesetzte Wirkungen. Bei sinkenden Preisen und gleichbleibendem Einkommen steigt in der Regel die Bereitschaft, mehr von einem Gut
zu kaufen, weil das Realeinkommen gestiegen ist. Ein gleichbleibendes Einkommen
bei sinkenden Preisen bedeutet, daß man reicher geworden ist und damit seinen
Konsum ausdehnen kann.
Diese grundsätzlichen Beziehungen gelten für die **individuelle Nachfrage,** aber auch
für die **Gesamtnachfrage** am Markt.
Bei der Betrachtung der Gesamtnachfrage läßt sich die Zunahme der Nachfragemenge
bei Preissenkungen u. a. damit erklären, daß sich bei fallenden Preisen die Bedürfnisse
neuer Käuferschichten auswirken. Sinken die Preise, dann können sich mehr Käufer das
Gut leisten, auch diejenigen, deren geringes Einkommen sie bisher daran gehindert hat,
als Nachfrager nach diesem Gut aufzutreten.

Der Verlauf der Nachfragekurve wird in der Regel so sein, wie er hier beschrieben wurde. Er kennzeichnet das **normale Verbraucherverhalten.** Es gibt aber auch Verhaltensformen der Konsumenten, die vom Regelverhalten abweichen; wird bei steigenden Preisen mehr nachgefragt, so spricht man von einem **anormalen Verbraucherverhalten.** Es kann vorkommen, daß Luxusgüter (z.B. Schmuck, Pelzmäntel) von Beziehern hoher Einkommen mehr nachgefragt werden, obwohl sie im Preis gestiegen sind. Anormales Verbraucherverhalten zeigt sich zumeist bei Gütern, mit denen man Wohlhabenheit demonstriert.

Ein Maßstab dafür, um wieviel sich bei einer gegebenen Nachfragefunktion die nachgefragte Menge eines Gutes ändert, wenn sich dessen Preis um einen bestimmten Betrag verändert, ist die **Nachfrageelastizität** (Preiselastizität der Nachfrage).

Die Elastizität der Nachfrage ist die Reaktion der Nachfrage auf Preisänderungen.

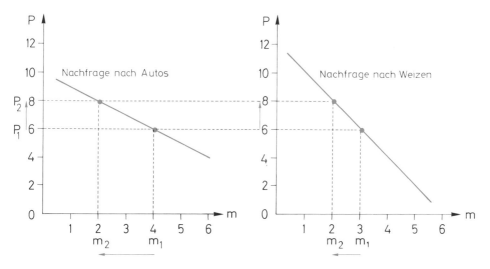

Elastische Nachfrage   *Unelastische Nachfrage*

Betrachtet man die Nachfrage nach Autos, so kann man feststellen, daß die Preiserhöhung von P_1 nach P_2 zu einer größeren Mengenreaktion der Nachfrage geführt hat als bei der Nachfrage nach Weizen.

Das Ergebnis hat seine Ursache in den unterschiedlichen Steigungen der Nachfragekurven. Man spricht im ersten Fall von einer **elastischen** Reaktion der Nachfrage, weil auf eine verhältnismäßig kleine Preisänderung eine verhältnismäßig große Veränderung in der nachgefragten Menge erfolgt; im zweiten Fall dagegen ist die Nachfrage **unelastisch,** weil sie auf eine verhältnismäßig große Preisänderung nur mit einer relativ geringen Änderung der nachgefragten Menge reagiert.

3 Das Unternehmungsangebot

Ähnlich wie bei der Betrachtung der Haushaltsnachfrage lassen sich auch bei der Analyse des Unternehmungsangebots unterschiedliche Einflußgrößen feststellen, die auf die Angebotsmenge eines beliebigen Gutes einwirken.

3.1 Die Bestimmungsgrößen des Angebots

Vor allem hat der erwartete Preis des Gutes einen entscheidenden Einfluß auf das Angebotsverhalten; aber auch die Preise der übrigen Güter, die mit dem angebotenen Gut konkurrieren, spielen in gewissem Grade eine Rolle.

In der Regel bilden die Herstellungskosten die unterste Grenze für den langfristigen Angebotspreis. Damit wird deutlich, daß die Preise der Produktionsfaktoren, denn sie machen ja die Herstellungskosten aus, ebenfalls einen wesentlichen Bestimmungsfaktor für das Angebot darstellen.

Aber auch der von Unternehmung zu Unternehmung unterschiedliche Einsatz der Produktionsfaktoren, d.h. der realisierte Stand des technischen Wissens, beeinflußt das Angebot der Produzenten. Die Organisation, die Kapitalintensität und die unterschiedliche Qualität der Produktionsfaktoren sind ebenfalls hier zu nennen.

Darüber hinaus wirken die Gewinnerwartungen bzw. Gewinnvorstellungen und die Erwartungen über zukünftige Preisentwicklungen auf das Unternehmerverhalten ein. Schließlich sind auch noch Liquiditäts- und Geldentwertungsüberlegungen zu nennen, denn auch sie spielen eine Rolle als Einflußfaktoren des Angebots.

Zusammenfassend lassen sich folgende hauptsächliche Bestimmungsgrößen des Angebots kennzeichnen:

- der Preis des angebotenen Gutes
- die Preise der übrigen Güter
- die Preise der Produktionsfaktoren
- der Stand des technischen Wissens
- die Gewinnerwartungen

3.2 Die Angebotsfunktion

Auch hier, wie bei der Analyse der Nachfrage, sollen nicht alle Bestimmungsgrößen des Angebots betrachtet werden. Es wird ausschließlich die wichtigste Beziehung, nämlich die zwischen dem Preis und der angebotenen Menge, untersucht.

Betrachtet man die übrigen Einflußgrößen als gegeben und unveränderlich während des Betrachtungszeitraums, dann erhält man die **Angebotsfunktion**:

$$A = f(p)$$

Die Angebotsfunktion gibt die Beziehung zwischen den erwarteten Preisen und den Angebotsmengen wieder.

Damit wird angenommen, daß die angebotenen Mengen ausschließlich vom Preis des betreffenden Gutes abhängen, und die Angebotsfunktion wird damit als die Zuordnung von Marktpreisen und Mengen eines Gutes, das die Unternehmen anzubieten bereit sind, erklärt.

Preis je kg in DM	Angebotsmenge in kg je Monat
30,00	1050
25,00	950
20,00	800
15,00	600
10,00	100

Angebot an Kaffee

Die Tabelle stellt eine hypothetische Angebotsfunktion der Anbieter an einem Kaffeemarkt dar. Bei einem Preis von 30,00 DM bieten die Anbieter 1050 kg Kaffee an, bei einem Preis von 25,00 DM 950 kg usw. Diese Zusammenhänge zwischen den angebotenen Mengen und den Preisen lassen sich auch graphisch darstellen. Die Ordinate gibt den Preis für die angebotenen Mengen Kaffee an, die Abszisse die Kaffeemengen, die angeboten werden (siehe Schaubild).

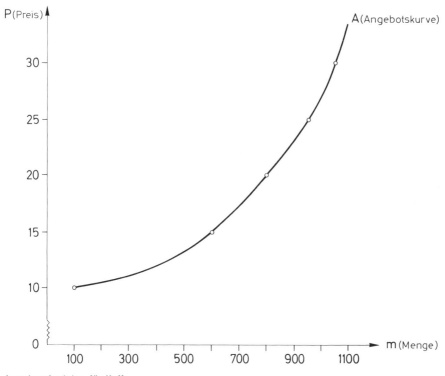

Angebotsfunktion für Kaffee

Die Anbieter sind bereit, sehr viel anzubieten, wenn die Preise hoch sind; sie bieten dagegen weniger an, wenn die Preise niedrig sind. Deshalb verläuft die Angebotskurve im Koordinatensystem von links unten nach rechts oben ansteigend.

Warum aber hat die Angebotskurve normalerweise diesen Verlauf? Warum erhöht sich die angebotene Menge, wenn die erwarteten Preise steigen, und umgekehrt?

Es gibt mehrere Ursachen dafür, daß die Angebotskurve im Normalfall steigende Tendenz hat. Die Hauptursache ist in den **Produktionskosten** zu finden. Es leuchtet ein, daß bei einer Ausdehnung der Produktion bei unverändertem Stand des technischen Wissens zusätzliche Kosten entstehen, die über die Preise der abgesetzten Güter ersetzt werden müssen. Hier zeigt sich die **Wirkung des Ertragsgesetzes.** Will eine Volkswirtschaft mehr Brot essen, so muß sie mehr Weizen anbauen, das heißt, sie muß mehr Arbeit mit der gleichen begrenzten Bodenfläche kombinieren, die für den Anbau von Weizen geeignet ist; bessere Bearbeitung des Bodens reicht aber in der Regel allein auch nicht aus, sondern mehr Düngemittel müssen eingesetzt werden, um mehr Weizen zu erzeugen. Entsprechend dem Gesetz von den abnehmenden Grenzerträgen werden die Kosten der zusätzlichen Ausbringung steigen. So wie die Grenzerträge mit zunehmender Ausbringungsmenge sinken, so steigen die Grenzkosten mit jeder zusätzlichen Ausbringungseinheit. Denn wie die Betrachtung der Kostenverläufe nach dem Ertragsgesetz bereits gezeigt hat, sind Kosten und Erträge nur zwei Seiten ein und derselben Sache.

Das Ertragsgesetz reicht als Erklärung für die steigende Tendenz der Angebotskurve allein aber nicht aus, denn es ist für die Industrie nicht repräsentativ. Aber auch hier hat es als Minimumgesetz für das individuelle Angebot Gültigkeit. Für das Gesamtangebot, das die Summe aller angebotenen Mengen am Markt darstellt, gilt es in gewissem Sinne ebenfalls, denn bei größeren Angebotsmengen am Gesamtmarkt eines Gutes sind als Anbieter auch solche Produzenten dabei, die qualitativ schlechtere Produktionsfaktoren einsetzen und sie ungünstiger kombinieren, deshalb nur zu höheren Kosten anbieten können.

Im Normalfall ist die angebotene Menge eines Gutes um so größer, je höher der Preis ist, und umgekehrt. Dieser Zusammenhang gilt für die meisten wirtschaftlichen Güter. Es gibt aber auch Fälle, in denen die Angebotskurve einen anderen Verlauf zeigt. So kommt es bei nicht lagerungsfähigen landwirtschaftlichen Produkten (z.B. Tomaten, Erdbeeren) vor, daß zur Zeit der Ernte die Angebotsmenge zu jedem Preis an den Markt gebracht wird, der mindestens gerade noch die Vermarktungskosten (Kosten der Ernte, Verpackungs- und Transportkosten) deckt. Ein derartiger Fall zeigt eine Angebotskurve parallel zur Ordinate. Man spricht dann von einem starren Angebot (**anormales Angebotsverhalten**).

II Die Preisbildung und das Marktgleichgewicht

Die Analyse der Nachfrage und des Angebots gibt noch keine Auskunft darüber, wie sich der Marktpreis unter Bedingungen des Wettbewerbs bildet. In den folgenden Ausführungen sind diese Bedingungen immer als Voraussetzung angenommen.

In der Nachfrageanalyse wurde festgestellt, daß es bei Preisveränderungen auch zu Nachfragemengenänderungen kommt. Und auch in der Angebotsanalyse ergaben sich unterschiedliche Angebotsmengen bei unterschiedlichen Preisen. Grundsätzlich waren alle Preise denkbar. Am Markt wird aber nur ein Preis realisiert, der sich aus dem Zusammenwirken von Angebot und Nachfrage ergibt. Bei diesem Preis stimmen Angebot und Nachfrage überein.

1 Die Bildung des Gleichgewichtspreises

Wie hoch der am Markt tatsächlich realisierte Preis ist, darüber gibt weder die Angebots- noch die Nachfragefunktion allein Auskunft. Will man die Bildung des Preises am Markt unter Wettbewerbsbedingungen betrachten, so muß man die Analyse der Nachfrage und des Angebots miteinander verbinden.

Wie sich in einer zusammengefaßten Betrachtung von Angebot und Nachfrage der Marktpreis bildet, darüber gibt die folgende Tabelle eine Antwort, die sich aus den Zahlen der Beispiele der Angebots- und Nachfrageanalyse zusammensetzt.

Preis je kg in DM	Nachfragemenge in kg	Angebotsmenge in kg	Verhältnis von Angebot und Nachfrage	Preistendenz
30,00	100	1050	N < A	sinkend
25,00	200	950	N < A	sinkend
20,00	350	800	N < A	sinkend
15,00	600	600	N = A	ausgeglichen
10,00	1000	100	N > A	steigend

Angebot und Nachfrage auf dem Kaffeemarkt

In dem Beispiel stimmen Angebot und Nachfrage beim Preis von 15,00 DM überein. Bei jedem höheren Preis übersteigt die angebotene Menge die Nachfrage, und bei jedem niedrigeren Preis wird mehr nachgefragt als angeboten. Dieser Zusammenhang läßt sich auch graphisch veranschaulichen (siehe Schaubild).

Im Schnittpunkt der Angebots- mit der Nachfragekurve liegt der Preis, der am Markt tatsächlich realisiert wird. Er wird **Gleichgewichtspreis** genannt, weil sich hier die nachgefragte Menge und die angebotene Menge gerade einander entsprechen. In dem dargestellten Beispiel beträgt der Gleichgewichtspreis (P_0) 15,00 DM und die Gleichgewichtsmenge (m_0) 600 kg Kaffee.

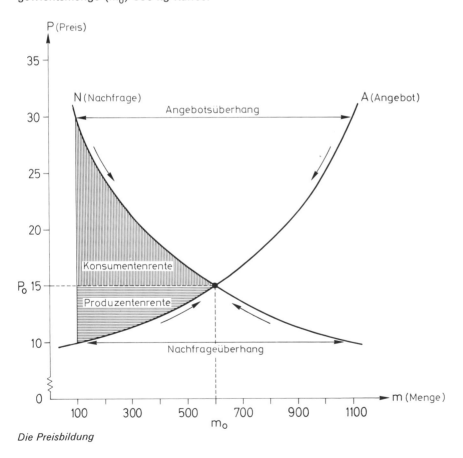

Die Preisbildung

Warum aber bildet sich gerade bei dieser Menge der Gleichgewichtspreis?
Die Beantwortung dieser Frage ergibt sich aus folgenden Überlegungen: Nimmt man einen Preis von 30,00 DM an, so würden 1050 kg Kaffee angeboten, aber nur 100 kg würden nachgefragt. Es ergibt sich ein **Angebotsüberhang.** Die Folge ist eine Konkurrenz der Verkäufer, die bewirkt, daß die Anbieter den Preis senken müssen, um nicht auf der Ware „sitzenzubleiben". Liegt an einem Markt ein Angebotsüberhang vor, so spricht man von einem **Käufermarkt,** weil hier der Käufer in der stärkeren Position ist. Der Konkurrenzdruck der Anbieter an einem Markt mit einem Angebotsüberhang bewirkt eine fallende Tendenz der Preise, die so lange anhält, bis sich Angebotsmengen und Nachfragemengen gerade ausgleichen. Dann ist das Marktgleichgewicht erreicht.

Ähnliche Überlegungen lassen sich für den umgekehrten Fall des **Nachfrageüberhangs** treffen. Beim Preis von 10,00 DM pro kg Kaffee werden 1000 kg nachgefragt, aber nur 100 kg Kaffee angeboten. In diesem Fall werden sich die Verbraucher überlegen müssen, ob sie bei ihrer Preisvorstellung verharren wollen oder nicht lieber doch Zugeständnisse an den Preis machen, um noch Kaffee zu bekommen. Einige werden sich bereit finden, einen höheren Preis zu zahlen. Der Preis wird steigen. So hat die Konkurrenz der Nachfrager eine preissteigernde Wirkung, bis sich ein Ausgleich von Angebot und Nachfrage im Gleichgewichtspreis ergibt. Ist an einem Markt ein Nachfrageüberhang festzustellen, dann spricht man von einem **Verkäufermarkt,** und zwar deshalb, weil die Verkäufer hier in der günstigeren Position sind.

Der **Preismechanismus** bewirkt, daß sich bei einem Angebots- oder Nachfrageüberhang Tendenzen in Richtung auf ein Wettbewerbsgleichgewicht ergeben. Es ist dort erreicht, wo die geplante Angebotsmenge gleich der geplanten Nachfragemenge ist. Bei diesem Gleichgewichtspreis besteht keine Tendenz zu einer Änderung, denn Käufer und Verkäufer sehen keine Veranlassung zu Nachfrage- oder Angebotsänderungen, da ihre Erwartungen im Gleichgewichtspreis erfüllt sind. Es ist derjenige Preis, zu dem die Nachfrager gerade so viel kaufen, wie sie zu kaufen bereit sind, und die Anbieter gerade so viel verkaufen, wie sie zu verkaufen bereit sind.

Derjenige Produzent, der gerade noch zum Zuge kommt, wird als **Grenzanbieter** bezeichnet. Auf Grund seiner Kostensituation hätte er nicht unter dem Gleichgewichtspreis (P_0) anbieten können. Alle anderen Anbieter, die auch zu einem niedrigeren Preis die Ware hätten anbieten können, erhalten eine **Produzentenrente** in Höhe der Differenz zwischen dem realisierten Preis (P_0) und dem für sie noch ausreichenden geplanten Preis.

Auf der anderen Seite nennt man denjenigen Nachfrager, der gerade noch mit seiner Nachfrage zum Zuge kommt, **Grenznachfrager.** Alle anderen Nachfrager, die einen höheren Preis zu zahlen bereit wären, aber nur den Preis P_0 gezahlt haben, erzielen mit der Differenz zwischen tatsächlichem Preis und geplantem Preis eine **Konsumentenrente.**

Die beschriebene Form der Preisbildung wird sich in dieser Art nur dann vollziehen, wenn Wettbewerb am Markt herrscht. Man bezeichnet diese Form der Preisbildung deshalb als **Preisbildung bei vollständiger Konkurrenz.**

2 Die Funktionen des Gleichgewichtspreises

Der Gleichgewichtspreis erfüllt die entscheidende Aufgabe in der Marktwirtschaft, die individuellen Planentscheidungen der einzelnen Wirtschaftssubjekte aufeinander abzustimmen und dafür zu sorgen, daß der Einsatz der Produktionsfaktoren sinnvoll gestaltet wird. Im wesentlichen hat der Gleichgewichtspreis zwei Funktionen, also zwei Aufgaben zu erfüllen:

- eine Lenkungsfunktion
- eine Ausschaltungsfunktion

2.1 Lenkungsfunktion

Funktioniert der Wettbewerb, d.h., ist vollständige Konkurrenz gegeben, dann zeigt der Preis den Produzenten die Knappheitssituation der Güter an. So bedeuten steigende Preise eine höhere Wertschätzung des Gutes und gleichzeitig Gewinnchancen für die Unternehmer. Sie sind bereit, ihre Produktion auszudehnen; das ist aber nur möglich, wenn mehr Produktionsfaktoren für die Produktion der knapper gewordenen Güter eingesetzt werden können. Diese zusätzlichen Produktionsfaktoren müssen in einer vollbeschäftigten Wirtschaft in der Regel aus denjenigen Produktionsbereichen kommen, deren Güter weniger nachgefragt werden und deshalb sinkende Preise aufweisen. Die Konkurrenz zwischen den beiden Energieträgern Kohle und Erdöl ist ein Beispiel für einen derartigen Vorgang.

Wird nicht durch politische Maßnahmen (etwa durch Subventionen) die Produktion schrumpfender Wirtschaftszweige künstlich aufrechterhalten und nicht in den Preismechanismus eingegriffen, dann zeigt der Preis die Veränderungen der Marktverhältnisse an, denen entsprechend Angebot und Nachfrage reagieren können. Bei freier Preisbildung unter Wettbewerbsbedingungen gelangen so die Produktionsfaktoren stets an die Stellen wichtigster Verwendung, wie es die Knappheitsverhältnisse der Güter fordern.

2.2 Ausschaltungsfunktion

Der Gleichgewichtspreis lenkt nicht nur die Produktionsfaktoren an die Stellen der dringlichsten Verwendung, er übt auch die Funktion aus, die Unersättlichkeit der Bedürfnisse und die Knappheit der Güter in Übereinstimmung zu bringen. Durch die Preise wird ein Teil des Bedarfs von vornherein ausgeschaltet. Der nicht kaufkräftige Bedarf bleibt marktunwirksam, so daß sich die angebotenen Gütermengen und die nachgefragten Mengen ausgleichen und der Markt geräumt wird. Man bezeichnet deshalb die Ausschaltungsfunktion des Gleichgewichtspreises auch als **Markträumungsfunktion.**

Auf der anderen Seite zeigt der Preis den Produzenten die Gewinnchancen an. Der Marktpreis muß aber nicht immer einen Gewinn bringen oder kostendeckend sein. In der vollständigen Konkurrenz ergibt sich der Wert eines Gutes nicht aus seinem Herstellungsaufwand, die Wertbestimmung erfolgt vielmehr über den Preismechanismus am Markt. Hier kann sich auf die Dauer aber nur derjenige Anbieter behaupten, der nicht mit überhöhten Kosten arbeitet. Damit wird der funktionierende Preismechanismus zur Grundlage eines gesunden Wettbewerbs, der diejenigen Anbieter von der Bedarfsdeckung ausschaltet, die nicht mehr konkurrenzfähig sind. So zwingt der echte Leistungswettbewerb die Unternehmer zu ständiger Kostensenkung, denn der sich in der vollständigen Konkurrenz bildende Preis trifft die Auswahl unter den Produzenten ausschließlich nach ihrer Leistung.

3 Die Veränderungen des Gleichgewichtspreises

Der Marktpreis ist immer nur für eine kurze Zeit gültig, denn in einer dynamischen Wirtschaft ergeben sich ständig Veränderungen, z.B. in den Einkommen oder den Bedürfnissen der Haushalte, den Preisen der Produktionsfaktoren oder auch im technischen Wissen.

Verändern sich aber die in der Nachfragefunktion und Angebotsfunktion bisher als konstant angenommenen Bestimmungsgrößen von Angebot und Nachfrage, dann kann zu demselben Preis mehr oder weniger nachgefragt bzw. angeboten werden. Die Angebots- bzw. Nachfragekurve verschiebt sich nach rechts oder links.

3.1 Nachfrageveränderungen

Einfluß auf die Nachfrageveränderungen haben vor allem
● das Einkommen der Konsumenten,
● die Bedarfsstruktur,
● die Preise anderer Güter.

Wenn die Haushalte höhere Einkommen beziehen, werden sie normalerweise mehr nachfragen; bei sinkendem Einkommen wird dagegen die Konsumsumme und damit die Nachfragemenge rückläufig sein. Ergeben sich Veränderungen in den Verbraucherwünschen, schlagen sich diese ebenfalls in der Nachfrage nieder; so kann die Werbung gesteigerte Wünsche nach einem bestimmten Gut hervorrufen und damit zu einer Ausdehnung der Nachfrage führen. Von entscheidender Bedeutung sind auch die Preisbewegungen bei Substitutions- bzw. Komplementärgütern. Preissteigerungen bei Schweinefleisch z.B. können zu Nachfrageverlagerungen führen, indem etwa mehr Rindfleisch nachgefragt wird; eine Preissenkung von Tonbandgeräten kann über einen verstärkten Absatz der Geräte auch zu einer Erhöhung der Nachfrage nach Tonbändern führen.

Jede Ausweitung der Nachfrage führt zu einer Verschiebung der Nachfragekurve nach rechts und bei gleichbleibendem Angebot zu einer Preiserhöhung. Das Preis-Mengen-Diagramm zeigt die Verschiebung der Nachfrage nach rechts und die damit verbundene Wirkung auf den Gleichgewichtspreis.

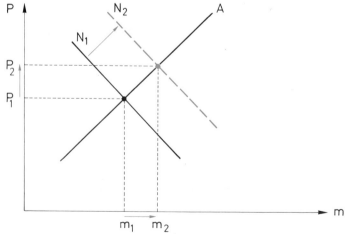

Verschiebung der Nachfragekurve

Aus der Abbildung wird deutlich, daß eine Verschiebung der Nachfragekurve nach rechts bei gleichbleibendem Angebot zu einer Erhöhung des Gleichgewichtspreises führt. Auch der Fall eines Nachfragerückgangs ist denkbar, nur mit der umgekehrten Wirkung einer Preissenkung.

3.2 Angebotsveränderungen

Auch im Bereich des Angebots können sich Veränderungen ergeben; sie haben vor allem ihre Ursache in folgenden Faktoren:

● dem technischen Wissen,
● dem Preis anderer Güter,
● dem Preis der Produktionsfaktoren,
● den Gewinnerwartungen,
● dem Auftreten oder Hinzukommen von Anbietern.

Veränderungen im Bereich des technischen Wissens können zu einer besseren Kombination der Produktionsfaktoren führen und damit eine ähnliche Wirkung zeigen wie Faktorpreissenkungen; sie können Angebotsausweitungen ermöglichen. Auch die Preise anderer Güter wirken auf das mengenmäßige Angebot ein. Wenn der Preis eines anderen Gutes steigt, das angebotene Gut aber im Preis gleichbleibt, so ist die Produktion des angebotenen Gutes relativ ungünstiger geworden, und diese Situation führt dazu, nach einer gewinnbringenderen Anlage der eingesetzten Produktionsfaktoren zu suchen, das heißt aber, die Produktion des angebotenen Gutes wird eingeschränkt. Die Angebotsmenge geht zurück.
Die Einschränkung des Angebots führt zu einer Verschiebung der Angebotskurve nach links, und bei gleichbleibender Nachfrage ist eine Preissteigerung die Folge.
In der Abbildung ist der Fall eines Angebotsrückgangs bei gleichbleibender Nachfrage dargestellt. Es wird die Verlagerung des Gleichgewichtspreises nach oben deutlich.

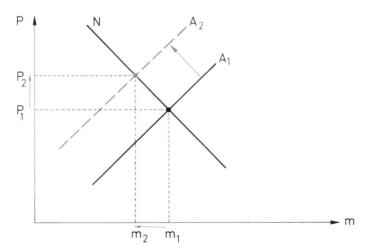

Verschiebung der Angebotskurve

Bei einer Ausdehnung des Angebots ergibt sich eine Verschiebung der Angebotskurve nach rechts. Bleibt die Nachfrage gleich, dann kommt es zu einer Preissenkung.

3.3 Anpassungsprozesse in der Zeit

Die bisherige Betrachtung der Veränderungen von Angebot und Nachfrage im Zeitablauf setzte die Einschränkung voraus, daß sich Anbieter und Nachfrager sofort an veränderte Marktdaten anpassen. Der Zeitfaktor wurde außer acht gelassen.

Betrachtet man noch einmal die Verschiebung der Nachfragekurve, so erkennt man ausschließlich die Endpunkte eines Anpassungsprozesses, der sich als Folge der Nachfrageverschiebung von N_1 nach N_2 ergeben hat. Der direkte Übergang vom Gleichgewichtspreis P_1 zum Gleichgewichtspreis P_2 kann aber nur stattfinden, wenn beide Marktseiten sich ohne zeitliche Verzögerung an die veränderte Marktsituation anpassen. In der wirtschaftlichen Wirklichkeit ist das aber meist nicht der Fall.

Hat z. B. die Nachfrage zugenommen, dann kann sich die Produktion zunächst nur teilweise den veränderten Nachfragebedingungen anpassen. Erst später wird der längerfristige Anpassungsprozeß beendet sein. Es ergibt sich bei zeitlich verzögerter Anpassung an eine Nachfrageverschiebung ein mehrstufiger Ablauf, wie die folgende Abbildung zeigt.

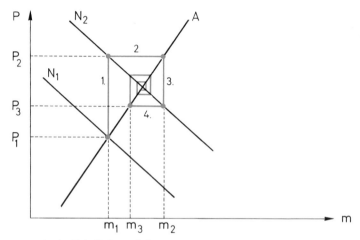

Anpassungsprozesse in der Zeit: Spinnwebtheorem

1. Steigt die Nachfrage, dann können die benötigten Mengen nicht sofort in größerer Zahl angeboten werden. Nach den Gesetzen des Preismechanismus muß die erhöhte Nachfrage einen höheren Preis (P_2) bezahlen, der bei der bisherigen Menge (m_1) auf der neuen Nachfragekurve (N_2) liegt.
2. Die Anbieter sind nun aber bereit, zu dem neuen Preis (P_2) eine größere Angebotsmenge (m_2) auf den Markt zu bringen; es entsteht jetzt ein Angebotsüberhang.
3. Die Nachfrager sind jetzt jedoch nur bereit, diese größere Menge (m_2) zu einem niedrigeren Preis (P_3) abzunehmen, der sich entsprechend der Nachfragekurve (N_2) ergibt.
4. Bei diesem neuen Preis (P_3) wollen und können die Anbieter aber wiederum nur eine geringere Menge (m_3) anbieten, die sich entsprechend der Angebotskurve (A) ergibt.

Diese Vorgänge wiederholen sich immer wieder, so daß sich ein Prozeß von Anpassungsaktionen und -reaktionen der Anbieter (gerade Ziffern in der Abbildung) und Nachfrager (ungerade Ziffern) ergibt, der zu einem neuen Gleichgewicht führt.

Weil die Linien, die die Aktionen und Reaktionen von Angebot und Nachfrage zeigen, das Aussehen von Spinnweben haben, wird die Darstellung der Gleichgewichtsbestimmung bei verzögerter Anpassung als Spinnwebtheorem (Cobweb-Theorem) bezeichnet.

Die Anpassungsprozesse in der Zeit müssen nicht immer in der beschriebenen Weise erfolgen. Sie können sich auch so vollziehen, daß kein neues Gleichgewicht entsteht, man spricht dann entweder von einem „explodierenden Modell" oder von einem „Modell mit gleichbleibenden Schwingungen".

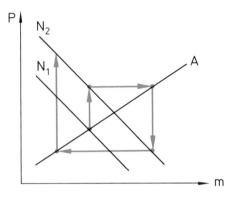

Explodierendes Modell

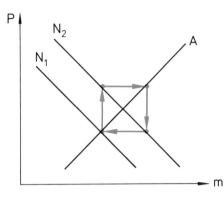

Modell mit gleichbleibenden Schwingungen

Es handelt sich bei der Darstellung der kurz- und langfristigen Anpassung an veränderte Daten um ein wirtschaftswissenschaftliches Modell, das nicht nur allgemeinen Erkenntniswert hat. Empirische Untersuchungen haben insbesondere bei Agrarprodukten Angebotsreaktionen gezeigt (Schweinezyklus), die dem Spinnwebtheorem entsprechen.
Andere Untersuchungen über kurz- und langfristige Anpassungsprozesse an veränderte Marktdaten haben gezeigt, daß beispielsweise das Fischangebot bei zunehmender Nachfrage kurzfristig unelastisch reagiert. Das hat seine Ursache in der Verderblichkeit des Fisches; kurzfristig wird deshalb der Fisch zu jedem Preis verkauft, und auf der anderen Seite sind Nachfrageerhöhungen nicht so schnell zu befriedigen, da die zusätzlich nachgefragten Fische erst mit höherem Aufwand beschafft werden müssen.

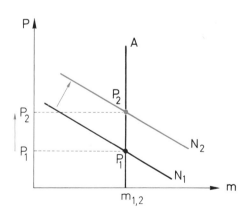

Kurzfristiges Angebot an Fisch

Langfristiges Angebot an Fisch

Langfristig führen erzielbare höhere Preise zu einer Angebotsausdehnung, die jedoch mit steigenden Kosten verbunden ist. Hier zeigt sich die Wirkung des Ertragsgesetzes. Anders dagegen reagiert langfristig das Angebot an industriellen Massengütern. Eine erhöhte Nachfrage führt meist zu einer besseren Ausnutzung der Produktionsanlagen; das bedeutet sinkende Kosten, weil die fixen Kosten pro Stück geringer werden.

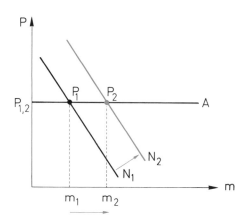

Langfristiges Angebot an industriellen Massengütern

Das Ausnutzen der Kostenvorteile der großen Serie ermöglicht es, das Angebot ohne Preissteigerung auszudehnen.

Mit der Analyse der Anpassungsprozesse sind Preis- und Mengenänderungen zu erklären, die sich in der Wirklichkeit beobachten lassen. Für die Wirklichkeitserklärung ist nicht die Bildung des Gleichgewichtspreises allein wichtig, sondern es müssen auch die Übergangserscheinungen zwischen einem früheren und einem späteren Gleichgewichtszustand betrachtet werden. In der wirtschaftlichen Realität zeigen sich letztlich keine langfristigen Gleichgewichtszustände. Wenn von einem **stabilen Gleichgewicht** gesprochen wird, das durch den Gleichgewichtspreis gekennzeichnet ist, dann ist das immer nur kurzfristig gemeint, denn in einer dynamischen Wirtschaft verändern sich die Daten fortwährend. So befindet sich die Wirtschaft immer nur in einem Übergangszustand.

4 Die politische Preisbildung

Der Preismechanismus hat in der Marktwirtschaft die Aufgabe, für die Abstimmung der Einzelpläne von Haushaltungen und Unternehmungen zu sorgen. Er entscheidet damit über die Gestalt des volkswirtschaftlichen Gesamtplanes. Der Preis, der sich am Markt unter Wettbewerbsbedingungen bildet, entspricht zwar ökonomischen Gesetzmäßigkeiten, er muß aber für die Volkswirtschaft als ganzes nicht immer sinnvoll sein.

Die freie Preisbildung nimmt nämlich auf soziale, psychologische und politische Gesichtspunkte keine Rücksicht. Wenn der Staat in der Preisbildung eingreift, weil er den wirtschaftlichen Preis im Interesse der Volkswirtschaft oder aus sozialpolitischen Gründen für unzweckmäßig hält, dann spricht man von politischer Preisbildung.

4.1 Höchstpreise

Es ist denkbar, daß durch einen plötzlichen Ernteausfall an Getreide der Brotpreis sehr stark steigt. Ist der Preisanstieg aber aus sozialen Erwägungen unerwünscht, dann wird der Staat eingreifen, indem er einen Höchstpreis festsetzt, der unter dem Gleichgewichtspreis liegt, welcher sich bei einem freien Spiel der Kräfte von Angebot und Nachfrage ergeben würde. In der folgenden Abbildung wird die Auswirkung eines derartigen Höchstpreises gezeigt.

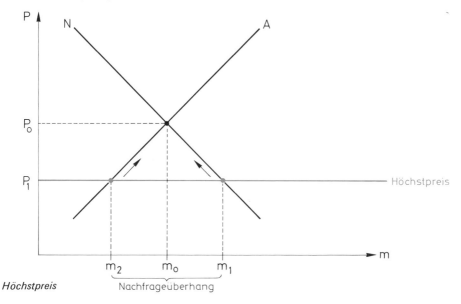

Höchstpreis

Welche Probleme ergeben sich, wenn der Staat in das System freier Preisbildung eingreift?

Aus der Abbildung wird deutlich: Setzt der Staat den Höchstpreis bei P_1 fest, zu dem die Produzenten verkaufen müssen, dann liegt kein Gleichgewicht zwischen Angebot und Nachfrage vor. Die nachgefragte Menge liegt bei m_1, während das Angebot nur bei m_2 liegt. Preis und Menge sind beim Höchstpreis geringer als im Gleichgewicht.

Der Nachfrageüberhang von $m_1 - m_2$ würde bei freier Preisbildung zu einem Konkurrenzdruck führen, dessen Folge ein Preisanstieg in Richtung auf den Gleichgewichtspreis wäre. Das aber wird durch die staatliche Höchstpreisvorschrift verhindert.

Gleichzeitig wird deutlich, daß die Preisfixierung allein nicht ausreicht, der Nachfrageüberhang macht eine zusätzliche **Mengenregulierung** notwendig. Eine Verteilung durch staatliche Einrichtungen, etwa mit Hilfe von Bezugsscheinen, ist erforderlich. Nachfrager, die durch den Wettbewerb am Markt wegen fehlender Kaufkraft ausgeschaltet werden würden, kommen jetzt über die staatlichen Zuteilungsmaßnahmen auch zum Zuge. Das Kartensystem nach dem Zweiten Weltkrieg ist ein Beispiel für diese Art der Rationierung der Nachfrage.

Wird der Markt durch staatliche Preisregulierung in seiner Lenkungsfunktion ausgeschaltet, dann muß eine staatliche Behörde diese Lenkungsfunktion übernehmen.

Die Höchstpreisfixierung mit zusätzlicher Mengenregulierung kann selten den Versuch verhindern, das staatliche Höchstpreisgebot zu umgehen. Häufig führt die Rationierung zu einem ,,**schwarzen Markt**'', auf dem ein höherer Preis verlangt und auch gezahlt wird.

Die staatliche Preisregulierung durch Höchstpreise ist ein viel diskutiertes Problem der Wirtschaftspolitik. Die grundlegenden Unterschiede in der Beurteilung der Entwicklung von Preisen und Löhnen werden an diesem Meinungsaustausch sichtbar.

- Auf der einen Seite hofft man, daß der marktwirtschaftliche Preismechanismus ausreichend ist, um die Probleme des allgemeinen Preisanstiegs (Inflation) meistern zu können.
- Auf der anderen Seite stehen die Skeptiker und meinen, dieser Marktmechanismus allein reiche nicht aus. Sie befürworten staatliche Preiskontrollen.

Die bisher in unterschiedlichen Ländern gemachten Erfahrungen mit dem Preisstopp scheinen den Gegnern eines staatlichen Eingriffs in den freien Preisbildungsprozeß recht zu geben.

4.2 Mindestpreise

Der Höchstpreispolitik geht es vor allem um den Schutz des Konsumenten, dagegen will die Mindestpreispolitik insbesondere die Interessen der Produzenten schützen. Staatliche Mindestpreise finden sich in den westlichen Industrienationen vor allem bei landwirtschaftlichen Erzeugnissen, um die einheimische Landwirtschaft zu schützen.

Setzt der Staat einen Mindestpreis fest, dann wird ein über dem bei freiem Wettbewerb sich bildenden Gleichgewichtspreis liegender Preis vorgeschrieben.

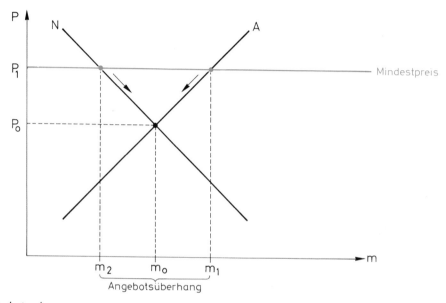

Mindestpreis

Welche Probleme ergeben sich, wenn der Staat durch Mindestpreissetzung in das System freier Preisbildung eingreift?

Die Abbildung zeigt, daß sich bei einem Mindestpreis P_1 ein Angebotsüberhang ergibt. Die Anbieter wollen zu diesem Preis die Menge m_1 anbieten, während die Nachfrager nur die Menge m_2 kaufen wollen. Angebotsmenge und Angebotspreis sind beim Mindestpreis höher als beim Gleichgewichtspreis P_0, der sich unter Wettbewerbsbedingungen bilden würde.

Der Angebotsüberhang von $m_1 - m_2$ würde bei freier Preisbildung preissenkende Wirkung haben, die nur durch die staatliche Mindestpreisvorschrift verhindert wird. Die Preisvorschrift kommt deshalb nicht ohne zusätzliche mengenregulierende Maßnahmen aus. Der Staat muß entweder dafür sorgen, daß durch Investitionsverbote oder Anbaubeschränkungen das Angebot verringert wird oder durch Abnahmezwang und zusätzliche Werbung die Nachfrage vergrößert wird. Sonst wird sich die Bildung eines „grauen Marktes" nicht vermeiden lassen, auf dem das Produkt zu einem niedrigeren als dem Mindestpreis gehandelt wird.

Maßnahmen wie die Lagerbildung bei stapelfähigen Gütern sind ebenfalls Mittel, um den Angebotsüberhang zu verringern. Die staatlichen Vorratsstellen für landwirtschaftliche Erzeugnisse (z. B. Butter) können in gewissem Umfang mengenregulierend bei Mindestpreisen wirken, indem sie den Angebotsüberhang abbauen helfen, um dann in Zeiten rückläufigen Angebots die eingelagerten Produkte an den Markt zu bringen. Mengenregulierung über Investitionsverbote und staatliche Lagerhaltung allein reicht aber nicht aus, um langfristig zu einem sinnvollen Abbau des Überangebots zu kommen. Staatliche Förderungsmaßnahmen zur Angebotsverringerung müssen hinzukommen, wenn das Ungleichgewicht beseitigt werden soll. Die Entwicklung in der Bundesrepublik Deutschland nach dem Zweiten Weltkrieg hat gezeigt, daß staatliche Mindestpreispolitik nicht zu dem gewünschten Ziel führt, wenn nicht gleichzeitig Maßnahmen getroffen werden, die die Ursachen des Überangebots in bestimmten Wirtschaftszweigen (z. B. Bergbau und Landwirtschaft) beseitigen helfen.

Höchst- und Mindestpreise stellen in einer marktwirtschaftlichen Ordnung marktinkonforme Maßnahmen des Staates dar; sie sind deshalb so wenig wie möglich anzuwenden.

III Die Marktformen

Die bisherige Betrachtung des Preisbildungsprozesses ging von der Annahme aus, daß Wettbewerbsbedingungen am Markt möglich sind und auch tatsächlich herrschen, weil viele Marktteilnehmer miteinander konkurrieren. Nun muß der Markt in der wirtschaftlichen Wirklichkeit aber nicht immer so gestaltet sein, wie der Modellfall der Preisbildung am Gesamtmarkt sie beschreibt; vollständiger Wettbewerb ist nur eine denkbare Marktform.

1 Märkte und Marktstrukturen

Grundsätzlich gibt es eine Vielzahl möglicher Marktformen, die für die Art der Preisbildung von entscheidender Bedeutung sind. Die Marktform gibt Auskunft über die Angebots- und Nachfragestruktur eines Marktes.

Geht man von der Zahl der Marktteilnehmer aus, dann kann es einmal die Marktform des **Polypols** geben (von griechisch polys = viel und polein = verkaufen); hier steht einer großen Zahl von Anbietern eine große Zahl von Nachfragern gegenüber. Da es viele konkurrierende Marktpartner gibt, kann der einzelne keinen Einfluß auf den Marktpreis nehmen, da seine angebotene bzw. nachgefragte Menge sehr gering ist.

Das entgegengesetzte Extrem zum Polypol ist das **Monopol** (von griechisch monos = allein und polein = verkaufen). Tritt nur ein Anbieter am Markt auf und sieht er sich vielen Nachfragern gegenüber, dann spricht man von einem Angebotsmonopol. Der Monopolist als Anbieter bedient den Markt allein, er steht somit in keiner Konkurrenz mit anderen Anbietern am Markt. Er ist deshalb in der Lage, den Preis zu bestimmen, zu dem er verkaufen will, wobei er jedoch die Reaktionen der Nachfrager berücksichtigen muß. Ein Nachfragemonopol ist ebenfalls möglich. Gibt es an einem Markt für ein bestimmtes Gut neben einem Anbieter mit einem großen Marktanteil noch weitere kleinere Marktteilnehmer, die den Einfluß des Monopolisten zwar einschränken, aber nicht in dem Maße, daß sie maßgebend auf den Markt einwirken können, dann spricht man von einem **Teilmonopol**. Das gilt beispielsweise für ein großes Industrieunternehmen in einer Kleinstadt, das in Teilbereichen des Arbeitsmarktes ein Teilmonopol als Nachfrager hat, wenn sonst in der Stadt nur kleine Industrie- und Handwerksbetriebe angesiedelt sind.

Sind nur wenige Anbieter bzw. Nachfrager am Markt, so spricht man von einem **Oligopol** (von griechisch oligos = wenig und polein = verkaufen). Hier stehen nur wenige Marktteilnehmer im Wettbewerb miteinander. Jeder von ihnen hat einen verhältnismäßig großen Marktanteil, mit dem er sowohl mengenmäßig als auch preislich Einfluß auf das Marktgeschehen nehmen kann. Bestimmen wenige große Anbieter bzw. Nachfrager den Markt und gibt es neben diesen noch weitere kleinere Marktteilnehmer, dann spricht man von einem **Teiloligopol**.

Die drei grundsätzlichen Möglichkeiten: viele − wenige − einer auf der Angebots- und Nachfrageseite ergeben in der Kombination die neun Marktformen der folgenden Übersicht.

Anbieter Nachfrager	viele	wenige	einer
viele	Polypol	Angebotsoligopol	Angebotsmonopol
wenige	Nachfrageoligopol	Zweiseitiges Oligopol	Angebotsmonopol mit oligopolistischer Nachfrage
einer	Nachfragemonopol	Nachfragemonopol mit oligopolistischem Angebot	Zweiseitiges Monopol

Marktformen

Diese Übersicht enthält die wesentlichsten Marktformen, wobei Sonderfälle ausgeschlossen bleiben. Bei der Marktform wird derjenige genannt, der den Preis am Markt beeinflussen kann, der also die größere wirtschaftliche Macht besitzt.

2 Vollkommene und unvollkommene Märkte

Neben der Gliederung der Märkte nach der Zahl der Marktteilnehmer ist die Unterscheidung in vollkommene und unvollkommene Märkte wichtig für die Marktformen und den Preisbildungsprozeß.

Man bezeichnet einen Markt als vollkommen, wenn neben der grundsätzlichen Voraussetzung, daß viele Anbieter bzw. Nachfrager miteinander im Wettbewerb stehen, folgende Bedingungen erfüllt sind:

● Sachliche Gleichartigkeit (Homogenität) der Güter.
Es dürfen keine Unterschiede in der Qualität der angebotenen Güter gegeben sein.

● Personelle Gleichartigkeit der Verkäufer bzw. Käufer.
Es dürfen keine persönlichen Bindungen (Präferenzen) zwischen Verkäufer und Käufer gegeben sein. Beispielsweise sollte man in einem Einzelhandelsgeschäft nicht deswegen besonders gern einkaufen, weil dort besonders hübsche Verkäuferinnen bedienen; auf diese Weise entsteht eine persönliche Präferenz.

● Keine räumlichen Differenzierungen zwischen den einzelnen Anbietern und Nachfragern.
Es muß ein sog. Punktmarkt gegeben sein. Ein Punktmarkt ist dann vorhanden, wenn alle Nachfrager und Anbieter an einem eng begrenzten Ort vereinigt sind, wie z. B. bei der Produkten- und Wertpapierbörse.

● Keine zeitlichen Differenzierungen zwischen den einzelnen Anbietern und Nachfragern.
Diese Bedingung verlangt, daß Angebot und Nachfrage zu einem Zeitpunkt zusammentreffen.

● Vollständige Markttransparenz (Marktübersicht).
Vollständige Markttransparenz ist dann gegeben, wenn jeder Anbieter und Nachfrager über die von der anderen Marktpartei gesetzten Bedingungen vollständig informiert ist. Markttransparenz ist vor allem für den Nachfrager wichtig, er muß alle Angebote der Anbieter des nachgefragten Gutes kennen.

Faßt man die vier Bedingungen nach dem Vorbild Erich Gutenbergs zu einer **Homogenitätsbedingung** zusammen, dann kann man von einem vollkommenen Markt dann sprechen, wenn neben der Bedingung der Vielzahl der Marktteilnehmer die Homogenitätsbedingung und die Bedingung vollständiger Markttransparenz erfüllt sind.

Ist auch nur eine der genannten Bedingungen nicht gegeben, bestehen etwa zeitliche Unterschiede durch unterschiedliche Lieferfristen bei den Anbietern, so spricht man von einem **unvollkommenen Markt**.

Aus den Bedingungen des vollkommenen Marktes ergibt sich das **Gesetz der Unterschiedslosigkeit,** das besagt:

An einem Markt, wo die Homogenitätsbedingung und die Bedingung der Markttransparenz gegeben sind, kann es zu jedem Zeitpunkt für jede Güterart **nur einen Preis** geben.

Es ist einleuchtend, daß es nur sehr selten einen Markt geben wird, wo das Gesetz der Unterschiedslosigkeit gilt; wenn überhaupt, dann nur in einem kleinen Ausschnitt eines Warenmarktes, an einem sog. **Teilmarkt**. In der wirtschaftlichen Wirklichkeit sind die Märkte in der Regel unvollkommene Märkte, d. h. Märkte, die von der idealen Form des vollständigen Wettbewerbs (bzw. der vollständigen Konkurrenz) mehr oder weniger abweichen.

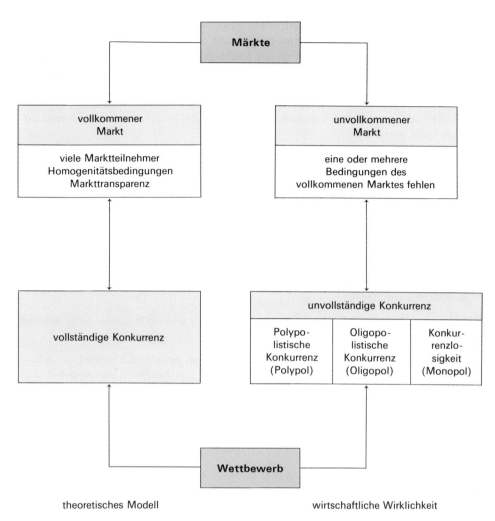

theoretisches Modell   wirtschaftliche Wirklichkeit

In der unvollständigen Konkurrenz lassen sich aber verschiedene Grade feststellen. Gibt es viele Anbieter am Markt, ohne daß aber alle übrigen Bedingungen des vollständigen Marktes gegeben sind, so spricht man von der polypolistischen (vielzahligen) Konkurrenz. Schrumpfen die Anbieter auf wenige zusammen, so besteht oligopolistische Konkurrenz; völlige Konkurrenzlosigkeit haben wir dagegen beim Monopol.

3 Die Marktform der vollständigen Konkurrenz

3.1 Die Wesensmerkmale

Die Marktform der vollständigen Konkurrenz ist in erster Linie ein wirtschaftswissenschaftliches Denkmodell. Die Grundsätzlichkeiten der Preisbildung, wie sie in dem Kapitel „Die Preisbildung und das Marktgleichgewicht" dargestellt wurden, sind nur unter den Voraussetzungen der vollständigen Konkurrenz gültig. Es müssen viele Anbieter und viele Nachfrager am Markt auftreten, die je nur kleine Mengen anbieten und nachfragen, und es müssen die Homogenitätsbedingung des vollkommenen Marktes und die vollständige Markttransparenz gegeben sein.

Die Marktform der vollständigen Konkurrenz ist in der wirtschaftlichen Wirklichkeit nur sehr selten anzutreffen. Die Wertpapierbörsen sind jedoch ein gutes Beispiel für diese Marktform. Börsen sind Märkte, an denen Kaufleute regelmäßig zu bestimmten Zeiten zusammenkommen, um Geschäfte über abwesende, vertretbare Waren oder Wertpapiere nach bestimmten Geschäftsregeln abzuschließen. An Wertpapierbörsen kommen Wertpapiergeschäfte zwischen Bankvertretern, die als Kommissionäre die Aufträge ihrer Kundschaft oder auch eigene Geschäfte ausführen, durch Einschaltung amtlich vereidigter Kursmakler zustande.

An den Wertpapierbörsen sind tatsächlich immer die Bedingungen einer vollkommenen Konkurrenzsituation erfüllt:

- Sachliche Gleichartigkeit: Die gehandelten Wertpapiere sind vollkommen gleich.

- Räumliche Gleichartigkeit: Die Wertpapiere werden in einem Raum der Wertpapierbörse gehandelt.

- Zeitliche Gleichartigkeit: Der Kurs als Preis einer Aktie wird während der Börsenstunden (bis zur Mittagszeit) zu einem bestimmten Zeitpunkt ermittelt. Es werden die Aktienkurse der unterschiedlichen Gesellschaften nacheinander in alphabetischer Reihenfolge ermittelt.

- Personelle Gleichartigkeit: Es ist den Bankvertretern gleichgültig, von wem oder an wen sie die Aktien verkaufen.

- Vollkommene Markttransparenz: Sie ist nicht für den einzelnen Bankvertreter erforderlich, denn der amtliche Börsenmakler übernimmt den Ausgleich von Angebot und Nachfrage und stellt den Kurs fest; er hat dabei vollkommene Marktübersicht.

3.2 Die Situation des einzelnen Anbieters

Nachdem die Gesetzmäßigkeiten der Preisbildung am Gesamtmarkt für ein bestimmtes Gut unter den Bedingungen vollständigen Wettbewerbs bereits betrachtet wurden, bleibt nun die Frage zu beantworten, wie sich der einzelne Anbieter bei dieser Marktform verhalten kann und muß, wenn er nach Gewinnmaximierung strebt.

Es wurde festgestellt, daß es am Markt mit vollständiger Konkurrenz nur einen Preis geben kann. Denn bei dem so geringen Marktanteil jedes einzelnen hat eine Angebotsmengenveränderung einen derartig geringen Einfluß auf den Preis, daß er unberücksichtigt bleiben kann. Auf der anderen Seite würde bei einer eigenständigen Erhöhung des Preises durch einen einzigen Anbieter der Absatz dieses Anbieters auf Null zurückgehen; alle Kunden gingen ihm verloren, da die Nachfrager bei den anderen Anbietern kaufen würden, die am allgemein geltenden Marktpreis festhalten. Im Falle einer selbständigen Preissenkung eines einzelnen dagegen würde die gesamte Nachfrage auf ihn allein übergehen; das jedoch würde dessen Kapazität übersteigen, er könnte die zusätzliche Nachfrage nicht befriedigen.

Es hat deshalb für den einzelnen Anbieter keinen Sinn, den Preis als absatzpolitisches Mittel einzusetzen. Er muß den **Preis als Datum**, als etwas Gegebenes, in seine Entscheidungsrechnungen hineinnehmen und kann sich nur mit seiner produzierten Menge an die Bedingungen des Marktes anpassen. Er ist sog. **Mengenanpasser.** An veränderte Marktdaten paßt er sich nur mit seiner Ausbringungsmenge an. Seine Mengenänderungen sind für den Gesamtmarkt wegen seines geringen Marktanteiles nicht spürbar und rufen keine Reaktionen der Konkurrenten hervor.

Wenn man feststellen will, wie sich das einzelne Unternehmen am Markt mit vollständiger Konkurrenz verhalten muß, um seinen Gewinn zu maximieren, dann sind zwei ökonomische Faktoren zu berücksichtigen: zum einen die **Erlössituation** und zum andern die **Kostensituation**; auf der einen Seite der Preis des Gutes, der den Erlös bestimmt, und auf der andern die Gesamtkosten. Man erhält den Gesamterlös, indem man die abgesetzten Mengen mit ihrem Preis multipliziert, wobei der Preis immer gleich hoch ist. Die Differenz zwischen Gesamterlös und Gesamtkosten ergibt den Erfolg der Unternehmung (Gewinn oder Verlust).

Bei Konstanz der Absatzpreise verläuft die Gesamterlöskurve (produzierte Menge × Preis) als eine aus dem Nullpunkt des Koordinatensystems ansteigende Gerade. Zeichnet man in einem Koordinatensystem neben der Gesamterlöskurve die Gesamtkostenkurve ein, so läßt sich der Höchstgewinn wie folgt ermitteln: Das Gewinnmaximum ist dann erreicht, wenn der senkrechte Abstand zwischen Gesamterlöskurve und Gesamtkostenkurve am größten ist. Das ist an dem Punkt der Fall, wo eine parallel zur Gesamterlöskurve verlaufende Tangente an der Gesamtkostenkurve diese berührt (P_1). Bei der Ausbringungsmenge $m_{max.}$ erzielt der Betrieb den höchsten Gewinn.

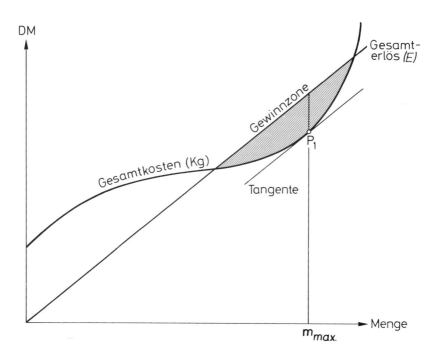

Gewinnmaximum bei vollständiger Konkurrenz (Gesamtdarstellung)

Neben der **Gesamtbetrachtung** (Gesamterlös minus Gesamtkosten = Erfolg) ist aber auch die **Stückbetrachtung** möglich. Hier vergleicht man die Kosten pro Stück bei einer bestimmten Ausbringungsmenge (Durchschnittskosten) und die Kosten, die durch eine zusätzliche Ausbringungseinheit entstehen (Grenzkosten), mit dem Stückerlös, der im Fall vollständiger Konkurrenz immer gleich dem unveränderlichen Preis pro Stück in dem Betrachtungszeitraum ist.

Für die weiteren Überlegungen soll das in der folgenden Tabelle wiedergegebene Zahlenbeispiel die Zusammenhänge noch einmal veranschaulichen.

Ausbringungs- menge m	Gesamtkosten Kg	Durchschnittskosten kg	Grenzkosten KGr	Preis P	Gesamterlös E = m · P	Gewinn
0	9			10	0	— 9
1	22	22	13	10	10	— 12
2	30	15	8	10	20	— 10
3	35	11,7	5	10	30	— 5
4	38	9,5	3	10	40	2
5	40	8,0	2	10	50	10
6	43	7,2	3	10	60	17
7	48	6,9·	5	10	70	22
8	56	7,0	8	10	80	24
9	67	7,4	11	10	90	23
10	81	8,1	14	10	100	19
11	100	9,9	19	10	110	10
12	125	10,4	25	10	120	— 5

Dem Zahlenbeispiel liegt ein **ertragsgesetzlicher Kostenverlauf** zugrunde; der Preis pro Stück beträgt 10,00 DM, der Erlös pro Stück ist also immer gleich 10,00 DM. Stellt man die Kosten- und Erlössituation dieser Modellunternehmung graphisch dar, so ergibt sich in der Stückbetrachtung folgendes Bild.

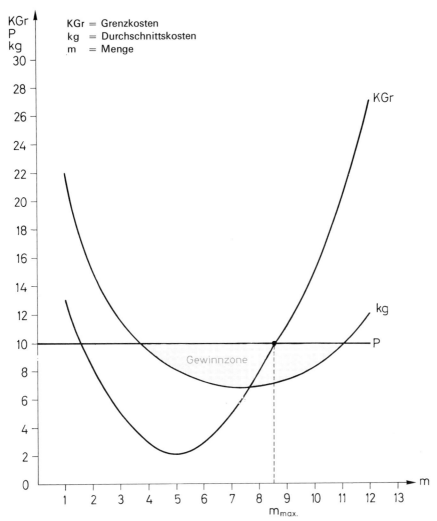

Gewinnmaximum bei vollständiger Konkurrenz (Stückdarstellung)

Aus der Abbildung ist das Gewinnmaximum bei der gegebenen Kostensituation und bei gegebenem Preis zu ersehen. Gleichzeitig läßt sich aus ihr eine allgemeingültige Gewinnmaximierungsbedingung bei vollständiger Konkurrenz ableiten. Das Gewinnmaximum ist bei der Ausbringungsmenge 8,7 erreicht. Ganz allgemein läßt sich sagen: Bei vollständiger Konkurrenz ist das Gewinnmaximum dann erreicht, wenn der Preis pro Stück und die Grenzkosten gleich hoch sind. Somit gilt als Bedingung für das Gewinnmaximum:

Grenzkosten = Preis

Diese Bedingung ist auch in der Begründung leicht einzusehen, denn die Ausdehnung der Produktion ist tatsächlich nur solange sinnvoll – wenn nach maximalem Gewinn gestrebt wird –, bis die Kosten, die durch jede zusätzliche Ausbringungseinheit verursacht werden, nicht über dem erzielbaren Preis pro Einheit liegen. Liegen die Grenzkosten unter dem Verkaufspreis, dann wird mit jedem zusätzlich verkauften Stück noch

ein Gewinn erzielt. Jede Produktion, die über die Menge 8,7 hinausgeht, würde Grenzkosten verursachen, die durch den Preis nicht mehr gedeckt sind und deshalb den Gesamtgewinn verringern.

Diese allgemeine Bedingung, Grenzkosten gleich Preis, gilt jedoch nur bei ertragsgesetz-
lichem Kostenverlauf. Ist ein linearer Kostenverlauf gegeben, dann sind die Grenzkosten
konstant, und es ergibt sich kein Schnittpunkt mit der Preisgeraden. Der Preis liegt überall
über den Grenzkosten. Grenzkostenkurve und Preisgerade verlaufen parallel zueinander.
Deshalb nehmen die Gewinne bis zur Kapazitätsgrenze zu. Die gewinnmaximale Ausbringungsmenge liegt daher bei linearen Kostenverläufen immer an der oberen Kapazitätsgrenze.

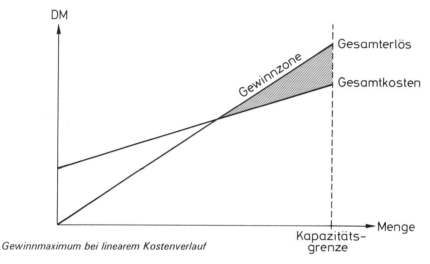

Gewinnmaximum bei linearem Kostenverlauf

4 Die Situation des einzelnen Anbieters beim Polypol

Vollständiger Wettbewerb ist auch in einer gut funktionierenden Marktwirtschaft nur
sehr selten anzutreffen. Auf den heutigen Märkten werden in der Regel nicht völlig
gleichartige Güter angeboten. Auch wenn es sich um Waren der gleichen Gattung handelt, z. B. Mehl oder Brot, versuchen Produzenten und Händler ihr Produkt von dem der
übrigen Anbieter deutlich zu unterscheiden, indem etwa eine besondere Verpackung
gewählt wird. Durch **Produktdifferenzierung** versucht jeder Anbieter, sich einen besonderen Markt für sein Gut zu schaffen, so daß die sachliche Gleichartigkeit der Güter
kaum in der wirtschaftlichen Wirklichkeit anzutreffen ist.

Es lassen sich auch nie besondere Vorlieben für ein bestimmtes Produkt und ein bestimmtes Geschäft ausschalten. In mehr oder weniger starkem Maße werden durch die Art der
persönlichen Beziehungen zwischen Käufer und Verkäufer persönliche Präferenzen entstehen. Nicht immer kommt es nur auf die Höhe des Preises an, den man für ein Gut
bezahlen muß. Auch die Art der Bedienung, die gepflegte Ladenausstattung, die Zuver-
lässigkeit und Schnelligkeit des Kundendienstes und nicht zuletzt der jeweilige Standort
des Anbieters spielen in der Realität der Marktwirtschaft eine Rolle.

Auch bei einer Vielzahl von Marktteilnehmern versucht der einzelne Anbieter, sich dem
Wettbewerb mit seinem gesamten **absatzpolitischen Instrumentarium** zu stellen
oder vielmehr sich durch Schaffung von persönlichen und sachlichen Präferenzen ihm
zu entziehen, damit er **Preispolitik** betreiben kann.

Je nach der Stärke der Präferenzen hat der Anbieter eine mehr oder weniger monopol-ähnliche Stellung am Markt. Eine Hausfrau in einem Vorort wird nicht gleich schon deshalb in die Stadt fahren, um Brot zu kaufen, weil ihr Bäcker bei einer bestimmten Brotsorte fünf Pfennig teurer anbietet als die Bäckerei in der Innenstadt. Häufig weiß sie auch gar nicht von den Preisunterschieden, die zwischen den Angeboten bestehen, weil ihr die Möglichkeit zum ausgedehnten Preisvergleich fehlt und Markttransparenz nicht gegeben ist.

Ähnlich geht es ihr beim Qualitätsvergleich der in der Regel heterogenen Güter, die sich aber häufig nur geringfügig voneinander unterscheiden. Es fehlt in den meisten Fällen der notwendige Sachverstand, der von dem einzelnen Nachfrager auch gar nicht erwartet werden kann.

Einen Ausweg bietet hier eine gezielte **Verbraucheraufklärung,** damit ein echter Preisvergleich und wirkliche Markttransparenz möglich werden. Sonst ist der Verbraucher der Macht der Produzenten ausgeliefert, die durch Produktdifferenzierung und sachliche und persönliche Präferenzen entsteht.

5 Die Marktform des Monopols

5.1 Die Wesensmerkmale

Das der Marktform der vollständigen Konkurrenz entgegengesetzte Extrem ist das Monopol. Hier gibt es nur einen Anbieter und viele Nachfrager oder umgekehrt einen Nachfrager und viele Anbieter. Im ersten Fall spricht man von einem **Angebotsmonopol,** im zweiten Fall von einem **Nachfragemonopol.** Ein **zweiseitiges Monopol** ist dann gegeben, wenn ein Anbieter sich nur einem Nachfrager gegenübersieht. Es soll an dieser Stelle nur das Angebotsmonopol näher betrachtet werden.

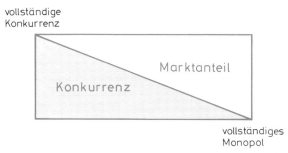

vollständige
Konkurrenz

Marktanteil

Konkurrenz

vollständiges
Monopol

Da der Angebotsmonopolist als einziger Anbieter der gesamten Nachfrage gegenübersteht, ist sein Angebot gleich dem Gesamtangebot des Marktes. Als alleiniger Anbieter sieht er sich keinen Konkurrenzhandlungen gegenüber. Die Nachfrager dagegen befinden sich in einer ähnlichen Situation wie am Markt der vollständigen Konkurrenz. Für sie ist der Monopolpreis ein Datum, sie können nur noch darüber entscheiden, welche Mengen sie zu dem vom Monopolisten gesetzten Preis kaufen wollen.

Der Anbieter ist jedoch in der Entscheidung über die Höhe des Preises oder über die Angebotsmenge frei. Setzt er den Preis nach eigenem Ermessen fest, dann können sich die Nachfrager nur mit der Nachfragemenge anpassen. Setzt er die Menge fest, die er anbieten will, dann läßt er den Käufern die Wahl, zu welchem Preis sie nachfragen wollen. Beides gleichzeitig kann er aber nicht festsetzen. In der Regel setzt der Monopolist einen bestimmten Preis. Er treibt also im Gegensatz zum Anbieter in der vollständigen Konkurrenz aktive **Preispolitik.**

In seiner Preisgestaltung ist der Angebotsmonopolist von der elementaren Tatsache abhängig, daß er mehr Güter absetzen wird, je niedriger der Preis ist, und umgekehrt. Seine Absatzmenge ist demzufolge eine Funktion des Preises. Da er allein am Markt auftritt, ist die zu einem bestimmten Preis absetzbare Menge von der für ihn gültigen Nachfragefunktion des betreffenden Gutes abhängig. Die Nachfragefunktion gibt ihm seinen zu erwartenden Absatz an. Sie wird im Preis-Mengen-Diagramm von links oben nach rechts unten verlaufen, da mit sinkendem Preis die Nachfragemenge im allgemeinen zunimmt.

5.2 Die Entstehung der Monopole

5.2.1 Natürliche Monopole

Monopole können auf Grund des Alleinbesitzes bestimmter Naturvorräte, z. B. Bodenschätze und Heilquellen, entstehen. Aber auch die wirtschaftliche Ausnutzung einer besonderen persönlichen Begabung, etwa im Bereich der Kunst, kann zu einer monopolähnlichen Stellung führen. Solche natürlichen Monopole sind jedoch selten, und man wird nur schwer Beispiele uneingeschränkter natürlicher Monopole finden, wenn man nicht den Kunstmarkt anführen will; zu nennen sind der deutsche Kalibergbau vor 1914 und die Alaungruben im mittelalterlichen Kirchenstaat.

5.2.2 Gesetzliche Monopole

Monopole können auch durch Gesetz entstehen. Der rechtliche Schutz des Patent- und Urheberrechts erlaubt die wirtschaftliche Verwertung einer technischen Erfindung, wissenschaftlichen Entdeckung oder einer künstlerisch-schöpferischen Leistung. Das Patent gestattet es den Produzenten für eine befristete Zeit, ein Gut am Markt konkurrenzlos anzubieten. Langfristig kann das Patent jedoch nicht verhindern, daß ähnliche Produkte entwickelt werden, die zu dem patentierten Produkt in Konkurrenz treten. Deshalb sind auf Grund eines Patents entstandene gesetzliche Monopole in der Regel nur kurzfristig voll am Markt wirksam.

5.2.3 Staatliche Monopole

Aber auch durch Gesetz können Monopole entstehen, weil der Staat für bestimmte Bereiche der Volkswirtschaft eine gleichmäßige Versorgung sicherstellen und sie nicht privater Unternehmerinitiative überlassen will. Staatliche Monopole entstehen deshalb, weil Sozialbedürfnisse zu einem kostendeckenden Preis befriedigt werden sollen.
So besitzt die Bundespost ein Monopol für die Briefbeförderung und den Fernsprech- und Fernschreibdienst. Öffentliche Versorgungsbetriebe für Wasser, Gas und Elektrizität sind ebenfalls Monopolbetriebe.
Zu den staatlichen Monopolen, die dem Staat häufig regelmäßige Einnahmen sichern, gehören auch das Zündholzmonopol in Deutschland und das Tabakwaren- und Salzmonopol in Italien.

5.2.4 Konzentration und Kollektivmonopole

Zum eigentlichen Problem für den Wettbewerb in der Marktwirtschaft werden die auf Grund von Unternehmenswachstum entstandenen Großunternehmen, die als Alleinanbieter den Markt für ein bestimmtes Gut beherrschen. Darüber hinaus führen Unternehmenszusammenschlüsse zu monopolartigen Marktstellungen, die eine Gefahr für die von der Idee des Wettbewerbs bestimmten Marktwirtschaft sind.
Ähnlich ist die Situation bei der Bildung von **Kollektivmonopolen** (Kartelle), die durch vertragliche Absprachen entstehen.

5.3 Das Gewinnmaximum des Monopolisten

Da der Monopolist den Preis setzen kann, stellt sich für ihn – wenn er nach Maximierung seines Gewinns strebt – die Frage, welche Preis-Mengen-Kombination gewinnmaximal ist.

Ausbringungsmenge m	Gesamtkosten Kg	Durchschnittskosten kg	Grenzkosten KGr	Preis P	Gesamterlös E = m · P	Grenzerlös EGr	Gewinn
0	9			24	0		− 9
						22	
1	22	22	13	22	22		0
						18	
2	30	15	8	20	40		10
						14	
3	35	11,7	5	18	54		19
						10	
4	38	9,5	3	16	64		26
						6	
5	40	8,0	2	14	70		30
						2	
6	43	7,2	3	12	72		29
						− 2	
7	48	6,9	5	10	70		22
						− 6	
8	56	7,0	8	8	64		8
						− 10	
9	67	7,4	11	6	54		− 13
						− 14	
10	81	8,1	14	4	40		− 41
						− 18	
11	100	9,1	19	2	22		− 78
						− 22	
12	125	10,4	25	0	0		− 125

Zur Beantwortung dieser Frage soll wiederum von einem Beispiel ausgegangen werden. Die obige Tabelle zeigt ein Modellunternehmen, das dieselbe Kostenstruktur hat, wie das in der Untersuchung der Gewinnmaximierungsbedingungen bei vollständiger Konkurrenz. Der Preis ist jedoch für den Monopolisten kein Datum.
Es soll zunächst von der Betrachtung der Gesamtkosten und der Gesamterlöse ausgegangen werden, um das Gewinnmaximum zu bestimmen. Der Gesamterlös verändert sich mit der Ausbringungsmenge; er ergibt sich aus der Multiplikation der variierten Preise mit der jeweiligen Ausbringungsmenge. Auch hier gilt die Bedingung:

Gewinn = Erlös — Kosten

Das Gewinnmaximum ergibt sich demzufolge dort, wo die Differenz zwischen dem Gesamterlös und den Gesamtkosten am größten ist. Aus der Tabelle ist ersichtlich, daß der maximale Gewinn etwa bei 6 Ausbringungseinheiten liegen muß. Die graphische Darstellung veranschaulicht diesen Zusammenhang.

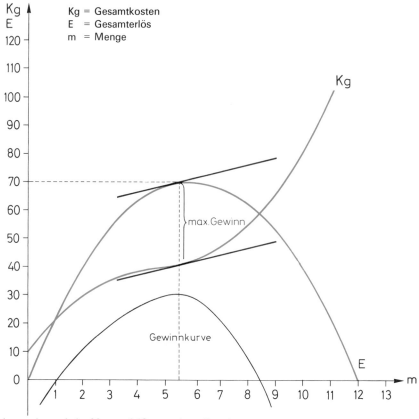

Gewinnmaximum beim Monopol (Gesamtdarstellung)

Aus der Graphik läßt sich das Gewinnmaximum genauer bestimmen, es liegt bei der Ausbringungsmenge 5,5. Dort ist der Abstand zwischen der Gesamterlöskurve (E) und der Gesamtkostenkurve (Kg) am größten. Das Steigungsmaß der Erlöskurve (E) und der Gesamtkostenkurve ist bei dieser Ausbringungsmenge gerade gleich groß.

Mit dieser Gesamtbetrachtung ist aber noch keine allgemeingültige Bedingung für die Gewinnmaximierung beim Monopol abzuleiten. Hierzu ist die Stückbetrachtung notwendig.

Dabei kann wie bei der Ableitung der Gewinnmaximierungsbedingung bei vollständiger Konkurrenz vorgegangen werden, nur mit dem Unterschied, daß jetzt beim Monopol der Preis kein Datum mehr ist und demzufolge sich eine Komplizierung der Ableitung ergibt. Beim Monopol wächst der Erlös mit zunehmender Ausbringungsmenge nicht um den gleichen Betrag, den Preis pro Stück, wie im Fall der vollständigen Konkurrenz. Man bezeichnet den Erlöszuwachs, der durch eine zusätzliche Ausbringungseinheit entsteht, als **Grenzerlös,** analog zum Begriff der Grenzkosten. Da der Monopolist sich einer Nachfragekurve gegenübersieht, die im Koordinatensystem von links oben nach rechts unten verläuft, ist der Grenzerlös immer kleiner als der jeweils erzielbare Preis. Das hat seine Ursache darin, daß dem Monopolisten beim Verkauf einer zusätzlichen Ausbringungseinheit im Gesamterlös nicht der volle Preis zuwächst, sondern vermindert um die Erlösminderung, die sich aus dem Preisnachlaß ergibt, der auch auf die übrigen verkauften Einheiten gegeben werden muß. Nimmt man zur Verdeutlichung dieses Tatbestandes einmal an, der Monopolist verkaufe zum Preis von 4,00 DM pro Stück 10 Einheiten und könne 11 Einheiten nur zum Preis von 3,70 DM verkaufen, dann ist der Grenzerlös gleich

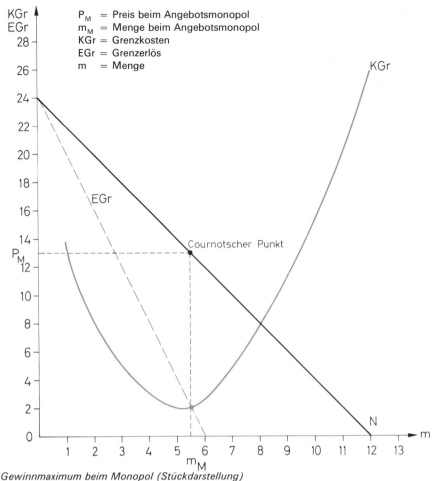

Gewinnmaximum beim Monopol (Stückdarstellung)

dem Preis der zusätzlichen Einheit (3,70 DM), vermindert um 10 × 0,30 DM – das ist
der Mindererlös an der bisherigen Ausbringung –, also 0,70 DM.

Nach dieser Erklärung des Grenzerlösverhaltens bei zunehmender Ausbringung fällt die
Ableitung der Gewinnmaximierungsbedingung beim Monopolisten nicht mehr schwer.
Die Abbildung zeigt die Erlös- und Kostensituation des Modellunternehmens in der
Stückdarstellung.

Um das Gewinnmaximum zu ermitteln, müssen Grenzerlös und Grenzkosten miteinander
verglichen werden. Dort, wo sich die Grenzkostenkurve und die Grenzerlösgerade (EGr)
schneiden, ist der maximale Gewinn erreicht, denn jeder Erlöszuwachs über diesen Schnittpunkt hinaus würde kleiner sein als der Kostenzuwachs, der durch eine zusätzliche Ausbringungseinheit entsteht. Man bezeichnet den Punkt auf der Nachfragekurve, der sich
im Schnittpunkt von Grenzkosten- und Grenzerlöskurve ergibt, als **Cournotschen
Punkt,** so genannt nach dem französischen Nationalökonomen Augustin Cournot
(1801–1877), der diese Ermittlung des Gewinnmaximums beim Monopol als erster
geometrisch und mathematisch abgeleitet hat.

Als allgemeingültige Bedingung für das Gewinnmaximum des Monopolisten gilt also:

> **Das Gewinnmaximum beim Angebotsmonopol ist dann gegeben, wenn Grenzkosten
> und Grenzerlös gleich sind.**

6 Die Marktform des Oligopols

6.1 Die Wesensmerkmale

Die Marktformen des Monopols und der vollständigen Konkurrenz sind die beiden Grenzsituationen der möglichen Preisbildungsprozesse, die Eckpfeiler der Preistheorie. Sie sind zwar wichtige wirtschaftswissenschaftliche Modelle, um Erkenntnisse über die Preisbildung bei unterschiedlichen Marktformen zu gewinnen, die Marktform des Oligopols kommt aber in der wirtschaftlichen Wirklichkeit **am häufigsten** vor. Trotzdem kann von einer befriedigenden Erklärung des Oligopols bisher keine Rede sein. Das liegt vor allem daran, daß die Oligopolpreisbildung wohl zum schwierigsten Kapitel der Preislehre gehört und sich über das Verhalten des Oligopolisten nur sehr schwer allgemeingültige Aussagen machen lassen.

Die Häufigkeit der Oligopole in der gegenwärtigen Wirtschaft hat vor allem ihre Ursache im Streben der Unternehmungen nach Ausnutzung der Größendegression. Das führt zur Konzentration in Form von Konzernen, so daß die Versorgung der Volkswirtschaft in einzelnen Wirtschaftszweigen von einigen wenigen großen Unternehmungen wahrgenommen wird. Beispiele für oligopolistische Marktformen sind der Markt für Autos, Rundfunk- und Fernsehgeräte, Rasierapparate, Waschmittel, Zigaretten usw.

Das Wesen der oligopolistischen Marktform liegt darin, daß eine begrenzte Anzahl von Unternehmen miteinander in Konkurrenz steht und der Marktanteil jedes einzelnen Anbieters so groß ist, daß die Maßnahmen eines Marktteilnehmers stets im Absatzbereich seiner Mitkonkurrenten spürbar werden, ganz im Gegensatz zur vollständigen Konkurrenz.

Ein Monopolist muß bei seinen absatzpolitischen Entscheidungen nur auf die Nachfrageseite achten, denn er hat ja keinen Konkurrenten im Angebot. Der einzelne Unternehmer in der Marktform der vollständigen Konkurrenz hat wegen seines geringen Marktanteils keinen Einfluß auf die Preissituation am Markt und braucht die Aktionen der ebenfalls einflußlosen Mitkonkurrenten nicht zu beachten. Der Oligopolist dagegen muß bei jeder seiner absatzpolitischen Aktionen mit Gegenmaßnahmen seiner Konkurrenten rechnen und antwortet auf Aktionen der anderen Marktteilnehmer ebenfalls mit eigenen Gegenmaßnahmen. Er beachtet also nicht nur die Nachfrageseite, sondern auch die Aktionen und Reaktionen der Konkurrenten auf der Angebotsseite.

6.2 Oligopolistische Preispolitik

Auf Grund der Ungewißheit der Reaktionen der Marktteilnehmer kann ein Oligopolist nie eindeutig bestimmen, welche Folgen eine marktpolitische Maßnahme haben wird. Eine preispolitische Herausforderung kann von den Marktteilnehmern auf unterschiedliche Weise beantwortet werden.

Das Streben eines Oligopolisten nach einem größeren Marktanteil und nach höherem Gewinn kann zu einer bewußten **Marktverdrängungspolitik** führen. In offenem Preiskampf wird kurzfristig vom Prinzip der Gewinnmaximierung abgegangen und der Preis so niedrig festgesetzt, daß eine Vernichtung der Konkurrenten zu erwarten ist. Die Konkurrenten werden auf die Herausforderung reagieren müssen, wenn sie nicht auf Nachfrager verzichten können. So kommt es zu einem ruinösen Wettbewerb, der, langfristig konsequent durchgehalten, schließlich zu einer Monopolsituation führen kann.

Ein derartiges aggressives Marktverhalten ist heute nur selten anzutreffen. Oligopolistische Märkte sind vielmehr durch ein **gemeinsames Vorgehen aller Oligopolisten** gekennzeichnet. Es werden Kampfsituationen bewußt vermieden, um große Risiken zu vermeiden. Muß der einzelne Betrieb damit rechnen, daß eine von ihm durchgeführte Preissenkung von den anderen Mitkonkurrenten nicht unbeantwortet hingenommen wird, dann erscheint es wenig sinnvoll, den Preis zu senken, weil durch die preispolitische Maßnahme der Absatz nicht wesentlich oder nur kurzfristig vergrößert werden kann. Auf der anderen Seite muß ein Oligopolist annehmen, daß eine Preiserhöhung nicht ohne weiteres von den anderen Konkurrenten mitgemacht wird und deshalb mit einem Absatzrückgang zu rechnen ist. Daher ist es für ihn in der Regel zweckmäßig, den Preis konstant zu halten. Es kann aber auch sein, daß ein Unternehmen auf Grund seiner Größe als **Preisführer** anerkannt ist. Wenn dieser Preisführer den Preis verändert, wird er sofort von den anderen Unternehmen übernommen. Diese begnügen sich dann mit der Absatzmenge, die ihnen zu diesem Preis zufällt. Eine derartige **stillschweigende Übereinkunft** ist an oligopolistischen Märkten häufig zu beobachten. Sie ist Ursache für die bei dieser Marktform oft festgestellte Starrheit der Preise nach unten, auch bei einem allgemeinen Nachfragerückgang und unausgelasteten Kapazitäten.

Es können aber auch anstelle des stillschweigend vereinbarten gemeinsamen Marktverhaltens **offizielle vertragliche Absprachen** getroffen werden. Dann kommt es zur Bildung von Kartellen, die als Kollektivmonopole zu der Marktform des Monopols zu rechnen sind.

Stillschweigendes und vertraglich vereinbartes gemeinsames Marktverhalten sind der Grund dafür, daß das Preisverhalten der Oligopolisten meistens dem eines Monopolisten ähnlich ist. Oft verlagert sich der Wettbewerb von der preislichen Ebene zu Formen des Qualitätswettbewerbs.

IV Wettbewerb und Unternehmenskonzentration

1 Die Kritik am Monopol

Es ist immer wieder versucht worden, die Marktform des Monopols mit der des vollständigen Wettbewerbs zu vergleichen. Dabei kommt das Monopol in der Regel schlechter weg, vor allem deshalb, weil grundsätzlich die Ausschaltung der Konkurrenz und die Konzentration wirtschaftlicher Macht als nicht vereinbar mit den Grundsätzen der Marktwirtschaft angesehen werden.

Vergleicht man die Preisbildung im Modell der vollständigen Konkurrenz mit derjenigen im Modell des Angebotsmonopols, dann gibt das Ergebnis den Kritikern der Monopole tatsächlich recht. Denn wenn man annimmt, daß die Summe der Grenzkosten aller Anbieter am Markt mit vollständiger Konkurrenz gleich den Grenzkosten des Monopolisten ist, so zeigt eine Gegenüberstellung der Gewinnmaximierungsbedingungen beider Marktformen: Der Monopolist produziert weniger als die Unternehmer in vollständiger Konkurrenz und verlangt einen höheren Preis für dieselbe Ausbringungsmenge als der Unternehmer bei vollständigem Wettbewerb, wenn beide nach Gewinnmaximierung streben.

Die Abbildung zeigt den Vergleich der beiden Modellunternehmen bei der angenommenen Nachfragekurve (N). Bei gleichen Grenzkosten ergibt sich beim Angebotsmonopol

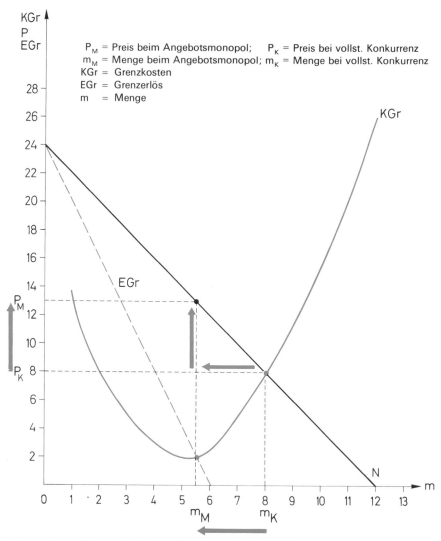

Gewinnmaximum: Monopol und vollst. Konkurrenz im Vergleich

ein höherer Preis (P_M) gegenüber dem Preis bei vollständiger Konkurrenz (P_K) und eine geringere Menge (m_M) gegenüber der bei vollständiger Konkurrenz (m_K).

Dieser Vergleich ist nur aussagefähig, wenn die Voraussetzung gleicher Kostenfunktion in der vollständigen Konkurrenz und beim Monopol erfüllt ist. Ob diese Voraussetzung der Realität entspricht, läßt sich nicht ohne weiteres sagen.

Was an diesem Vergleich der Versorgung der Volkswirtschaft in der vollständigen Konkurrenz und im Monopol aber gezeigt werden kann, ist, daß die **Konzentration** des Angebots bestimmter Güter auf ein Unternehmen ein Problem ist, mit dem man sich näher beschäftigen muß. Das gleiche gilt auch für die Konzentration des Angebots auf wenige Unternehmen (Oligopol); denn diese Unternehmen stehen häufig nicht in Konkurrenz miteinander, sondern es besteht die Gefahr, daß sie sich zusammensetzen, um Absprachen über Preise, Absatzmengen, Lieferbedingungen, Marktaufteilungen usw.

zu treffen. In diesem Fall handeln die verschiedenen rechtlich unabhängigen Unternehmen wirtschaftlich gesehen wie **ein** Unternehmen; es gibt keinen Unterschied zum Monopol mehr, da die verschiedenen Oligopolisten in keiner Konkurrenzbeziehung zueinander stehen.

Es soll hier das Problem der **Konzentration** des Angebots, also die **Unternehmenskonzentration,** eingehender untersucht werden.

2 Die Unternehmenszusammenschlüsse

Seit Beginn der Industrialisierung im 19. Jahrhundert spielt das Problem wirtschaftlicher Macht eine bedeutende Rolle. Vielfache Gründe haben immer wieder dazu geführt, daß sich die Gedanken der Kooperation (Zusammenarbeit) und der Konzentration (Zusammenschluß) in vielen Bereichen der Wirtschaft ausbreiteten und sich als Folge Unternehmungen zu größeren Wirtschaftseinheiten zusammenschlossen, um den unbequemen Wirkungen des freien Wettbewerbs durch Vereinbarungen aus dem Weg zu gehen.

Diese Konzentration kann in loser Form (mündliche Vereinbarungen) erfolgen, kann aber auch zu vertraglichen Bindungen führen, die die wirtschaftliche und rechtliche Selbständigkeit der einzelnen Unternehmen erheblich einschränken oder gänzlich aufheben.

2.1 Mögliche Konzentrationsformen

Es lassen sich drei Konzentrationsformen unterscheiden: horizontale, vertikale und anorganische Konzentration. Bei der horizontalen Konzentration handelt es sich um den Zusammenschluß von Unternehmen der gleichen Produktions- oder Handelsstufe (z. B. mehrere Stahlwerke, mehrere Warenhäuser). Wenn sich Unternehmen von aufeinanderfolgenden Produktions- oder Handelsstufen vereinigen (z. B. Kohlenbergwerk – Hüttenwerk – Walzwerk – Maschinenfabrik), ist ein vertikaler Zusammenschluß gegeben. Die jeweilige Produktionsstufe nimmt dann das Erzeugnis der vorherigen Stufe auf und verarbeitet es weiter. Nur das Endprodukt kommt auf den Markt. Bei der Vereinigung von Unternehmungen verschiedener Wirtschaftszweige und Produktionsstufen (z. B. Brauerei – Bankinstitut – Reederei – Nahrungsmittelbetrieb) spricht man von einer anorganischen Konzentration.

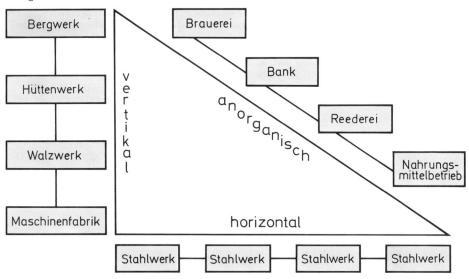

2.2 Die einzelnen Zusammenschlüsse

Je nach Art der vertraglichen und kapitalmäßigen Bindung lassen sich folgende Zusammenschlüsse unterteilen: Kartell, Syndikat, Konzern, Trust, Interessengemeinschaft und Konsortium.

2.2.1 Das Kartell

Das Kartell ist ein vertraglicher Zusammenschluß gleichartiger Betriebe (horizontale Konzentration), deren rechtliche Selbständigkeit erhalten bleibt, die aber einen Teil ihrer wirtschaftlichen Selbständigkeit aufgeben. Hauptziel eines solchen Zusammenschlusses ist die Marktbeherrschung oder zumindest die Beschränkung des Wettbewerbs in einem Wirtschaftszweig. Ein großer Teil der Anbieter muß dem Kartell angehören, damit die wenigen Außenseiter keine Chance auf dem Markt haben. Die Mitglieder verpflichten sich zu gemeinsamem Handeln.
Kartelle bestehen meist in der Rechtsform einer Gesellschaft des Bürgerlichen Rechts. Die Rechtsform einer AG ist aus Gründen des hohen Grundkapitals, der Prüfungs- und Publizitätspflichten und der Verwaltung nicht geeignet.

Entsprechend den vielzahligen Konzentrationsgründen unterscheidet man viele Arten von Kartellen, von denen im folgenden einige mit ihren Hauptvereinbarungen angeführt werden:

Arten	Hauptvereinbarungen
Preiskartell:	Vereinbarung gleicher Absatzpreise oder gleicher Mindestpreise.
Konditionenkartell:	einheitliche Anwendung allgemeiner Geschäfts-, Lieferungs-, Zahlungs- und Kreditbedingungen.
Ex- und Importkartell:	Absprachen über gemeinsames Vorgehen im Außenhandel.
Gewinnverteilungskartell:	Verteilung der von allen Beteiligten erwirtschafteten Gewinne nach einem bestimmten Schlüssel.
Rabattkartell:	vertragliche Festsetzung einheitlicher Verkaufsrabatte.
Krisenkartell:	Beschränkung des Wettbewerbs in Krisenzeiten durch Anpassung der Kapazität an den Bedarf.
Rationalisierungskartell:	Absprache über Beschränkungen im Produktionsprogramm.
Normen- und Typenkartell:	Festlegung von bestimmten Abmessungen und Normen, Vereinheitlichung von Endprodukten.
Marken-Schutz-Kartell:	Vereinbarung über Einhaltung des Endverbrauchspreises (Preisbindung der zweiten Hand).
Kalkulationskartell:	gleicher Aufbau und Inhalt der Kostenrechnung.
Quotenkartell:	Zuteilung von bestimmten Absatzmengen (Quoten).
Gebietskartell:	Zuteilung eines begrenzten Absatzgebietes.

Da Kartelle im allgemeinen eine Beschränkung des Wettbewerbs bezwecken, widersprechen sie den Zielvorstellungen einer marktwirtschaftlichen Wirtschaftsordnung. Die Rechtsordnung hat daher eine Regelung des Kartellwesens durch das Gesetz gegen Wettbewerbsbeschränkungen (Kartellgesetz) vorgenommen und grundsätzlich Kartelle verboten. Eine Ausnahme bilden vier Arten:

- Konditionenkartell,
- Rabattkartell,
- Normen- und Typenkartell,
- Exportkartell.

124

Nach Meinung des Gesetzgebers beeinträchtigen diese Arten nicht unmittelbar den Wettbewerb und sind daher erlaubt. Sie müssen aber beim Bundeskartellamt angemeldet werden und unterliegen dann dessen Aufsicht. Weiterhin läßt das Kartellgesetz die Möglichkeit der Genehmigung zu beim

- Krisenkartell,
- Rationalisierungskartell,
- Ex- und Importkartell,

da diese als Maßnahmen in die Wirtschaftspolitik mit einbezogen werden können. Erlaubte oder genehmigte Kartelle werden in das Kartellregister eingetragen.

2.2.2 Das Syndikat

Das Syndikat ist die straffste Form eines Kartells, in dem der Absatz aller Mitglieder durch eine gemeinsame Vertriebseinrichtung (Verkaufskontor) zentralisiert wird. Dies ist in der Grundstoffindustrie (Kohle, Stahl) wegen der standardisierten Produkte der Fall. Die Regelung des Marktes erfolgt nur über das Syndikat, das die Aufträge an die Mitglieder verteilt. Die einzelne Unternehmung liefert nur die Ware aus, sie hat keine unmittelbare Beziehung zum Markt.

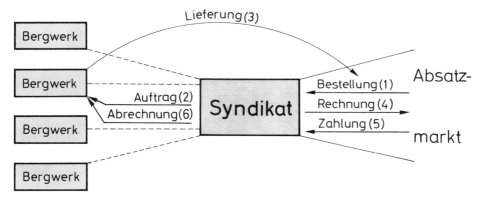

2.2.3 Der Konzern

Der Konzern ist ein Zusammenschluß (horizontale, vertikale oder anorganische Konzentration) rechtlich selbständiger Unternehmen, die unter einheitlicher Leitung ihre wirtschaftliche Selbständigkeit aufgeben.

Das Aktiengesetz (§ 15 AktG) unterscheidet zwei Möglichkeiten der Konzernbildung, gegenseitige Kapitalbeteiligung und einseitige Beherrschung. Einmal kann ein Unternehmen durch ein Abhängigkeitsverhältnis ein oder mehrere andere Unternehmen beherrschen (Unterordnungskonzern), man spricht dann von der Mutter- und ihren Tochtergesellschaften. Zum anderen sind Unternehmungen durch gegenseitige Kapitalbeteiligung (Kapitalverflechtung) unter einer einheitlichen Leitung gleichgeordnet (Gleichordnungskonzern). Bei der Kapitalverflechtung müssen die Unternehmungen gegenseitig einen hohen Prozentsatz ihres Aktienkapitals austauschen, während sich bei der einseitigen Beherrschung der Einfluß auf die Unternehmung aus dem allmählichen

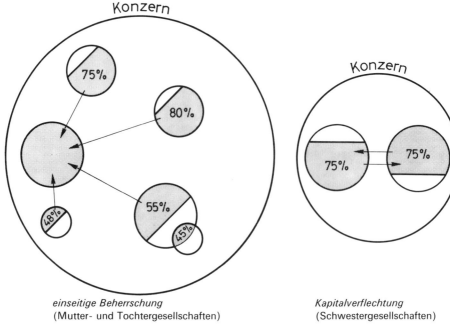

einseitige Beherrschung
(Mutter- und Tochtergesellschaften)

Kapitalverflechtung
(Schwestergesellschaften)

Aufkauf von Aktien dieser Unternehmen ergeben hat. Das Aktiengesetz (§ 19 AktG) spricht dann von Beteiligung, wenn der Kapitalanteil mindestens 25% des Aktienkapitals der beherrschten Unternehmung beträgt. Eine Beteiligung unter 50% des Aktienkapitals reicht aber im allgemeinen nicht aus, um einen mehr oder weniger beherrschenden Einfluß auf die Leitung des Unternehmens und ihre Verwaltungsposten auszuüben.

Die Führung eines Konzerns kann durch eine Holdinggesellschaft erfolgen. Das ist eine Dachgesellschaft, die lediglich die angeschlossenen Unternehmen verwaltet, ohne Produktions- oder Handelsaufgaben zu erfüllen.

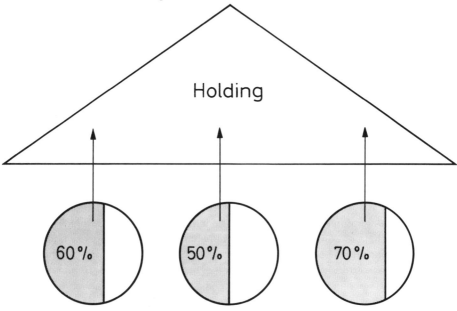

Da auch Konzerne Marktbeherrschung und Beschränkung des Wettbewerbs erreichen können, fallen sie unter das Gesetz gegen Wettbewerbsbeschränkungen. Sie sind aber im Gegensatz zu den Kartellen grundsätzlich erlaubt, müssen aber der Kartellbehörde gemeldet werden, wenn die zusammengeschlossenen Unternehmen einen Marktanteil von 20% und mehr oder 10 000 Beschäftigte oder einen Umsatz von 500 Mill. DM erreichen. Dabei taucht die schwierige Frage der genauen Berechnung des Marktanteils auf.

2.2.4 Der Trust

Der Trust ist ein Zusammenschluß (horizontale und vertikale Konzentration) von Unternehmungen, der die rechtliche und wirtschaftliche Selbständigkeit der Unternehmungen aufhebt und durch eine Verschmelzung (Fusion) zur Bildung einer neuen Unternehmung führt. Vorteile dieser Fusion sind straffere Unternehmensführung, übersichtliche Kapitalstruktur und vereinfachte Verwaltung.

2.2.5 Die Interessengemeinschaft

Die Interessengemeinschaft ist ein Zusammenschluß (horizontal oder vertikal) von Unternehmen, die rechtlich selbständig bleiben, zur Förderung gemeinsam verfolgter Interessen, vor allem zum Zwecke der Forschung, Verfahrensentwicklung, Rationalisierung oder gemeinsamer Verwaltung. Sie sind oft die Vorstufe zur Kartell- oder Konzernbildung.

2.2.6 Das Konsortium

Das Konsortium ist ein Zusammenschluß (horizontal) von Unternehmungen zur Durchführung genau bestimmter Aufgaben. Es hat meist nur eine kurze Lebensdauer und findet sich häufig in der Form eines Bankenkonsortiums. Mehrere Banken schließen sich zusammen, um die Aktien einer neu gegründeten AG zu übernehmen (Emissionskonsortium), um damit die Gründung zu erleichtern und zu beschleunigen. Das Konsortium beteiligt sich aber in der Regel nicht an der neuen Unternehmung, sondern veräußert die übernommenen Aktien wieder. Damit ist der Zweck des Zusammenschlusses erfüllt, und das Konsortium löst sich wieder auf.

3 Der Stand der Unternehmenskonzentration in der Bundesrepublik Deutschland

Es ist schwierig, den Grad der Unternehmenskonzentration zu messen. Es wurden verschiedene Maßzahlen entwickelt, um die Größe von Unternehmungen und ihre Veränderungen im Laufe der Zeit zu bestimmen. Oft wird von der **Höhe des Umsatzes** oder von der **Zahl der Beschäftigten** ausgegangen.

Die Unternehmenskonzentration nahm in der Bundesrepublik Deutschland von Anfang der 50er bis Ende der 70er Jahre langsam, aber kontinuierlich zu. Bis 1978 stieg der durchschnittliche Umsatzanteil der jeweils zehn größten Unternehmungen in den Wirtschaftszweigen der Industrie auf 44,0%. In den folgenden Jahren ging dieser Durchschnittswert leicht zurück, stieg dann im Jahre 1983 aber erstmals auf 44,2%. Die jeweils sechs größten Unternehmungen der industriellen Wirtschaftszweige hatten 1983 einen Anteil von durchschnittlich 36,5% am Gesamtumsatz *(Angaben der Monopol-kommission 1986).*

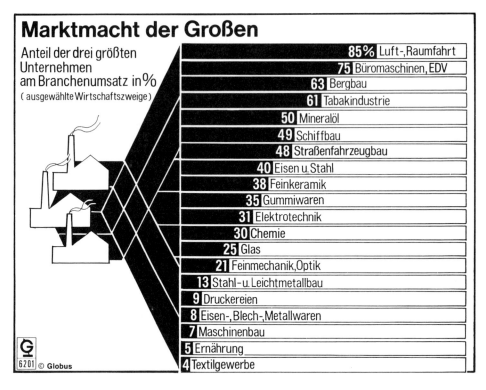

Marktmacht der Großen

Anteil der drei größten
Unternehmen
am Branchenumsatz in %
(ausgewählte Wirtschaftszweige)

85%	Luft-, Raumfahrt
75	Büromaschinen, EDV
63	Bergbau
61	Tabakindustrie
50	Mineralöl
49	Schiffbau
48	Straßenfahrzeugbau
40	Eisen u. Stahl
38	Feinkeramik
35	Gummiwaren
31	Elektrotechnik
30	Chemie
25	Glas
21	Feinmechanik, Optik
13	Stahl-u. Leichtmetallbau
9	Druckereien
8	Eisen-, Blech-, Metallwaren
7	Maschinenbau
5	Ernährung
4	Textilgewerbe

6201 © Globus

Größe weckt Mißtrauen

Der Wettbewerb ist das Lebenselement der Marktwirtschaft: Je mehr Unternehmen miteinander konkurrieren, desto besser. Aber auch das Umgekehrte gilt. Wenn wenige große Unternehmen den Markt beherrschen, muß das Bundeskartellamt achtgeben, daß diese Marktmacht nicht zur Einschränkung des Wettbewerbs mißbraucht wird. Wie stark ist nun in der Bundesrepublik Deutschland die Stellung der Großen? Die größte Marktmacht scheinen in der Bundesrepublik Deutschland die drei führenden Unternehmen in der Luft- und Raumfahrtindustrie zu haben, denn sie erzielen zusammen 85 Prozent des Branchenumsatzes; aber freilich, was an nationaler Konkurrenz fehlen mag, ersetzt reichlich die internationale. Bei den Herstellern von Büromaschinen und Datenverarbeitungsanlagen sind es drei Viertel, im Bergbau, in der Tabak- und in der Mineralölverarbeitung 50 und mehr Prozent des Branchenumsatzes, die jeweils auf die drei Größten entfallen. Am anderen Ende der Skala rangieren Maschinenbau, Ernährungsindustrie und Textilgewerbe mit sieben, fünf und vier Prozent Umsatzanteil für die drei Branchenführer *(Globus).*

4 Beurteilung der Unternehmenskonzentration

4.1 Die Beurteilung der Unternehmenskonzentration unter dem Kostenaspekt

Oft ist die Behauptung zu hören, daß Großunternehmen kostengünstiger produzieren als Kleinunternehmen. Diese Behauptung geht davon aus, daß in einem Betrieb die Produktionskosten pro Stück bei steigender Ausbringungsmenge sinken müssen. Begründbar ist diese Auffassung damit, daß bei größeren Produktionsmengen verstärkt mechanisierte bzw. automatisierte Fertigungsverfahren eingesetzt werden können, die sich bei geringeren Produktionsmengen wegen der hohen fixen Kosten nicht lohnen. Dieser Zusammenhang läßt sich am besten anhand von Schaubildern verdeutlichen.

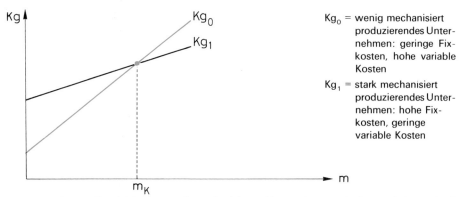

Kg_0 = wenig mechanisiert produzierendes Unternehmen: geringe Fixkosten, hohe variable Kosten

Kg_1 = stark mechanisiert produzierendes Unternehmen: hohe Fixkosten, geringe variable Kosten

Gesamtkostenkurven-Vergleich eines stark mechanisierten Unternehmens mit einem relativ mechanisierten Unternehmen

Dieses Schaubild zeigt den Gesamtkostenkurvenverlauf zweier Unternehmungen im Vergleich: einmal ein Unternehmen mit relativ hohem Fixkostenanteil, aber mit relativ geringem Anstieg der variablen Kosten, zum anderen ein Unternehmen mit verhältnismäßig geringem Fixkostenanteil, aber hohen variablen Kosten. Es ist angenommen, daß das Unternehmen, das einen hohen Fixkostenanteil hat, das Kleinunternehmen darstellt. Das Großunternehmen ist das Unternehmen, das einen geringen Fixkostenanteil hat; entsprechend verlaufen die beiden Durchschnittskostenkurven.

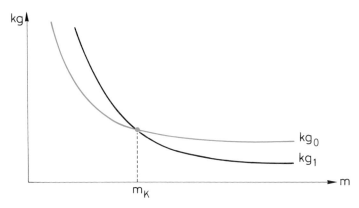

Es zeigt sich, daß beim Vergleich beider Unternehmungen das Unternehmen, das mit hohen Fixkosten arbeitet, von der Produktionsmenge m_K an kostengünstiger arbeitet als das Unternehmen mit den geringen Fixkosten. Es läßt sich verallgemeinernd sagen, daß ab einer bestimmten Ausbringungsmenge das Großunternehmen kostengünstiger produzieren kann als das Kleinunternehmen, das im Verhältnis zum Großunternehmen mit relativ geringeren Fixkosten arbeitet. Diese Gesetzmäßigkeit, die in diesen beiden Graphiken veranschaulicht wird, ist die bekannte Erscheinung der Kostenersparnis durch Massenproduktionsvorteile, d. h. mit zunehmender Ausbringungsmenge verteilen sich die Fixkosten immer mehr auf das einzelne Stück. Damit wird die Stückproduktion kostengünstiger. Diese Argumentation von den **Massenproduktionsvorteilen** gilt jedoch nicht, wenn man die Frage beantworten will, ob Großunternehmen grundsätzlich kostengünstiger produzieren als Kleinunternehmen.

Es lassen sich nämlich folgende Einwände gegen die These von den Massenproduktionsvorteilen der Großunternehmen erheben:

● Wenn das Großunternehmen aus mehreren räumlich voneinander getrennten Betriebsstätten besteht, dann können die beschriebenen Massenproduktionsvorteile nicht genutzt werden. Neben diesem Argument der Notwendigkeit der einheitlichen Produktionsstätte ist darüber hinaus auch zu sehen, daß die Massenproduktionsvorteile in den Großunternehmen unter Umständen nicht genutzt werden, weil sie aufgrund mangelnder Konkurrenz gar nicht dem Zwang zu kostengünstigerer Produktion ausgesetzt sind. Ein typisches Beispiel dafür ist die stark konzentrierte Stahlindustrie in den USA, die längere Zeit mit stark veralteten Produktionsmethoden arbeitete.

Es gilt darüber hinaus, zu untersuchen, ob wirklich mit zunehmendem Konzentrationsgrad Kostenvorteile realisierbar werden. Es ist zu vermuten, daß sich mit weiterem Wachsen der Betriebsgröße die Massenproduktionsvorteile unter Umständen ins Gegenteil verkehren können, d. h. daß die Stückkostenkurve ab einer bestimmten Ausbringungsmenge wieder ansteigt.

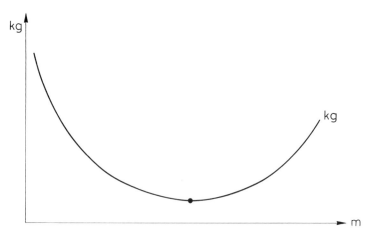

Durchschnittskostenkurve mit Kostendegression und -progression

Welche Argumente sprechen nun für einen Wiederanstieg der Durchschnittskostenkurve bei wachsender Betriebsgröße? Es sind wohl folgende Argumente, die hier zu nennen sind:

● In Großbetrieben wird der Bereich der Verwaltung wesentlich größer sein müssen als in Kleinbetrieben. Es ist auch mit empirischen Untersuchungen zu belegen, daß die **Verwaltungskosten** einen Anstieg der Durchschnittskosten begründbar machen.

● Darüber hinaus, wenn das Gesetz der Massenproduktion gilt, bedeutet das eine räumliche Zentralisierung der Produktion und damit einen Anstieg der **Transportkosten**. Also wird ein Wiederanstieg der Durchschnittskostenkurve auch durch relativ steigende Belastung durch Transportkosten begründbar sein.

- Als ein weiteres Argument für den Wiederanstieg der Durchschnittskostenkurve läßt sich anführen, daß es zu einem Anstieg der **Lohnkosten** kommen kann, wenn am örtlichen Arbeitsmarkt verstärkt Arbeitskräfte nachgefragt werden müssen.

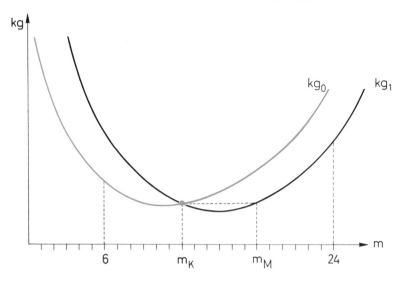

Vergleicht man daraufhin nun die Stückkostenkurve eines Großunternehmens mit der relativ kleiner Unternehmungen, die verhältnismäßig geringer mechanisierte Produktionsverfahren benutzen, so wird sichtbar, daß das Großunternehmen nur in einem ganz bestimmten Bereich kostengünstiger produzieren kann als das bzw. die vergleichbaren Kleinunternehmungen (m_K bis m_M). Produziert das Großunternehmen mehr als m_M, so steigen die Stückkosten so stark an, daß es vorteilhafter wäre, die Produktion in mehreren kleineren Betrieben, die weniger Stückzahlen ausbringen, durchzuführen. Die Vorteile der Massenproduktion gelten also nur im Bereich m_K bis m_M.

Eine weitere Unternehmenskonzentration würde die Produktionskosten pro Stück derart erhöhen, daß die Produktion in mehreren kleineren Produktionseinheiten kostengünstiger wäre. Z. B. würde es kostengünstiger sein, die Produktion von 24 Einheiten nicht in einem Betrieb, sondern in 4 Betrieben, die jeweils 6 Einheiten herstellen, durchzuführen. Es sprechen einige empirische Untersuchungen für diese Argumentation. In ganz bestimmten Wirtschaftszweigen, wie beispielsweise dem Automobilsektor in der Bundesrepublik und der nordamerikanischen Stahlindustrie, scheint ein Konzentrationsgrad erreicht zu sein, der optimal zu nennen ist. Eine weitere Konzentration würde es nicht ermöglichen, kostengünstiger zu produzieren. Vielmehr ist anzunehmen, daß sich mit zunehmender Konzentration in diesen Branchen die Produktionskosten pro Stück erhöhen würden.

4.2 Unternehmenskonzentration und technischer Fortschritt

Die Unternehmenskonzentration wird oft deshalb befürwortet, weil man meint, daß große Unternehmen den technischen Fortschritt stärker fördern als kleinere Unternehmen. Es ist jedoch die Frage, ob diese Argumentation richtig ist.

Von technischem Fortschritt ist dann zu sprechen, wenn Unternehmungen aufgrund **neuerer Produktionsverfahren** kostengünstiger produzieren. Darüber hinaus läßt sich unter technischem Fortschritt die **Erfindung und Entwicklung neuer Produkte** verstehen. Der Prozeß der Realisierung des technischen Fortschritts kann unterschieden werden in die Phase der Erfindung einerseits und die Phase der Entwicklung neuer Produkte zur Produktionsreife und zur ökonomischen Nutzung (Innovation) andererseits. Unter **Erfindung** ist die grundsätzliche Erkenntnis über die Möglichkeit, kostengünstigere Produktionsverfahren anzuwenden oder neue Güter herzustellen, zu verstehen. Unter **Entwicklung** wird dagegen die Weiterführung der Erfindung bis zur Produktionsreife verstanden.

Die Frage, ob Großunternehmen den technischen Fortschritt stärker fördern als Kleinunternehmen, läßt sich unter diesen beiden Gesichtspunkten der Erfindung und Entwicklung angehen.

Ob Großunternehmen im Bereich der Erfindung neuer Produktionsverfahren oder neuer Güter den Kleinunternehmen überlegen sind, kann nicht beantwortet werden. Empirische Studien zu diesem Fragenkreis sind recht widersprüchlich und weisen kein eindeutiges Ergebnis auf. Es gibt verschiedene Studien, in denen der Ursprung wichtiger Erfindungen ermittelt wurde. Der Anteil der Großunternehmen an diesen Erfindungen war sehr gering. Jedoch sind die Aussagen dieser Studien wenig aussagefähig, weil die wirtschaftliche Bedeutung der verschiedenen Erfindungen nicht verglichen wurde.

Die Frage, ob Großunternehmen den Kleinunternehmen in der Entwicklung neuer kostengünstigerer Produktionsverfahren, neuer Produkte bis zur Produktionsreife und der kommerziellen Nutzung überlegen sind, kann ebenfalls nicht eindeutig beantwortet werden.

So läßt sich nach dem gegenwärtigen Stand der Untersuchungen zum Zusammenhang zwischen technischem Fortschritt und Unternehmensgröße sagen, daß grundsätzlich nicht behauptet werden kann, daß Großunternehmen den technischen Fortschritt stärker fördern als kleine Unternehmen.

4.3 Unternehmenskonzentration und wirtschaftliche Macht

Unternehmenskonzentration bedeutet die Möglichkeit zu wirtschaftlicher Macht, die sich in vielfältigen Formen auswirken kann:

● Wirtschaftliche Macht kann auf objektive wirtschaftliche Größen einwirken, z. B. auf die Preise und Produktqualitäten.

● Wirtschaftliche Macht kann die Vertragspartner, Geschäftsfreunde und Mitarbeiter zu Umwertungen zwingen, ihre subjektiven Wertungen im Interesse der wirtschaftlichen Ziele gestalten, die der wirtschaftlich Mächtige vorschreibt.

● Wirtschaftliche Macht kann darauf hinwirken, die Mitkonkurrenten zu veranlassen, sich der Führung des Mächtigen zu unterwerfen, auf eigenständige Unternehmenspolitik zu verzichten.

● Wirtschaftliche Macht kann, wenn größere Unterschiede vorliegen, dazu führen, daß Lieferanten- und Absatzabhängigkeiten entstehen.

● Wirtschaftliche Macht kann schließlich auf den Staat einwirken, indem versucht wird, die Vorschriften des Wettbewerbsrechtes, des Steuerrechtes u. ä. im Sinne der Mächtigen zu gestalten.

Es ist einleuchtend, daß durch zunehmende Unternehmenskonzentration Größenunterschiede zwischen den einzelnen Unternehmungen entstehen, die zu Machtungleichgewichten führen. Kleine Unternehmen, die einen Teil ihrer Produktion an Großunternehmen liefern, sind in der Regel auf gute Geschäftsbeziehungen mit den größeren Geschäftspartnern angewiesen. Daraus ergibt sich eine Absatzabhängigkeit des Kleinunternehmens vom Großunternehmen. Wenn sich das Großunternehmen entschließen würde, das Produkt selbst herzustellen oder von einem anderen Lieferanten zu beziehen, so würde sich wahrscheinlich für den kleineren Vorlieferanten eine schwierige Situation ergeben. Er würde durch den Verlust des großen Abnehmers in die Zone der Unterauslastung seiner Kapazitäten geraten, falls es ihm nicht gelänge, andere Absatzmärkte zu erschließen. Eine Umstellung seiner Produktion gelingt ihm kurzfristig nur sehr schwer und ist mit hohen Kosten verbunden. So ergibt sich eine direkte Abhängigkeit des Kleinunternehmers als Zulieferer eines Großunternehmens vom Abnehmerkonzern: Wenn er überhaupt lebensfähig bleiben will, muß er auf die Vorstellungen des Großkonzerns eingehen.

Zu ähnlichen Abhängigkeitsverhältnissen kommt es, wenn ein kleineres Unternehmen auf einen größeren Lieferanten angewiesen ist, z. B. die Tankstellenbesitzer auf die Mineralölkonzerne, die Gastwirte auf die Brauereien und die Automobilhändler auf die Automobilhersteller. Darüber hinaus sind Kleinunternehmen in der Konkurrenz mit Großunternehmen zumeist unterlegen. Sie sind häufig darauf angewiesen, in die Marktlücken zu stoßen, die ihnen die Großunternehmungen überlassen. Das heißt, es ist den Kleinunternehmen häufig nur gegeben, Produkte herzustellen, die den Großunternehmen kostenungünstig erscheinen, weil sie arbeitsintensiv sind. Eine derartige Situation führt zu einer weiteren Verstärkung der Position der Anbieter an einem Markt und zu einer verstärkten Einengung des Preiswettbewerbs. Das kann nicht im Sinne des Verbrauchers sein, der nicht mehr auf Konkurrenzangebote ausweichen kann, wenn überhöhte Preise gefordert werden.

Ein besonderes Problem bildet die Einflußmöglichkeit der Großunternehmungen auf die Politik des Staates. Es leuchtet ein, daß Großunternehmungen verstärkt Einflußmöglichkeiten haben, um die politischen Entscheidungsträger in ihrem Sinne zu beeinflussen. Es ist üblich, in diesem Zusammenhang von „der Lobby" zu sprechen, die in ihrer Machtentfaltung um so stärker ist, je größer die Interessengruppen sind, die auf die politischen Entscheidungsträger Einfluß nehmen wollen. Somit läßt sich sagen, daß wachsende wirtschaftliche Macht durch Unternehmenskonzentration auch zu einer wachsenden politischen Macht werden kann, so daß die Unternehmenskonzentration zu einer Gefahr der demokratischen Verhältnisse werden kann, die aber notwendig sind, wenn eine freiheitliche marktwirtschaftliche Ordnung verwirklicht werden und Bestand haben soll.

4.4 Zusammenfassende Beurteilung

Aus der Diskussion der drei ausgewählten Teilprobleme zur Frage der Unternehmenskonzentration wird deutlich, daß keine eindeutige Antwort auf die Problemstellung der Beurteilung der Unternehmenskonzentration gefunden werden kann. In gewissen Grenzen besitzen Großunternehmen zwar Produktionsvorteile aufgrund des Gesetzes der Massenproduktion, auf der anderen Seite können sie aber ab einer bestimmten Produktionsstufe kostenungünstiger produzieren als eine Summe kleinerer Unternehmungen. Die Behauptung, daß der technische Fortschritt durch Großunternehmen stärker gefördert wird als durch Kleinunternehmen, läßt sich nicht eindeutig beantworten. Und schließlich führt die Diskussion um die Frage des Zusammenhangs zwischen Unternehmenskonzentration und wirtschaftlicher Macht zu dem Argument, daß wachsende Unternehmensgrößen zu einer Gefahr für die Demokratie werden können, wenn es zu einer Verquickung wirtschaftlicher und politischer Macht kommt. So überwiegen insgesamt die negativen Folgen der Unternehmenskonzentration, so daß dann Maßnahmen gegen die Unternehmenskonzentration zu ergreifen sind, wenn sie nicht ökonomisch sinnvoll ist. Deshalb soll im folgenden ein kurzer Überblick über die möglichen Maßnahmen des Staates gegen Konzentrationstendenzen in der Wirtschaft gegeben werden.

5 Wettbewerbsrechtliche Maßnahmen des Staates

Die Konzentration des Angebots auf wenige Unternehmen entsteht dadurch, daß einzelne Unternehmen ihren Marktanteil zu Lasten anderer Unternehmen ausdehnen. Diese Ausdehnung kann sich dadurch vollziehen, daß sich Unternehmen zusammenschließen (= externes Unternehmenswachstum) oder daß einzelne Unternehmen schneller wachsen als die übrigen (= internes Unternehmenswachstum).

5.1 Die wettbewerbsrechtliche Behandlung des externen Unternehmenswachstums

Das am 1. Januar 1958 in Kraft getretene „Gesetz gegen Wettbewerbsbeschränkungen" (GWB) – auch Kartellgesetz genannt – beinhaltete bis zur Novelle des Gesetzes im Jahre 1973 keine Maßnahmen des Staates gegen Unternehmenskonzentration durch externes Unternehmenswachstum. Es gab keine Möglichkeit, Zusammenschlüsse von Unternehmen zu verhindern oder rückgängig zu machen. Selbst wenn sich aus einem Unternehmenszusammenschluß ein marktbeherrschendes Unternehmen ergab, konnte die Wettbewerbsbehörde, das Bundeskartellamt in Berlin, nicht eingreifen. Für Unternehmenszusammenschlüsse bestimmter Größenordnung bestand bis dahin lediglich eine Anzeigepflicht des Zusammenschlusses. Die Anzeigepflicht hatte aber keine konzentrationshemmende Wirkung.

Am 3. August 1973 wurde das Gesetz gegen Wettbewerbsbeschränkungen mit der Einführung der sogenannten Fusionskontrolle wesentlich geändert. Danach besteht weiterhin eine **Anzeigepflicht** gem. § 23 GWB bei einem Unternehmenszusammenschluß (Fusion), wenn

- die beteiligten Unternehmen einen Marktanteil von 20% oder mehr erreichen bzw. ein schon bestehender Marktanteil von mindestens 20% weiter erhöht wird oder
- ein beteiligtes Unternehmen auf einem anderen Markt einen Marktanteil von mindestens 20% hat oder
- die beteiligten Unternehmen insgesamt zu einem Zeitpunkt innerhalb der letzten 12 Monate vor dem Zusammenschluß mindestens 10 000 Beschäftigte oder 500 Mio. DM Umsatz hatten.

Darüber hinaus besteht ein grundsätzliches **Fusionsverbot bei Marktbeherrschung**. Nach § 24 Abs. 1 und 2 GWB kann das Kartellamt Zusammenschlüsse von Unternehmen verbieten oder auflösen, wenn dadurch eine marktbeherrschende Stellung entsteht. Ein Verbot gilt jedoch nicht, wenn die beteiligten Unternehmen nachweisen, daß durch den Zusammenschluß auch Verbesserungen der Wettbewerbsbedingungen eintreten und daß diese Verbesserungen die Nachteile der Marktbeherrschung überwiegen.

Es ist schwierig, eindeutig zu bestimmen, was unter Marktbeherrschung zu verstehen ist. Nach dem Kartellgesetz ist ein Unternehmen marktbeherrschend, wenn sein Marktanteil mindestens ein Drittel beträgt und kein anderes Unternehmen am Markt mehr als 10%

Marktanteil besitzt. Dies gilt aber nicht, wenn das Unternehmen im letzten abgeschlossenen Geschäftsjahr einen Umsatz von weniger als 250 Mio. DM hatte. § 22 GWB definiert allgemein, wann ein Unternehmen marktbeherrschend im Sinne des Kartellgesetzes ist:

> „Ein Unternehmen ist marktbeherrschend im Sinne dieses Gesetzes, soweit es als Anbieter oder Nachfrager einer bestimmten Art von Waren oder gewerblichen Leistungen
> 1. ohne Wettbewerb oder keinem wesentlichen Wettbewerb ausgesetzt ist oder
> 2. eine im Verhältnis zu seinen Wettbewerbern überragende Marktstellung hat; hierbei sind außer
>   - seinem Marktanteil insbesondere
>   - seine Finanzkraft,
>   - sein Zugang zu den Beschaffungs- und Absatzmärkten,
>   - Verflechtungen mit anderen Unternehmen bzw.
>   - rechtliche oder tatsächliche Schranken für den Marktzutritt anderer Unternehmen
> zu berücksichtigen."

Mit den neuen Bestimmungen des Kartellgesetzes zur Fusionskontrolle vom 3. August 1973 hat das Bundeskartellamt nun die Möglichkeit, eine weitere Unternehmenskonzentration, die durch Unternehmenszusammenschlüsse entsteht, zu verhindern[1]. Es hat jedoch keine Möglichkeit, solche Unternehmensverflechtungen aufzulösen, die durch Zusammenschlüsse vor Inkrafttreten dieses novellierten Gesetzes zustande gekommen sind.

5.2 Die wettbewerbsrechtliche Behandlung des internen Unternehmenswachstums

Gegen die Unternehmenskonzentration durch überdurchschnittliches internes Wachstum einzelner Unternehmen zu Lasten anderer Unternehmen können keine wettbewerbsrechtlichen Maßnahmen ergriffen werden. Dies gilt auch dann, wenn ein Unternehmen durch internes Wachstum eine marktbeherrschende Stellung erhält, d. h., das Kartellamt kann zwar nicht die Entstehung marktbeherrschender Stellungen durch internes Unternehmenswachstum, wohl aber – gem. § 22 Abs. 4 und 5 – die **mißbräuchliche Ausnutzung** der marktbeherrschenden Stellung eines Unternehmens untersagen.

Demnach wird die Unternehmenskonzentration durch internes Wachstum einzelner Unternehmen zu Lasten anderer lediglich in beschränktem Umfang erschwert und zwar insofern, als bestimmte unternehmenspolitische Maßnahmen zur Förderung des internen Wachstums, z. B. die Preisdiskriminierung (vgl. § 26 GWB) und die Ausschließlichkeits- und Koppelungsbindungen (vgl. § 18 GWB) unter Umständen verboten sind.

Die **Preisdiskriminierung** kann ein Instrument dafür sein, den Absatz auf Kosten der Wettbewerber zu erhöhen oder Konkurrenten aus dem Markt zu drängen; denn das preisdiskriminierende Unternehmen kann versuchen, auf einem Teilmarkt durch extrem niedrige Preise einem Konkurrenten Kunden abzuwerben.

Durch einen **Ausschließlichkeitsvertrag** verpflichtet sich ein Unternehmen gegenüber einem anderen, bestimmte Güter nur vom Vertragspartner zu beziehen oder nur an den Vertragspartner zu liefern. **Koppelungsverträge** verpflichten ein Unternehmen, zusammen mit einem bestimmten Gut noch andere Güter abzunehmen oder bei Lieferung

---

[1] Das Bundeskartellamt kann einen Unternehmenszusammenschluß aber nicht untersagen, wenn die beteiligten Unternehmen insgesamt Umsatzerlöse von weniger als 500 Mio. DM hatten oder wenn ein Unternehmen mit 50 Mio. DM oder weniger Umsatz sich einem anderen Unternehmen anschließt (§ 24, Abs. 8).

eines Gutes noch andere Güter mitzuliefern. Durch einen Ausschließlichkeitsvertrag kann es einem Unternehmen gelingen, die Kontrolle über den Zugang zu den Absatz- oder Beschaffungsmärkten zu erwerben; ein Koppelungsvertrag erlaubt den konkurrenzfreien Absatz oder Bezug eines Gutes.

Dadurch, daß Preisdiskriminierung und Ausschließlichkeits- und Koppelungsbindungen unter Umständen verboten sind, ist die Unternehmenskonzentration durch internes Wachstum aber nicht aufgehalten worden. Das Bundeskartellamt, das die Unternehmenskonzentration ständig beobachtet, kam zu der Feststellung, daß sich die zunehmende Konzentration sowohl durch externes als auch durch internes Unternehmenswachstum vollzogen hat.

5.3 Die Bildung einer unabhängigen Monopolkommission

Mit der im August 1973 in Kraft getretenen Kartellgesetznovelle ist die Einrichtung einer Monopolkommission verfügt worden. Sie besteht aus fünf Mitgliedern, die über besondere volkswirtschaftliche, betriebswirtschaftliche, sozialpolitische, technologische oder wirtschaftsrechtliche Kenntnisse und Erfahrungen verfügen sollen. Erste Mitglieder sind im Januar 1974 ernannt worden.

Die Monopolkommission hat die Aufgabe, über die Entwicklung der Unternehmenskonzentration in der Bundesrepublik Deutschland sowie über die Anwendung der Vorschriften des Kartellgesetzes alle zwei Jahre ein Gutachten zu erstellen. Die Monopolkommission soll auch die ihrer Auffassung nach notwendigen Änderungen der Gesetzesbestimmungen aufzeigen. Darüber hinaus können die Mitglieder der Monopolkommission in einzelnen Fällen auch als Gutachter eingeschaltet werden.

5.4 Das übernationale Wettbewerbsrecht

Wenn ein Zusammenschluß von Unternehmen wettbewerbsbeschränkende Wirkungen hat, die sich auf mehrere EG-Länder beziehen, kann der Zusammenschluß nach dem europäischen Recht untersagt werden.

Für den Bereich der Kohle- und Stahlindustrie (,,Montanunion-Bereich'') ist der Artikel 66, § 1 des ,,Vertrages über die Gründung der Europäischen Gemeinschaft für Kohle und Stahl vom 18. April 1951'' relevant. Der Art. 66 § 1 schreibt die vorherige Genehmigung von Unternehmenszusammenschlüssen vor. Jedoch ist bisher noch kein Zusammenschluß von Unternehmen untersagt worden.

Für die übrigen Wirtschaftsbereiche der EG-Länder sind die Artikel 85 und 86 des ,,Vertrages zur Gründung der Europäischen Wirtschaftsgemeinschaft vom 25. März 1957'' bestimmend. Nach beiden Artikeln können Unternehmenszusammenschlüsse u. U. verboten werden. Das ist aber erst zu Beginn des Jahres 1972 zum ersten Male geschehen. Bis dahin wirkte die EG nicht hemmend auf Unternehmenskonzentrationen durch Unternehmenszusammenschlüsse ein.

Auch die Unternehmenskonzentration durch internes Wachstum wurde durch die übernationalen Gesetze nicht nennenswert behindert.

Zusammenfassend läßt sich feststellen, daß in der Bundesrepublik Deutschland die Konzentration des Angebots bisher nicht behindert wurde. Das gleiche gilt auch für die übrigen EG-Staaten.

Lernkontrolle

1. Welche Arten der Märkte kennen Sie?

2. Erklären Sie das typische Nachfrageverhalten.

3. Nennen Sie die Einflußgrößen des Angebots.

4. Erklären Sie das typische Angebotsverhalten.

5. Nennen Sie die Voraussetzungen der vollkommenen Konkurrenz.

6. Erklären Sie den Preisbildungsprozeß bei vollkommener Konkurrenz mit Hilfe eines Preis-Mengen-Diagramms.

7. Welche Aufgabe hat der Preismechanismus in einer Volkswirtschaft?

8. Welche Ursachen können zu einer Veränderung der Nachfrage führen?

9. Welche Ursachen können zu einer Veränderung des Angebots führen?

10. Erklären Sie, was unter der Elastizität der Nachfrage und des Angebots zu verstehen ist.

11. Was ist unter politischer Preisbildung zu verstehen?

12. Zeigen SIe Anlaß und Wirkungsweisen von Höchst- und Mindestpreisfestsetzungen in der Wirtschaftspolitik auf.

13. Systematisieren Sie die Marktformen nach der Zahl der Marktteilnehmer. Führen Sie zu den einzelnen theoretischen Marktformen Beispiele auf.

14. Worin unterscheiden sich vollkommene von unvollkommenen Märkten?

15. Führen sie die Bedingungen für einen vollkommenen Wettbewerb auf, und erklären Sie, warum diese in der wirschaftlichen Wirklichkeit so selten anzutreffen sind.

16. Warum benutzt trotz dieser Einschränkung die Wirtschaftstheorie dennoch das Modell der vollkommenen Konkurrenz als wichtiges Erklärungsinstrument für das Marktgeschehen einer Volkswirtschaft?

17. Erklären Sie den Preisbildungsprozeß in der Marktform des Monopols.

18. Erklären Sie die Besonderheiten des Marktverhaltens eines Oligopolisten.

19. Beschreiben Sie die Einflußfaktoren, die den Wettbewerb in der Marktwirtschaft behindern können.

E Die Einkommensverteilung

I Die Einkommensarten und das Problem der Einkommensverteilung

1 Begriffliche Grundlegung

Geht man vom Wirtschaftskreislauf aus, so fließt den Haushalten aus den Unternehmungen Einkommen zu, d.h., das Einkommen einer Volkswirtschaft fließt aus der Sphäre der Produktion in die Haushalte. Grundsätzlich hat jeder, der an dem Produktionsergebnis während einer Wirtschaftsperiode mitgewirkt hat, einen Anspruch auf Beteiligung an diesem Ergebnis. Diesen Anspruch auf Beteiligung an diesem Ergebnis erhält das einzelne Wirtschaftssubjekt meist in Form von Geld; vereinzelt kommen auch Entlohnungen in Sachgütern vor.

Ganz allgemein läßt sich demnach Einkommen als ein Anspruch an das Sozialprodukt (das ist der erstellte Güterberg während einer Rechnungsperiode) einer Volkswirtschaft definieren, wobei es meist in Form von frei verfügbaren Geldeinheiten den Haushalten zufließt.

2 Funktionelle Einkommensverteilung

Die Haushalte erhalten deshalb Einkommen, weil sie für die Volkswirtschaft produktive Dienste leisten. Diese Dienste können sich aus einem Bereitstellen von Boden, Arbeit oder Kapital ergeben. Sieht man das Problem der Einkommensverteilung in dieser Sicht, dann betrachtet man die *Preisbildung der Produktionsfaktoren* oder anders ausgedrückt, die Form ihrer Entlohnung. Geht man bei der Betrachtung der Einkommensverteilung in einer Volkswirtschaft von den Produktionsfaktoren aus, d.h., stellt man sich als Empfänger der Einkommen die Produktionsfaktoren vor, so spricht man von *funktioneller Einkommensverteilung.*

Von funktioneller Verteilung spricht man deshalb, weil es sich in diesem Fall um eine Betrachtungsweise der Einkommensverteilung handelt, die die *Funktionen (Aufgaben) der einzelnen Produktionsfaktoren* im Wirtschaftsprozeß in den Mittelpunkt stellt. *In dieser Sicht stellt sich der Verteilungsprozeß als Spiegelbild des Produktionsprozesses dar.*

Das Schaubild verdeutlicht die Zusammenhänge zwischen der Sphäre der Produktion und dem Verteilungsprozeß.

Der *Lohn* als das Einkommen aus der Bereitstellung des Produktionsfaktors Arbeit wird auch als Arbeitseinkommen bezeichnet.

Die *Grundrente* stellt die Vergütung für die Bereitstellung von Grund und Boden dar, sie wird auch als Bodeneinkommen bezeichnet.

Der *Zins* als Einkommen des Produktionsfaktors Kapital ergibt sich aus der Zur-Verfügung-Stellung von Geldmitteln, die zur produktiven Anlage im Wirtschaftsprozeß verwendet werden. Die Zinsen, die ein Kapitaleigentümer erhält, bezeichnet man auch als Kapitaleinkommen.

Man bezeichnet die Einkommen aus Boden, Arbeit und Kapital – Grundrente, Lohn und Zins – als Kontrakt- (Vertrags-) oder auch als Preiseinkommen, weil sie am Markt (Arbeitsmarkt, Bodenmarkt, Kapitalmarkt) nach den Gesetzen der Preisbildung, d.h. nach Angebot und Nachfrage entstehen, wobei vertragliche Abmachungen über die Nutzung der Produktionsfaktoren getroffen werden.

Nach Abzug all der Einkommensbestandteile, die sich aus der Entlohnung der Produktionsfaktoren Arbeit, Boden und Kapital ergeben, verbleibt normalerweise als Rest der *Unternehmergewinn.* Er wird deshalb auch als Rest- oder Residualeinkommen bezeichnet.

Arbeitseinkommen ist das Einkommen für den unselbständigen Produktionsfaktor Arbeit, also der Lohn für die Arbeiter und das Gehalt für die Angestellten. Das Besitzeinkommen zerfällt in Kapitaleinkommen (Zins) und in Bodeneinkommen (Grundrente). Das Besitzeinkommen ist somit ein Einkommen aus den Produktionsfaktoren Kapital und Boden, bedeutet also Einnahmen aus Kapitaleigentum und aus Grund und Boden.

Wenn ökonomische Gesetze den Produktionsprozeß bestimmen, so ist es einleuchtend, daß sich auch die Einkommensverteilung grundsätzlich nach wirtschaftlichen Gesetzen vollzieht, da der Verteilungsprozeß in funktioneller Hinsicht nichts anderes ist als das Spiegelbild des Produktionsprozesses.

Das *Sozialprodukt,* das eine Volkswirtschaft während einer Rechnungsperiode erstellt, ist die alleinige gütermäßige Menge, die verteilt werden kann. Die Anweisungsscheine auf das Sozialprodukt, d.h. das Geld, das die Produktionsfaktoren erhalten, lassen die wertmäßig gleiche Größe zum Sozialprodukt in einer Geldwirtschaft entstehen, das *Volkseinkommen.* Der Anteil jedes einzelnen produktiven Faktors am Sozialprodukt bzw. Volkseinkommen kann nur am Umfang seiner Beteiligung an der Erstellung des Sozialprodukts gemessen werden, wenn ökonomische Gesetze auch im Bereich der Einkommensverteilung gelten.

3 Personelle Einkommensverteilung

Stellt man sich nicht die Produktionsfaktoren, sondern die einzelnen Haushalte bzw. das einzelne Wirtschaftssubjekt als Empfänger der Einkommen vor, so spricht man von personeller Einkommensverteilung.

Unter dem Blickwinkel personeller Verteilung kann sich das Einkommen aus unterschiedlichen *funktionellen Kategorien* zusammensetzen; so wird sich in der Regel das Einkommen eines Landwirts aus allen genannten Funktionen (Boden, Arbeit, Kapital) zusammensetzen. Aus der Tatsache, daß eine Person aus verschiedenen ökonomischen Funktionen Einkommen beziehen kann, wird sichtbar, daß die funktionelle mit der personellen Einkommensverteilung gekoppelt ist. Entscheidend für den wirtschaftlichen Wohlstand des einzelnen Wirtschaftssubjekts ist allein die personelle Verteilung.

Wenn es sich bei dem persönlichen Einkommen um den frei verfügbaren Betrag handelt, den ein Wirtschaftssubjekt für die Befriedigung seiner Bedürfnisse während einer Rechnungsperiode zur Verfügung hat, so müssen von dem Bruttoeinkommen, das es etwa aus unselbständiger Arbeit bezieht, die direkten Steuern und die Sozialversicherungsbeiträge abgezogen werden. Auf der anderen Seite zählen Unterstützungszahlungen des Staates und der Sozialversichung in Form von Arbeitslosenunterstützungen und Rentenzahlungen für nicht mehr im Erwerbsleben stehende Personen zum persönlichen Einkommen. Auch nicht entnommene Gewinne der Unternehmer sind hierzu zu rechnen.

Beim persönlichen Einkommen handelt es sich demnach um das Einkommen, das den Haushalten nach der Umverteilung über den Staatshaushalt und über die Sozialversicherungen zur Verfügung steht.

Daraus wird deutlich, daß der tatsächliche Einkommensempfang nicht nur ein ökonomisches, sondern auch ein politisches, insbesondere ein sozialpolitisches Problem ist. Und gerade an der Frage der gerechten Verteilung des Sozialprodukts haben sich die wirtschafts- und sozialpolitischen Diskussionen häufig entzündet. Vor allem die Frage *wirtschaftlicher Macht* als Einflußgröße der Einkommensverteilung gehört zum Gegenstand der Auseinandersetzung, wenn es um eine gerechte personelle Einkommensverteilung innerhalb einer Volkswirtschaft geht.

Letztlich ist es eine Frage der Wirtschaftsordnung, wie sich die personelle Einkommensverteilung einer Volkswirtschaft gestaltet; das Verteilungsproblem ist in einer kapitalistischen Wirtschaftsordnung anders gelöst als in einer sozialistischen Ordnung.

In der *Marktwirtschaft* entscheidet sich die Einkommensbildung auf den Märkten. Hier ist deshalb das Preisproblem der produktiven Faktoren von grundsätzlicher Bedeutung für die Verteilung. Es stellt sich dann die Frage, ob der *Markt* zuverlässig ist, um den produktiven Beitrag der Wirtschaftssubjekte an der Erstellung des Sozialprodukts zu messen. Dabei kann es nicht darum gehen, daß einer *angemessenen* Zurechnung auch eine *gleichmäßige* Einkommensverteilung folgen muß. Das eine Wirtschaftssubjekt produziert mehr, das andere weniger. Deshalb bleibt prinzipiell der *Grundsatz der Leistung* letztlich entscheidendes Richtmaß.

In der *Zentralverwaltungswirtschaft* wird die Zuteilung der Einkommen politisch entschieden. Es gibt deshalb keinen zuverlässigen Maßstab dafür, was das einzelne Wirtschaftssubjekt verdient oder vom Staat zugewiesen bekommt. Für die sozialistischen Wirtschaften stellt sich die Frage, welcher Maßstab für die Einkommensverteilung Gültigkeit haben soll, wenn der Markt als Lenkungsinstrument ausgeschaltet ist.

In der *sozialen Marktwirtschaft* erfolgt die Einkommensverteilung zunächst über den Markt, dann aber versucht man, soziale Ungerechtigkeiten durch ausgleichende Maßnahmen des Staates zu beheben. Bei derartigen Korrekturen in Richtung auf eine soziale Umverteilung der Einkommen durch den Staat spricht man von einer *zweiten Einkommensverteilung*.

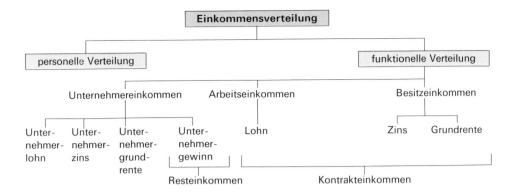

Die Einkommensstruktur, die darüber Auskunft gibt, wie stark die einzelnen Einkommens-klassen besetzt sind (z. B. die Schicht, die unter 1500,00 DM verdient; die Schicht, die zwischen 1500,00 DM und 3000,00 DM verdient; die Schicht, die zwischen 3000,00 DM und 5000,00 DM verdient; usw.), läßt sich auf die verschiedenste Weise darstellen. Die Statistik hat verschiedene Methoden entwickelt, um die Einkommensverteilung und damit den Grad der Gleichheit oder Ungleichheit der Verteilung innerhalb einer Volks-wirtschaft darzustellen. Am gebräuchlichsten ist die Darstellung der Einkommensver-teilung mit Hilfe der sogenannten *Lorenzkurve* (nach M. C. Lorenz), die in der folgenden Abbildung dargestellt ist.

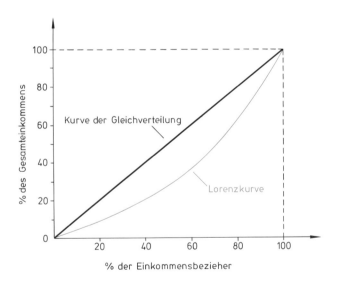

Man trägt auf der X-Achse (Abszisse) die Zahl der Einkommensbezieher in Prozenten und auf der Y-Achse (Ordinate) das Gesamteinkommen in Prozenten ab, das die Haus-halte einer Volkswirtschaft beziehen. Damit läßt sich ermitteln, wieviel Prozent des Gesamteinkommens auf einen bestimmten Prozentsatz der Einkommensbezieher entfallen.

Wäre das Einkommen gleichmäßig verteilt, so erhielten 20% der Einkommensbezieher auch 20% des Gesamteinkommens. In diesem Fall würde sich eine Gerade ergeben, die im Winkel von 45° ansteigt; sie stellt die völlig gleichmäßige Verteilung dar. In der Wirklichkeit ist die Einkommensverteilung aber wesentlich ungleichmäßiger.

Je gekrümmter die Kurve verläuft, um so ungleichmäßiger ist die Einkommensverteilung. Die Einkommensverteilung ist dagegen um so gleichmäßiger, je näher die Lorenzkurve an die 45°-Linie herantritt.

Die Lorenzkurven erlauben insbesondere die Darstellung von Unterschieden in der Einkommensschichtung verschiedener Volkswirtschaften, aber auch die Darstellung der Veränderung der Einkommensstruktur einer Volkswirtschaft im Zeitablauf.

4 Die Einkommensverteilung als wirtschaftspolitisches Problem

4.1 Das Problem „gerechter" Einkommensverteilung

Die Einkommensverteilung ist neben anderen aktuellen Fragen der Wirtschaftspolitik eines der wichtigsten Probleme, die die Gesellschaft zu lösen hat, wenn sie vor schwerwiegenden sozialen Konflikten bewahrt werden soll. In einem Grußtelegramm des Bundespräsidenten zur Eröffnung der Tagung des Vereins für Sozialpolitik zu Themen der Lohnpolitik und Einkommensverteilung im Jahre 1968 in Berlin heißt es:

„Fragen der Einkommens- und Vermögensverteilung bilden eines der brennendsten und schwierigsten Probleme unserer gegenwärtigen und zukünftigen Entwicklung."

Das Problem einer gerechten Einkommensverteilung ist im Grunde kein ökonomisches, sondern ein ethisches und kann damit nicht Gegenstand wirtschaftswissenschaftlicher Erörterungen sein. Da es letztlich keinen absoluten Maßstab dafür gibt, was gerecht ist, kann Einkommensgerechtigkeit immer nur eine relative Gerechtigkeit sein. Dieser grundsätzlichen Problematik muß man sich bewußt sein, wenn versucht wird, mit Hilfe ökonomischer Aussagen eine gerechte Einkommensverteilung zu entwickeln. Einkommensgerechtigkeit ist immer eine relative Gerechtigkeit.

So brennend die Frage einer gerechten Einkommensverteilung auch ist, so schwierig scheint ihre Verwirklichung zu sein. Im „Gesetz zur Förderung der Stabilität und des Wachstums der Wirtschaft" von 1967 sind zwar als Ziele der Wirtschaftspolitik stetiges und angemessenes Wirtschaftswachstum, stabiles Preisniveau, außenwirtschaftliches Gleichgewicht und hoher Beschäftigungsgrad genannt, ein ausdrücklicher Hinweis auf die Aufgabe, für eine gerechte Einkommensverteilung zu sorgen, ist jedoch nicht zu finden, und es fragt sich, ob sie ein selbstverständliches Ergebnis der Handlungen der Wirtschaftssubjekte in einer sozialen Marktwirtschaft sein kann.

Ein Blick auf die Einkommensstatistik zeigt, daß die Einkommensverteilung in der Bundesrepublik zwischen den einzelnen Einkommensgruppen Ungleichgewichte aufweist.

Wie stark die Differenzierung der Einkommen gegenwärtig in der Bundesrepublik Deutschland ist, zeigt das folgende Schaubild:

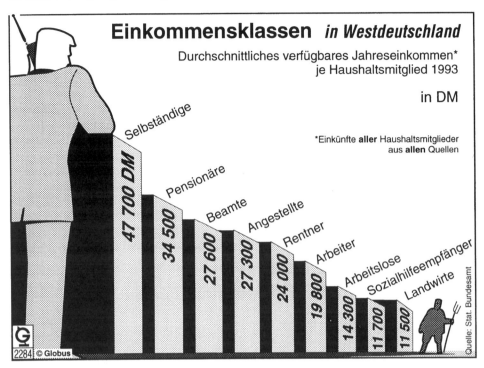

An diese Zahlen läßt sich die Frage knüpfen, ob in einer demokratischen Gesellschaftsordnung solche fühlbaren Einkommensunterschiede als gerecht empfunden werden können.

4.2 Die Lohnquote als Maßstab zur Messung der Einkommensverteilung

Zu den Größen, an denen sich eine gerechte Einkommensverteilung messen läßt, gehören Lohn- und Gewinnquote, die sich beide an der funktionellen Verteilung orientieren.
Die *Lohnquote* gibt den Anteil der Löhne und Gehälter am Volkseinkommen wieder. Dementsprechend wird der Rest des Volkseinkommens, das als Gewinn den Unternehmern zufließt, durch die *Gewinnquote* angegeben.

$$\text{Lohnquote} = \frac{L \cdot 100}{Y} \qquad \text{Gewinnquote} = \frac{G \cdot 100}{Y}$$

Y = Volkseinkommen
L = Einkommen aus unselbständiger Arbeit (Summe der Löhne und Gehälter)
G = Einkommen aus selbständiger Arbeit und Vermögen

Die Lohnquote ist nicht mit dem Einkommen der Arbeitnehmer völlig gleichzusetzen, da die Unselbständigen, insbesondere solche mit gehobenem Einkommen, zum Teil auch Erträge aus Vermögen beziehen.

Eine dritte Größe ist die sogenannte *Verteilungsrelation*, die das Verhältnis von Lohn- und Gewinnquote mißt. Da beide Einkommensteile das Gesamteinkommen der Volks- wirtschaft innerhalb einer Periode ergeben, müssen Lohn- und Gewinnquote zusammen den Wert 100% ergeben.

$$\frac{L \cdot 100}{Y} + \frac{G \cdot 100}{Y} = 100\%$$

Als *Bruttolohnquote* wird die Beziehung der Bruttoeinkommen aus unselbständiger Arbeit zum Volkseinkommen bezeichnet. Zieht man von dem Bruttoeinkommen die ge- zahlte Lohnsteuer und die Beiträge zur Sozialversicherung ab, so erhält man das Netto- einkommen, das – in Beziehung zum Volkseinkommen gesetzt – die *Nettolohnquote* ergibt. Sie ist schon um einiges aussagefähiger als die Bruttolohnquote, denn den Arbeit- nehmer interessiert letztlich das verfügbare Einkommen und dessen Entwicklung.

Die Entwicklung der funktionellen Einkommensentwicklung

Jahr	Volkseinkommen ins- gesamt in Mrd. DM	Bruttoeinkommen aus unselbständiger Arbeit in vH des Volksein- kommens (Lohnquote)	Unternehmens- u. Ver- mögenseinkommen (brutto; einschl. Miet- und Zinseinkommen) in vH des Volksein- kommens
1980	1 139,6	75,8	24,2
1985	1 406,8	73,0	27,0
1987	1 550,3	72,6	27,4
1988	1 635,5	71,5	28,5
1989	1 738,1	70,3	29,7
1990[1]	1 885,3	69,9	30,1
1991[1]	2 008,8	70,8	29,2
1992[1]	2 099,7	71,7	28,3

Quelle: BMWi, Wirtschaft in Zahlen '93, S. 22

---

[1] Vorläufig

Über die Einkommensentwicklung bietet die Nettolohnquote jedoch auch noch keinen genauen Aufschluß, denn sie erfaßt nicht den Wandel in der Beschäftigtenstruktur der Wirtschaft. Wie wichtig letzteres für die Beurteilung der Einkommensverteilungsverhältnisse in der zeitlichen Entwicklung ist, zeigt z. B. folgendes: Von 1960 bis 1986 stieg der Anteil der Unselbständigen an der Gesamtzahl der Erwerbstätigen um ca. 10%. Diese Strukturveränderungen versucht man mit der Berechnung der *bereinigten Nettolohnquote* zu berücksichtigen.

4.3 Die Einkommensverteilung, eine Frage wirtschaftssystembedingter Machtverhältnisse

Ein Blick auf die Entwicklung der Lohnquoten zeigt, daß sich die Brutto- und Nettolohnquoten in dem betrachteten Zeitraum erhöht haben, die Entwicklung der bereinigten Nettolohnquote dagegen keine wesentliche Änderung aufweist.

Angesichts dieses Tatbestandes ist wohl die Frage gerechtfertigt, ob die Machtverhältnisse im marktwirtschaftlichen System nicht jede längerfristige Veränderung der Einkommensverteilung zugunsten der Arbeitnehmer verhindern?

Zur Beantwortung dieser Frage dürfen nicht nur die Machtverhältnisse am Arbeitsmarkt, die Positionen von Arbeitgebern und Gewerkschaften berücksichtigt werden. Auch die Stellung der Unternehmen an den Gütermärkten und ihre Möglichkeit zur Durchsetzung von Preiserhöhungen sind zu beachten. Die Gewerkschaften verfolgen das Ziel, bei Tarifverhandlungen mit den Arbeitgebern die Lohnquote zugunsten der Arbeitnehmer durch Lohnforderungen zu erhöhen. In einer Situation, wo sich die Wirtschaft in einer Phase konjunkturellen Aufschwungs befindet, wo die Unternehmer steigende Umsätze und hohe Gewinnerwartungen haben und wo allgemein Vollbeschäftigung herrscht, sind die Gewerkschaften auf den ersten Blick in einer günstigen Position, um ihr Ziel zu verwirklichen, denn die Unternehmer werden in Zeiten hoher Gewinnerwartungen eher den gewerkschaftlichen Forderungen nach höheren Löhnen zustimmen. Ob die Durchsetzung der Nominallohnerhöhungen aber zu einer realen Verbesserung der Einkommensverhältnisse der Arbeitnehmer führen wird, bleibt fraglich, denn für die Entwicklung der realen Einkommensverteilung ist auch die Preisentwicklung an den Gütermärkten entscheidend. Bei Lohnerhöhungen kommt es letztlich darauf an, in welchem Umfang wirkliche Zuwächse an Kaufkraft gewonnen werden, und dies muß nicht unbedingt der Fall sein, wenn die Unternehmen eine verhältnismäßig günstige Stellung an den Gütermärkten haben. Bei einer hohen Nachfrage können die Unternehmer sehr leicht höhere Preise für ihre Produkte verlangen. Auf diese Weise wälzen sie die höheren Lohnkosten auf die Verbraucher ab und können damit den bisherigen Gewinn zumindest halten, wenn nicht gar noch weiter erhöhen. In Zeiten konjunkturellen Aufschwungs ist

damit jeder Versuch der Gewerkschaften, die Verteilungsrelation zugunsten der Arbeitnehmer zu verändern, durch die günstige Position der Unternehmer an den Gütermärkten
zum Scheitern verurteilt. Die Zahlen über die Entwicklung der Lohnquoten scheinen dies
zu bestätigen.

Im konjunkturellen Abschwung sehen die Machtverhältnisse am Arbeits- bzw. Gütermarkt anders aus. Hier können die Unternehmer bei erwarteter rückläufiger Nachfrage
weniger leicht Preiserhöhungen durchsetzen, wenn sie nicht Umsatzeinbußen hinnehmen wollen. Auf der anderen Seite ist aber auch die Position der Gewerkschaften bei
Tarifverhandlungen nicht so stark wie in Zeiten des konjunkturellen Aufschwungs, da
die Unternehmer weniger leicht bereit sind, Zugeständnisse bei Lohnforderungen zu
machen.

II Die einzelnen Einkommensarten

1 Der Lohn als Arbeitseinkommen

Der Lohn ist der Preis für den Produktionsfaktor Arbeit. Er ist das durch den Arbeitsvertrag festgelegte Entgelt, das der Arbeitnehmer für seine geleistete Arbeit erhält.

Lohn ist der allgemeine volkswirtschaftliche Begriff für die Bezeichnung derjenigen
Einkommen, die aus unselbständiger Arbeit gewonnen werden. Nicht nur der Lohn der
Arbeiter im engeren Sinne soll darunter verstanden werden, auch die Gehälter der Ange-
stellten und die Honorare für Dienstleistungen sind hierzu zu rechnen.

Der Lohn stellt zwar einen Preis dar, der für eine aus einem Arbeits- bzw. Dienstvertrag
zu leistenden Arbeit zu zahlen ist, das besagt aber *nicht,* daß die Person des Arbeiters
gekauft wird. Mit einem Arbeitsvertrag wird lediglich ein Anspruch auf die Erbringung
einer bestimmten Dienstleistung begründet. Diese genaue Unterscheidung ist wichtig,
um der besonderen Stellung des Menschen als Produktionsfaktor im Produktionsprozeß
gerecht zu werden.

1.1 Der ,,gerechte'' Lohn und die Arbeitsbewertung

Für die Entlohnung des Produktionsfaktors Arbeit gilt als oberster Grundsatz das Prinzip
der gerechten Entlohnung. Das Problem der *Lohngerechtigkeit* ist im Grunde aber kein
ökonomisches, sondern ein ethisches Problem, da es letztlich keinen objektiv feststell-
baren Maßstab dafür gibt, was gerecht ist. Die Feststellung, daß die Lohnhöhe für eine
bestimmte Arbeit nur so und nicht anders festzulegen sei, ist ein *Werturteil,* das sich
wirtschaftswissenschaftlicher Fragestellung entzieht, denn subjektive Bekenntnisse
können nicht Gegenstand ökonomischer Theorien sein.

Dieser grundsätzlichen Problematik muß man sich bewußt sein, wenn man versucht, mit Hilfe ökonomischer Aussagen die *Lohngerechtigkeit* in den Griff zu bekommen. Lohngerechtigkeit ist immer eine *relative Gerechtigkeit*.

Einmal kann der Gedanke der Leistungsgerechtigkeit im Vordergrund stehen. Dann wird der Lohn als gerecht empfunden, wenn er dem produktiven Beitrag des Lohnempfängers möglichst genau entspricht. Diesen Beitrag zu messen, bereitet aber Schwierigkeiten. Denn der Wert der Arbeitsleistung hängt von verschiedenen Einflußgrößen ab, von der Nützlichkeit der Arbeit innerhalb der Gesellschaft. Und gerade die gesellschaftliche Wertschätzung kann in ihrer Subjektivität zu Ungerechtigkeiten in der Lohnfindung führen.

Die Probleme, einen gerechten Lohn zu finden, werden nicht leichter, wenn man soziale Gesichtspunkte in den Vordergrund stellt. Soll eine bedürfnisgerechte Entlohnung gefunden werden, dann müssen neben den objektiven Leistungsmomenten auch das Lebensalter und der Familienstand des Arbeitnehmers berücksichtigt werden. Ein derartiger *Soziallohn* soll es dem Lohnempfänger ermöglichen, seine Verpflichtungen gegenüber seiner Familie zu erfüllen. Aber zu ermitteln, was dabei angemessen ist, bereitet vielleicht noch größere Schwierigkeiten als die Ermittlung eines sich am produktiven Beitrag orientierenden *Leistungslohnes*.

Die relative Gerechtigkeit in der Lohnfindung wird sich sowohl an den Gedanken der Leistungsgerechtigkeit als auch an den Überlegungen der Bedürfnisgerechtigkeit orientieren, so daß der „gerechte" Lohn letztlich eine Mischung aus leistungsgerechtem und bedürfnisgerechtem Lohn ist.

1.2 Nominal- und Reallohn

In einer entwickelten Volkswirtschaft ist die Entlohnung des Faktors Arbeit in Form von Geld der Regelfall *(Geldlohn)*. Es kommt aber auch heute noch vor, daß die Arbeitskraft in Form von Naturalien entlohn wird, etwa in der Landwirtschaft durch Zuweisung von erzeugten Produkten (Deputate). Der *Naturallohn* als alleiniger Lohn ist in einer arbeitsteiligen Volkswirtschaft aber undenkbar. Denn nur wenn die Entlohnung überwiegend in Form von Geldlohn erfolgt, ist die freie Güterwahl gewährleistet.

Mit dem Geldlohn ist jedoch gleichzeitig der Nachteil verbunden, Geldwertschwankungen ausgesetzt zu sein. Die Kaufkraft einer Geldeinheit kann in einer Volkswirtschaft je nach der Wirtschaftslage unterschiedlich sein. Entscheidend für den einzelnen ist allein der *Reallohn*, d. h. der tatsächliche an der Kaufkraft des Geldes bewertete Lohn. Der Güterwert ist ausschlaggebend, den man für das Geldeinkommen erhält, und nicht die nominelle Höhe des Verdienstes.

Der *Nominallohn* sagt wenig über die wirkliche Kaufkraft des Lohnes aus. Bleibt etwa der Nominallohn gleich und steigen die Preise für die Güter des Konsums, so sinkt der Reallohn, denn der einzelne bekommt dann weniger Güter für seinen verdienten Lohn. Nur wenn die Preise stabil bleiben, decken sich Nominal- und Reallohn.

In einer auf dem marktwirtschaftlichen Prinzip beruhenden Volkswirtschaft ist deshalb ein ständiger Anpassungsprozeß der Löhne, die langfristig gebunden sind, an die sich kurzfristig verändernden Preise der Gütermärkte erforderlich. Der Gedanke, den Lohn den sich verändernden Preisverhältnissen anzupassen, ist zentrales Anliegen jeder Lohnauseinandersetzung der Arbeitnehmer mit den Arbeitgebern.

1.3 Die Gewinnbeteiligung der Arbeitnehmer

Im Zusammenhang mit der Entlohnung der Arbeitnehmer ist die Gewinnbeteiligung ein vieldiskutiertes Problem, das die Frage einer weitergehenden gerechten Verteilung des Unternehmungserfolges zu lösen sucht.

Man spricht von Gewinnbeteiligung, wenn den Arbeitnehmern über den tariflich vereinbarten Lohn noch ein Anteil am Gesamtgewinn der Unternehmung gewährt wird. Die Gewinnbeteiligung kann entweder in der unmittelbaren Form, bei der ein prozentualer Anteil am Gewinn bar ausgezahlt wird, oder in der mittelbaren Form als Kapitalbeteiligung erfolgen. Im letzteren Falle erhalten die Arbeitnehmer die Möglichkeit, Anteilscheine (Aktien oder andere Zertifikate bei Einzel- oder Personengesellschaften) zu erwerben.

Damit erhalten sie ein Beteiligungsrecht am Vermögen der Unternehmung; sie werden Miteigentümer. Der Gewinn wird also nicht ausbezahlt, sondern verbleibt im Unternehmen. Es entsteht im Laufe der Zeit eine bestimmte kapitalmäßige Bindung der Betriebsangehörigen, wodurch das Interesse der Arbeitnehmer am Wachstum der Unternehmung gefördert wird. Auf der anderen Seite ist die Einschränkung der beruflichen Mobilität nicht zu übersehen.

Eine Sonderform der Kapitalbeteiligung ist der Investivlohn, der vorsieht, einen Teil der jeweiligen Lohner*höhungen* dem Betriebsangehörigen nicht auszuzahlen, sondern – gleichsam als erzwungene Eigentumsbildung – als Vermögensanlage im Betrieb zu belassen.

Der Gedanke der Gewinnbeteiligung ist in der Praxis schwer durchzuführen, da der Gewinn eine Größe ist, die durch das betriebliche Rechnungswesen nicht eindeutig ermittelt werden kann. Durch unterschiedliche Bewertungen des Anlage- und Umlaufvermögens können sich Gewinnverschiebungen ergeben. Darüber hinaus ist darauf zu achten, daß nur ein echter Gewinn aus betrieblicher Leistung der Bemessung zugrunde gelegt wird und betriebsfremde Gewinne und Zufallsgewinne ausgeschaltet bleiben.

Im Zusammenhang mit der gerechten Verteilung des Gesamterfolges wird auch die Frage diskutiert, inwieweit eine Gewinnbeteiligung auch gleichzeitig *Verlustbeteiligung* bedeuten muß. Soll die Verteilung der erbrachten Jahresleistung eines Unternehmens gerecht sein, so muß sie auch die Möglichkeit eventuell entstehender Verluste einschließen.

2 Der Zins als Kapitaleinkommen

Der Zins ist das Einkommen des Produktionsfaktors Kapital. Er wird für die Verwertung oder Überlassung von Kapital (Geld- oder Sachkapital) berechnet.

2.1 Die Begründung für den Zins

Im allgemeinen bewertet der Mensch eine erst in Zukunft verfügbare Menge eines Gutes geringer als die gleiche Menge, wenn er sie gegenwärtig zur Verfügung hat (Gesetz der Minderschätzung künftiger Bedürfnisse, erstmalig von Eugen von Böhm-Bawerk [1851 bis 1914] formuliert). Aus diesem Grund wird ein Zuschlag zur künftig verfügbaren Menge berechnet, wenn man die *Tauschrate (Preis)* zwischen gegenwärtig und künftig verfügbaren Gütern ermittelt. Diese *Wertdifferenz,* der Zuschlag, bezogen als *Prozentsatz* auf die gegenwärtig verfügbare Menge des Gutes, ist der *Zins.*

Nimmt man z.B. an, daß 110 kg Kartoffeln *„in einem Jahr"* gegen 100 kg Kartoffeln *„gegenwärtig"* ausgetauscht werden, so beträgt der Zuschlag 10 kg, bezogen auf 100 kg ergibt sich ein „Zins" von 10%.

Ein derartiger realer Vergleich läßt sich nur bei gleichartigen (homogenen) Gütermengen durchführen. In einer Geldwirtschaft wird die Tauschrate im Geldwert der getauschten Mengen bzw. direkt durch Geldmengen ausgedrückt. Der grundsätzliche Zusammenhang bei der Ermittlung der Tauschrate, also des Zinses, ist aber der gleiche.

Nimmt man an, daß man z.B. 1000,00 DM als Darlehen *heute* gegen 1100,00 DM, die in einem Jahr zu zahlen sind, überlassen bekommt, dann beträgt der Zuschlag 100,00 DM. Es ist also für das Darlehen ein Zins von 10% zu zahlen.

Bei der Errechnung der Tauschrate zwischen *Geld „heute"* und *Geld „in einem Jahr"* tritt also auch der Zins auf.

Für den Darleiher von gegenwärtigem Geld stellt der Zins Einkommen dar, das sich deshalb ergibt, weil die Verfügung über *gegenwärtige Kaufkraft* begehrt ist und die Bereitstellung derartiger Kaufkraft nicht unbegrenzt erfolgen kann, somit nach den Gesetzen des Marktes, d.h. von Angebot und Nachfrage, einen Preis hat. Man kann deshalb im geldwirtschaftlichen Sinne auch sagen:

Der Zins ist der Preis für die zeitweise Überlassung von Kaufkraft.

2.2 Die Arten des Zinses

2.2.1 Leih- oder Marktzins

Der Kapitaleigentümer, der sein Geld- oder Realkapital einem anderen zur Verfügung stellt, erhält dafür einen Zins.

Weil er dem Kapitalnehmer das Kapital über die Einschaltung des Marktes „leihweise" überläßt, spricht man auch von Leih- oder Marktzins.

Er ist ein Geldzins, d.h. eine nominelle Größe, wenn der Kapitalgeber Geldkapital in der Form eines Darlehens dem Kapitalnehmer zur Nutzung überläßt. Der vereinbarte Zins wird *Darlehenszins* genannt. Überläßt der Kapitalgeber dagegen Sachkapital, indem er etwa ein Geschäfts- oder Wohngebäude, Geschäftsräume, u.ä. vermietet, dann erhält er einen *Mietzins*.

2.2.2 Originärer Zins

Nutzt ein Unternehmer Kapital, das er selbst aufgebracht hat, in seinem eigenen Unternehmen, so kann er dafür auch einen Zins ermitteln. Diesen Zins nennt man den *originären (ursprünglichen) Zins*.

Er läßt sich deshalb ermitteln, weil der Unternehmer mit Hilfe seines Kapitals einen Ertrag erzielt, vorausgesetzt der Tauschwert der produzierten Güter (Ertrag) ist größer als der Tauschwert des eingesetzten Kapitals. Demnach bedeutet der originäre Zins die Mehrwertschöpfung des Kapitals.

Mit Hilfe des originären Zinses kann der Unternehmer seinen Leihzins bezahlen; der originäre Zins muß jedoch höher sein als der Marktzins.

2.2.3 Brutto- und Nettozins

Man spricht vom Nettozins, wenn man das *reine Zinselement*, d.h. den reinen Preis für die Überlassung von Kaufkraft meint. Der Nettozins ist das Zins*einkommen* ohne die zu berechnenden Verwaltungsspesen für die Vermittlung des Geldbetrages und die eventuell hinzuzurechnende Prämie für das Risiko, das Kapital vielleicht nach der abgelaufenen Zeit der Überlassung nicht zurückgezahlt zu bekommen.

Der Bruttozins enthält demzufolge neben dem eigentlichen Zins (Nettozins) auch eine *Risikoprämie* und die *Verwaltungsspesen*. Vor allem bei der Einschaltung der Banken in das Vermittlungsgeschäft von Geldkapital spielen die Verwaltungsspesen eine besondere Rolle.

2.2.4 Produktiv- und Konsumtivzins

Je nachdem ob man davon ausgeht, in welchem Bereich der Wirtschaft, in der Sphäre der Produktion oder der Konsumtion, das Kapital genutzt wird, spricht man bei der Vergütung, die für die Überlassung der Kapitalnutzungsrechte gezahlt wird, entweder von Produktivzins oder von Konsumtivzins.

Ist der Produktivzins zu erklären aus der Notwendigkeit einer Vergütung für die produktive Verwendung von Kapital in einem Unternehmen, so läßt sich der Konsumtivzins aus dem Nutzen begründen, den die Überlassung der fremden Kaufkraft während der Nutzungsdauer stiftet. Im Zins wird der *Gewinn an Nutzen* vergütet, den die von anderen verdiente, aber dem eigenen Haushalt zur konsumtiven Verwendung *überlassene Einkommenssumme* stiftet.

Bruttozins = Nettozins + Risikoprämie + Verwaltungsspesen

3 Die Grundrente als Bodeneinkommen

Man bezeichnet als Grundrente das Einkommen, das der Bodeneigentümer für die Nutzung von Grund und Boden bezieht. Sie ist das Einkommen des Produktionsfaktors Boden (natürliche Grundrente). Nutzt der Eigentümer den Boden nicht selbst, dann ergibt sich für ihn bei einer leihweisen Überlassung des Bodens an einen anderen auch ein Einkommen, das ihm in Form eines *Pachtzinses* vom Pächter des Bodens zufließt. Der Pachtzins läßt sich mit dem bereits behandelten Mietzins vergleichen.

3.1 Die absolute Grundrente

Der Boden einer Volkswirtschaft ist *knapp* und nicht überall gleichwertig. Die Bodenknappheit bedingt, daß nicht nur die ergiebigsten Böden für die landwirtschaftliche Produktion genutzt werden; um die Nachfrage zu decken, müssen auch qualitativ schlechtere Böden bearbeitet werden. Den schlechtesten Boden, der gerade noch bearbeitet wird, nennt man *Grenzboden*. Auch er hat nach heutiger Auffassung aufgrund der allgemeinen Bodenknappheit einen Preis, den man absolute Grundrente nennt. Für die Klassiker der Nationalökonomie dagegen war der Einsatz des Bodens „kostenlos", weil die „ursprünglichen und unerschöpflichen Kräfte des Bodens" (Ricardo) keine Produktionskosten hätten und deshalb auch bei der Bildung der Produktpreise unberücksichtigt bleiben könnten.

3.2 Die relative Grundrente (Differentialrente)

Der schlechteste Boden erhält für seine Nutzung eine Vergütung, die absolute Grundrente. Alle Böden, die einen höheren Ertrag abwerfen, erhalten ein größeres Bodeneinkommen, das auch Differentialrente oder relative Grundrente genannt wird.

Für die Entstehung der Differentialrente kann es drei Ursachen geben:
- eine bessere Bodenqualität,
- eine intensivere Bewirtschaftung des Bodens,
- eine günstigere Lage zum Absatzmarkt der Produkte.

Es lassen sich deshalb drei Formen der Differentialrente unterscheiden:
1. die Qualitätsrente,
2. die Intensitätsrente,
3. die Lagerente.

3.2.1 Die Qualitätsrente

Der Entstehungsgrund der Qualitäts- oder Fruchtbarkeitsrente wurde zuerst von David Ricardo entdeckt. Werden Böden mit gleicher Intensität bearbeitet und wendet man gleiche Mengen der Produktionsfaktoren Arbeit und Kapital auf, dann kann sich trotzdem ein unterschiedlicher Ertrag ergeben, und zwar aufgrund der *unterschiedlichen Bodenqualitäten*.

Die Qualitätsrente entsteht deshalb, weil es notwendig ist, auch schlechtere Böden zu bewirtschaften, um die Nachfrage nach landwirtschaftlichen Produkten zu befriedigen. Da der Preis für die erzeugten Produkte mindestens die Aufwendungen für den schlechtesten Boden decken und eine Vergütung für seine Nutzung grundsätzlich berechnet werden muß (absolute Grundrente), erhalten alle qualitativ besseren Böden als der Grenzboden eine Qualitätsrente in unterschiedlicher Höhe.

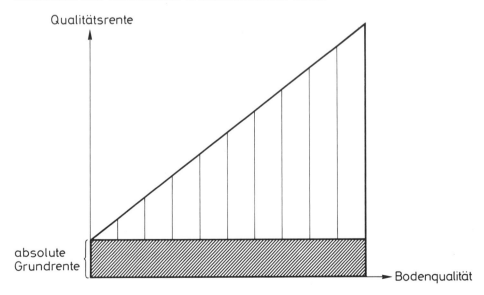

151

3.2.2 Die Intensitätsrente

Sieht man davon ab, daß es unterschiedliche Bodenqualitäten gibt, so läßt sich eine andere Erscheinung der Differentialrente, die ebenfalls von Ricardo theoretisch erklärt wurde, feststellen.

Bei gleicher Qualität des Bodens wird sich bei unterschiedlich intensiver Bearbeitung, durch gesteigerten Einsatz von Arbeit und Kapital, entsprechend dem Ertragsgesetz, eine Ertragsteigerung erreichen lassen. Diesen Mehrertrag nennt man Intensitätsrente.

3.2.3 Die Lagerente

Die dritte Form der Differentialrente ist die Lagerente. Sie ergibt sich aus der unterschiedlichen Höhe der ersparten Transportkosten. Der marktferner gelegene Boden verursacht Transportkosten, die im Produktpreis entgolten werden. Der Überschuß aus ersparten Transportkosten, den der marktnäher gelegene Boden gegenüber dem ungünstiger gelegenen Boden erbringt, ist die Lagerente.

3.3 Die landwirtschaftliche und städtische Grundrente

Die Erscheinung der Grundrente wird am deutlichsten in der Landwirtschaft; deshalb sind die Betrachtungen des Bodeneinkommens zunächst ausschließlich an den Problemen der Entstehung des Einkommens in der landwirtschaftlichen Produktion orientiert. Vor allen den Klassikern ließe sich der Vorwurf machen, daß sie nur die landwirtschaftliche Grundrente gesehen haben.

Durch die zunehmende Verstädterung (Urbanisierung) des Landes und das Entstehen von Ballungsräumen gewinnt die Grundrentenbetrachtung, die sich an den Problemen der Stadt orientiert, mehr und mehr an Bedeutung. Die städtische Grundrente ist eine Folge steigender Nachfrage nach Grund und Boden in städtischen Siedlungsräumen. Auch hier gibt es etwa Erscheinungsformen der Intensitätsrente, die man als *städtische Intensitätsrente* bezeichnen kann, wenn man den Zwang zu engerer und höherer Bauweise (Hochhäuser) in Geschäftszentren der Städte betrachtet. Als städtische Lagerente lassen sich etwa diejenigen Vorteile bezeichnen, die sich für einen Gewerbetreibenden aus seinem verkaufsgünstigen Standort ergeben, wenn er z.B. ein Gebäude innerhalb eines Einkaufszentrums nutzt.

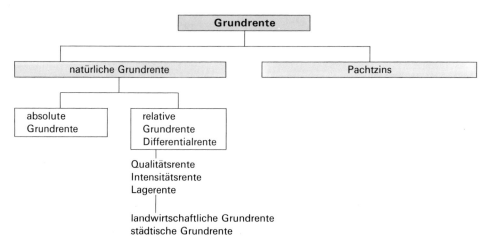

4 Das Unternehmereinkommen

4.1 Begriffliche Abgrenzung

Das Unternehmereinkommen ist eines der umstrittensten Kapitel innerhalb der Volkswirtschaftslehre. Zumeist wird ausschließlich der Unternehmergewinn darunter verstanden. In Wirklichkeit und bei genauerer Betrachtung setzt sich das Unternehmereinkommen aber aus mehreren Bestandteilen zusammen. Es hängt von den wirtschaftlichen Funktionen ab, die der Unternehmer ausübt.

Unternehmer ist, wer für eine Unternehmung die unternehmerische Tätigkeit ausübt, nämlich letztgültig über den Wirtschaftsplan und seine Durchführung entscheidet. Für seine Aufgabe als selbständig leitender und eventuell auch schöpferisch tätiger Unternehmer (dispositive Tätigkeit) erhält er ein Entgelt, das man als *Unternehmerlohn* bezeichnet. Für die produktive Leistung seines Eigenkapitals läßt sich der *Unternehmerzins* (Kapitalzins) und für die Vergütung des eigenen nutzbar gemachten Grund und Bodens die *Unternehmergrundrente* berechnen. Darüber hinaus billigt man dem Unternehmer die Berechnung einer Risikoprämie zu, die ein Entgelt für das Wagnis seiner unternehmerischen Arbeit ist, deren Erfolg (in einer Marktwirtschaft) nicht von vornherein garantiert werden kann. Erst was dann in der Rechnung übrig bleibt, ist der eigentliche *Unternehmergewinn*.

Wie die Aufwendungen für unselbständige Arbeit (Lohn), für fremdes Kapital (Zins) und für gepachteten Boden (Grundrente) stellen der Unternehmerlohn und -zins, die Unternehmergrundrente und Risikoprämie Kosten dar, die mit dem Ertrag, den die Produktion erbringt, gedeckt werden. Als echte *Restgröße* ist nur der Unternehmergewinn anzusehen. Wegen seines Charakters als Restgröße bezeichnet man den Unternehmergewinn deshalb auch als *Residualeinkommen* oder Resteinkommen.

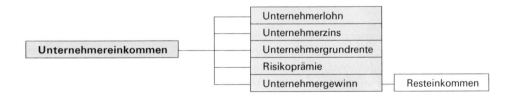

4.2 Die Bestandteile des Unternehmereinkommens

Je nachdem, welche Aufgaben der Unternehmer im Wirtschaftsprozeß erfüllt, wird sein Unternehmereinkommen die genannten Bestandteile in unterschiedlichem Umfang umfassen. Es ist z.B. denkbar, daß er sein Unternehmen in gemieteten Räumen betreibt, dann entfällt die Unternehmergrundrente; auf der anderen Seite ist sie zu berechnen, wenn er eigenen Grund und Boden einsetzt.

4.2.1 Der Unternehmerlohn

Neben dem Unternehmerzins und der Unternehmergrundrente erhält der Unternehmer für seine routinemäßige und dispositive Arbeit einen Unternehmerlohn. Im einzelnen stellt er ein Entgelt für die Leistungen der Koordination, Kombination, Verantwortung, Organisation, Unternehmergeist usw. dar. Nachzuweisen ist der Unternehmerlohn in keiner Statistik, wie etwa die Einkommen aus unselbständiger Arbeit und die Kapitaleinkommen. Jedoch läßt er sich überschlagsmäßig berechnen. Nimmt man etwa an, daß der Unternehmer wegen Krankheit oder aus Altersgründen gezwungen ist, seine Geschäfte einem Geschäftsführer zu übertragen, so müßte er diesem ein festes Gehalt zahlen. Der Betrag, der für die Leistung eines Geschäftsführers aufzuwenden wäre, läßt sich auch für den Unternehmer selbst als Unternehmerlohn berechnen. Im allgemeinen geht man bei derartigen Vergleichsrechnungen von dem Gehalt eines leitenden Angestellten aus, das der Unternehmer bei gleichartiger Tätigkeit in einem vergleichbaren Unternehmen erhalten würde.

4.2.2 Die Risikoprämie

Der Unternehmer, der sein Kapital in der eigenen Unternehmung einsetzt, bekommt dafür *keinen garantierten Zins* wie bei einer Anlage bei einem Kreditinstitut (Bank oder Sparkasse). Dieser Verzicht auf ein garantiertes Einkommen für sein Kapital rechtfertigt die Risikoprämie als Bestandteil seines Unternehmereinkommens. Praktisch und theoretisch kommt der Risikoprämie keine besondere Bedeutung zu. Soweit der Unternehmer andere Risiken, etwa des Diebstahls, des Brandes und des zufälligen Unterganges seines Vermögens, durch Abschluß von Versicherungsverträgen auf andere Unternehmungen abwälzt, stellen sie Kostenbestandteile dar, die sich exakt in der Produktkalkulation berechnen lassen.

4.2.3 Der Unternehmergewinn

Zum eigentlichen Unternehmergewinn ist diejenige Restgröße zu rechnen, die ein *echtes Leistungsentgelt des Marktes* für die unternehmerische Leistung darstellt. Wenn der Unternehmer die Produktionsfaktoren besser kombiniert, wenn seine Wirtschaftsrechnung vorausschauender ist als die anderer Unternehmungen, dann wird er vorteilhafter am Markt anbieten können und höhere Gewinne erzielen. Gegenüber seinen Konkurrenten fließt ihm damit eine Differentialrente zu, die einen echten Leistungsgewinn darstellt. Ein Sonderfall dieses Leistungsgewinns ist der *Pioniergewinn* als Entgelt für besonders schöpferische Leistungen im technischen oder ökonomischen Bereich.

Unechte Unternehmergewinne sind dagegen Resteinkommen, die sich etwa als Folge von Unternehmermacht ergeben, indem z. B. die Produktionsfaktoren unter ihrem produktiven Beitrag entlohnt werden. Hierzu gehören aber auch Konjunkturgewinne und überhöhte Einkommen, die sich aus Monopolstellungen, wie z. B. bei den Tankstellen an den Autobahnen ergeben. Solche Resteinkommen werden auch Quasirenten (lat. quasi = gleichsam) genannt.

Lernkontrolle

1. Was ist unter folgenden Begriffen zu verstehen:
   a) funktionelle Einkommensverteilung,
   b) personelle Einkommensverteilung?

2. Inwiefern läßt sich der Verteilungsprozeß als Spiegelbild des Produktionsprozesses ansehen?

3. Was bringt die Lorenzkurve zum Ausdruck?

4. Erklären Sie, was unter der Lohnquote und der Gewinnquote zu verstehen ist?

5. Was versteht man unter folgenden Lohnquoten:
   a) Bruttolohnquote,
   b) Nettolohnquote,
   c) bereinigte Nettolohnquote?

6. Welche Lohnformen kennen Sie?

7. Bestimmen Sie das Unternehmereinkommen als Begriff und geben Sie an, woraus es besteht?

F Die Rolle des Geldes im Wirtschaftsprozeß

I Das Geld im Wirtschaftskreislauf

Das Geld ist in einer arbeitsteiligen Volkswirtschaft ein notwendiger Bestandteil, um den reibungslosen Kreislauf zwischen Produktion und Konsum zu ermöglichen. Ohne die Existenz des Geldes wäre der Austausch von Gütern zwischen den einzelnen Wirtschaftssubjekten undenkbar. Durch die zunehmende nationale und internationale Arbeitsteilung gewinnt es in einer modernen Volkswirtschaft mehr und mehr an Bedeutung.

1 Wesen und Entstehung des Geldes

In früherer Zeit kamen Volkswirtschaften, in denen keine oder nur geringe Arbeitsteilung herrschte, ohne Geld aus. Die **geschlossene Hauswirtschaft** produzierte alle Güter selbst und kannte daher keinen Tausch. Mit zunehmender Arbeitsteilung wurde aber der Austausch von Gütern notwendig.

Ursprünglich tauschte man direkt Waren gegen Waren, etwa Lebensmittel gegen Werkzeuge, Vieh gegen Schmuck usw. In einer derartigen **Naturaltauschwirtschaft** mußte immer der entsprechende Tauschpartner gefunden werden, der das begehrte Gut zufällig in der gewünschten Menge gegen das abzugebende Gut zu tauschen bereit war. Stets mußten sich die Wünsche der Tauschpartner direkt nach Art, Menge und Wert der wechselseitig begehrten Güter entsprechen. Diese direkte Übereinstimmung war aber nur sehr schwer zu erreichen, so daß der direkte Tausch mit fortschreitender Arbeitsteilung immer mehr zu einem **Zufallstausch** wurde.

Um die Nachteile des direkten Tausches auszuschalten, ging man dazu über, auch solche Güter zu tauschen, die man zwar nicht unmittelbar für den Konsum benötigte, die aber allgemein begehrt und anerkannt waren, so daß man sie später für den Tausch von unmittelbar benötigten Gütern verwenden konnte. Damit entstand ein allgemeines **Zwischentauschgut,** das den ersten Schritt zur Geldwirtschaft bedeutete.

Das so entstandene Geld hatte zunächst noch einen eigenen Gebrauchswert neben seiner Rolle als Zwischentauschgut. Deshalb bezeichnet man es auch als **Warengeld,** das in den unterschiedlichsten Arten und Formen bei den verschiedenen Völkern verwendet wurde.

Bei den Völkern der Südsee dienten Kauri-Muscheln, bei den Azteken Baumwollstreifen und bei sehr vielen anderen Völkern vor allem das Vieh als allgemeines Tauschmittel. In einigen Sprachen ist der Begriff Geld vom Wort Vieh abgeleitet, so hat der lateinische Begriff Geld (pecunia) im Wort pecus (Vieh) seinen Ursprung; auch die Begriffe Rubel und Rupie sind aus dem Wort Vieh ableitbar.

Mit der Einführung eines allgemeinen Tauschmittels hatte man den schwerfälligen Naturaltausch überwunden und gleichzeitig einen brauchbaren Wertmesser gefunden, um den Vergleich von Mengen und Qualitäten der unterschiedlichsten Güterarten zu erleichtern. Der **Geldtausch** Ware–Geld–Ware zerlegt alle Tauschhandlungen in zwei voneinander unabhängige Hälften, in einen Kauf und einen Verkauf, so daß eine direkte Übereinstimmung der Tauschenden in bezug auf Art, Menge und Wert der getauschten Güter nicht mehr notwendig ist.

Als Tauschmittel erwiesen sich die Edelmetalle als besonders gut geeignet, vor allem Kupfer, Silber und Gold. Sie lassen sich beliebig teilen, verkörpern bereits in kleinen Mengen einen verhältnismäßig hohen Wert, weil sie relativ knapp sind, und sie sind leicht zu transportieren. So wurde das Warengeld in der frühen Geldwirtschaft schon bald durch das **Metallgeld** verdrängt. Bereits im 7. Jahrhundert v. Chr. begann man in Griechenland damit, das Edelmetall abzuwiegen und Gewicht und Feingehalt auf den Metallstücken durch Symbole zu kennzeichnen. So entstanden die ersten Münzen.

Als man das Risiko des Geldverlustes beim Transport des Münzgeldes ausschalten wollte, gingen zuerst oberitalienische Banken im 16. Jahrhundert dazu über, für hinterlegte Münzen Hinterlegungsscheine an die Kaufleute auszugeben, die einen Anspruch auf einen gewissen Betrag an Münzgeld verbrieften und jederzeit an einem anderen Ort bei einer anderen Bank in Münzen einlösbar waren. Diese Hinterlegungsscheine wurden schon bald selbst als Tauschmittel verwendet, indem man auf die Deckung und Einlösbarkeit in Münzen vertraute und zu Zahlungen nur noch die Hinterlegungsscheine weitergab. Aus den Anweisungsscheinen auf Metallgeld waren Geldscheine geworden, aus denen sich die heutigen Banknoten entwickelt haben. Das damit entstandene **Papiergeld** drängte in späterer Zeit durch seine Handlichkeit das Münzgeld in seiner Bedeutung für die Geldwirtschaft mehr und mehr zurück.
In der heutigen Zeit wird die Banknote immer stärker durch den **bargeldlosen Zahlungsverkehr** verdrängt. Bei der Abwicklung der Geldgeschäfte verzichtet man in zunehmendem Maße auf die Übergabe von Bargeld in Form von Münzen und Banknoten. Die Last- bzw. Gutschriften auf den Bankkonten der Gläubiger bzw. Schuldner übernehmen in starkem Umfang die Funktionen des Geldes in Form des **Buchgeldes.**
Aus dem Bedürfnis der Wirtschaft entstand das Geld als **allgemeines Tauschmittel,** das von jedermann anerkannt wird. Geld ist, was gilt. In diesem Sinne läßt sich Geld definieren als allgemeines Geltungsmittel. Diese weite Definition erweist sich immer dann

als brauchbar, wenn man diejenigen Tauschmittel erklären will, die dann allgemeine Geltung genießen, wenn das vom Staat garantierte Geldwesen nicht mehr funktionsfähig ist, wie etwa die Zigaretten in der Kriegs- und Nachkriegszeit. In enger Formulierung ist unter Geld nur das Tauschmittel zu verstehen, das der Staat zu Geld erklärt. Geld ist dann **gesetzliches Zahlungsmittel.**

2 Funktionen des Geldes

Die Betrachtung der Entstehung des Geldes gibt bereits Hinweise auf seine Funktionen innerhalb der Volkswirtschaft. Es hat zunächst eine besondere Bedeutung als allgemeines Tauschmittel, gleichzeitig dient es als allgemeiner Wertmaßstab, als Wertübertragungsmittel und schließlich auch als Wertaufbewahrungs- und Kreditmittel.

Eine zentrale Bedeutung kommt dem Geld als **Tauschmittel** zu. Es erleichtert den Austausch von Gütern in einer arbeitsteiligen Volkswirtschaft. Dabei bedarf es allgemeiner Anerkennung, damit es jederzeit von den Wirtschaftssubjekten angenommen wird.

Beim Naturaltausch muß die Wertbestimmung jedesmal erneut erfolgen. Mit dem Geld ist eine Recheneinheit geschaffen, die die Güter addierbar und vergleichbar macht. Erst mit dem Geld als allgemeinem **Wertmaßstab** ist eine Preisbildung möglich geworden, und somit lassen sich Vermögenswerte einheitlich ausdrücken.

Das Geld kann aber nicht nur zur Wertbestimmung und zum Kauf von Gütern dienen, mit ihm lassen sich auch einseitige Wertübertragungen vornehmen, können Steuern bezahlt und Einkommen übertragen werden, so z. B. die Altersrenten und das Taschengeld des Schülers. Hier handelt es sich um Vorgänge, die ausschließlich im geldlichen Bereich bleiben, ohne daß es zu gleichzeitigen Güterbewegungen kommt. In diesem Fall hat das Geld die Funktion eines allgemeinen **Zahlungsmittels.**

Auch wenn das Geld als Tauschmittel, Wertmaßstab und Zahlungsmittel dient, so muß es nicht immer auch gleichzeitig **gesetzliches Zahlungsmittel** sein. Das Buchgeld der Banken erfüllt wesentliche Aufgaben des Geldes, indem es beispielsweise Tauschmittel oder Wertübertragungsmittel ist. Es ist selbst aber im strengen Sinne kein gesetzliches Zahlungsmittel, also Geld, dem vom Staat Rechtskraft verliehen wurde und das dadurch mit der besonderen Verpflichtung zur Annahme ausgestattet ist.

Ist das Geld über längere Zeit wertbeständig, d. h. lagerfähig, ohne an Wert zu verlieren, dann dient es auch als **Wertaufbewahrungsmittel.** Es läßt sich aufbewahren, indem zunächst auf den Kauf von Gütern durch Sparen verzichtet wird, um es in späterer Zeit für Konsumzwecke zu verwenden.

Wird nicht der gesamte Geldbetrag, den die Haushalte als Einkommen beziehen, verbraucht, dann kann der gesparte Teil den Unternehmungen als Kredit zur Verfügung gestellt werden, die damit ihre Investitionen finanzieren können. In diesem Sinne hat das Geld die Funktion eines **Kreditmittels.**

Seine vielfältigen Funktionen kann das Geld nur erfüllen, wenn Vertrauen in seine Wertbeständigkeit besteht und es deshalb von jedermann jederzeit angenommen wird. Ist das nicht der Fall, dann können einige Funktionen aufgehoben sein, wie etwa die Funktion als Wertaufbewahrungsmittel in Krisenzeiten oder Zeiten beschleunigter Geldentwertung. Es hat das Vertrauen in bezug auf seine Knappheit nicht mehr.

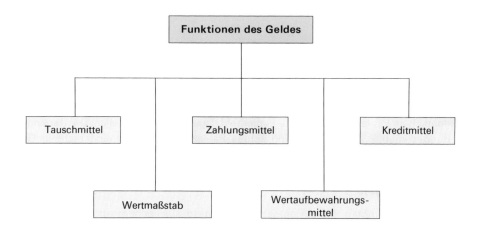

3 Geldarten und Geldersatzmittel

3.1 Die Arten des Geldes

3.1.1 Das Warengeld

In früherer Zeit war das Warengeld (Vieh, Muscheln) alleiniges Tauschmittel in der Volkswirtschaft; heute hat es keine Bedeutung mehr für das Geldwesen.

3.1.2 Das Münzgeld

Ursprünglich prägte man vor allem Gold und Silber zu Münzen, deren Metallwert auch dem Tauschwert entsprach. Derartig vollwertig ausgeprägtes Geld nennt man **Kurantgeld.** Ein Beispiel für Kurantgeld sind die Goldmünzen des Deutschen Reiches, die noch bis vor dem Ersten Weltkrieg im Umlauf waren. Sie mußten in beliebiger Höhe von jedermann angenommen werden und hatten den besonderen Vorteil, daß sie nicht allein wegen ihres Tauschwertes begehrt waren, sondern auch wegen ihres Substanzwertes allgemeines Vertrauen genossen und schon deshalb jederzeit in Zahlung genommen wurden.

Die Münzen in der Bundesrepublik sind nicht mehr vollwertig ausgeprägt. Ihr Metallwert ist geringer als der aufgedruckte Nennwert, wenn man von dem Kupferwert des Pfennigs einmal absieht. Derartiges Geld, das unterwertig ausgeprägt ist, wird **Scheidegeld** genannt. Scheidegeld braucht nur beschränkt in Zahlung genommen zu werden: als Silbergeld bis zu 20,00 DM, auf Pfennige lautende Münzen bis zu 5,00 DM. Bundes- und Landeskassen sind jedoch zur Annahme in jeder beliebigen Höhe verpflichtet.

Auf Grund des Gesetzes über die Ausprägung von Scheidemünzen vom 8. Juli 1950 hat in der Bundesrepublik Deutschland allein die Bundesregierung die Befugnis, Münzen auszuprägen. Die Münzen werden in vier Prägeanstalten hergestellt, in München (D), Stuttgart (F), Karlsruhe (G) und Hamburg (J). Nach der Weitergabe an die Deutsche Bundesbank, die ihrerseits wiederum die Münzen an die Wirtschaft weitergibt, fließt der sich aus der Gutschrift bei der Deutschen Bundesbank ergebende Erlös als Münzgewinn der Bundeskasse zu.

3.1.3 Das Papiergeld

Die Banknoten in der Bundesrepublik Deutschland werden ausschließlich von der Bundesbank ausgegeben. Sie sind gesetzliches Zahlungsmittel und müssen deshalb von jedermann angenommen werden (obligatorisches Geld). Bis 1914 bestand in Deutschland die Möglichkeit, Banknoten bei der Notenbank in Gold einzulösen. Wenn eine derartige Einlösungsmöglichkeit besteht, dann spricht man von unechtem bzw. uneigentlichem Papiergeld. Das echte Papiergeld dagegen ist uneinlöslich. Die Banknoten der Bundesrepublik Deutschland sind echtes Papiergeld, denn sie sind nicht in Gold einlösbar.

3.1.4 Das Buchgeld

Münzen und Banknoten, die zusammen das **Bargeld** ausmachen, sind nur ein kleiner Teil des Geldes in der Volkswirtschaft. Mit dem bargeldlosen Zahlungsverkehr entstand das **Buchgeld**. Das sind die Geldeinlagen auf Konten bei privaten Geschäftsbanken, Postscheckämtern und der Deutschen Bundesbank. Diese Einlagen, über die der Konteninhaber jederzeit verfügen kann, werden als täglich fällige Gelder bzw. als Sichteinlagen bezeichnet. Sie machen etwa 75% der gesamten Geldmenge in der Bundesrepublik aus. In England liegt der Anteil der Sichteinlagen am Gesamtgeldvolumen sogar bei 90%. Über die Einlagen bei den Geldinstituten läßt sich durch Überweisungen und Schecks verfügen.

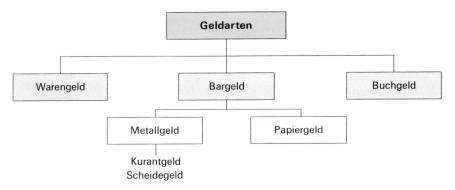

3.2 Geldersatzmittel

Schon früh in der Geschichte des Geldwesens haben sich der Scheck und der Wechsel neben den Banknoten und Münzen als Geldersatzmittel herausgebildet.

3.2.1 Scheck

Der Scheck wurde bereits im 14. Jahrhundert von den Banken entwickelt und fand besonders rasch in England weite Verbreitung. In Deutschland wird der Scheck seit dem 19. Jahrhundert verwendet. Das Scheckgesetz von 1908 bildete eine einheitliche Rechtsgrundlage für den Scheckverkehr. Am 14. 8. 1933 wurde ein neues Scheckgesetz erlassen, das bis heute gültig ist.

Mit dem Scheck kann der Inhaber eines Kontos bei einem Geldinstitut über sein Guthaben verfügen, entweder um eine Schuld zu begleichen oder um sich damit Beträge von seinem Konto bar auszahlen zu lassen.

Rechtlich ist der **Scheck** eine schriftliche Anweisung an eine Bank oder Sparkasse, aus dem Guthaben des Scheckausstellers eine bestimmte Geldsumme zu zahlen.
Ein Scheck kann immer nur auf ein Geldinstitut ausgestelllt sein, d. h. derjenige, der zahlen soll, nach dem Scheckgesetz der Bezogene, ist immer eine Bank oder Sparkasse.

Das **Scheckgesetz** hat besondere Formvorschriften für das Scheckformular erlassen. Fehlt auch nur ein gesetzlich vorgeschriebener Bestandteil, dann ist der Scheck ungültig.

Beispiel:

Scheckkarte: Vorderseite

Die **gesetzlichen Bestandteile des Schecks** sind:
① Die Bezeichnung als „Scheck" (Scheckklausel),
② Die unbedingte Anweisung, eine bestimmte Geldsumme zu zahlen (unbedingt heißt, daß die Zahlungsanweisung z. B. nicht von einer Gegenleistung abhängig gemacht werden darf),
③ der Name dessen, der zahlen soll (Bezogener = Bank oder Sparkasse),
④ der Zahlungsort,
⑤ Ort und Datum der Scheckausstellung,
⑥ die Unterschrift des Scheckausstellers.

Die Geldinstitute zahlen jeden Scheck, der ihnen nach dem Tage der Ausstellung innerhalb von 8 Tagen vorgelegt wird, an jeden Überbringer bar aus **(Barscheck)**, ohne zu prüfen, ob er auch der rechtmäßige Inhaber des Schecks ist. Schecks, auf denen der Zusatz „Überbringer" gestrichen ist, werden nicht angenommen. Schecks mit diesem Zusatz sind **Inhaberschecks,** sie werden so genannt, weil sie jeden Inhaber grundsätzlich zur Einlösung berechtigen. Wird der Scheck mit dem Vermerk „Nur zur Verrechnung" versehen, dann wird aus einem Barscheck ein **Verrechnungsscheck,** der nur durch die Gutschrift auf das Konto des Scheckinhabers eingelöst werden kann.

Die Weitergabe eines Schecks an einen Dritten ist grundsätzlich nur durch **Indossament** möglich. Bei der Weitergabe des Schecks muß der Inhaber auf der Rückseite des Formulars seinen Namen querschreiben.

Für die Einlösung des Schecks haftet allein der Scheckaussteller. Das bezogene Geldinstitut kann die Einlösung verweigern, wenn das Konto des Scheckausstellers kein ausreichendes Guthaben aufweist. Wegen der Gefahr, bei fehlender Deckung nicht eingelöst zu werden, ist die Verwendung des Schecks beim Zahlungsausgleich zwischen Fremden eingeschränkt. Zur Förderung des Scheckverkehrs dienen seit 1972 die „Eurocheque-Karten"; sie sind für die Dauer von zwei Jahren gültig und garantieren jedem Scheckinhaber die Einlösung bis zum Höchstbetrag von 400,00 DM. Die Eurocheque-Karte hat internationale Gültigkeit.

3.2.2 Wechsel

Der Wechsel ist — wie der Scheck — schon sehr früh in der Geschichte des Geldwesens entstanden. In seiner ursprünglichen Form hat er sich bereits im 14. Jahrhundert in den oberitalienischen Städten entwickelt, und zwar zunächst als eine einfache **Zahlungsanweisung.** Man wollte das Risiko des Geldverlustes umgehen, wenn man an einen fremden Handelsplatz reiste, indem man einen bestimmten Geldbetrag bei einem einheimischen Geldwechsler hinterlegte und dafür eine schriftliche Zahlungsanweisung in Form eines **Wechselbriefs** erhielt, der dem Geschäftsfreund des einheimischen Geldwechslers in der fremden Stadt vorgelegt wurde, um den Geldbetrag wieder ausgezahlt zu bekommen; damit konnte der Kaufmann dann seine beabsichtigten Geschäfte tätigen. Aus dem ursprünglichen Wechselbrief entwickelte sich der Wechsel als eine **nach strengen Formvorschriften gestaltete Urkunde.** Das Wechselgesetz vom 1. 4. 1934 bildet die rechtliche Grundlage für seinen Gebrauch im heutigen Geschäftsleben.

Die zwingend vorgeschriebenen **gesetzlichen Bestandteile des Wechsels** sind nach Art. 1 des Wechselgsetzes:

① die Bezeichnung als Wechsel im Text der Urkunde (Wechselklausel),

② die unbedingte (also nicht an eine Bedingung geknüpfte) Anweisung, eine bestimmte Geldsumme zu zahlen,

③ die Angabe dessen, der zahlen soll (Bezogener),

④ der Name dessen, an den gezahlt werden soll (Wechselempfänger),

⑤ die Angabe des Ortes und des Tages der Ausstellung,

⑥ die Angabe des Tages, an dem der Wechsel fällig sein soll (Verfallzeit),

⑦ die Angabe des Zahlungsortes,

⑧ die Unterschrift des Wechselausstellers.

Der Wechsel ist heute kein reines Zahlungsmittel mehr, sondern vor allem ein **Kreditmittel.** Mit der Ausstellung des Wechsels fordert der Aussteller eine andere Person, den Bezogenen, auf, einen bestimmten Geldbetrag zu einem bestimmten Zeitpunkt zu zahlen. Nimmt der Bezogene die Anweisung an, akzeptiert er sie, dann muß er den Wechsel zum genannen Zeitpunkt einlösen, ohne irgendwelche Einwände machen zu können, die sich etwa aus dem Warengeschäft ergeben, das zu dem Schuldverhältnis mit der Anerkennung der Wechselforderung geführt hat.

Beispiel:

Die Kraftwagenspedition Karl Berg bezieht vom Großhändler Friedrich Aumann am 1. Sept. einen Satz Lastwagenreifen. Im Kaufvertrag wird vereinbart, daß der Großhändler Aumann einen Wechsel über die Kaufsumme ausstellt, in dem der Spediteur Berg aufgefordert wird, den Kaufpreis am 1. Dez. zu zahlen.

Wenn man von dem Vorgang der Aufforderung, an einem bestimmten Tag die Wechselsumme zu zahlen, spricht, dann sagt man auch, der **Wechselaussteller zieht auf den Bezogenen einen Wechsel.** Deshalb nennt man den Wechsel in dieser Form auch **Tratte** (von lat. trahere = ziehen). Mit seiner **Unterschrift** verpflichtet sich Berg, die vereinbarte Summe am Fälligkeitstag zu zahlen. Die Unterschrift des Bezogenen und der Wechsel in dieser Form werden **Akzept** genannt.

Aumann kann den akzeptierten Wechsel zur Begleichung eigener Schulden an einen **Gläubiger weitergeben** oder bei seiner **Bank vorlegen,** um sich den Wechselbetrag schon vor dem Fälligkeitstag zu beschaffen. Als Abzug für die vorzeitige Zahlung berechnet die Bank den **Diskont,** das ist der Zins für die Zeit vom Tag der Einreichung des Wechsels bei der Bank bis zum Fälligkeitstag, an dem der Bezogene Berg zahlen muß. Die Bank legt den Wechsel dem Bezogenen am Fälligkeitstag zur Zahlung vor; damit erlischt die Wechselschuld.

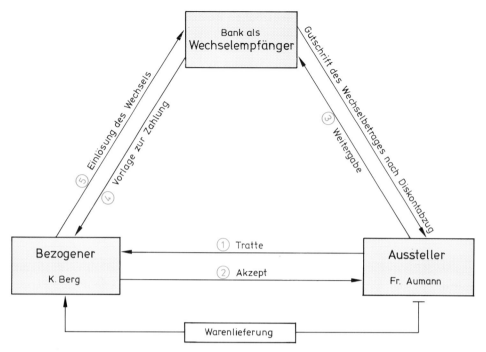

Die Weitergabe des Wechsels an einen Dritten kann — wie beim Scheck — durch Indossament erfolgen.

Der Wechsel bietet dem Käufer den Vorteil, die gekaufte Ware erst zu einem späteren Zeitpunkt bezahlen zum müssen, mit ihr aber bereits nach dem Kauf in seinem Geschäft arbeiten zu können. Der Verkäufer kann seinerseits mit dem Wechsel eine Schuld begleichen, indem er ihn an einen Gläubiger weitergibt, oder er kann sich durch die Weitergabe des Wechsels an seine Bank **sofort flüssige Mittel** beschaffen. Wegen der strengen Vorschriften, die nach dem Wechselgesetz für das Wechselgeschäft gelten, ist er ein **sicheres Kredit- und Zahlungsmittel;** denn die Wechselforderung kann bei ihrer Fälligkeit besonders rasch und wirksam eingetrieben werden.

4 Die Geldmenge in der Bundesrepublik Deutschland

Zur Geldmenge einer Volkswirtschaft gehört zunächst die umlaufende Bargeldmenge in Form von Münzen und Banknoten, darüber hinaus auch das Buchgeld, das sind die Guthaben der Wirtschaftssubjekte auf den Konten bei den privaten Geldinstituten. Über diese beiden Geldarten kann jederzeit verfügt werden, sie stellen deshalb „Geld im vollsten Sinne" dar.

Zur Geldmenge gehören darüber hinaus die Termineinlagen bei den privaten Geldinstituten. Das sind solche Geldeinlagen, die die Eigentümer festangelegt haben. Sie können damit über diese Geldmenge innerhalb eines bestimmten Zeitraums nicht verfügen. Diese Termineinlagen sind wie die Spareinlagen für die privaten Wirtschaftssubjekte auf absehbare Zeit der Verwendung von Güterkäufen entzogen.

Entsprechend dieser unterschiedlichen Verfügbarkeit der verschiedenen Geldarten wird die Geldmenge unterschiedlich bezeichnet.

Die Deutsche Bundesbank unterscheidet zunächst zwischen dem Geldvolumen im engeren und im weiteren Sinne. Zum **Geldvolumen im engeren Sinne** gehören die jederzeit greifbaren Zahlungsmittelbestände der Wirtschaftssubjekte, das sind der Bargeldumlauf und die Sichteinlagen bei den privaten Geldinstituten. Hierzu gehören jedoch nicht die Einlagen der öffentlichen Haushalte bei der Bundesbank. Zum **Geldvolumen im weiteren Sinne** gelangt man, wenn man zum Bargeldumlauf und den Sichteinlagen auch die Termineinlagen bis zu 4 Jahren hinzuzählt.

In der Bundesbankstatistik wird das Geldvolumen im engsten Sinne – das Bargeld und die Sichteinlagen – mit M_1 bezeichnet. Diese Abkürzung steht für money, dem englischen Wort für Geld. M_2 kennzeichnet darüber hinaus das Geldvolumen im engeren Sinne und die Quasi-Geldbestände, wobei zu den Quasi-Geldbeständen die bis zu 4 Jahren befristeten Termineinlagen gezählt werden. Werden zu M_2 die Spareinlagen mit gesetzlicher Kündigungsfrist hinzugezählt, so erhält man die Geldmenge M_3.

Geldvolumen
im weiteren Sinn
– (1) Geldmenge M_1 = Bargeldumlauf (ohne Kassenbestände der Kreditinstitute) + Sichteinlagen inländischer Nichtbanken ⎫ **im engeren Sinn**
– (2) Geldmenge M_2 = M_1 + Termingelder inländischer Nichtbanken mit Befristung bis unter 4 Jahre ⎭
– (3) Geldmenge M_3 = M_2 + Spareinlagen mit gesetzlicher Kündigungsfrist

In neuerer Zeit benutzt die Deutsche Bundesbank neben dieser Abgrenzung des Geldvolumens noch den Begriff der Zentralbankgeldmenge.

Die **Zentralbankgeldmenge** ist definiert als die Summe aus dem Bargeldumlauf und dem Soll der Mindestreserven, die die Kreditinstitute bei der Deutschen Bundesbank unterhalten müssen.

Dieses Mindestreservesoll bemißt sich nach bestimmten wechselnden Prozentsätzen der Sichteinlagen inländischer Wirtschaftssubjekte bei den privaten Geldinstituten.

Die Deutsche Bundesbank sieht die besondere Bedeutung der Zentralbankgeldmenge darin, daß sie in der Lage ist, die Ausweitung der gesamten Geldmenge möglichst genau zu erfassen. Denn der Bestandteil des umlaufenden Bargeldes ist selbst ein Teil des umlaufenden Geldes. Darüber hinaus spiegelt der Bestandteil der Mindestreserven die Ausweitung des von den Geldinstituten geschaffenen Buchgeldes wider. Durch die Erfassung dieser beiden Geldmengenbestandteile (Bargeldmenge und Mindestreservesoll) glaubt die Bundesbank, die Zentralbankgeldmenge volkswirtschaftlich sinnvoll steuern zu können.

Die Notenbanken der westlichen Welt hatten bis Anfang der 70iger Jahre je nach aktuellem Handlungsbedarf die Zinsen erhöht oder gesenkt – oder sie haben die Liquidität der Banken gesenkt oder erhöht. Der Nachteil dieser an der Tagesaktualität ausgerichteten **„stop and go"-Politik** war, daß in den Konjunkturverlauf mehr Unruhe als Stetigkeit durch die Geldpolitik gebracht wurde.

So ging die Deutsche Bundesbank 1974 zum Konzept der **direkten Geldmengensteuerung** über, indem sie ein sog. **„Geldmengenziel"** bekanntgibt. Der Grundgedanke ist dabei, der Wirtschaft mit einer langfristigen und zukunftsorientierten Geldpolitik stets soviel Liquidität zur Verfügung zu stellen, wie erforderlich ist, um das zu erwartende reale Wirtschaftswachstum ohne Inflationsgefahren spannungsfrei begleiten zu können.

Die Deutsche Bundesbank geht dabei wie folgt vor. Zu Beginn eines Jahres legt die Notenbank ihr Geldmengenziel auf der Grundlage des Geldvolumens M_3 fest. Sie gibt damit bekannt, welche Wachstumsrate der Geldbestände für angemessen gehalten wird. Dieses Ziel, genauer der **Zielkorridor** (z.B. 3–6%), soll durch den Einsatz ihres geld- und kreditpolitischen Instrumentariums erreicht werden. Eine Kursabweichung ist nur in begründeten Ausnahmefällen zulässig.

Wachstum der Geldmenge M3 *)

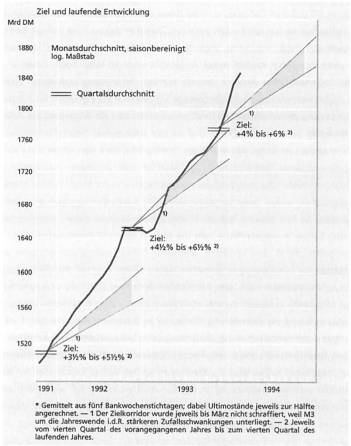

Quelle: Deutsche Bundesbank, Geschäftsbericht 1993, S. 69

II Geldwert und Geldwertschwankungen

Die Auseinandersetzung mit der Rolle des Geldes in der Volkswirtschaft führt nach den grundlegenden Betrachtungen seiner Wesensmerkmale und Arten notwendig zur Frage nach dem Wert des Geldes.

1 Der Wert des Geldes

1.1 Die Bestimmung des Geldwertes

Im modernen Geldsystem ist die Frage nach dem materiellen Wert des Geldes, d.h. nach dem **Stoffwert**, weitgehend bedeutungslos, da die umlaufenden Münzen heute in der Regel Scheidemünzen sind und das Papier- und Buchgeld den größten Teil des Geld-volumens ausmachen. Entscheidend ist vielmehr die Frage nach seinem **Tauschwert**.

Zwei Fragen sind hier zu stellen:

- 1. Wie läßt sich die Tatsache begründen, daß das Geld überhaupt einen Tauschwert hat?
- 2. Welche ökonomischen Größen bestimmen die Höhe des Geldwertes?

1.1.1 Geldwerttheorien

Der Stoffwert ist bei Banknoten und Münzen so gering, daß sich aus ihm der Tauschwert des Geldes nicht ableiten läßt, wie es ältere Theorien über den Geldwert versucht haben. Wenn aber der Tauschwert sich nicht aus dem **Metallwert** des Geldes begründen läßt, wie kann man ihn dann erklären?

Neuere Geldtheorien versuchen den Tauschwert damit zu begründen, daß das Geld künstlich durch Übereinkunft der Menschen geschaffen ist und durch die allgemeine Anerkennung als Zahlungsmittel seinen Wert erhält, ihm schließlich als gesetzlichem Zahlungsmittel durch die staatliche Rechtsordnung besondere rechtliche Geltung zukommt, die das im Geld verkörperte Wertversprechen verbürgt. In diesem Sinne sieht die **staatliche Theorie des Geldes,** die diese Auffassung vertritt, das Geld als „ein Geschöpf der Rechtsordnung" an. Im Grunde erklärt sie aber nur die Geldfunktion des gesetzlichen Zahlungsmittels. Ähnlich ist die **Funktionstheorie des Geldes** zu beurteilen, die den Geldwert in der Fähigkeit des Geldes sieht, als Tauschmittel und Recheneinheit zu dienen. Beide Theorien erklären zwar, daß das Geld in der modernen arbeitsteiligen Volkswirtschaft für das Funktionieren des Güteraustausches sehr **wertvoll** ist, die Höhe des Geldwertes und seine Bestimmungsgründe vermögen aber beide nicht zu deuten.

Dem Problem der Erklärung des Geldwertes auch im Hinblick auf seine Höhe kommt die sog. **Anweisetheorie des Geldes** am nächsten. Sie begründet den Tauschwert des Geldes damit, daß es eine **Anweisung auf das Sozialprodukt** darstellt und sich dadurch von den Gütern unterscheidet, nicht um seiner selbst willen begehrt zu werden, sondern nur wegen des in ihm sich ausdrückenden Anrechts auf Güter. Gerade diese Sicht führt direkt von der Frage nach der ursächlichen Begründung des Tauschwertes zur Klärung seiner Bestimmungsgrößen.

1.1.2 Quantitätstheorie

Wenn das Geld eine Anweisung auf das Sozialprodukt einer Volkswirtschaft darstellt, dann ist sein Wert allein dadurch bestimmt, welche Gütermenge man mit einer Geldeinheit kaufen kann.

Der auf einer Banknote oder Münze aufgedruckte Wert, der **Nominalwert,** stellt nichts weiter als eine Rechengröße dar, die es ermöglicht, die Güterpreise auszudrücken. Die absolute Höhe der Güterpreise sagt noch nichts über den Tauschwert einer Recheneinheit aus, genauso wie der Nominallohn, die absolute Höhe des Einkommens, ohne unmittelbare Aussagekraft ist. Für den Wert des Einkommens ist nicht ausschlaggebend, wieviel man verdient, z. B. 500,00 DM, 5000,00 DM oder gar 50 000,00 DM im Monat, sondern wieviel Waren man dafür kaufen kann. Diese Fähigkeit des Geldes zum Kauf von Waren wird treffend als **Kaufkraft** bezeichnet, sie ist ein anschaulicher Ausdruck für den Wert des Geldes.

Wie der Nominalwert des Geldes noch nichts über seinen Tauschwert aussagt, so sagt auch die Summe aller in einer Volkswirtschaft vorhandenen Anweisescheine, die Verfügungsmacht über das Sozialprodukt verbriefen, d. h. die gesamte Geldmenge, allein noch nichts über den Wert eines Anteilsscheines aus. Erst die **Gegenüberstellung von Anteilsscheinen und Gütermenge** gibt Auskunft über den Wert einer Anteilseinheit.

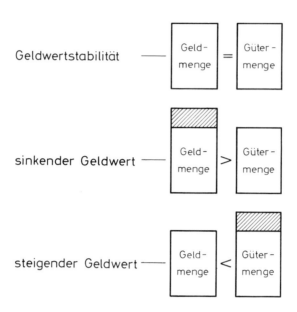

Geldwertstabilität und Geldwertschwankungen

Es ist einleuchtend, daß der Wert eines Anteilsscheines höher ist, wenn nur 100 Anteilsscheine für 100 Gütereinheiten existieren, als wenn 200 Anteilsscheine für dieselbe Gütermenge ausgegeben sind. Vereinfachend sei einmal angenommen: Es gibt in einer Volkswirtschaft zu einem bestimmten Zeitpunkt eine in Kilogramm einheitlich meßbare Gütermenge von 1 000 000 kg und eine Geldmenge von insgesamt 1 000 000,00 DM.

Der Preis für 1 kg beträgt dann 1,00 DM. Würde man die Geldmenge auf 2 000 000,00 DM erhöhen, der Güterberg bliebe jedoch mit 1 000 000 kg gleich, so würde der Preis für 1 kg auf 2,00 DM steigen. Eine DM ist dann offensichtlich nur noch die Hälfte wert. Die Mark hat an Kaufkraft verloren. Bliebe dagegen die Geldmenge mit 1 000 000,00 DM konstant und würde dagegen der Güterberg in einer Periode um 1 000 000 kg zunehmen, dann sinkt der Preis für ein Kilogramm auf 0,50 DM. Die Mark ist dann doppelt soviel wert wie vorher. Sie hat an Kaufkraft gewonnen.

Für die Höhe des Geldwertes ist also grundsätzlich das Verhältnis von Gütermenge zu Geldmenge entscheidend. Der Geldwert bleibt im Zeitablauf stabil, wenn sich das Verhältnis zwischen Güter- und Geldmenge nicht ändert. Nimmt dagegen die Geldmenge stärker zu als die Gütermenge, dann müssen die Preise der Güter steigen, und der Geldwert sinkt; bleibt umgekehrt die Geldmenge hinter dem Wachstum der Gütermenge zurück, dann müssen die Preise sinken, und der Geldwert steigt.

Diese Aussage über die Bestimmungsgrößen des Geldwertes ist zunächst recht grob. Sie muß etwas verfeinert werden, denn es kommt nicht allein auf die in einer Volkswirtschaft überhaupt vorhandene Geldmenge in Form von Banknoten, Münzen und Buchgeld an, sondern auf die Summe der bei den Tauschaktionen der Wirtschaftssubjekte tatsächlich verwendeten Geldeinheiten. So führt etwa eine Verdoppelung der Geldmenge durch die Notenbank nicht zu einer Verdoppelung der Preise, wenn das zusätzliche Geld von den Wirtschaftssubjekten nicht für den Kauf von Gütern ausgegeben wird, d.h. gehortet wird. Es ist dann zwar die doppelte Geldmenge im Wirtschaftskreislauf vorhanden, wirklich ausgegeben wird aber nur die bisherige Menge. Deshalb kann eine Geldwertänderung nicht eintreten. Das hat seine Ursache darin, daß das Geld weniger schnell im Wirtschaftskreislauf zirkuliert.

Für die Höhe des Geldwertes ist offensichtlich nur die tatsächlich umlaufende Geldmenge ausschlaggebend und darüber hinaus auch die Geschwindigkeit, mit der das Geld „durch die Hände der Wirtschaftssubjekte" geht, wie oft in einer bestimmten Periode eine Mark den Besitzer wechselt. Die **Umlaufgeschwindigkeit des Geldes** entscheidet also mit über die Höhe der tatsächlich nachfragewirksamen Geldmenge. Sie ist vor allem abhängig von

● den Ausgabegewohnheiten oder Kassenhaltungsgewohnheiten der Wirtschaftssubjekte,
● den Entlohnungsperioden (Wochen- oder Monatslohn) und
● den Erwartungen der Wirtschaftssubjekte hinsichtlich Preissteigerungen oder -senkungen.

Die Haushalte werden beispielsweise ihre Einkommen schneller ausgeben, wenn sie mit steigenden Preisen rechnen, sie werden dagegen mit ihren Käufen zurückhaltend sein, wenn sie Preissenkungen erwarten. Eine Beschleunigung der Umlaufgeschwindigkeit des Geldes hat dieselbe Wirkung wie eine Vermehrung der Geldmenge, und eine Verringerung der Umlaufgeschwindigkeit wirkt wie eine Geldmengenverminderung.

Mit der **Quantitätstheorie des Geldes** sind diese Zusammenhänge zwischen der Geldmenge, der Umlaufgeschwindigkeit und der Gütermenge einer Volkswirtschaft in bezug auf den Geldwert schon früh erkannt worden. In seiner Verkehrsgleichung formulierte Irving Fisher (1867–1947) die Quantitätstheorie in einer anschaulichen mathematischen Aussage.

Verkehrsgleichung

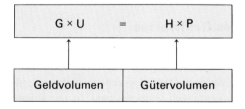

In dieser Verkehrsgleichung bedeutet G die umlaufende Geldmenge und U die Umlaufgeschwindigkeit des Geldes. Das vorhandene Geld, multipliziert mit der Umlaufgeschwindigkeit, ergibt das gesamte Geldvolumen.

H bezeichnet die Summe aller umgesetzten Güter (Handelsvolumen). Das **Handelsvolumen** darf nicht mit dem Güterberg einer Volkswirtschaft verwechselt werden, denn es umfaßt alles, was in einer Periode umgesetzt wurde. P bedeutet die durchschnittlichen Preise der umgesetzten Güter (Preisniveau).

Durch Umformung der Verkehrsgleichung erhält man den Ausdruck für die Bestimmung des **Preisniveaus** in einer Volkswirtschaft.

Bestimmung des Preisniveaus

$$P = \frac{G \times U}{H}$$

Im Preisniveau, d. h. im Durchschnitt aller Preise der im Handelsvolumen enthaltenen Gütermengen, kommt der Geldwert zum Ausdruck. Er steht im umgekehrten Verhältnis zum Preisniveau. Steigt das Preisniveau, dann sinkt der Wert des Geldes, sinkt dagegen das Preisniveau, dann steigt die Kaufkraft des Geldes.

Aus der Verkehrsgleichung lassen sich noch einmal die Bestimmungsgrößen des Geldwertes zusammenfassend ableiten. Es sind

1. die umlaufende Geldmenge,
2. die Umlaufgeschwindigkeit des Geldes und
3. das Handelsvolumen.

Die Quantitätstheorie vermittelt einen grundlegenden Einblick in die Zusammenhänge zwischen Geldmenge und Gütermenge in bezug auf die Veränderungen des Preisniveaus. Sie vermag sehr gut, grobe Geldmengenveränderungen, gepaart mit entsprechenden Änderungen der Umlaufgeschwindigkeit und ihre Wirkungen auf den Geldwert zu erklären, bei verwickelten Problemen der Kaufkraftstabilisierung muß sie aber versagen. Das hat seinen Grund vor allem darin, daß sich die Umlaufgeschwindigkeit des Geldes nur sehr schwer ermitteln läßt.

1.2 Die Messung des Geldwertes

Um die Kaufkraft des Geldes einer Volkswirtschaft zu ermitteln, müßten die Preisveränderungen aller Waren und Dienstleistungen innerhalb eines bestimmten Zeitraums, etwa eines Jahres, gemessen werden. Das ist praktisch nicht durchführbar, deshalb behilft man sich mit einer repräsentativen Güterauswahl. In der Bundesrepublik Deutschland stellt das Statistische Bundesamt Gruppen von Gütern der Produktion und des Konsums (z. B. für Investitionsgüter, Lebensmittel, Textilien usw.) zusammen und ermittelt für die einzelnen Gruppen die Entwicklung des Preisniveaus. Drei große Gütergruppen sind von besonderem Interesse:

- die Erzeugerpreise,
- die Preise im Groß- und Einzelhandel,
- die Verbraucherpreise.

Bei der Ermittlung des Preisniveaus könnte man von einer einfachen Durchschnittsrechnung ausgehen. Das einfache arithmetische Mittel aller Preise einer Gütergruppe (Addition aller Güterpreise, dividiert durch die Gütermenge) sagt aber sehr wenig aus, da es die Bedeutung der einzelnen Güter innerhalb der Auswahl nicht berücksichtigt. Mit dem gewogenen arithmetischen Durchschnitt versucht man, diesem Mangel zu begegnen; nach einem einheitlichen Gewichtungsschema, das beispielsweise die Preise der Güter für die Lebenshaltung in ihrer Dringlichkeit für den Konsumenten zusammenfaßt, ermittelt man das Preisniveau mit Hilfe eines gewogenen Durchschnitts der Preise. Natürlich muß das Gewichtungssystem von Zeit zu Zeit überprüft werden, wenn es wirklichkeitsnah bleiben soll, denn die Verbrauchergewohnheiten ändern sich laufend.

Um Vergleiche zwischen den einzelnen Jahren in der Entwicklung zu ermitteln, setzt man ein **Basisjahr** fest, auf das alle Preise bezogen werden. In der Regel wird das Preisniveau dieses Jahres gleich 100% gesetzt, und alle Veränderungen der folgenden Jahre werden dann an dieser Maßzahl (Indexzahl) gemessen. Die **Indexzahl** der einzelnen Jahre gibt dann in Prozenten an, wie sich die Preise der erfaßten Waren verändert haben. Der Wert der Indexberechnungen ist unbestreitbar, denn sie vermitteln einen Überblick über die gesamtwirtschaftliche Entwicklung. Sie ermöglichen, die Preisentwicklung der volkswirtschaftlich wichtigsten Warengruppen langfristig zu beobachten, und bilden damit für wirtschaftspolitische Entscheidungen der Bundesregierung und der Bundesbank eine bedeutende Hilfe. Als Hilfen für die Konjunkturpolitik sind die Preisindizes von unschätzbarem Wert, nur darf nicht übersehen werden, daß auch Indizes, die von politisch neutralen Stellen wie dem Statistischen Bundesamt erstellt werden, Unzulänglichkeiten aufweisen, die bei ihrer Auswertung zu berücksichtigen sind. Der Preisindex ist nämlich nicht in der Lage, Qualitätsveränderungen der Güter voll zu erfassen. So unterscheidet sich ein Kraftfahrzeug beispielsweise bei gleichem Preis vom Jahre 1967 wesentlich von einem Automobil im Jahre 1987 in der technischen Ausstattung und im Fahrkomfort.

Zu beachten ist auch, daß sich Veränderungen der Konsumgewohnheiten nur in der veränderten Gewichtung der Güterzusammensetzung bei den Preisindizes für Lebenshaltung berücksichtigen lassen.

Die unterschiedlichen Konsumgewohnheiten in den einzelnen Ländern sind es auch, die einen internationalen Vergleich der Preisindizes problematisch machen. Der Warenkorb der Franzosen ist anders als der Warenkorb der Deutschen.

2 Die Störungen des Geldkreislaufs

Die Kaufkraft des Geldes bleibt solange stabil, wie sich das Verhältnis zwischen der angebotenen Warenmenge zur nachfragewirksamen Geldmenge nicht ändert. Das Geldwesen ist gesund, wenn sich in einer Volkswirtschaft die vorhandene Gesamtnachfrage nach Geld und das Gesamtangebot an Gütern im Gleichgewicht befinden. In einer dynamischen Wirtschaft ändert sich das Angebot an Waren ständig, genauso wie andere gesamtwirtschaftliche Daten. Deshalb kann es zu Abweichungen vom erwünschten Gleichgewichtszustand kommen. Liegen derartige Abweichungen vor, dann spricht man von monetären (geldlichen) Störungen der Volkswirtschaft in den Erscheinungsformen der Inflation und Deflation.

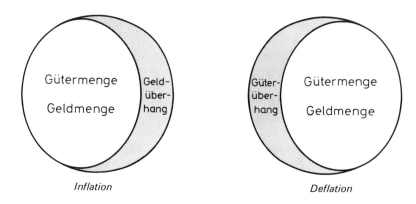

Inflation   *Deflation*

2.1 Inflation

2.1.1 Begriff

Inflation bedeutet in der wörtlichen Übersetzung aus dem Lateinischen Aufblähung; man versteht darunter eine **Vermehrung der Geldmenge gegenüber der Gütermenge,** eine Überversorgung der Volkswirtschaft mit Geld. Diese Überversorgung kann einmal durch eine Zunahme der nachfragewirksamen Geldmenge bei gleichbleibendem Güterangebot entstehen, zum andern durch eine erhöhte Umlaufgeschwindigkeit des Geldes hervorgerufen werden. Eine Abnahme der angebotenen Gütermenge bei gleichbleibender Geldmenge und Umlaufgeschwindigkeit kann ebenfalls Ursache einer Inflation sein.

Inflation ist in der Regel auch durch einen **allgemeinen Preisanstieg** (Anstieg des Preisniveaus) gekennzeichnet. Ein Anstieg des Preises aber ist nur möglich, wenn ein Nachfrageüberhang besteht. Gleiches gilt auch für die Gesamtwirtschaft: Ein gesamtwirtschaftlicher Nachfrageüberhang liegt vor, wenn die Nachfrage in einer Volkswirtschaft das Angebot zu gegebenen Preisen übersteigt. Demnach ist Inflation auch begleitet von einem **gesamtwirtschaftlichen Nachfrageüberhang.**

2.1.2 Arten der Inflation

Schleichende und galoppierende Inflation

Je nach dem Tempo der Geldentwertung in einem bestimmten Zeitabschnitt lassen sich unterschiedliche Arten der Inflation unterscheiden.

Eine **schleichende** Inflation kennzeichnet ein stetiges, langsames Sinken des Geldwertes. Sie ist für die Wirtschaft der Gegenwart besonders charakteristisch und wird als eine nicht zu vermeidende Begleiterscheinung des wirtschaftlichen Wachstums und der Vollbeschäftigung angesehen. Viele Wirtschaftswissenschaftler sind der Auffassung, daß sich eine vollbeschäftigte Wirtschaft nur durch eine schleichende Geldentwertung erkaufen läßt.

Eine **galoppierende** Inflation, die auch Hyperinflation genannt wird, kennzeichnet eine sehr schnelle Geldentwertung in einem kurzen Zeitraum, wie sie etwa für die Zeit zwischen 1920 und 1923 festzustellen war.

Ein Pfund Brot kostete im Jahre 1923

am 1. November: 30 Milliarden Reichsmark

am 15. November: 80 Milliarden Reichsmark

am 1. Dezember: 260 Milliarden Reichsmark

Notenumlauf 1914–1923

1914:	3,6 Milliarden Reichsmark
1918:	22,7 Milliarden Reichsmark
1920:	67,7 Milliarden Reichsmark
1922:	351,7 Milliarden Reichsmark
1923:	5 542,9 Milliarden Reichsmark
15. 11. 1923:	92 900 000 000,0 Milliarden Reichsmark

Offene und verdeckte Inflation

Die offene Inflation ist charakteristisch für das reine marktwirtschaftliche System. Der Preisanstieg und die damit verbundene Geldentwertung treten für jedermann sichtbar zutage, und es wird nicht versucht, durch einen staatlichen Preisstopp die inflationären Tendenzen zu verdecken. Versucht der Staat durch Höchstpreisbestimmungen den Preisanstieg zu stoppen, dann spricht man von einer verdeckten oder zurückgestauten Inflation. War die Zeit der Weltwirtschaftskrise ein Beispiel für eine offene Inflation, so war die Höchstpreispolitik nach der Machtergreifung Hitlers in Deutschland beispielhaft für eine zurückgestaute Inflation.

Mit dem Preisstopp läßt sich zwar der Preisanstieg verdecken, nicht aber die Inflation als solche, denn der Nachfrageüberhang, der durch das Setzen von Höchstpreisen entsteht, muß durch Rationierungsmaßnahmen abgeschöpft werden. Eine strenge Überwachung der staatlich verordneten Preise ist die Folge. Der Dirigismus kann aber selten verhindern, daß die gesetzlichen Vorschriften umgangen werden und sich schwarze Märkte bilden. Langfristig bleibt nichts anderes übrig, als die Übernachfrage durch Steuererhöhungen oder staatlich verordnetes Sparen (Zwangssparen) zu neutralisieren.

2.1.3 Ursachen der Inflation

Inflation entsteht aus einem gesamtwirtschaftlichen Nachfrageüberhang, der wiederum durch Nachfrageinflation und Kosteninflation verursacht wird.

● **Nachfragesoginflation**

Bei der Nachfragesoginflation steigen die Preise aufgrund einer vom Kostendruck **unabhängigen Nachfrageerhöhung**. Die Gesamtnachfragekurve verschiebt sich nach rechts oben von N_1 nach N_2; das Preisniveau steigt von P_1 auf P_2, wenn das Gesamtangebot (A) unverändert bleibt.

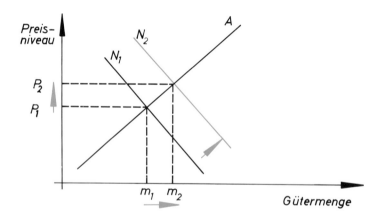

Die Erhöhung der Gesamtnachfrage kann unterschiedliche Ursachen haben, denn es gibt verschiedene Arten gesamtwirtschaftlicher Nachfrage:

● private Konsumgüternachfrage
● private Investitionsgüternachfrage
● staatliche Nachfrage nach Sachgütern und Dienstleistungen
● Nachfrage des Auslands

Zunehmende Nachfrage nach privaten Konsumgütern kann eine Inflationsursache sein. Sie ist die Folge gesteigerter Konsumfreudigkeit der privaten Haushalte und führt zu wachsendem Entsparen oder gesteigerter Inanspruchnahme von Konsumkrediten. Geldwirtschaftlich gesehen bedeutet dies eine Ausweitung des Geldkreislaufs gegenüber einem kurzfristig konstant bleibenden Güterkreislauf.

Wenn die Inflation von gesteigerten Investitionen der Unternehmungen ausgelöst wird, spricht man von einer **Investitionsinflation**. Neben der preistheoretischen Erklärung läßt sich diese Ursache der Inflation auch geldwirtschaftlich erklären. Bei zunehmenden Gewinnerwartungen können die Unternehmer mehr investieren als Spargelder vorhanden sind, wenn die Banken aufgrund ihrer Kreditschöpfungsmöglichkeit in der Lage und bereit sind, zusätzliche Kredite zu gewähren (vgl. Abschnitt IV.). Das vermehrte Geldvolumen muß zu einem Anstieg des Preisniveaus führen.

Geht die Inflation von einer zunehmenden Staatsnachfrage aus, dann spricht man von einer **Fiskalinflation**. Geldwirtschaftlich gesehen, erklärt sich diese Inflationsursache so: Erhöht der Staat seine Ausgaben, z. B. um höhere Beamtengehälter zu zahlen oder um Infrastrukturverbesserungen zu verwirklichen, ohne sie durch entsprechende Steuereinnahmen finanzieren zu können, dann muß er die Haushaltslücke (Budgetdefizit), d. h. den Fehlbetrag im öffentlichen Haushalt, durch Kreditaufnahme schließen. Werden dem Staat aber zusätzliche Kredite gewährt, fließt auch zusätzliches Geld in den Wirtschaftskreislauf, gleichzeitig wird jedoch kein unmittelbarer Beitrag zur Vermehrung des Güterangebots geleistet, da mehr Bildungseinrichtungen, Krankenhäuser u. ä. den Güterberg einer Volkswirtschaft nicht kurzfristig vermehren. Der wirtschaftliche Erfolg vieler öffentlicher Investitionen zeigt sich erst später.

Erhöhungen des Preisniveaus können auch durch außenwirtschaftliche Einflüsse entstehen. Bei zunehmenden Exporten (Exportüberschüsse bei stabilen Wechselkursen) kann es zur **importierten Inflation** kommen. Wird nämlich mehr exportiert als importiert (positive Handelsbilanz), so entsteht eine Güterlücke in der Binnenwirtschaft, denn die Exporte erhöhen zwar das Geldvolumen, verringern aber das inländische Warenangebot. Ein Exporteur kann jederzeit bei seiner Bank ausländische Banknoten oder Gutschriften zu einem festen Austauschverhältnis in DM umtauschen. So entsteht bei Exportüberschüssen eine Vermehrung der Geldmenge im Inland, die zu einer Steigerung des Preisniveaus führt.

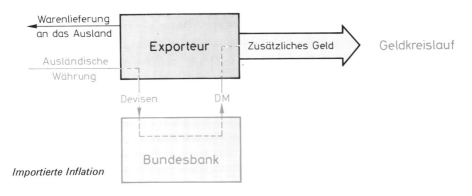

Importierte Inflation

● Kostendruckinflation

Auf der anderen Seite kann der Anlaß zur Inflation auch von der Angebotsseite ausgehen. Das Preisniveau wird in diesem Fall von der Kostenseite in die Höhe gedrückt. Die allgemeine Preissteigerung kann verursacht sein durch
— gestiegene Lohnkosten und
— gestiegene Preise importierter Rohstoffe.

Gehen beispielsweise Lohnerhöhungen über den Produktivitätszuwachs in einer Volkswirtschaft hinaus, belasten sie die Kostenrechnung der Unternehmungen, indem sie entweder die Gewinnspanne mindern oder über Preiserhöhungen ausgeglichen werden müssen. Preistheoretisch gesehen bedeutet das immer, daß die Unternehmer jetzt nicht mehr dieselbe Angebotsmenge zum gleichen Preis verkaufen können. Möglicherweise scheiden Grenzunternehmer aus, so daß die Angebotsmenge zumindest kurzfristig zurückgeht. Die Angebotskurve verschiebt sich nach links oben (von A_1 nach A_2).

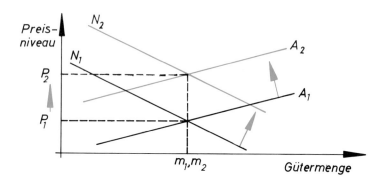

Gleichzeitig kann das höhere Einkommen der Arbeitnehmer auch zu einer erhöhten Nachfrage führen. Bei gestiegenem Einkommen sind die Nachfrager in der Regel bereit, einen höheren Preis für dieselbe Angebotsmenge zu zahlen. Das kann zu einer Verschiebung der Nachfragekurve von N_1 nach N_2 führen. Ob der Kostendruck aufgrund der Lohnerhöhung tatsächlich dieses Ergebnis zeigt, hängt jedoch auch davon ab, wie stark der Einkommensrückgang ist, der dadurch entsteht, daß mit der Lohnkostensteigerung auch Grenzunternehmen vom Markt ausscheiden müssen. Dadurch werden nämlich Arbeitskräfte arbeitslos, was über den bei diesen Arbeitnehmern erfolgten Einkommensrückgang zu einer verminderten Nachfrage führen wird. Wie hoch die Netto-Verschiebung der Nachfragekurve ist, hängt davon ab, welche der beiden Wirkungen letztlich überwiegt.

Nachfragesoginflation → verursacht durch gesteigerte
↳ • private Konsumgüternachfrage
↳ • private Investitionsgüternachfrage
↳ • staatliche Nachfrage
↳ • Auslandsnachfrage

Kostendruckinflation → verursacht durch gestiegene
↳ • Löhne der Arbeitnehmer
↳ • Preise importierter Rohstoffe

Da mit einer Kostensteigerung bei den Unternehmungen in der Regel immer auch ein Nachfrageeffekt verbunden ist, (vgl. jedoch Schwabe-Engelsches Gesetz), bleibt eine Unterscheidung zwischen einer reinen Nachfragesoginflation auf der einen und einer reinen Kostendruckinflation auf der anderen Seite problematisch.

Die Schwierigkeit bei der Erklärung der Ursachen einer Inflation besteht darin, festzustellen, ob der Nachfragesog eine Folge der Kostensteigerungen ist oder ob die Steigerung der Nachfrage einen Kostendruck nach sich zieht (Lohn-Preisspirale oder Preis-Lohnspirale). Letztlich kommt es der Volkswirtschaftslehre bei der Erklärung inflatorischer Prozesse vor allem darauf an, Merkmale zu finden, die eine Unterscheidung der Inflationstypen erlauben.

2.1.4 Wirtschaftliche Folgen der Inflation

Treffend hat Albert Hahn die negativen Auswirkungen der Inflation charakterisiert, indem er sagt: ,,Inflation ist Diebstahl. Wenn man für zehn Eingeladene gedeckt hat und zwanzig erscheinen, muß jeder der ursprünglich Eingeladenen die Hälfte der ihm zugedachten Speisen den neu Hinzugekommenen abtreten. Die letzteren gewinnen, was die ersteren verlieren. Genau das gleiche spielt sich in einer Volkswirtschaft ab, in der man die Menge des umlaufenden Bar- oder Bankgeldes vermehrt.'' (A. Hahn, Geld und Kredit, 1960, S. 131.)

Von der Inflation profitieren immer diejenigen, die bei steigenden Preisen und vermehrter Geldmenge als erste über das neue Geld verfügen und noch am ehesten auf die alten Preise treffen. Sparer verlieren durch die Geldentwertung, was sie an Zinsen gewinnen, und die Gläubiger sind die Dummen, wenn sie lange Zahlungsziele gewähren.

In der Inflation profitiert der Schuldner, denn er zahlt gutes Geld mit späterem schlechten Geld zurück.

Deshalb ist es auch verständlich, daß sich bei zunehmender Inflation eine verstärkte **Flucht in die Sachwerte** ergibt. Jeder sucht dem Geldwertschwund zu entgehen, indem er Werte erwirbt, die von den Preissteigerungen profitieren, wie Grundstücke, Schmuck, Teppiche usw.

Die Inflation führt zu sozialer Ungerechtigkeit, denn sie benachteiligt die Bezieher fester Einkommen, die mit einem konstanten Einkommensbetrag bei einem allgemeinen Preisanstieg weniger kaufen können als früher. Da die selbständigen Unternehmer in dem Prozeß der allgemeinen Geldentwertung dagegen keine tatsächlichen Einkommenseinbußen hinnehmen müssen, führt die Inflationierung schließlich zu einer **ungerechten Einkommensverteilung.**

Nicht zu übersehen sind auch die Folgen für den Staat, für den es immer schwieriger wird, die Mittel für die öffentlichen Investitionen (Schulen, Straßen, Krankenhäuser) aufzubringen, wenn die Preise der Kostengüter immer stärker steigen und das Steueraufkommen nicht in gleichem Umfang wächst und einen Ausgleich schaffen kann.

Historiker Golo Mann:

,,Bei einer Inflation, wissen wir, gibt es Gewinner und Verlierer. Die Gewinner sind jene, die an den Hebeln der politischen und wirtschaftlichen Macht sitzen, die Tatkräftigen, Schlauen und Frechen: die Raubvögel. Pechvögel aber sind die Durchschnittsuntertanen.''

(Erschienen in der historischen Biografie ,,Wallenstein'' (Frankfurt/Main 1971, S. 237)

2.2 Deflation

2.2.1 Begriff

Die der Inflation entgegengesetzte Störung des Geldkreislaufs ist die Deflation. Der Begriff läßt sich aus dem Lateinischen ableiten (deflare – lat. = abblasen). Sie bedeutet eine Unterversorgung der Volkswirtschaft mit Geld, wodurch die Kaufkraft des Geldes zunimmt. Eine Deflation kann z. B. durch drastische Kürzungen der Staatsausgaben entstehen. Die Weltwirtschaftskrise von 1930 bis 1933 ist ein anschauliches Beispiel für die wirtschaftlichen Auswirkungen dieser monetären Störung.

2.2.2 Arten der Deflation

Genauso wie bei der Inflation lassen sich auch hier eine offene und eine verdeckte Form unterscheiden. Bei der **offenen Deflation** ist ein allgemeines Absinken der Preise zu beobachten; sowohl die Preise der Konsumgüter als auch die Preise der Kostengüter sinken, und zwar zunächst die Konsumgüterpreise; wegen der sinkenden Konsumgüternachfrage sinken dann auch mit zeitlicher Verzögerung die Investitionsgüterpreise. Es ergibt sich ein allgemeiner Anpassungsprozeß der Volkswirtschaft nach unten.
Die Unternehmungen können sich aber bei rückläufiger Nachfrage in den meisten Fällen nur sehr schwer durch preispolitische Maßnahmen anpassen. Ein Zurücknehmen der Preise scheitert kurzfristig an den fixen Kosten. Kapitalintensive Betriebe haben wegen hoher Investitionen in ihrer Kostenrechnung einen großen Teil nicht abbaufähiger Kosten. Auf der anderen Seite ist durch die Lohnpolitik der Gewerkschaften eine Anpassung über die Kürzung der Löhne ebenfalls nicht möglich. Das hat zur Folge, daß der Abbau der Lohnkosten nur durch Entlassung von Arbeitskräften möglich ist. Bleiben die Preise bei rückläufiger Nachfrage konstant, kommt es aber zu Arbeitslosigkeit; man spricht dann von einer **verdeckten Deflation**. Ungeplante Absatzläger, allgemeine Unterbeschäftigung und typische Käufermärkte sind ihre äußerlich sichtbaren Kennzeichen.

2.2.3 Ursachen der Deflation

Die Anlässe für eine Deflation oder für deflatorische Tendenzen in der Volkswirtschaft können, ebenso wie bei der Inflation, verschiedenartiger Natur sein. Ein allgemeiner Nachfrageausfall an den Konsumgütermärkten, bedingt durch zunehmende Sparneigung, kann zu Überkapazitäten führen, die wiederum die Zukunftserwartungen der Unternehmer derart beeinflussen, daß sie weniger investieren und damit auch auf die Nachfrage von zusätzlichen Krediten bei den Banken verzichten. Das Gütervolumen nimmt dann zwar nicht mehr zu, das Geldvolumen und die Umlaufsgeschwindigkeit des Geldes nehmen jedoch ab, so daß zwar der Geldwert steigt, sich aber ein allgemeiner Schrumpfungsprozeß in der wirtschaftlichen Entwicklung ergibt.
Der Anstoß für deflatorische Tendenzen muß aber nicht immer von einem Nachfrageausfall am Konsumgütermarkt ausgehen, auch eine zu starke Antiinflationspolitik des Staates und der Notenbank kann ihre Ursache sein. Wird die Geldmenge zu drastisch verringert, indem etwa keine öffentlichen Investitionen durchgeführt werden oder die Beamtengehälter gekürzt werden, wie es in der Weimarer Republik vorgekommen ist; dann zeigen diese Maßnahmen dieselben Wirkungen wie ein allgemeiner, von zunehmender Sparneigung ausgelöster Nachfrageausfall am Konsumgütermarkt.

2.2.4 Wirtschaftliche Folgen der Deflation

Vordergründig betrachtet, scheint die Deflation weniger nachteilig zu sein als die Inflation, ist ihre Wirkung doch ein Anstieg des Geldwertes. Beim näheren Hinsehen erweisen sich ihre wirtschaftlichen Folgen jedoch als gesellschafts- und sozialpolitisch weitaus gefährlicher. Denn die mangelnde Anpassungsfähigkeit der Preise nach unten führt zur Arbeitslosigkeit, die leicht der Anlaß für soziale Unruhen und allgemeine politische Radikalisierung wird, wie die Massenarbeitslosigkeit der Weimarer Republik gezeigt hat. Darüber hinaus kommt die Wirtschaft von sich aus nur sehr schwer aus einer einmal begonnenen Deflation wieder heraus. Meist gelingt es nur durch eine gezielte Vollbeschäftigungspolitik des Staates, z. B. durch Arbeitsbeschaffungsmaßnahmen, aus diesem allgemeinen Tiefstand herauszukommen.

Inflation	Deflation
Merkmale	
Geldwertschwund	Geldwertanstieg
Flucht in die Sachwerte	Flucht in das Geld
(Immobilienkäufe)	(sparen und horten)
Nachfrageanstieg	Nachfrageausfall
Güterknappheit	Güterüberangebot
Mangel an Produktionskapazitäten	Überkapazitäten
Produktionsausweitung	Produktionseinschränkung
Vertrauensschwund in das Geld	Vertrauenszunahme in das Geld
Schuldner gewinnen,	Gläubiger gewinnen,
Gläubiger verlieren	Schuldner verlieren
Überbeschäftigung	Unterbeschäftigung
Steigende Umlaufgeschwindigkeit	Sinkende Umlaufgeschwindigkeit
Maßnahmen zur Beseitigung	
Verringerung der Geldmenge	**Schaffung zusätzlicher Nachfrage**

Inflation und Deflation kennzeichnen Krankheiten des Geldwesens. Das Geldwesen ist nur dann gesund, wenn Güterangebot und die nachfragewirksame Geldmenge sich im Gleichgewicht befinden, nur dann bleibt das Preisniveau stabil. Da aber das Warenangebot und alle anderen volkswirtschaftlichen Größen sich fortlaufend ändern, ist ein stabiles Gleichgewicht nicht zu erreichen, es muß vielmehr stets aufs neue geschaffen werden. Hier stellt sich für die Geldpolitik der Notenbank und die Haushaltspolitik des Staates eine täglich neue Aufgabe.

III Die Ordnung des Geldwesens

1 Die Währung einer Volkswirtschaft

Das Geldwesen ist aus den Bedürfnissen der Tauschwirtschaft entstanden. Dabei war die Bestimmung und die Garantie des Wertes der umlaufenden Münzen von Anfang an eine besondere Aufgabe. Schon früh übernahm der Staat die Rolle, den Wert zu garantieren, indem er das Gewicht und den Feingehalt der ausgegebenen Münzen festlegte und sie zum gesetzlichen Zahlungsmittel erklärte. Aus dieser Gewährleistungsaufgabe des Staates für den Wert des geprägten Geldes läßt sich der Begriff der Währung ableiten.

Heute ist ein geordnetes Geldwesen noch viel weniger als in früherer Zeit ohne staatliche Maßnahmen denkbar. Wenn man die vom Staat gesetzlich geschaffene Geldordnung meint, dann spricht man von Währung.

Der Staat legt kraft Gesetzes die **Währungseinheit** fest, die innerhalb der Volkswirtschaft und in den wirtschaftlichen Beziehungen mit ausländischen Handelspartnern allgemeine Geltung hat, also gesetzliches Zahlungsmittel sein soll. Mit dem Währungsgesetz vom 20. Juni 1948 wurde in der Bundesrepublik Deutschland die „Deutsche Mark" als Währungseinheit festgelegt, in der Stückelung von 100 Pf.

Damit erhält das Geld seine innerstaatliche und internationale Funktion. Im **engeren Sinne** ist mit dem Begriff der Währung nur die **zwischenstaatliche Tauschmittelfunktion** des Geldes gemeint.

Der Staat trifft auch die Entscheidung darüber, welches **Währungssystem** in der Volkswirtschaft verwirklicht werden soll. Er entscheidet ferner darüber, ob die Währungseinheit an ein Edelmetall gebunden wird oder ob man den Wert einer Einheit vom bloßen Vertrauen auf das damit verbürgte Wertversprechen als Anweisung auf das Sozialprodukt abhängig machen will. Danach unterscheidet man gebundene und freie Währungen.

2 Die Währungssysteme

2.1 Gebundene Währungen

Bei den gebundenen Währungen wird durch gesetzliche Vorschriften die Recheneinheit einer Währung dem Wert einer bestimmten Gewichtsmenge eines Edelmetalls gleichgesetzt, oder, wie man auch sagt, an eine bestimmte Menge eines Metalls gebunden. In der Regel verwendet man dazu Gold oder Silber.

Wenn man zur wertmäßigen Bindung zwei Edelmetalle verwendet, dann liegt eine bimetallistische Währung vor, etwa Gold **und** Silber. Wenn dagegen entweder Gold **oder** Silber der Währung zugrunde liegt, dann spricht man von monometallistischer Währung.

In früheren Zeiten war die Silberwährung häufig verbreitet, da Silber als Währungsmetall wegen seines relativ reichhaltigen Vorkommens geeigneter war als Gold. In den Staaten des Deutschen Zollvereins liefen vor 1857 ausschließlich Silbermünzen um; erst nach der Gründung des Deutschen Reiches 1873 ging man zur Goldwährung über.

Die Goldwährung hat durch die natürliche Knappheit des Goldes den Vorteil, daß damit gleichzeitig für eine selbsttätige Knapphaltung der Geldmenge gesorgt ist. Dadurch entsteht ein allgemeines Vertrauen in das Geld, und eine willkürliche Vermehrung des Geldvolumens durch den Staat zur Finanzierung seiner Ausgaben wird verhindert. So gewährt sie in ausgewogenen Entwicklungen ein gut funktionierendes Geldwesen, bei außergewöhnlichen Belastungen erweist sie sich jedoch als Hemmnis.

Die relative Knappheit des Goldes hat auch eine relative Starrheit der Geldmenge zur Folge. Hier liegt gerade der Nachteil der Goldwährung, denn die Versorgung der Volkswirtschaft mit Geld richtet sich allein nach der vorhandenen Goldmenge und nicht nach wirtschaftlichen Bedürfnissen.

Wie bei den Störungsformen des Geldkreislaufs gezeigt wurde, kann man eine Deflation mit Unterbeschäftigung nur durch eine Vermehrung der Geldmenge beseitigen. Ist der Geldbedarf größer, als die Golddeckungsquote zuläßt, ist das nicht möglich. Bei einer Goldwährung kann der Staat letztlich keine Vollbeschäftigungspolitik betreiben. Die Währung muß manipulierbar sein, um eine wirksame Konjunkturpolitik betreiben zu können. Gerade aus diesem Grund hat sich das moderne Geldwesen von den Zwängen der Goldwährung freigemacht und die manipulierte Währung eingeführt.

2.2 Freie Währungen

Von einer freien Währung spricht man, wenn keine gesetzlichen Vorschriften über die Bindung an ein bestimmtes Metall zur Wertbestimmung und Knapphaltung des umlaufenden Geldes bestehen. Der Geldumlauf ist frei von feststehenden Goldvorräten. Die Knapphaltung des Geldes ist alleinige Aufgabe der vom Staat beauftragten Zentralnotenbank, die das Geldvolumen dem Bedarf des Güteraustausches nach eigenem Ermessen im Rahmen der gesetzlichen Vorschriften anpassen kann. Insofern ist die Währung manipulierbar. In diesem Sinne spricht man auch von einer **manipulierten Währung.** Sie ist zugleich eine **Papierwährung,** denn das Geld besteht ausschließlich aus stoffwertlosem Geld, den Banknoten und anderen Geldarten, die keinerlei wertmäßige Bindung an ein Edelmetall haben. Darüber hinaus besteht für die Notenbank keine Einlösungspflicht der ausgegebenen Banknoten in Gold.

Die Währung der Bundesrepublik ist eine solche Papierwährung. Sie geht auf das 1945 in Kraft getretene Abkommen von Bretton Woods zurück, das neben dem Gold die damals sehr kaufkräftige USA-Währung als Leitwährung einführte, die seitdem als internationales Zahlungsmittel neben dem Gold verwendet wird. Die Deutsche Bundesbank hat zwar seit der Währungsreform und dem Beitritt zum Internationalen Währungsfonds (IWF) im Jahre 1953, der mit dem Abkommen von Bretton Woods geschaffen wurde, beträchtliche Gold- und Devisenreserven angesammelt, sie ist grundsätzlich aber nicht verpflichtet, ein bestimmtes Verhältnis zwischen dem Vorrat an Gold- und Devisenreserven und der umlaufenden Geldmenge einzuhalten, sie kann vielmehr nach eigenem Ermessen allein unter den Gesichtspunkten konjunkturpolitischer Notwendigkeiten das

Geldvolumen dem volkswirtschaftlichen Bedarf anpassen. Das Währungssystem der Bundesrepublik Deutschland wie das der gesamten westlichen Welt wird auch als **Gold-Devisen-Standard** bezeichnet.

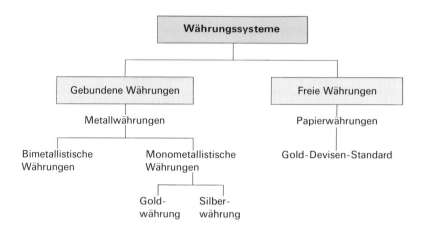

IV Die Geld- und Kreditschöpfung

Währungen, die nicht an ein Edelmetall zur Knapphaltung der Geldmenge gebunden sind, geben die Möglichkeit, die umlaufende Geldmenge allein den Erfordernissen der Volkswirtschaft anzupassen. Im Rahmen des bestehenden Währungssystems der Bundesrepublik hat die Deutsche Bundesbank die Aufgabe, die Wirtschaft mit Geld zu versorgen und gleichzeitig auf die Stabilität des Geldwertes zu achten.

1 Geld- und Kreditschöpfung der Notenbank

Da die Zentralnotenbank das Vorrecht hat, Banknoten auszugeben und dabei nicht an eine bestimmte Menge eines Edelmetalls gebunden ist, die die Notenausgabe begrenzt, kann sie in eigenem Ermessen neues Geld in Form von Banknoten und auch Buchgeld schaffen. Diesen Vorgang nennt man Geld- bzw. Kreditschöpfung durch die Notenbank. Kauft die Bundesbank z. B. Handelswechsel oder Schuldverschreibungen des Staates an und gibt sie dafür neue Banknoten an die Verkäufer der Wechsel und Schuldverschreibungen oder gewährt sie ihnen ein Sichtguthaben, über das sie in Form von Überweisungen und Schecks verfügen können, dann vermehrt sie dadurch die umlaufende Geldmenge.

Bei derartigen Vorgängen ist Geld gleichsam **aus dem Nichts** neu geschaffen worden. Aber auch beim Ankauf von Gold und Devisen schafft die Bundesbank neues Geld, indem die Verkäufer über Bar- oder Buchgeld verfügen können.

Maßstab der Bundesbank für die Geldschöpfung muß immer sein, nicht zu viel Geld in den Wirtschaftskreislauf zu bringen, um das Verhältnis zwischen Gütern und Geldkreislauf nicht durch inflatorische Tendenzen zu stören. Die Bundesbank kennt keine anderen Vorschriften bei der Geldschöpfung als die Verpflichtung, für das Gleichgewicht zwischen Geld- und Gütermenge in der Volkswirtschaft Sorge zu tragen.

2 Geld- und Kreditschöpfung der privaten Geschäftsbanken

In einem Geldsystem, in dem nicht nur die Banknoten und Münzen zum Ausgleich von Zahlungsverpflichtungen verwendet werden, sondern der bargeldlose Zahlungsverkehr eine besondere Rolle spielt, haben auch die privaten Geschäftsbanken die Möglichkeit zur Schaffung zusätzlichen Geldes. Sie können nämlich Kredite gewähren, die nicht auf Ersparnissen beruhen. Wie ist die Geld- und Kreditschöpfungsmöglichkeit der Geschäftsbanken zu erklären?

Auf die Geldschöpfungsmöglichkeit sind bereits Goldschmiede im 17. Jh. gekommen; sie erkannten, daß die Menge der von Kaufleuten bei ihnen insgesamt hinterlegten Münzen in Gold oder Silber, über deren Einlage sie **Hinterlegungsscheine** ausstellten, nicht wieder voll abgeholt wurde, weil Auslösungen durch Neuzugänge wieder aufgefüllt wurden. So hielten sie immer nur einen bestimmten Teil des hinterlegten Münzgeldes als Barreserve bereit, um etwa unerwarteten Abhebungen nachkommen zu können; den Rest gaben sie an kreditsuchende Kaufleute wieder aus, die den ausgeliehenen Betrag nach einer vereinbarten Frist wieder zurückzahlen mußten.

Durch die Kredite kam neues Geld in den Umlauf, das nicht durch Gold oder Silber gedeckt war. Auf diese Weise hatten die Goldschmiede neues Geld geschaffen. Ähnlich wie die Goldschmiede des 17. Jh., schöpfen auch die modernen Geschäftsbanken des 20. Jahrhunderts Geld, wozu sie auf Grund des bargeldlosen Zahlungsverkehrs in der Lage sind.

Erfahrungsgemäß reicht es aus, wenn die Banken etwa 10% der Einlagen ihrer Kunden als Bargeldreserve bereithalten, um ihren Verpflichtungen nachkommen zu können. Ein höherer Prozentsatz wird erfahrungsgemäß nicht als Bargeld an den Bankschaltern nachgefragt. Die restlichen 90% einer Sichteinlage bedeuten für die Banken eine Reserve, über die sie verfügen können, indem sie sie in Form von Krediten wieder an Bankkunden ausgeben.

Welche Auswirkung hat diese Tatsache auf die Kreditschöpfungsmöglichkeiten des gesamten Bankensystems einer Volkswirtschaft? Ein vereinfachendes Beispiel soll den Zusammenhang verdeutlichen:

Nimmt man einmal an, die Bank I erhält eine Einlage, indem ein Kunde auf sein Konto bei dieser Bank 10 000,00 DM einzahlt, und läßt man alle anderen Bilanzposten der Bank unberücksichtigt, dann ergibt sich vereinfacht folgende Bilanz der Bank I:

Aktiva		Bank I	Passiva
Kasse	10 000,00	Einlage	10 000,00
	10 000,00		10 000,00

Nimmt man einen Kassenreservesatz von 20% an, dann kann die Bank I 8 000,00 als Kredit an Kunden gewähren. Gibt sie den Kredit tatsächlich einem Kunden, dann sieht jetzt ihre Bilanz wie folgt aus:

Aktiva		Bank I	Passiva
Kasse	2000,00	Einlage	10 000,00
Kredit	8000,00		
	10 000,00		10 000,00

Was ist geschehen? Die Bank hat zusätzliches Geld geschaffen, denn von den ursprünglich eingezahlten 10 000,00 DM behält sie nur 2 000,00 DM als Kassenreserve, die restlichen 8 000,00 DM der Einlage gibt sie erneut aus, indem sie einen Kredit an einen Kunden gewährt. Damit hat sie die Geldmenge um 8 000,00 DM vermehrt.

Wird nun weiterhin angenommen, daß der Kreditbetrag von 8 000,00 DM bei der Bank I von dem Kunden vollständig abgehoben wird und bei der Bank II zur Begleichung einer Rechnung eingezahlt wird, dann ergibt sich für die Bilanz der Bank II folgendes Bild:

Aktiva		Bank II	Passiva
Kasse	8000,00	Einlagen	8000,00
	8000,00		8000,00

Hält die Bank II auch nur eine Kassenreserve von 20%, dann ist sie ebenfalls in der Lage, 80% von den eingezahlten 8 000,00 DM als Kredit auszuleihen. Gewährt sie einem Kunden einen Kredit in der vollen Höhe dieser Überschußreserve (6400,00 DM), dann zeigt die Bilanz der Bank II folgendes verändertes Bild:

Aktiva		Bank II	Passiva
Kassenreserve	1600,00	Einlage	8000,00
Kredit	6400,00		
	8000,00		8000,00

Wird der Kredit in Höhe von 6400,00 DM von dem Kreditnehmer zur Zahlung einer Schuld verwendet, indem er auf das Konto des Gläubigers bei der Bank III eingezahlt wird, dann ist diese Bank nun ihrerseits in der Lage, einen Kredit in Höhe der verbleibenden Überschußreserve von 5120,00 DM zu gewähren.

Aktiva		Bank III	Passiva	
Kassenreserve	1280,00	Einlage		6400,00
Kredit	5120,00			
	6400,00			6400,00

Theoretisch ließe sich dieser Prozeß der Geldschöpfung durch eine Vielzahl von Stufen verfolgen, und zwar solange, bis die Kassenreserve im gesamten Bankensystem auf die Höhe der ursprünglichen Einlagen angewachsen ist. Der Prozeß der Geldschöpfung ist erst dann beendet, wenn keine Bank über mehr als 20% Kassenreserven verfügt, und das ist in dem betrachteten Beispiel dann der Fall, wenn die Kassenreserven aller Banken zusammen in dem Bankensystem insgesamt 10000,00 DM ausmachen.

	Einlagen	Neue Kredite	Kassenreserve (20%)
Bank I	10000,00	8000,00	2000,00
Bank II		6400,00	1600,00
Bank III	6400,00	5120,00	1280,00
Bank IV	5120,00	4096,00	1024,00
Bank V	4096,00	3277,00	819,00
usw.			
Summe bis zur Bank V	33616,00	26893,00	6723,00
Summe der übrigen Banken	16384,00	13107,00	3277,00
Summe des gesamten Bankensystems	50000,00	40000,00	10000,00

Die Übersicht verdeutlicht im einzelnen die Gesamtwirkung des Geldschöpfungsprozesses, der durch die Einlage von 10000,00 DM ausgelöst werden kann, wenn die Banken eine Kassenreserve in Höhe von 20% der Einlagen halten. Mit einer Einlage von 10000,00 haben die Banken insgesamt 40000,00 DM zusätzliche Kredite gewährt und damit in gleicher Höhe neues Geld geschaffen. Jede einzelne Bank hat zwar immer nur einen Bruchteil der ursprünglichen Einlage wieder ausgeliehen, trotzdem ist **im gesamten Bankensystem** zusätzliches Geld im Verhältnis 4:1 geschaffen worden; das zeigt die zusammengefaßte Bilanz aller Banken noch einmal auf anschauliche Weise.

Aktiva		Zusammengefaßte Bilanz aller Banken	Passiva	
Kassenreserve	10000,00	Einlagen		50000,00
Kredite	40000,00			
	50000,00			50000,00

Für den Umfang der mit einer bestimmten Einlage möglichen Geldschöpfung der Banken spielt die Höhe der Kassenreserve demnach eine entscheidende Rolle. Allgemein mißt man den Umfang der Geldschöpfung mit Hilfe des Geldschöpfungsmultiplikators. Er ist der umgekehrte Wert der Kassenreserve der Banken:

$$\text{Geldschöpfungsmultiplikator} = \frac{1}{\text{Kassenreserve}}$$

Bei einer Kassenreserve von 20% ist der Geldschöpfungsmultiplikator:

$$\frac{1}{20\%} = \frac{1}{\frac{20}{100}} = \frac{100}{20} = \underline{\underline{5}}$$

Also vermehren sich 1000,00 DM auf 5000,00 DM.

Der Geldschöpfungsmultiplikator ist hoch, wenn der Kassenreservesatz niedrig ist, und umgekehrt. Für die Geldschöpfungsmöglichkeiten der Banken bedeutet das, sie ist um so höher, je geringer die Kassenreservehaltung ist und umgekehrt.

Maßgeblich für den Umfang der Geld- und Kreditschöpfung in einem Bankensystem sind:

● die Höhe der Kassenreserven, die die Banken halten,
● die Zahlungsgewohnheiten der Wirtschaftssubjekte,
● die Bereitschaft der Banken, zusätzliche Kredite zu gewähren und
● der Kreditbedarf der Wirtschaft.

V Die Rolle der Notenbank im Geldsystem

Die Banken haben auf Grund ihrer Kreditschöpfungsmöglichkeiten einen entscheidenden Einfluß auf das Geldvolumen der Volkswirtschaft und damit auch auf die Kaufkraft des Geldes. Da die Einflüsse der privaten Geschäftsbanken nicht unkontrolliert bleiben dürfen, hat der Gesetzgeber die Deutsche Bundesbank geschaffen, die über die Stabilhaltung der Währung wacht.

1 Aufgaben und Rechtsstellung der Bundesbank

Die Notenbank der Bundesrepublik Deutschland entstand durch das „Gesetz über die Deutsche Bundesbank" vom 26. Juli 1957 als Nachfolgerin der seit dem 1. 11. 1948 bestehenden Bank Deutscher Länder. § 1 dieses Gesetzes bestimmt:

> **§ 1. Errichtung der Deutschen Bundesbank.** Die Landeszentralbanken und die Berliner Zentralbank werden mit der Bank Deutscher Länder verschmolzen. Die Bank Deutscher Länder wird Deutsche Bundesbank.

Die Bundesbank hat das alleinige Recht, Banknoten auszugeben. Ihre zentrale Aufgabe ist es, mit allen Mitteln, die ihr nach dem Gesetz zur Verfügung stehen, für die Sicherung der inländischen Kaufkraft der DM und des Außenwertes der DM Sorge zu tragen. Dabei ist sie in ihren geld- und kreditpolitischen Entscheidungen von der Bundesregierung unabhängig. § 12 des Gesetzes über die Deutsche Bundesbank kennzeichnet ihr Verhältnis zur Bundesregierung:

> **§ 12. Verhältnis der Bank zur Bundesregierung.** Die Deutsche Bundesbank ist verpflichtet, unter Wahrung ihrer Aufgabe die allgemeine Wirtschaftspolitik der Bundesregierung zu unterstützen. Sie ist bei der Ausübung der Befugnisse, die ihr nach diesem Gesetz zustehen, von Weisungen der Bundesregierung unabhängig.

Die Unabhängigkeit der Bundesbank ist gerade deshalb zu begrüßen, weil die Bundesregierung oft der Versuchung ausgesetzt ist, den Gruppeninteressen aus wahltaktischen Gründen nachzugeben, und weil ihre Entschlüsse im politischen Tagesgeschehen nicht immer aus rein sachlichen Erwägungen getroffen werden. Eine autonome Notenbank kann sich solchen Versuchungen besser entziehen, weil sie nicht aus Gründen der Wiederwahl auf die Gunst der Wählergruppen unmittelbar angewiesen ist. Auf der anderen Seite besteht aber die Gefahr, daß eine unabhängige Bundesbank in ihren geld- und kreditpolitischen Entschlüssen entgegen den wirtschaftspolitischen Absichten der Regierung handelt und so eine einheitliche Wirtschaftspolitik erschwert.

2 Organe der Deutschen Bundesbank

Die Deutsche Bundesbank ist eine Bundesbehörde, die die rechtliche Eigenschaft einer juristischen Person des öffentlichen Rechts hat. Ihre **Organe** sind:

● der Zentralbankrat,   ● die Vorstände der Landeszentralbanken.

● das Direktorium und

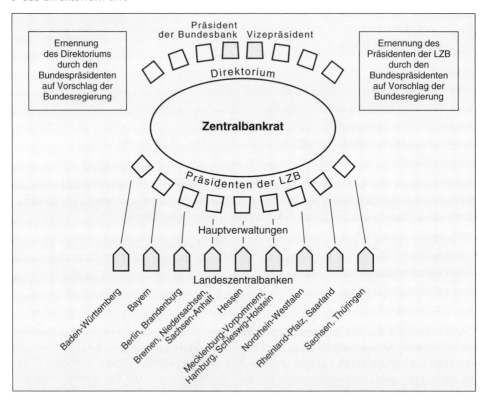

2.1 Zentralbankrat

Oberstes Organ der Deutschen Bundesbank ist der Zentralbankrat. Er **faßt Beschlüsse zur Währungs- und Kreditpolitik** der Deutschen Bundesbank. Ihm gehören der Präsident und der Vizepräsident der Deutschen Bundesbank und weitere 6 Mitglieder sowie die Präsidenten der Landeszentralbanken an.

Die Zahl der Mitglieder des Zentralbankrats ist auf maximal 17 begrenzt.

Hauptaufgabe des Zentralbankrates ist es, die Geld- und Kreditpolitik der Deutschen Bundesbank zu formulieren. Darüber hinaus stellt er allgemeine Richtlinien für die Geschäftsführung und Verwaltung der Deutschen Bundesbank auf und grenzt die Zuständigkeiten des Direktoriums und der Vorstände der Landeszentralbanken ab. Er ist gegenüber dem Direktorium und den Landeszentralbanken auch in Einzelfragen weisungsberechtigt, d. h. er ist in allen Fällen das oberste Entscheidungsorgan der Deutschen Bundesbank.

In der Regel tagt der Zentralbankrat im Abstand von 2 Wochen. Der Bundesminister für Wirtschaft und der Bundesminister der Finanzen sind zu seinen Sitzungen einzuladen, sie haben jedoch kein Stimmrecht. Die Entscheidungen über aktuelle geld- und kreditpolitische Fragen werden mit einfacher Mehrheit beschlossen.

2.2 Direktorium

Das Direktorium der Deutschen Bundesbank ist das **zentrale Vollzugsorgan (Exekutivorgan)**. Es besteht aus insgesamt 8 Mitgliedern, dem Präsidenten und Vizepräsidenten der Deutschen Bundesbank und 6 weiteren Direktoren. Sie werden vom Bundespräsidenten auf Vorschlag der Bundesregierung ernannt. Das Direktorium ist für die Durchführung der Beschlüsse des Zentralbankrates verantwortlich und für die regionale Leitung und Verwaltung zuständig, für alle Geschäfte, die nicht in den Aufgabenbereich der Landeszentralbanken fallen.

2.3 Vorstände der Landeszentralbanken

Die Landeszentralbanken sind die **Hauptverwaltungen** der Deutschen Bundesbank **in den Bundesländern**, sie stellen also **regionale Exekutivorgane** der Deutschen Bundesbank dar. Sie besitzen keine eigene Rechtspersönlichkeit. Mit dieser regionalen Gliederung wird dem föderativen Staatsaufbau der Bundesrepublik Deutschland Rechnung getragen. Die Präsidenten der Landeszentralbanken werden auf Vorschlag des Bundesrates vom Bundespräsidenten bestellt; dem Vorstand einer Landeszentralbank gehören neben dem Präsidenten der Vizepräsident und bis zu 2 weitere Mitglieder an. Diese weiteren Vorstandsmitglieder bestellt der Präsident der Deutschen Bundesbank auf Vorschlag des Zentralbankrates. Auf diese Weise sichert sich der Zentralbankrat einen entsprechenden Einfluß auf die Landeszentralbanken. Die Vorstände der Landeszentralbanken führen die in den Bereich der jeweiligen Hauptverwaltung fallenden Geschäfte und Verwaltungsangelegenheiten durch.

Die deutsche Einigung machte eine Änderung der regionalen Gliederung der Bundesbank erforderlich. Seit der Neuordnung der Bundesbankstruktur im Jahre 1992 unterhält die Deutsche Bundesbank je eine Hauptverwaltung mit der Bezeichnung Landeszentralbank für den Bereich:

1. des Landes Baden-Württemberg,
2. des Freistaates Bayern,
3. der Länder Berlin und Brandenburg,
4. der Freien Hansestadt Bremen und der Länder Niedersachsen und Sachsen-Anhalt,
5. der Freien und Hansestadt Hamburg und der Länder Mecklenburg-Vorpommern und Schleswig-Holstein,
6. des Landes Hessen,
7. des Landes Nordrhein-Westfalen,
8. der Länder Rheinland-Pfalz und Saarland,
9. des Freistaates Sachsen und des Landes Thüringen.

2.4 Aufgaben der Deutschen Bundesbank

Im einzelnen hat die Deutsche Bundesbank folgende Aufgaben:

- Regelung des Geldumlaufs und der Kreditversorgung der Volkswirtschaft (§ 3 BBankG),
- Sorge für die bankmäßige Abwicklung des Zahlungsverkehrs im Inland und mit dem Ausland (§ 3 BBankG),
- Stabilisierung des Preisniveaus (§ 3 BBankG),
- Unterstützung der Wirtschafts- und Währungspolitik der Bundesregierung (§ 12 Satz 1 BBankG),
- Beratung der Bundesregierung in allen Angelegenheiten von wesentlicher währungspolitischer Bedeutung (§ 13 Satz 1 BBankG).

Um die ursprüngliche Aufgabe einer Notenbank, die Versorgung der Wirtschaft mit Geld, erfüllen zu können, hat die Deutsche Bundesbank das alleinige Recht, Banknoten herzustellen und in Umlauf zu setzen (§ 14 BBankG).

Die **Münzen** dagegen werden vom Bund in staatlichen Münzanstalten geprägt und der Deutschen Bundesbank zur Verfügung gestellt (§ 1 Münzgesetz). Auch die Münzen werden ausschließlich im Einvernehmen mit der Deutschen Bundesbank in den Geldkreislauf gebracht, so daß die Regelung der gesamten Bargeldmenge (Noten und Münzen) ausschließlich bei der Deutschen Bundesbank liegt. Sie setzt Noten und Münzen in Umlauf, indem sie mit den Geschäftsbanken bestimmte Geld- und Kreditgeschäfte betreibt. Sie ist damit zentrale Liquiditätsstelle der Geschäftsbanken und man kennzeichnet die Notenbank deshalb auch oft als die **Bank der Banken**. Darüber hinaus ist sie auch Bank des Staates, da sie die Giroeinlagen des Bundes verwaltet und den Gebietskörperschaften Kassenkredite bis zu einer festgelegten Höhe gewähren kann (§ 20 BBankG).

3 Geldpolitisches Instrumentarium der Deutschen Bundesbank

3.1 Ansatzpunkte der Geldpolitik

Für ihre zentrale Aufgabe der Stabilerhaltung der Währung stehen der Deutschen Bundesbank besondere **Steuerungsmittel** zur Verfügung, die im einzelnen im Gesetz über die Deutsche Bundesbank geregelt sind. Mit den vielfältigen vom Gesetz bestimmten Befugnissen betreibt die Bundesbank monetäre Konjunkturpolitik, die zum einen an der Geldmenge der privaten Geschäftsbanken und zum anderen am Zinsniveau ansetzt.

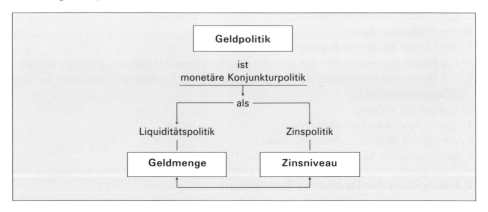

Wenn es der Deutschen Bundesbank mit ihren Beeinflussungsmöglichkeiten gelingt, den Umfang der Kreditgewährung der privaten Geschäftsbanken und damit das **Volumen der Geldmenge** zu beeinflussen, dann ist zu erwarten, daß sie einen Einfluß auf die gesamtwirtschaftliche Nachfrage, vor allem auf die Investitionsgüternachfrage, nimmt, da die Investitionen mehr oder weniger mit Krediten finanziert werden. Der zweite Ansatzpunkt der geldpolitischen Beeinflussung der Deutschen Bundesbank ist neben der Geldmenge das **Zinsniveau**. Zwischen der Geldmenge und dem Zinsniveau besteht ein ganz enger Zusammenhang, weil eine Verringerung der Kreditgewährungsmöglichkeiten in der Regel auch zu einer Zinserhöhung führen wird. Es ist davon auszugehen, daß eine Erhöhung der Zinsen die Investitionsneigungen der Unternehmungen und damit auch die allgemeine wirtschaftliche Aktivität vermindern wird, während ein allgemeines Sinken des Zinsniveaus die wirtschaftliche Aktivität erhöht.

Es soll nun das sogenannte **klassische geldpolitische Instrumentarium,** mit dem die Deutsche Bundesbank Einfluß auf die Geldmenge und das Zinsniveau nimmt, näher betrachtet werden. Im wesentlichen ist darunter zu verstehen:

- Die Diskontpolitik, ⎫
- die Lombardpolitik, ⎬ **Refinanzierungspolitik**
- die Mindestreservepolitik,
- die Offenmarktpolitik.

3.2 Diskontpolitik

Die Diskontpolitik gehört zum klassischen Einflußbereich der Bundesbankpolitik. Sie ist unterteilbar in
- die Diskontsatzpolitik und
- die Rediskontingentpolitik.

Die **Wirkungsweise der Diskontsatzpolitik** beruht auf dem Zusammenhang, daß sich die privaten Geschäftsbanken mit Wechselpapieren Zentralbankgeld beschaffen können.

• Rediskontsatz

Für die Unternehmungen ist der Wechsel ein Mittel zur kurzfristigen Kreditbeschaffung. Die Banken kaufen **Wechsel** vor dem Fälligkeitstag an und zahlen nach Abzug des Diskonts (des Zinssatzes für die Gewährung des Wechselkredits) den Wechselbetrag aus. Die Geschäftsbanken wiederum können die Wechsel ihrerseits an die Deutsche Bundesbank zum Weiterverkauf einreichen, wenn sie selbst liquide Mittel benötigen. Diese berechnet wiederum einen Zins, wenn ihr von den privaten Geschäftsbanken Wechsel zum sog. Rediskont eingereicht werden. Dieser Zinssatz, den die Deutsche Bundesbank berechnet, heißt **Rediskontsatz.**

Wenn die Deutsche Bundesbank den **Rediskontsatz** (im normalen Sprachgebrauch nur als Diskontsatz bezeichnet) **erhöht,** dann verteuert sie auf diese Weise den Weiterverkauf von Wechseln. Die Banken werden die für sie erhöhten Kreditkosten an ihre Kunden weitergeben, so daß allgemein eine Verteuerung des Wechselkredits eintritt. Eine **Senkung des Diskontsatzes** dagegen macht eine Wechselfinanzierung leichter möglich, bietet also Erleichterungen für die Kreditnachfrage. Diskonterhöhungen bedeuten demnach eine Verteuerung, Diskontsenkungen also eine Verbilligung der den Banken von der Deutschen Bundesbank gewährten Kredite. Mit der Veränderung des Diskontsatzes versucht die Deutsche Bundesbank, über die Einengung oder über die Ausweitung der Kreditaufnahme der Unternehmungen auf das Geldvolumen indirekt Einfluß zu nehmen.

• Auswirkungen bei Veränderungen des Diskontsatzes

Die Veränderungen des Diskontsatzes müssen aber nicht immer die gewünschte Wirkung auf die Geldmenge und die Kreditnachfrage haben. Wenn beispielsweise die Banken liquide sind, refinanzieren sie sich nur in geringem Maße bei der Deutschen Bundesbank und können die Kreditnachfrage auch weiterhin befriedigen, wenn die

Deutsche Bundesbank durch eine Diskontsatzerhöhung auf eine allgemeine Krediteinschränkung hinwirken will. Es gehört aber zum sog. standesgemäßen Verhalten der Banken, daß sie bei einer Diskonterhöhung ihre Kredite auch einschränken und umgekehrt. Unternehmungen brauchen sich ebenfalls bei steigendem Diskontsatz nicht unbedingt veranlaßt zu sehen, ihre Kreditaufnahme einzuschränken, wenn sie hohe Gewinnerwartungen haben. Wenn das der Fall ist, dann bleibt der Versuch der Deutschen Bundesbank, über Diskonterhöhung die Geldmenge zu beeinflussen, unwirksam.

● Leitzins- und Signalwirkungsfunktion

In der Regel wirkt sich eine Diskontsatzerhöhung oder -senkung nicht nur auf kurzfristige Kredite aus, sondern sie greift durch die Abhängigkeit aller Zinssätze untereinander auch auf den Zinssatz für langfristige Kredite über. Insofern kommt dem Diskontsatz eine besondere Bedeutung als sog. **Leitzins** zu, der richtungsweisend für das allgemeine Zinsniveau ist. Eine Erhöhung des Zinsniveaus soll die Nachfrage nach Investitionsgütern verringern. Deswegen werden von der Deutschen Bundesbank **Diskontsatzerhöhungen** allgemein zur **Dämpfung konjunktureller Überhitzungen** vorgenommen. Eine Senkung des Zinsniveaus soll die Nachfrage nach Investitionsgütern anreizen. Deshalb wird von der Deutschen Bundesbank eine **Diskontsatzsenkung** mit der Absicht vorgenommen, **nachfrageausweitende Effekte** zu erzielen. Mit diesen Maßnahmen verfolgt die Deutsche Bundesbank auch psychologische Effekte. So zeigt der privaten Wirtschaft eine Erhöhung des Diskontsatzes die Entschlossenheit der Deutschen Bundesbank an, wenn sie es als notwendig erachtet, darüber hinausgehende effektivere geldpolitische Maßnahmen zur Konjunkturdämpfung oder zur Konjunkturanregung zu veranlassen. Insofern kommt der Diskontpolitik eine sog. **Signalwirkung** zu, d. h. mit der Veränderung des Diskontsatzes zeigt die Notenbank an, in welche Richtung die Absichten ihrer Geldpolitik gehen. So können die Erwartungen solcher Maßnahmen zu einer Verschlechterung der unternehmerischen Absatz- und Gewinnerwartungen, und damit zu einem Nachlassen der Wirtschaftstätigkeit führen und umgekehrt.

● Vor- und Nachteile der Leitzins- und Signalwirkungsfunktion

Die Leitzins- und Signalwirkungsfunktion des Diskontsatzes können den Absichten der Deutschen Bundesbank bei einer Diskontsatzänderung sowohl förderlich als auch hinderlich sein. Will sie beispielsweise mit einer Diskontsatzerhöhung die Geldmenge verringern, dann kann die damit verbundene Erhöhung des allgemeinen Zinsniveaus die Wirkung der Maßnahme herabsetzen, wenn **ausländisches Kapital** durch erhöhten Zins angelockt wird und das Geldvolumen damit vermehrt oder wenn bei steigendem Diskontsatz im Inland und gleichbleibenden Zinssätzen im Ausland die Unternehmen von der Möglichkeit Gebrauch machen, **ausländische Kredite** aufzunehmen. Damit fließt Geld vom Ausland ins Inland und wirkt der Absicht einer Diskontsatzerhöhung entgegen. Die Möglichkeit einer Kreditaufnahme im Ausland kann jedoch durch die im sog. **Bardepot-Gesetz** (§ 6 a Außenwirtschaftsgesetz) festgelegten Bestimmungen eingeschränkt werden. Danach können die inländischen Unternehmen verpflichtet werden, bei Kreditaufnahmen im Ausland bis zu 100% der Kreditsumme unverzinslich bei der Deutschen Bundesbank zu halten. Hohe Bardepot-Sätze mindern so den Anreiz zur Aufnahme von Krediten im Ausland und unterstützen die Absicht der Deutschen Bundesbank, durch einen zu hohen Diskontsatz die umlaufende Geldmenge zu verringern.

• Gesamtwirkung des Diskontsatzes

Schließlich ist auch noch auf die Problematik der Gesamtwirkung des Diskontsatzes hinzuweisen. Eine Diskontsatzänderung trifft die gesamte Volkswirtschaft in gleicher Weise, ohne Rücksicht auf branchenspezielle Unterschiede. Wirtschaftszweige, die sich in einer besonders schwierigen Lage befinden, weil sie trotz eines Konjunkturaufschwungs unter dem Nachfragerückgang leiden und sich durch betriebspolitische Maßnahmen den geänderten Bedingungen anpassen müssen, werden von den Diskontsatzerhöhungen stärker getroffen als solche Unternehmen, die sich im konjunkturellen Aufschwung einer besonders starken Nachfrage gegenüber sehen. Die Diskontpolitik ist eine **globale Maßnahme,** die solche unterschiedlichen Interessen der einzelnen Wirtschaftszweige nicht berücksichtigen kann.

• Rediskont-Kontingente

Die Diskontsatzpolitik wirkt auf die Höhe der Zinssätze der Volkswirtschaft. **Liquiditätspolitische Wirkungen** erzielt die Deutsche Bundesbank dadurch, daß sie die Höhe des jeder Bank insgesamt zur Verfügung stehenden Diskontkredits durch **Rediskont-Kontingente** begrenzt. Mit einer Verringerung der Rediskont-Kontingente vermindert sie die mögliche Liquidität der privaten Geschäftsbanken und damit auch ihren Spielraum für ihre Kreditvergabe. Die Variation der Rediskont-Kontingente wirkt unmittelbarer als die Diskontsatzveränderungen, **beeinflussen** sie doch **unmittelbar** den **Kreditgewährungsspielraum der privaten Geschäftsbanken.** Die Befugnis zur Festsetzung und Variation der Diskontsätze und der Rediskont-Kontingente gibt § 15 des Bundesbankgesetzes. Danach ist die Deutsche Bundesbank befugt, die Grundsätze für die Kreditgeschäfte zu bestimmen.

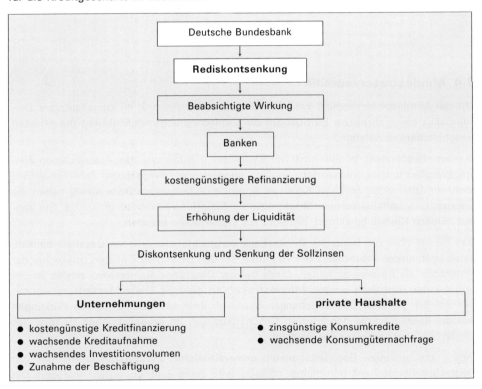

3.3 Lombardpolitik

Eine weitere Möglichkeit der Deutschen Bundesbank zur Beeinflussung der Geldmenge ist durch den Zinssatz für Lombardkredite gegeben. Unter einem **Lombardkredit** versteht man die **Einräumung eines meist kurzfristigen Kredits gegen Verpfändung von Sachen oder Forderungen.** Die privaten Geschäftsbanken können bei der Deutschen Bundesbank durch die Beleihung von Wertpapieren Lombardkredite aufnehmen. Lombardierungsfähige, d. h. beleihungsfähige, Papiere sind

- gute Handelswechsel,
- Schatzwechsel,
- unverzinsliche Schatzanweisungen der öffentlichen Hand und
- in § 19 Bundesbankgesetz näher bestimmte festverzinsliche Wertpapiere.

Durch die Beleihung von Wertpapieren kann die Deutsche Bundesbank die Liquidität der privaten Geschäftsbanken beeinflussen. Der Zinssatz, zu dem die Deutsche Bundesbank die Papiere beleiht, wird **Lombardsatz** genannt. Er steht in engem Zusammenhang mit der Höhe des Diskontsatzes.

Da die Deutsche Bundesbank sowohl mit der Diskontpolitik als auch mit der Lombardpolitik die Kreditkonditionen der privaten Geschäftsbanken beeinflußt, zu denen diese sich bei der Deutschen Bundesbank refinanzieren, d. h. sich Liquidität, Zentralbankgeld, beschaffen können, faßt man beide geldpolitischen Maßnahmenbereiche der **Diskont- und Lombardpolitik** unter dem Begriff der **Refinanzierungspolitik** zusammen.

3.4 Mindestreservepolitik

Mit der Mindestreservepolitik kann die Deutsche Bundesbank im Gegensatz zur Diskontpolitik einen **direkten Einfluß** auf die Geldschöpfungsmöglichkeiten der privaten Geschäftsbanken nehmen.

In einem Geldsystem, in dem nicht nur Banknoten und Münzen zum Ausgleich von Zahlungsverpflichtungen verwendet werden, sondern der bargeldlose Zahlungsverkehr (d. h. die Überweisungen von Konto zu Konto) eine besondere Rolle spielt, haben die privaten Geschäftsbanken die Möglichkeit zur Schaffung zusätzlichen Geldes. Sie können nämlich Kredite gewähren, die nicht auf Ersparnissen beruhen.

Das Gesetz über die Deutsche Bundesbank verpflichtet die privaten Geschäftsbanken, einen bestimmten Prozentsatz der von ihren Kunden getätigten Einlagen zinslos bei der Notenbank als Reserve zu halten. Diese bei der Deutschen Bundesbank zinslos zu unterhaltenden Guthaben werden **Mindestreserven** genannt. Diese Mindestreserven haben bei den privaten Geschäftsbanken bezüglich ihrer Liquidität dieselben Wirkungen wie die Kassenreserve der privaten Geschäftsbanken im grundsätzlichen Beispiel des Geldschöpfungsprozesses der Banken.

Indem die privaten Geschäftsbanken **unverzinsliche Zwangsguthaben** bei der Deutschen Bundesbank unterhalten müssen, wird ihnen Zentralbankgeld entzogen. Die

Mindestreserven werden mit Hilfe bestimmter Prozentsätze aus den Verbindlichkeiten der Geschäftsbanken, d. h. den Einlagen ihrer Kunden, berechnet. Diese Mindestreservesätze kann die Deutsche Bundesbank nach § 16 BBankG innerhalb bestimmter Grenzen verändern. Die gesetzlich vorgeschriebenen Höchstsätze für Mindestreserven sind für Sichteinlagen 30%, für befristete Einlagen 20% und für Spareinlagen 10%.

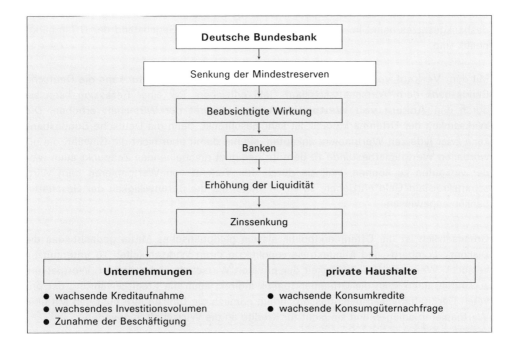

'Durch eine Erhöhung der Mindestreservesätze schränkt die Deutsche Bundesbank die Kreditschöpfungsmöglichkeiten der Geschäftsbanken ein. Damit übt sie tendenziell eine einschränkende Wirkung auf die Nachfrage, vor allem die Investitionsgüternachfrage, aus. Umgekehrt kann sie durch Senkung der Mindestreservesätze den Kreditspielraum erweitern und damit einen ausweitenden Effekt auf die Investitionsgüternachfrage bewirken. Die Veränderung der Mindestreservesätze ist **ein schnell spürbares Mittel der Geldmengenregulierung,** da es direkt auf die Liquidität der Banken und damit unmittelbar auf die Geldmenge einwirkt.

Es stellt sich die Frage, ob die erwünschte Wirkung auch tatsächlich eintritt. Je besser die Unternehmen sich selbst finanzieren können, d. h. von Bankkrediten unabhängig sind, um so weniger wird die Mindestreservepolitik wirksam sein. Der zunehmende Konzentrationsgrad in der Wirtschaft, insbesondere die wachsende Bedeutung multinationaler Unternehmungen, und die Möglichkeiten für Unternehmen, Kapital im Ausland aufzunehmen, mindern die Wirkung der Mindestreservepolitik. Dennoch ist ihr Wirkungsgrad grundsätzlich größer als der der Diskont- und Lombardpolitik.

3.5 Offenmarktpolitik

Die Offenmarktpolitik ist eine weitere Möglichkeit der Deutschen Bundesbank, Geldpolitik zu betreiben. Begriff und Anregung zur Offenmarktpolitik als Mittel der Geldmengenregulierung stammen aus den Vereinigten Staaten von Amerika. Das Wort ist abgeleitet von **„openmarket-policy"**. Man versteht darunter den **An- und Verkauf von Wertpapieren am offenen Markt** (d. h. an der Wertpapierbörse), um damit Einfluß auf den Geld- und Kapitalmarkt zu nehmen. Die Deutsche Bundesbank verwendet hierzu meist Staatspapiere, d. h. festverzinsliche Wertpapiere und Schatzwechsel des Bundes, der Länder, der Bundespost und der Bundesbahn. Der Paragraph 21 des Bundesbankgesetzes nennt im einzelnen die Wertpapiere, die Gegenstand der Offenmarktpolitik sind.

Mit dem **Verkauf von Wertpapieren** in Zeiten der Hochkonjunktur kann die Deutsche Bundesbank dem Wirtschaftskreislauf Geld entziehen. Bei einer Rezession kann sie durch den **Ankauf von Wertpapieren** die Liquidität der Wirtschaft erhöhen. Die Wirksamkeit der Offenmarktpolitik ist sehr beschränkt, denn die Deutsche Bundesbank kann zwar jederzeit Wertpapiere ankaufen, sie hat damit aber nicht die Gewähr, die erworbenen Wertpapierbestände zu dem ihr geeignet erscheinenden Zeitpunkt auch wieder verkaufen zu können. Will sie durch den Verkauf von Wertpapieren dem Wirtschaftskreislauf Geld entziehen, so ist sie dabei auf die Bereitwilligkeit der Geschäftsbanken angewiesen.

Grundsätzlich ist die Offenmarktpolitik als ein geldpolitisches Mittel gedacht, das die Diskont-, Lombard- und Mindestreservepolitik in ihren Wirksamkeiten zu unterstützen versucht. Wenn die Bereitwilligkeit der privaten Wirtschaft vorhanden ist, Wertpapiere zu kaufen, dann kann die Offenmarktpolitik indirekt auch die Kreditgewährung der privaten Geschäftsbanken beeinflussen, indem nämlich die Banken ihre flüssigen Mittel in Wertpapieren anlegen und sie nicht für Kredite an die Wirtschaft verwenden.

Eine besondere Art der Offenmarktpolitik sind die **Pensionsgeschäfte** der Deutschen Bundesbank. Sie erklärt sich dabei bereit, zum Ausgleich besonderer Spannungen am Geldmarkt von den Banken bundesbankfähige Inlandswechsel außerhalb der Rediskontkontingente unter der Bedingung anzukaufen, daß der Verkäufer die Wechsel per Termin zurückkauft. Die Wechsel werden zum Marktsatz abgezinst und mit Ablauf der Frist vom Verkäufer unter Anwendung desselben Zinssatzes abgezinst zurückerworben. Weiter kauft die Deutsche Bundesbank von den Banken lombardfähige festverzinsliche Wertpapiere unter der Bedingung, daß die Verkäufer sie gleichzeitig per Termin zurückkaufen. Wechsel und andere Wertpapiere gehen also vorübergehend (grundsätzlich für 30 Tage) bei der Deutschen Bundesbank gleichsam „in Pension". Für die Pensionszeit erhält der Verkäufer Zentralbankgeld.

Pensionsgeschäfte über Wechsel und andere Wertpapiere sind demnach **Offenmarktgeschäfte auf Zeit − Wertpapierpensionsgeschäfte −**. Sie haben die Eigenart, daß den Banken nur für befristete Zeit Zentralnotenbankguthaben zur Verfügung gestellt werden. Gegenüber definitiven Geschäften haben sie den Vorzug, daß sie die Kurse am Rentenmarkt nicht berühren, sie sind also ausschließlich liquiditätswirksam, dienen also nur der Regulierung des Geldmarktes.

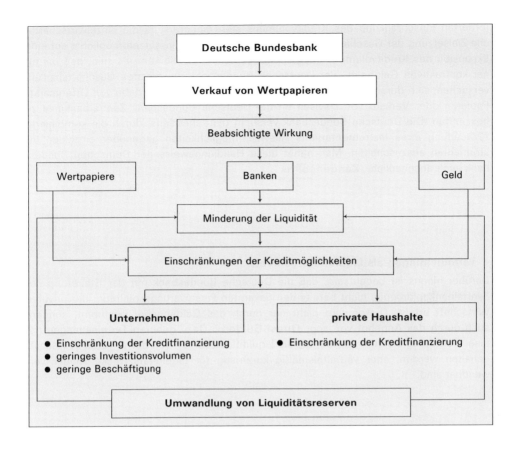

3.6 Wirkungsgrenzen des geldpolitischen Instrumentariums

Die geldpolitischen Maßnahmen der Deutschen Bundesbank steuern die gesamtwirtschaftliche Nachfrage über die Beeinflussung des Kreditvolumens und der Zinssätze. Eine direkte Beeinflussung der Nachfrage ist der Deutschen Bundesbank nicht gegeben. Daraus ergeben sich **zeitliche Verzögerungen** zwischen den Einsätzen ihrer Maßnahmen und den Auswirkungen auf die gesamtwirtschaftliche Nachfrage. In diesem Zusammenhang kommt dem Verhalten der privaten Geschäftsbank eine entscheidende Bedeutung zu.

● **Zangenpolitik**

Vor allem bei einer **restriktiven Geldpolitik** kann ein **Konflikt zwischen einzelwirtschaftlicher und gesamtwirtschaftlicher Zielsetzung** bei der einzelnen privaten Geschäftsbank gegeben sein. Einer von der gesamtwirtschaftlichen Zielsetzung her geforderten Einschränkung des Kreditvolumens steht andererseits die einzelwirtschaftliche Zielsetzung der Geschäftsbank gegenüber, bei hohen Zinssätzen möglichst auf eine Expansion des Kreditvolumens ausgerichtet zu sein. Deshalb kann es sein, daß bei einer kontraktiven Geldpolitik der Deutschen Bundesbank die privaten Geschäftsbanken versuchen, sich durch verstärkte Rediskontierung und durch Rückgabe von Offenmarkt-Papieren oder Verkauf von Devisen an die Deutsche Bundesbank Zentralbankgeld zu beschaffen. Die Deutsche Bundesbank versucht dann ihrerseits, durch die kombinierte Anwendung ihres Instrumentariums Ausweichmöglichkeiten gegenüber einzelnen Instrumenten auszuschalten. Man nennt diese Handlungsweise der Deutschen Bundesbank auch anschaulich **„Zangenpolitik".**

- **Termineinlagen als Liquiditätsreserven**

Darüber hinaus ist bedeutsam, daß die Deutsche Bundesbank mit der Steuerung der Zentralbankgeldmenge nicht bereits den gesamten Finanzierungsspielraum der privaten Wirtschaft erfaßt. Dieser wird nicht nur durch das Geldangebot bestimmt, sondern auch durch das Angebot von sog. **Quasi-Geldern.** Dazu gehören Termineinlagen mit einer Befristung bis zu 4 Jahren, die als Liquiditätsreserven von der privaten Wirtschaft gehalten werden, aber verhältnismäßig kurzfristig für Liquiditätszwecke wieder verwendbar sind.

- **Deficit spending**

Grenzen der Wirksamkeit des geldpolitischen Instrumentariums der Deutschen Bundesbank werden häufig auch in der **Rezession** deutlich, wenn die private Wirtschaft die verhältnismäßig günstigen Zinsen und die ausgeweiteten Kreditmöglichkeiten nur sehr schwerfällig zu einer verstärkten Nachfrage nach Investitions- und Konsumgütern nutzt, weil allgemein pessimistische Zukunftserwartungen — etwa die Angst vor Arbeitslosigkeit oder noch nicht günstigen Gewinneinschätzungen — sie abhalten, das vergünstigte Kreditangebot zu nutzen. Bei einer nur geringen Bereitschaft der Wirtschaftssubjekte, sich zu verschulden, bleiben die Instrumente der Deutschen Bundesbank in dieser Konjunkturphase verhältnismäßig unwirksam. Aus diesen Erkenntnissen hat die Wirtschaftstheorie — insbesondere aus den Erkenntnissen der Weltwirtschaftskrise der 30er Jahre — Konsequenzen gezogen. Seitdem gilt es als ein wirtschaftliches Konzept, das der englische Nationalökonom **John Maynard Keynes (1883-1946)** erstmals vertreten hat, daß der Staat in einer derartigen Situation gesamtwirtschaftlicher Nachfragelücken durch eine **verstärkte staatliche Nachfrage** diesen Nachfrageausfall der privaten Wirtschaftssubjekte schließen soll. Die verstärkte Nachfrage des Staates soll durch **vermehrte Staatsverschuldung** finanziert werden. Man spricht in diesem Zusammenhang vom sog. **„deficit-spending".** Das „Gesetz zur Förderung der Stabilität und des Wachstums der Wirtschaft" (StWG) ist diesem Gedankengut verpflichtet.

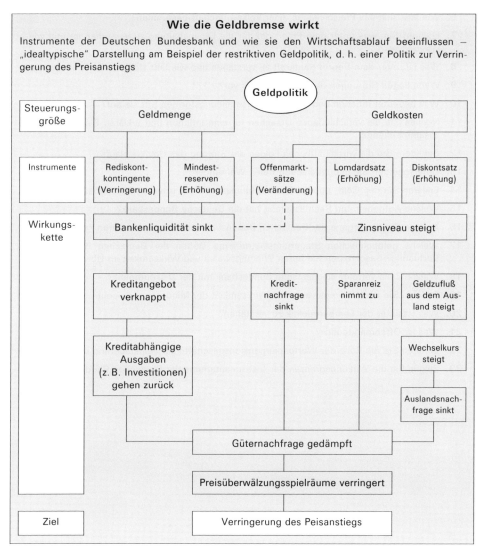

Wie die Geldbremse wirkt

Instrumente der Deutschen Bundesbank und wie sie den Wirtschaftsablauf beeinflussen – „idealtypische" Darstellung am Beispiel der restriktiven Geldpolitik, d. h. einer Politik zur Verringerung des Preisanstiegs

Geldpolitik

| Steuerungs-größe | Geldmenge | | | | Geldkosten | |

| Instrumente | Rediskont-kontingente (Verringerung) | Mindest-reserven (Erhöhung) | Offenmarkt-sätze (Veränderung) | Lombardsatz (Erhöhung) | Diskontsatz (Erhöhung) |

Wirkungskette

Bankenliquidität sinkt → Zinsniveau steigt

Kreditangebot verknappt

Kredit-nachfrage sinkt — Sparanreiz nimmt zu — Geldzufluß aus dem Ausland steigt

Kreditabhängige Ausgaben (z. B. Investitionen) gehen zurück

Wechselkurs steigt

Auslandsnachfrage sinkt

Güternachfrage gedämpft

Preisüberwälzungsspielräume verringert

Ziel — Verringerung des Peisanstiegs

Quelle: iwd Deutscher Instituts-Verlag

Lernkontrolle

1. Welche Funktionen erfüllt das Geld in der arbeitsteiligen Volkswirtschaft?

2. Zählen Sie die verschiedenen Geldarten und Geldersatzmittel auf und beschreiben Sie kurz, welche Bedeutung ihnen zukommt.

3. Was ist unter dem Geldmengenziel der Deutschen Bundesbank zu verstehen?

4. Welche ökonomischen Größen bestimmen die Höhe des Geldwertes?

5. Erklären Sie den Aussagegehalt der Quantitätstheorie.

6. Wie läßt sich das Preisniveau in einer Volkswirtschaft bestimmen?

7. Erklären Sie, was unter dem Preisindex für die Lebenshaltung zu verstehen ist und wie er ermittelt wird.

8. Was ist unter dem Begriff Kaufkraft zu verstehen und wie läßt sich die Kaufkraft messen?

9. Wann liegen Störungen des Geldkreislaufs vor?

10. Was bedeutet Inflation und in welchen Erscheinungsformen tritt sie auf?

11. Nennen Sie die verschiedenen Ursachen für eine Inflation und erklären Sie die Wirkungszusammenhänge.

12. Schildern Sie die wirtschaftlichen Folgen der Störung des Geldkreislaufs.

13. Unterscheiden Sie gebundene von freien Währungen.

14. Erklären Sie den Geld- und Kreditschöpfungsprozeß der privaten Geschäftsbanken.

15. Welche Aufgaben und Rechtsstellung hat die Deutsche Bundesbank?

16. Nennen Sie die Organe der Deutschen Bundesbank und zeigen Sie deren Funktion auf.

17. Welche geldpolitischen Steuerungsinstrumente stehen der Deutschen Bundesbank zur Verfügung? Beschreiben Sie deren Wirkungsweise und Wirksamkeit im Überblick.

18. Welche Ziele verfolgt die Deutsche Bundesbank mit der Diskontpolitik?

19. Erklären Sie die Wirkungsweise und Wirksamkeit der Mindestreservepolitik.

20. Was ist unter der Lombardpolitik zu verstehen?

21. Was ist Offenmarktpolitik?

22. Erklären Sie die Rolle der Wertpapierpensionsgeschäfte zur Feinsteuerung der Geldpolitik.

23. Zeigen Sie die Wirkungsgrenzen des Instrumentariums der Deutschen Bundesbank auf.

G Die Außenwirtschaft

Jede Volkswirtschaft ist durch eine Vielzahl von Beziehungen mit der Wirtschaft anderer Länder verbunden, auch wenn z. T. willkürlich gezogene politische Grenzen scharfe Trennlinien zwischen den Staaten bilden. Diese zwischen unabhängigen Staaten bestehenden Beziehungen entstehen durch den Austausch von Sachgütern und Dienstleistungen, was als **Außenhandel** oder internationaler Handel bezeichnet wird. Die wirtschaftlichen Kontakte zu anderen Ländern erschöpfen sich aber nicht allein im Außenhandel, sondern neben den Güterbewegungen und dem sich daraus ergebenden Zahlungsausgleich lassen sich noch mannigfache Geld- und Kapitalbewegungen erkennen wie z. B. durch Entwicklungshilfe, Auslandsinvestitionen, Ein- und Auswanderungen, Überweisungen der Gastarbeiter oder durch den Tourismus. Die Gesamtheit aller dieser Beziehungen eines Staates zu den übrigen Staaten faßt man unter **Außenwirtschaft** zusammen.

Gegenüber der Binnenwirtschaft als dem Wirtschaftsverkehr innerhalb einer Staatsgrenze ist die grenzüberschreitende Außenwirtschaft gekennzeichnet durch unterschiedliche nationale Währungssysteme, uneinheitliche Rechts- und Wirtschaftsordnungen (Rechtsnormen, Handelsbräuche), nationalbezogene Außenwirtschaftspolitik und mögliche Kontrollen der zwischenstaatlichen Beziehungen.

I Die Grundlagen des Außenhandels

1 Das Wesen des Außenhandels

Außenhandel ist Güteraustausch mit anderen Volkswirtschaften. Man unterscheidet

- Einfuhrhandel (Importhandel),
- Durchfuhrhandel (Transithandel),
- Ausfuhrhandel (Exporthandel).

Die folgende Übersicht zeigt die Handelsmöglichkeiten in einer Volkswirtschaft:

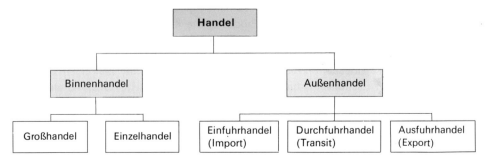

Als Beispiel eines typischen Landes für Durchfuhrhandel ist die Bundesrepublik Deutschland als zentraler Staat Europas zu nennen. Transithandel ist dann gegeben, wenn ein deutscher Unternehmer Waren im Ausland (z. B. USA) einkauft und an ein anderes Land (z. B. Luxemburg) weiterveräußert. Dabei muß die Ware nicht unbedingt durch Deutschland durchgeführt werden.

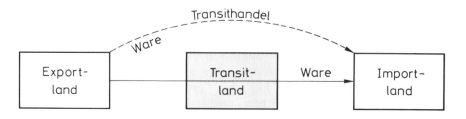

Man unterscheidet einen direkten und einen indirekten Außenhandel. Führt der inländische Hersteller seine Erzeugnisse selbst aus, so spricht man von direktem Export. Beim indirekten Export wird die Ware an einen Exporthändler verkauft und von diesem ausgeführt. Beim Import kann einmal die Ware direkt vom ausländischen Betrieb oder indirekt über einen Importhändler eingeführt werden.

In jedem Unternehmen muß überlegt werden, ob im Außenhandel der Weg des direkten oder der des indirekten Imports oder Exports gewählt wird. Eine eigene Organisation im Ausland ist mit hohen Kosten und erheblichen Risiken verbunden, während bei der Zwischenschaltung eines Händlers dessen Spezialisierung auf bestimmte Gebiete und dessen gründliche Marktkenntnisse von besonderer Bedeutung sind.

2 Die Ursachen des Außenhandels

Kein Staat der Erde ist autark, d. h. wirtschaftlich unabhängig. Die vielgestaltigen Bedürfnisse der Bewohner können nicht auf Grund alleiniger Gütererzeugung voll befriedigt werden, da in allen Ländern bestimmte Rohstoffe oder Fertigwaren fehlen. So ist jede Volkswirtschaft auf die Ergänzung von außen angewiesen. Ein Autarkiestreben ist nur auf Kosten einer unzureichenden Befriedigung der Bedürfnisse möglich.

Eine ursächliche Rolle für die Entstehung des Außenhandels spielt vor allem die Natur mit ihren unterschiedlichen Gegebenheiten des Klimas und ungleichen Vorkommen an Bodenschätzen auf der Erde. Für die Industrie wichtige Rohstoffe wie z. B. Kohle, Erze, Erdöl oder Uran sind nicht in allen Volkswirtschaften gleichermaßen vorhanden, und das Klima läßt nur in bestimmten Regionen Produkte wie Kaffee, Kakao, Baumwolle oder Südfrüchte mit hohen Erträgen reifen. Aus dieser unterschiedlichen Qualität des Produktionsfaktors Boden (Natur einschließlich Klima und Rohstoffvorkommen) ergibt sich, daß nicht alle Volkswirtschaften die gleichen Güter von außen her benötigen. Je nach Entwicklung der Wirtschaftsstruktur wird ein Land einerseits mehr Rohstoffe und Nahrungsmittel einführen und Fertigprodukte ausführen (Industriestaat) oder andererseits Rohstoffe ausführen und Industrieprodukte einführen (Agrarstaat). Auch der unterschiedliche Stand der Technik in den einzelnen Ländern kann Ursache von Außenhandelsbeziehungen sein.

Aus den Ursachen für den Außenhandel läßt sich die Tatsache ableiten, daß manche Länder auf Grund verschiedenartiger Vorteile gewisse Güter kostengünstiger herstellen können als andere Volkswirtschaften. Wollte England z. B. den notwendigen Tee für die Bevölkerung durch Eigenanbau gewinnen, so müßten die Produktionskosten niedriger sein als etwa der Teeanbau auf Ceylon, was in England schon auf Grund der fehlenden klimatischen Voraussetzungen nicht möglich ist. Andererseits kann Ceylon nicht hochwertige Maschinen herstellen wie etwa England, da die Produktionskosten wegen der noch nicht hochentwickelten Wirtschaftsstruktur die Importkosten um ein Vielfaches übersteigen würden. Jedes Land wird sich daher besonders auf die Produktion derjenigen Güter konzentrieren, deren Herstellungskosten niedriger sind als in anderen Ländern, und diese Güter solange exportieren, wie es im Tausch dafür andere Güter erhält, deren Herstellung im eigenen Land höhere Kosten verursachen würde.

Da sich die Länder so wechselseitig in der Produktion der verschiedenen Güter überlegen sind, kommt es zu einer weltweiten Arbeitsteilung und zum Güteraustausch, der von den Produktionskosten her bestimmt wird.

Jede Volkswirtschaft wird sich nun tendenziell auf die Herstellung der Güter ausrichten, für die im binnenwirtschaftlichen Vergleich die niedrigsten Produktionskosten anfallen, und andere Güter vom Ausland gegen Ausfuhr der Überschußproduktion einführen, um so die Kluft zwischen Gütermangel und Güterüberfluß innerhalb eines Staates und unter den Staaten der Erde möglichst wirtschaftlich zu überwinden.

Je mehr Länder an diesem zwischenstaatlichen Güteraustausch teilhaben, um so günstiger gestaltet sich die Versorgung der Weltbevölkerung, ganz abgesehen davon, daß der sich dadurch auf dem Weltmarkt entwickelnde Wettbewerb zu tendenziell niedrigeren Preisen führt.

3 Die Bedeutung des Außenhandels

Die Bedeutung des Außenhandels läßt sich aus folgenden Vorteilen erkennen:
- weltweite Arbeitsteilung,
- Ausnutzung aller Standortvorteile,
- Ausgleich von Mangel und Überfluß an Gütern unter den Ländern (Mißernten),
- bessere Verteilung und Güterversorgung der Weltbevölkerung,
- niedrigere Preise durch internationalen Wettbewerb auf dem Weltmarkt,
- Erhöhung des Lebensstandards,
- Verminderung der Kriegsgefahr durch internationale Wirtschaftsverflechtung.

Als Nachteile des Außenhandels lassen sich demgegenüber nennen:
- Verlust der nationalen Selbständigkeit (keine Eigenversorgung in Kriegszeiten),
- starke Spezialisierung eines Landes mit der Möglichkeit einer Absatz- und damit Beschäftigungskrise,
- Krisenabhängigkeit zwischen den Ländern durch internationale Verflechtung.

Wägt man zwischen den Vor- und Nachteilen ab, so sind die Vorteile doch überzeugender und wirksamer als die Nachteile. Besonders der Nachteil der Krisenanfälligkeit kann durch eine internationale Koordination und Zusammenarbeit aller beteiligten Länder stark vermindert werden.

II Die Zahlungsbilanz als Statistik der Außenwirtschaft eines Landes

1 Die Teilbereiche der Außenwirtschaft und ihre Bilanzen

Die sich im gesamten grenzüberschreitenden Wirtschaftsverkehr vollziehende Außenwirtschaft gliedert sich in den

- Leistungsverkehr (Außenhandel),
- Kapitalverkehr und
- Devisenverkehr.

Der Leistungsverkehr oder Außenhandel setzt sich wiederum aus dem Waren- und dem Dienstleistungsverkehr zusammen.

Für jeden dieser Bereiche der Außenwirtschaft stellt der Staat jährlich eine Bilanz auf: für den Leistungsverkehr die Handelsbilanz und die Dienstleistungsbilanz, die zusammen die Leistungsbilanz ergeben, für den Kapitalverkehr die Kapitalverkehrsbilanz, die in kurzfristigen und langfristigen Kapitalverkehr unterteilt ist, und für den Devisenverkehr die Devisenbilanz.

1.1 Die Handelsbilanz

Die Handelsbilanz erfaßt den gesamten außenwirtschaftlichen Warenverkehr innerhalb eines Jahres und stellt bilanziell die Warenexporte, die als Forderungen zu Einnahmen führen, den Warenimporten, die als Verbindlichkeiten Ausgaben bedeuten, gegenüber. Diese Gegenüberstellung erfolgt zu fob-Werten (fob = free on board), d.h., für alle Ex- und Importe wird der Wert der Ware bei Überschreitung der Grenze des Exportlandes zugrunde gelegt (fob Zollgrenze Exportland).

A	Handelsbilanz	P
Warenexporte (Forderungen)	Warenimporte (Verbindlichkeiten)	

Die Handelsbilanz ist nicht wie eine normale Bilanz ausgeglichen (reiner Zufall). Je nach der Wirtschaftsstruktur des Landes überwiegen entweder die Warenexporte oder die Warenimporte. Die Bundesrepublik als ein typischer Industriestaat führt Rohstoffe und Agrargüter ein und Maschinen und industrielle Fertigerzeugnisse aus. Der Wert der Warenexporte ist größer als der Wert der Warenimporte (Saldo auf der Passivseite), die aktive Seite der Handelsbilanz überwiegt (**aktive Handelsbilanz**). In einem Agrarstaat ergibt sich meist umgekehrt eine **passive Handelsbilanz** (Saldo auf der Aktivseite), da Rohstoffe ausgeführt und wertmäßig höherstehende Industrieprodukte eingeführt werden.

A	passive Handelsbilanz	P
Warenexporte 1,5 Mill.	Warenimporte 2,2 Mill.	
Saldo 0,7 Mill.		

Die folgende Graphik zeigt die Entwicklung des Warenverkehrs der Bundesrepublik Deutschland in den letzten Jahren.

Außenhandel und Leistungsbilanz

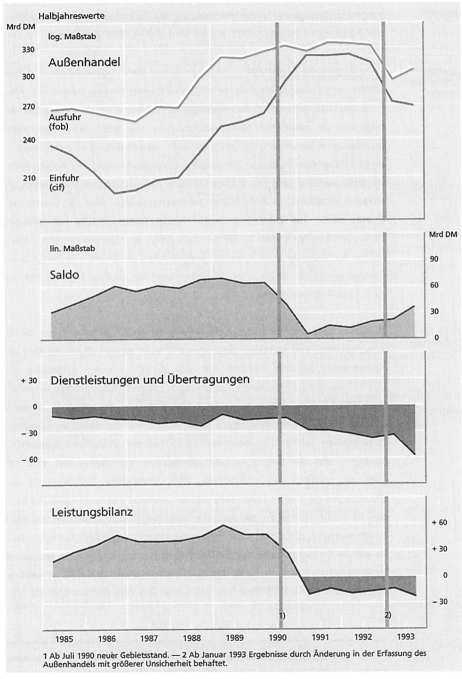

1 Ab Juli 1990 neuer Gebietsstand. — 2 Ab Januar 1993 Ergebnisse durch Änderung in der Erfassung des Außenhandels mit größerer Unsicherheit behaftet.

Quelle: Deutsche Bundesbank, Geschäftsbericht 1993, S. 49

1.2 Die Dienstleistungsbilanz

Nicht nur Warenströme, sondern auch Dienstleistungen, die man auch als „unsichtbare Ein- und Ausfuhr" bezeichnet, spielen im außenwirtschaftlichen Verkehr eine Rolle. Zu den Dienstleistungen zählen alle Einnahmen und Ausgaben für Versicherungen, für Zinsen und Dividenden, Zahlungen im Auswanderungs- und Touristenverkehr, für Transportleistungen sowie für Patente und Lizenzen. Diese Dienstleistungen werden in der Dienstleistungsbilanz erfaßt, die an das Ausland gegebenen Dienstleistungen (Exporte) als Forderungen auf der Aktivseite und die vom Ausland empfangenen Dienstleistungen (Importe) als Verbindlichkeiten auf der Passivseite.

A	Dienstleistungsbilanz	P
Exporte von Dienstleistungen (Forderungen)	Importe von Dienstleistungen (Verbindlichkeiten)	

Der Dienstleistungsbilanz kommt in der Regel nicht die Bedeutung zu, die die Handelsbilanz für einen Staat hat. Ausnahmen sind die Dienstleistungsbilanzen in den Reiseländern Österreich und Schweiz oder die Bilanzen in Norwegen oder Griechenland wegen besonders intensiver Schiffstransportleistungen.

In der Dienstleistungsbilanz, die aktiv oder passiv sein kann, wird auch der Transithandel erfaßt. Die Erträge aus Transithandel sind ein beachtlicher Aktivposten in der Dienstleistungsbilanz von Deutschland.

1.3 Die Leistungsbilanz

Durch Zusammenfassung der Handels- und der Dienstleistungsbilanz ergibt sich die Leistungsbilanz, die den gesamten Leistungsverkehr (Außenhandel) aufzeigt. Auch die Leistungsbilanz kann aktiv oder passiv sein.

1.4 Die Übertragungsbilanz

Rechnet man zu der Leistungsbilanz die Übertragungsbilanz hinzu, auch Bilanz der unentgeltlichen Leistungen oder Schenkungsbilanz genannt, so spricht man von der Bilanz der laufenden Posten. Die Übertragungs- oder Schenkungsbilanz enthält die Werte für alle empfangenen oder geleisteten unentgeltlichen Übertragungen. Man unterscheidet dabei Übertragungen privater Art (z. B. Geschenke, überwiesene Ersparnisse von Gastarbeitern in die Heimat) und staatlicher Art (Wiedergutmachungszahlungen an ausländische Regierungen, Entwicklungshilfe, Beiträge für internationale Organisationen, Subventionen an den EG-Fonds).

A	Übertragungsbilanz	P
empfangene unentgeltliche Übertragungen	geleistete unentgeltliche Übertragungen	

1.5 Die Kapitalverkehrsbilanz

Zwischen den einzelnen Staaten werden mannigfache Geldkapitalien übertragen. Gründe können sein der Erwerb von Vermögen im Ausland (Landkäufe, Kauf ausländischer Unternehmen, Errichtung von Zweigbetrieben, Wertpapierkauf, hohes ausländisches Bankguthaben), die Gewährung von Anleihen an das Ausland oder die Rückzahlung von im Ausland aufgenommenen Krediten. Im Leistungsverkehr können Leistung und Gegenleistung zeitlich auseinanderfallen, so daß längerfristige Kreditbeziehungen entstehen. Dieser gesamte Kapitalexport und -import einschließlich der Tilgungen, unterteilt nach Kurzfristigkeit (bis zu 1 Jahr) und Langfristigkeit, wird in der Kapitalverkehrsbilanz erfaßt; Geldanlagen im Ausland (Kapitalexport) und gegebene Kredite, die jeweils zu Zahlungsausgängen führen, werden dabei auf der Passivseite gebucht, während ausländische Kapitalanlagen im Inland (Kapitalimport) und empfangene Kredite Zahlungseingänge bedeuten und auf der Aktivseite gebucht werden.

A	Kapitalverkehrsbilanz	P
empfangene Kredite Kapitalimport	gegebene Kredite Kapitalexport	

1.6 Die Devisenbilanz

Die Devisenbilanz, auch Reservenbilanz genannt, zeigt die Änderung der Währungsreserven an, die aus Gold oder fremden Währungseinheiten (Devisen) bestehen und über die die Deutsche Bundesbank (DBB) verfügt. Als Devisen bezeichnet man alle ausländischen Zahlungsmittel (Buchgeld, Schecks, Wechsel).
Alle Zahlungsvorgänge, die der Finanzierung des Waren- und Dienstleistungsverkehrs, der unentgeltlichen Leistungen und der Kapitalbewegungen dienen, schlagen sich in der Devisenbilanz nieder, da jede Zahlung an das Ausland oder vom Ausland her die Währungsreserven (Gold- und/oder Devisenbestände) berührt. Durch Gegenüberstellung der Zu- und Abgänge dieser Reserven zeigt die Devisenbilanz die Änderungen der Goldreserve und des Bestandes an liquiden Auslandszahlungsmitteln an.
Jede Abgabe von Gold oder Devisen ist ein Aktivposten, jede Zunahme von Währungsreserven ein Passivposten in der Devisenbilanz.

A	Devisenbilanz	P
Abgänge an Gold oder Devisen (Goldexport/Devisenabfluß)	Zugänge an Gold oder Devisen (Goldimport/Devisenzufluß)	

2 Das Wesen der Zahlungsbilanz

Alle beschriebenen Bilanzen der Bereiche des internationalen Wirtschaftsverkehrs (sog. Teilbilanzen) werden nun, um einen Gesamtüberblick über die Außenwirtschaft eines Landes zu erhalten, zu einer Bilanz, der Zahlungsbilanz, zusammengefaßt.

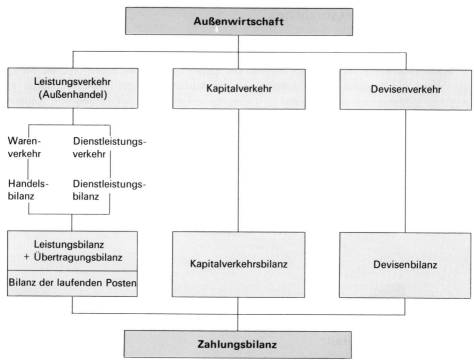

Als Summe der einzelnen Teilbilanzen ergibt sich folgender Aufbau für die Zahlungsbilanz:

Zahlungsbilanz		Teilbilanzen			
Zahlungseingänge für das Inland (+)	Zahlungsausgänge für das Ausland (—)				
Warenexport	Warenimport	Handels-bilanz	Leistungs-bilanz	Bilanz der laufenden Posten	
Export von Dienstleistungen	Import von Dienstleistungen	Dienst-leistungs-bilanz			
Unentgeltliche Leistungen an das Inland	Unentgeltliche Leistungen an das Ausland	Über-tragungs-bilanz			
Langfristiger Kapitalimport	Langfristiger Kapitalexport	Kapital-verkehrs-bilanz			
Kurzfristiger Kapitalimport	Kurzfristiger Kapitalexport				
Abgänge an Gold oder Devisen	Zugänge an Gold oder Devisen	Devisen-bilanz			
Restposten (ungeklärte Beträge)					

Die **Zahlungsbilanz** ist eine Gegenüberstellung aller außenwirtschaftlichen Zahlungsvorgänge eines Landes innerhalb eines bestimmten Zeitabschnittes (Monats-, Quartalsoder Jahresbilanz).

Wie jede Bilanz, so ist auch die Zahlungsbilanz formal stets ausgeglichen. Auf der linken Seite stehen alle Quellen, aus denen dem Inland ausländische Kaufkraft zugeflossen ist (Aktivposten, positives Vorzeichen), und die rechte Seite sagt aus, wie das Inland diese Mittel verwendet hat (Passivposten, negatives Vorzeichen). Aktivposten der Zahlungsbilanz sind also Leistungen vom Inland an das Ausland, Passivposten dagegen Leistungen vom Ausland an das Inland.

Diese gesamten Leistungen, die in der Bilanz der laufenden Posten und der Kapitalverkehrsbilanz erfaßt sind, müssen mit den entsprechenden Zahlungsvorgängen (Devisenbilanz) übereinstimmen. Daher müßten beide Seiten der Zahlungsbilanz in ihrer Gesamtsumme rechnerisch immer gleich sein, auch wenn die Teilbilanzen Salden aufweisen.

Tatsächlich ist dies aber nicht der Fall. Da ein vollkommener rechnerischer Ausgleich der Zahlungsbilanz wegen der Schwierigkeit der genauen Erfassung aller außenwirtschaftlichen Vorgänge kaum möglich ist (z. B. ungenaue Erfassung der Zahlungsziele, unterschiedliche Kreditgewährung im Warenhandel, nicht zurückgegebenes ausländisches Geld der Touristen), wird für nicht erfaßbare Posten und statistische Ermittlungsfehler ein sogenannter Restposten (ungeklärte Beträge) eingesetzt. Dieser „Lückenbüßer" der Zahlungsbilanz wird ermittelt als Differenz zwischen dem Saldo der laufenden Posten und dem Kapitalverkehr auf der einen Seite und der Devisenbilanz auf der anderen Seite.

Erhöhte Zahlungsausgänge müssen also mit einem Devisenabfluß einhergehen. Eine Zahlungsbilanz mit einem Defizit nennt man defizitäre oder **passive Zahlungsbilanz**.

aktive Zahlungsbilanz: Die Zahlungseingänge aus dem Ausland übersteigen die Zahlungsausgänge und führen zu Devisenzuflüssen.

passive Zahlungsbilanz: Die Zahlungsausgänge an das Ausland übersteigen die Zahlungseingänge und führen zu Devisenabflüssen.

Es läßt sich nun im Vergleich mehrerer Zahlungsbilanzen eine Verbesserung oder eine Verschlechterung feststellen. Eine Verbesserung ergibt sich, wenn sich bei einer aktiven Zahlungsbilanz der positive Saldo erhöht oder bei einer passiven Bilanz der negative Saldo sich vermindert, während als Verschlechterung der Bilanz eine Verminderung des positiven Saldos oder eine Erhöhung des negativen Saldos anzusehen ist.

Für die Zahlungsbilanz eines Landes ist es am günstigsten, wenn sich alle Aktionen und Zahlungen wertmäßig einander entsprechen, d. h., die einen Devisenzustrom bewirkenden Vorgänge halten sich mit den einen Devisenabfluß verursachenden Transaktionen gerade so die Waage, daß sich die Devisenbestände der zentralen Währungsbehörde im Zeitabschnitt nicht oder nur geringfügig ändern. Es liegt dann Zahlungsbilanzgleichgewicht vor. Solange aber Überschüsse bzw. Defizite durch Devisenzu- bzw. -abflüsse ausgeglichen werden, besteht kein Gleichgewicht. Die Zahlungsbilanz eines Landes ist erst im Gleichgewicht, wenn sich Devisenzu- und -abflüsse gerade ausgleichen. Der Saldo der Devisenbilanz ist dann Null.

Aus der folgenden Übersicht läßt sich die Entwicklung der Zahlungsbilanz in der Bundesrepublik Deutschland verfolgen.

Die Bundesbank, die die Zahlungsbilanz erstellt, unterteilt die Bilanz in verschiedene Salden, um einen möglichst genauen Einblick in die Außenwirtschaft des Landes zu gewähren.

Zahlungsbilanz der Bundesrepublik Deutschland Salden in Millionen DM

	Leistungsbilanz und Bilanz des Kapitalverkehrs					Saldo der statistisch nicht aufgliederbaren Transaktionen[4][5]	Ausgleichsposten zur Auslandsposition der Bundesbank[6]	Veränderung der Netto-Auslandsaktiva der Bundesbank (Zunahme: +)[7]
	Leistungsbilanz			Kapitalbilanz (Kapitalexport: −)				
Jahr	Außenhandel[1]	Dienstleistungen[2]	Übertragungen	langfristiger Kapitalverkehr	kurzfristiger Kapitalverkehr[3]			
1974	+ 50846	− 7999	−15155	− 6282	− 22490	− 419	−7390	− 9296
1975	+ 37276	− 8325	−17300	− 18231	+ 5671	− 307	+5528	+ 3309
1976	+ 34469	− 6349	−18157	− 780	− 294	+ 539	−7572	+ 1218
1977	+ 38436	−11045	−17642	− 12611	+ 14190	− 442	−7967	+ 2484
1978	+ 41200	− 5898	−18193	− 2805	+ 9033	− 4339	−7678	+12094
1979	+ 22429	−11305	−20506	+ 12200	− 2762	− 4466	−2424	− 7378
1980	+ 8947	−10118	−23466	+ 5807	− 6211	− 2365	+2356	−25538
1981	+ 27720	−10745	−24817	+ 8386	− 2630	− 14	+3740	+ 1457
1982	+ 51277	−13720	−25928	− 14156	+ 11005	− 6180	− 410	+ 2667
1983	+ 42089	− 6613	−25205	− 6979	− 11456	+ 820	+2430	− 1644
1984	+ 53966	+ 4748	−29723	− 19827	− 17663	+ 6451	+2118	− 981
1985	+ 73353	+ 5402	−29091	− 12865	− 41699	+ 8080	−3104	− 1261
1986	+112619	+ 1698	−27056	+ 33416	−115967	+ 2722	−3150	+ 2814
1987	+117735	− 5045	−29107	− 21973	− 17024	− 2245	−9303	+31916
1988	+128045	− 8437	−31788	− 86751	− 40772	+ 3911	+2158	−32519
1989	+134576	+ 8503	−33710	− 22232	−112865	+ 7985	−2564	−21560
1990[0]	+105382	+ 8249	−36652	− 65940	− 23715	+24267	−5105	+ 5871
1991	+ 21899	+ 1613	−59169	− 25369	+ 43370	+15410	+ 504	+ 823
1992	+ 33656	−24339	−49933	+ 46630	+ 60184	+ 1380	−6302	+62442
1993	+ 59415	−44007	−49549	+198171	−163916	−33867	+1530	−34237

Quelle: Monatsberichte der Deutschen Bundesbank, 3/1994, Stat. Teil, S. 85

Nach den Jahren des Wiederaufbaus zeigt die Zahlungsbilanz der Bundesrepublik einen stets wachsenden Überschuß in der Handelsbilanz (aktive Handelsbilanz), der durch Defizite in der Dienstleistungsbilanz (hoher Betrag durch Auslandsreiseverkehr) und in der Übertragungsbilanz (Zunahme der Heimatüberweisungen der ausländischen Arbeitskräfte) zum Teil ausgeglichen wird. Im langfristigen Kapitalverkehr sind in den meisten Jahren Defizite erkennbar im Gegensatz zum kurzfristigen Kapitalverkehr, der in fast allen Jahren einen Überschuß aufweist.

Die Verrechnung aller Salden (Saldo der laufenden Posten + Saldo der Kapitalbilanz) gibt Auskunft darüber, ob die Zahlungsbilanz insgesamt aktiv (Überschuß) oder passiv (Defizit) ist. Da sich jede außenwirtschaftliche Leistung in einem Zu- oder Abfluß von Devisen bei der Bundesbank auswirkt, drücken die Salden der Devisenbilanz Aktivität bzw. Passivität der Zahlungsbilanz aus. Die Vorzeichen dieser Salden zeigen, daß die Bundesrepublik Deutschland überwiegend eine aktive Zahlungsbilanz aufweist. Die Außenwirtschaft trug damit wesentlich zum Wirtschaftswachstum der Bundesrepublik bei.

---

[0]) Ab Juli 1990 einschließl. Transaktionen des Gebiets der ehemaligen DDR mit dem Ausland.
[1]) Spezialhandel nach der amtlichen Außenhandelsstatistik: Einfuhr cif, Ausfuhr fob.
[2]) Ohne die bereits im cif-Wert der Einfuhr enthaltenen Ausgaben für Fracht- und Versicherungskosten.
[3]) Jeweils letzter Monat vorläufig, ohne Handelskredite, deren Veränderung sich bis zu ihrer Erfassung im kurzfristigen Kapitalverkehr im Saldo der statistisch nicht aufgliederbaren Transaktionen niederschlägt.
[4]) Saldo der nicht erfaßten Posten und statistische Ermittlungsfehler im Leistungs- und Kapitalverkehr (= Restposten).
[5]) Die Angaben für den jeweils letzten Monat enthalten noch die Handelskredite.
[6]) Gegenposten zu Veränderungen der Auslandsposition der Bundesbank, die nicht auf den Leistungs- und Kapitalverkehr mit dem Ausland zurückgehen: Änderungen des DM-Wertes der auf Fremdwährung lautenden Aktiva und Passiva der Bundesbank durch Neubewertung zum Jahresende und Zuteilung von IWF-Sonderziehungsrechten; ab 1982 auch Differenzen zwischen den Transaktionswerten und den im Wochenausweis zu Bilanzkursen ausgewiesenen Veränderungen der Auslandsposition.
[7]) Ab 1982 bewertet zu Bilanzkursen; vgl. Monatsbericht der Deutschen Bundesbank, Januar 1982, S. 15 ff.

3 Der Zahlungsbilanzausgleich

Zwei Ungleichgewichte der Zahlungsbilanz sind möglich: Überschuß oder Defizit. Ein Überschuß gleicht sich durch erhöhte Deviseneingänge aus.

Schwieriger ist der Ausgleich eines Defizits, der kurzfristig durch erhöhte Devisenabflüsse erreicht werden kann. Aber selbst in einem wirtschaftlich starken Staat wäre die Zentralbank angesichts begrenzter Devisenvorräte und internationaler Kreditmöglichkeiten auf die Dauer nicht imstande, ein Zahlungsbilanzdefizit auf unbegrenzte Zeit hinaus durch Gold- oder Devisenbewegungen auszugleichen. Es ist daher eine der wichtigsten Aufgaben der Wirtschaftspolitik eines Landes, langfristig für ein Gleichgewicht in der Zahlungsbilanz bei gleichzeitiger Realisierung anderer Ziele (Vollbeschäftigung, Stabilität des Preisniveaus) zu sorgen.

Es stellt sich nun die bei Wirtschaftstheoretikern wie -politikern bedeutende, aber noch nicht klar beantwortete Frage, auf welche Weise ein Ungleichgewicht in der Zahlungsbilanz langfristig beseitigt, reduziert oder vermieden werden kann und welche Mechanismen auf einen Ausgleich der ein- und ausgehenden Zahlen hinwirken. Möglichkeiten sind gegeben durch bewußte Eingriffe wirtschaftspolitischer Instanzen, die bis zur marktinkonformen Maßnahme einer Devisenzwangswirtschaft führen können. Andererseits kann über einen marktgerechteren Wechselkurs ein Gleichgewicht angestrebt werden.

III Der Außenwert des Geldes

1 Der Wechselkurs

Da bei den mannigfachen außenwirtschaftlichen Beziehungen eine Vielzahl von Tausch- und Zahlungsvorgängen aufeinandertreffen, könnte man von einer idealen Lösung sprechen, wenn alle zwischenstaatlichen Beziehungen in einer einzigen Währung (Weltwährung) gerechnet würden. Bisher führt aber die Vergleichbarkeit aller Leistungen über den Wechselkurs, der das Austauschverhältnis einer Währung zu einer anderen ausdrückt. Der **Wechselkurs** (auch Devisenkurs) ist der Preis in inländischer Währung für einen feststehenden Betrag (meist 100 Einheiten, Ausnahme $, £ und Lire) der Auslandswährung.

Die Höhe der Wechselkurse bildet sich

● aus dem Verhältnis von Angebot und Nachfrage an den Devisenmärkten (freier oder flexibler Wechselkurs) oder

● aus der Beziehung zum Gold und zur Leitwährung $ (gebundener Wechselkurs)*).

Einen lediglich grundsätzlichen Anhaltspunkt für die Wechselkurshöhe gibt die Kaufkraftparitätentheorie von Gustav Cassel, wonach der Preis für ausländische Zahlungsmittel die Tendenz hat, das Verhältnis der Kaufkraft der beiden Währungen auszudrücken. Kostet z. B. ein Warenkorb bestimmter Ausprägung in der Bundesrepublik Deutschland 1000,00 DM und in den USA 250,00 $, so ergibt sich als Währungsverhältnis 4:1. Vom Wechsel- oder Devisenkurs ist der Sortenkurs zu unterscheiden. Sorten sind Noten oder Münzen in ausländischer Währung. Der Sortenkurs wird nicht über die Börse, sondern aufgrund der Marktlage von den Kreditinstituten festgesetzt.

1.1 Die Bildung des freien Wechselkurses

Ein deutscher Importeur hat im Ausland (z. B. USA) Ware gekauft und muß diese in ausländischer Währung ($) bezahlen. Das bedeutet, daß er sich diese ausländischen Zah-

Durchschnitte der amtlichen Devisenkurse an der Frankfurter Börse*)

	Telegrafische Auszahlung								
	Amster-dam	Brüssel	Dublin	Helsinki	Kopen-hagen	Lissabon	London	Madrid	Mailand/Rom
Zeit	100 hfl	100 bfrs	1 ir£	100 Fmk	100 dkr	100 Esc	1 £	100 Ptas	1000 Lit
	Durchschnitt im Jahr								
1986	88,639	4,859	2,906	42,775	26,815	1,451	3,184	1,549	1,4557
1987	88,744	4,813	2,671	40,890	26,275	1,275	2,941	1,457	1,3862
1988	88,850	4,777	2,675	41,956	26,089	1,219	3,124	1,508	1,3495
1989	88,648	4,772	2,665	43,836	25,717	1,194	3,081	1,588	1,3707
1990	88,755	4,837	2,673	42,245	26,120	1,133	2,877	1,586	1,3487
1991	88,742	4,857	2,671	41,087	25,932	1,149	2,926	1,597	1,3377
1992	88,814	4,857	2,656	34,963	25,869	1,157	2,753	1,529	1,2720
1993	89,017	4,785	2,423	28,915	25,508	1,031	2,483	1,303	1,0526

	Telegrafische Auszahlung							
	Montreal	New York	Oslo	Paris	Stockholm	Tokyo	Wien	Zürich
Zeit	1 kan$	1 US-$	100 nkr	100 FF	100 skr	100 ¥	100 S	100 sfr
	Durchschnitt im Jahr							
1986	1,5619	2,1708	29,379	31,311	30,449	1,2915	14,223	120,918
1987	1,3565	1,7982	26,687	29,900	28,341	1,2436	14,217	120,588
1988	1,4307	1,7584	26,942	29,482	28,650	1,3707	14,222	120,060
1989	1,5889	1,8813	27,230	29,473	29,179	1,3658	14,209	115,042
1990	1,3845	1,6161	25,817	29,680	27,289	1,1183	14,212	116,501
1991	1,4501	1,6612	25,580	29,409	27,421	1,2346	14,211	115,740
1992	1,2917	1,5595	25,143	29,500	26,912	1,2313	14,211	111,198
1993	1,2823	1,6544	23,303	29,189	21,248	1,4945	14,214	111,949

*) Errechnet aus den täglichen Notierungen. Angaben über Durchschnittskurse für frühere Jahre, über Tageskurse sowie über die Kursentwicklung des US-Dollar im Tagesverlauf finden sich in den Statistischen Beiheften zu den Monatsberichten der Deutschen Bundesbank, Reihe 5, Die Währungen der Welt.

lungsmittel besorgen muß, indem er am Devisenmarkt auftritt und ausländische Währung ($) nachfragt. Import bedeutet also Nachfrage nach ausländischer Währung auf dem Devisenmarkt.

Verkauft dagegen ein deutscher Exporteur Ware ins Ausland (USA), und zahlt der ausländische Importeur in ausländischer Währung ($), so wird der deutsche Exporteur diese Devisen auf dem Devisenmarkt zum Verkauf anbieten. Export bedeutet also Angebot an ausländischer Währung auf dem Devisenmarkt.

Import = Nachfrage nach ausländischer Währung
Export = Angebot an ausländischer Währung

Auf dem Devisenmarkt treffen nun Angebot und Nachfrage zusammen und bilden wie auf jedem anderen Markt einen Preis für das gehandelte Gut (hier Devisen). Dieser Preis auf dem Devisenmarkt wird Wechselkurs genannt. Er bildet sich ohne jeglichen Eingriff (freier Wechselkurs) und ist durch den ständigen Wechsel von Angebot und Nachfrage beweglich (flexibel). Den freien Wechselkurs bezeichnet man auch als Floating (von engl. to float = schwimmen, schweben, treiben). Angebot und Nachfrage am Devisenmarkt hängen nicht allein vom Export und Import ab, sondern von vielen anderen Faktoren (Kapitalexport, Spekulation). Für die Preisbildung sollen vereinfachend nur Export und Import herangezogen werden.

---

*) Der Dollar, der bisher Leitwährung unter den Währungen der Welt war, hat diese Vorrangstellung verloren. Auch die Bindung an das Gold wurde aufgehoben.

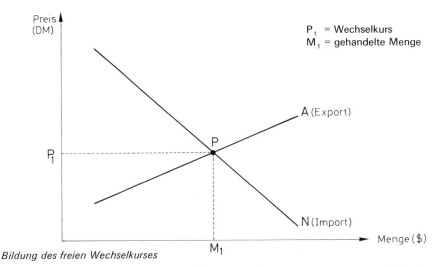

P₁ = Wechselkurs
M₁ = gehandelte Menge

Bildung des freien Wechselkurses

In P_1 ergibt sich mit dem Gleichgewichtspreis (Export = Import) der freie Wechselkurs (Preis für die ausländische Einheit).

Steigt nun, angenommen, der Export von der Bundesrepublik nach den USA an und bleibt der Import gleich, dann erhöht sich auch das Angebot an $ auf dem deutschen Devisenmarkt. Das zunehmende Devisenangebot führt zu einem Sinken des Wechselkurses für $. Durch den niedrigeren Wechselkurs wird nun der Import günstiger, was zu einer Ausweitung der Einfuhr führt.

Graphisch gesehen, ergibt sich eine Parallelverschiebung der Angebotskurve bei unveränderter Nachfragekurve. Daraus resultiert ein sinkender Preis für $ (von P_1 nach P_2).

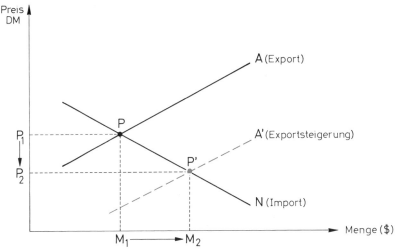

Das Ergebnis der Exportsteigerung: Der Wechselkurs des $ sinkt von P_1 nach P_2, während sich der Import von M_1 nach M_2 erhöht. Es ergibt sich ein neues Gleichgewicht, wo Angebot und Nachfrage sich ausgleichen (P').
Nimmt man nun an, der Import nimmt zu, dann steigt die Nachfrage nach $ auf dem Devisenmarkt, während das Angebot unverändert bleibt. Die zunehmende Devisennach-

frage infolge der Importsteigerung führt zu einem Steigen des Wechselkurses für $. Durch den steigenden Wechselkurs wird nun der Export günstiger, was zu einer Ausweitung der Ausfuhr führt.

Graphisch gesehen, bedeutet die Importsteigerung eine Parallelverschiebung der Nachfragekurve.

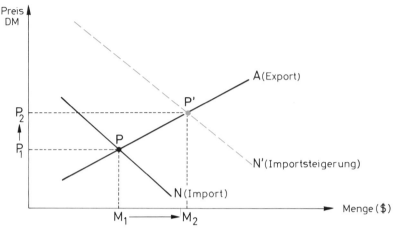

Ein steigender Preis (von P_1 nach P_2) ist die Folge der Importsteigerung. In P' ergibt sich ein neues Gleichgewicht.

Aus den beiden Annahmen der Export- und der Importsteigerung läßt sich die Tatsache ersehen, daß der freie Wechselkurs für einen Ausgleich von Export und Import sorgt.

Diese Funktion des automatischen Ausgleichs von Angebot und Nachfrage ist ein günstiger Mechanismus für das Gleichgewicht der Zahlungsbilanz eines Landes. Eine importierte Inflation, d. h. Preissteigerungen im Inland durch zusätzliche Geldmengen aus Exportüberschüssen, kann es dann nicht geben. Ein weiterer Vorteil des freien Wechselkurses ist darin zu sehen, daß ein Halten von großen Gold- oder Devisenreserven unnötig wird und der Notenbank dadurch keine Devisenschwierigkeiten entstehen.

Der freie Wechselkurs bringt aber auch Nachteile mit sich:

● relativ hohe Kursausschläge durch die Angebots- und Nachfrageabhängigkeit,
● dadurch große Unsicherheit im Welthandel (Zufallsgewinne bzw. -verluste), Rückgang der Weltarbeitsteilung,
● unsicherer Kalkulationsfaktor wegen zu großer Schwankungsbreite,
● unstabile Verhältnisse mit Möglichkeiten der Arbeitslosigkeit,
● vielfältige Möglichkeiten der berufsmäßigen Spekulation.

1.2 Der gebundene Wechselkurs

Neben der Bildung des freien Wechselkurses durch Angebot und Nachfrage auf dem Devisenmarkt können die Länder auch das Austauschverhältnis ihrer Währungen festlegen, indem die Währungen in ein festes Verhältnis zum Gold und zur Leitwährung $ gebracht und daran gebunden werden. Aus der Beziehung zum Gold ergibt sich die Goldparität einer Währung. Unter Goldparität versteht man das festgesetzte Verhältnis einer Währungseinheit zum Gold (z. B. 38 $ = 1 Feinunze Gold; 1 Unze = 31,1035 g).

Beispiel für Goldparität:

1 $ = 0,8185 g Gold	1 kg Gold = 1.221,729 $
1 DM = 0,2540 g Gold	1 kg Gold = 3937,023 DM

Aus dieser Goldparität läßt sich nun die Währungsparität (Wechselkurs) ermitteln:

$$1\ \$ = \frac{0{,}8185}{0{,}2540}\ \text{oder}\ \frac{3\,937{,}023}{1.221{,}729} = 3{,}22\ \text{DM}$$

Der gebundene Wechselkurs wird an der Stelle gebunden, an der sich der freie Wechselkurs normalerweise einpendelt.

Die richtige Bindung des Wechselkurses ist schwierig. Selbst wenn der gebundene Wechselkurs zum Zeitpunkt der Bindung den Marktverhältnissen entspricht, führt er jedoch auf Dauer häufig zu Ungleichgewichten. Steigen, angenommen, in den USA die Güterpreise stärker als in Deutschland, dann wird der Einkauf in den USA teurer, was sich in einer Nachfragesenkung (Importrückgang) ausdrückt. Der Export soll aus Vereinfachungsgründen konstant bleiben. Aus diesem Sachverhalt ergibt sich dann ein Exportüberschuß, d.h. ein Überangebot an $ in Deutschland, wie auch die folgende Graphik zeigt.

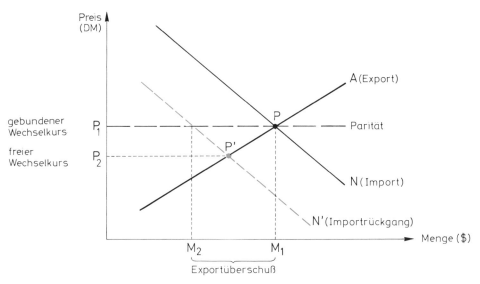

Steigen andererseits die Güterpreise in Deutschland stärker als in den USA, so wird ein Exportrückgang die Folge sein. Auch hier kommt es bei gebundenem Wechselkurs zu einem Ungleichgewicht, wie aus folgender Darstellung hervorgeht.

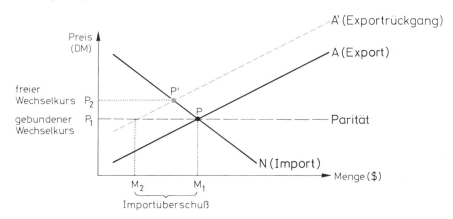

Aus beiden Annahmen läßt sich das Ergebnis erkennen, daß gebundene Wechselkurse nur selten mit der freien Preisbildung übereinstimmen. Es stellen sich entweder Export- oder Importüberschüsse heraus, d. h., ein Überangebot an $ bzw. eine verstärkte Nachfrage nach $. Ist der Wechselkurs zu hoch gebunden, ergeben sich Exportüberschüsse, bei zu niedrig gebundenem Kurs Importüberschüsse.

Will man den gebundenen Wechselkurs volkswirtschaftlich beurteilen, so lassen sich Vor- und Nachteile erkennen. Ein Vorteil ist darin zu sehen, daß sich im Außenhandel eine Sicherheit durchsetzt, da große Kursschwankungen durch die Bindung an einen Kurs vermieden werden und der Kurs als sichere Kalkulationsgrundlage dienen kann. Nachteilig wirkt sich dagegen der ungleichgewichtige Außenhandel aus. Bei ständigen Exportüberschüssen ist das Angebot an ausländischer Währung so hoch, daß es zu einer Inflation kommen kann, die vom Ausland hereingetragen wurde (importierte Inflation). Gebundene Wechselkurse lassen sich nur in Ländern mit einheitlicher Währungspolitik befürworten, weil dann alle Maßnahmen zur wirtschaftlich richtigen Bindung abgesprochen werden können.

1.3 Das Wechselkurssystem mit Bandbreiten

Dieses Wechselkurssystem, das bis Anfang 1973 in der Bundesrepublik galt, versucht die Vorteile des freien und des gebundenen Wechselkurses unter Ausschaltung der Nachteile zu vereinen.

Im Jahre 1944 wurde das Abkommen von Bretton Woods (New Hampshire, USA) geschlossen (Beitritt der Bundesrepublik Deutschland 1952), in dem die Währungen in ein festes Verhältnis zum Gold und zur Leitwährung $ gebracht wurden. Um nun aber im börsenmäßigen Devisenhandel größere Schwankungen durch das wechselnde Verhältnis von Angebot und Nachfrage zu begrenzen, vereinbarte man in diesem Abkommen weiter eine Schwankungsbreite von +1% bis −1% um die Währungsparität.

Als sich die 10 wichtigsten Industrie- und Handelsstaaten der westlichen Welt (der sog. Zehnerklub: Belgien, Bundesrepublik, England, Frankreich, Holland, Italien, Japan, Schweden, Schweiz und USA) am 18. Dezember 1971 auf der Währungskonferenz in Washington über die Neufestsetzung der Währungskurse einigten, wurde auch die Schwankungsbreite der Wechselkurse (die sog. Bandbreite) von 1% auf 2,25% nach jeder Seite erhöht (Spielraum 4,5%; EG-Währungen 2,25%). Die Wechselkurse auf den Devisenmärkten dürfen damit maximal 2,25% nach oben oder unten von der festgelegten Währungsparität abweichen. Sie sind innerhalb der Bandbreite stabil.

Droht nun eine Abweichung über die Bandbreite nach oben oder unten hinaus, so muß die Bundesbank kursregulierend eingreifen (intervenieren). Man bezeichnet daher die Begrenzung der Bandbreite als oberen bzw. unteren **Interventionspunkt.**

Erreicht der Wechselkurs die obere Grenze (oberer Interventionspunkt), so muß die Bundesbank Devisen verkaufen, um die bei hohem Kurs bestehende Devisenknappheit auf dem Markt zu vermindern und damit den Kurs auf den Gleichgewichtspreis zu drücken. Bei Erreichen des unteren Interventionspunktes muß sie Devisen ankaufen (*Stützungskauf*), um den bei niedrigem Kurs bestehenden Devisenüberschuß abzuschöpfen und damit den Kurs wieder auf den Gleichgewichtspreis ansteigen zu lassen. Die Bereitschaft der Bundesbank zu intervenieren setzt damit eine Devisenreserve voraus.

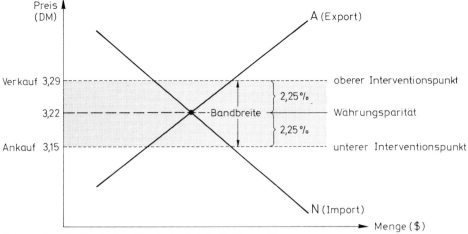

Intervention der Deutschen Bundesbank beim $-Wechselkurs

Dieses Wechselkurssystem mit Bandbreiten ist von besonderer Bedeutung für den Ausgleich der Zahlungsbilanz. Ungleichgewichte in der Zahlungsbilanz werden durch Zunahme (bei Überschüssen) oder Abnahme (bei Defiziten) der Währungsreserven beseitigt. Ist eine Zahlungsbilanz durch ein Defizit derart gekennzeichnet, daß der obere Interventionspunkt erreicht ist, wird ein Ausgleich durch Goldexport bzw. Devisenverkäufe der Zentralnotenbank auf dem inländischen Devisenmarkt erfolgen. Mit dem Verkauf von Devisen ergibt sich eine Verknappung der Inlandsgeldmenge, die zu einem sinkenden Preisniveau führt. Die neuen Preisrelationen zwischen In- und Ausland bewirken nun, daß das Inland weniger, das Ausland dagegen mehr importiert. Dadurch wird das Defizit abgebaut.

1.4 Der gespaltene Wechselkurs

Manche Länder haben den Wechselkurs gespalten. Während laufende Geschäfte im Waren- und Reiseverkehr sowie die Übertragungen (Geldüberweisungen von Gastarbeitern) zu einer festen Parität abgewickelt werden, bildet sich der Wechselkurs für den sonstigen Kapitalverkehr (Investitionen, kurz- und langfristige Kredite) frei auf dem Devisenmarkt.

1.5 Feste Umrechnungskurse

Mit Staaten, deren Devisen nicht frei erwerbbar sind (nicht konvertierbare Währung, z. B. der russische Rubel), können in Zahlungsabkommen feste Umrechnungskurse vereinbart werden. Als Konvertibilität oder Konvertierbarkeit bezeichnet man die freie Eintauschbarkeit der Währungen im Devisenverkehr.

2 Veränderungen der Währungsparität

Stimmt die festgelegte Währungsparität für längere Zeit nicht mit dem Wechselkurs, der sich normalerweise frei auf dem Devisenmarkt gebildet hätte, überein, so kann durch ein Abkommen das Austauschverhältnis zum Gold und zur Leitwährung geändert werden, indem der Außenwert der Währung erhöht (*Aufwertung*) oder vermindert (*Abwertung*) wird.

2.1 Aufwertung (Revalvation)

Aufwertung bedeutet Erhöhung des Außenwertes einer Währung. Der Wechselkurs sinkt, dadurch erhält man für die inländische Währungseinheit mehr ausländische Währungseinheiten.

Beispiel:

Goldparität vor der Aufwertung	1 DM = 0,2428 g Gold
Goldparität nach der Aufwertung	1 DM = 0,2540 g Gold

Währungsparität vor der Aufwertung $\quad 1\ \$ \ = \dfrac{0,8887}{0,2428} = 3,66\ DM$

$$1\ DM = 0,27\ \$$$

Währungsparität nach der Aufwertung $\ 1\ \$ \ = \dfrac{0,8185}{0,2540} = 3,22\ DM$

$$1\ DM = 0,31\ \$$$

Eine Ware kostet in den USA 1.000 $. Der Preis in DM beträgt vor der Aufwertung (1 $ = 3,66 DM) 3660,00 DM, nach der Aufwertung (1 $ = 3,22 DM) 3220,00 DM. Die Ware aus den USA wird also durch die Aufwertung billiger, was eine **Importsteigerung** zur Folge hat.
Eine Ware kostet in der Bundesrepublik 1000,00 DM. Der Preis in USA-$ ergibt
vor der Aufwertung $\quad$ (1 DM = 0,27 $) 270 $,
nach der Aufwertung (1 DM = 0,31 $) 310 $.

Die deutsche Ware wird für die USA durch die Aufwertung teurer. Die Folge ist ein **Exportrückgang.**

Aufwertung bedeutet Exportrückgang und Importsteigerung.

Dieser Sachverhalt läßt sich auch graphisch im Preis-Mengen-Diagramm darstellen.

Das Angebot auf dem inländischen Devisenmarkt stammt aus Exporten, die Nachfrage aus Importen. Bei normal verlaufenden Angebots- und Nachfragekurven ergibt sich z. B. auf dem Deviseninlandsmarkt für $ ein Preis von 3,66 DM.

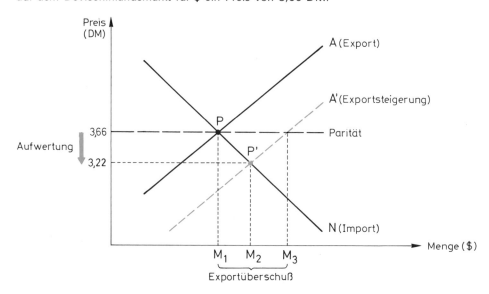

Zum Wechselkurs von 3,66 DM kommen Devisenangebot aus Exporten und Devisennachfrage für Importe zum Ausgleich. Die Dollarmenge M_1 wird umgesetzt.

Ergibt sich nun durch eine verstärkte Nachfrage des Auslandes nach Inlandsgütern, weil vielleicht bestimmte Güter im Ausland durch unterschiedliche Inflationsraten teurer geworden sind, ein Exportüberschuß, so wird das Devisenangebot größer. Durch Verschiebung der Angebotskurve (Exportsteigerung) wird das Ungleichgewicht graphisch deutlich (siehe Seite 203).

Der DM-Preis für $ (Wechselkurs) liegt unter der Parität, er ist auf 3,22 DM gesunken. Wird nun aufgewertet, was soviel wie Anpassung an das neue Gleichgewicht bedeutet, so ergibt sich als neue Parität 3,22 DM. Der Wechselkurs ist gesunken. Die neue Parität der DM bedeutet eine Aufwertung der DM gegenüber dem Dollar um 13,6%.

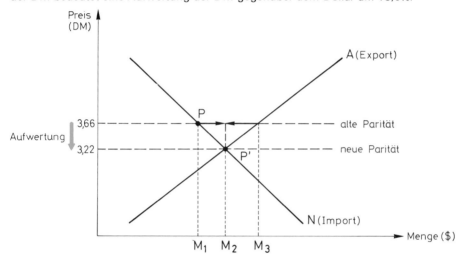

Der Export geht zurück ($M_3 - M_2$), und der Import erfährt eine Steigerung ($M_2 - M_1$). Die Vorteile einer Aufwertung für eine Volkswirtschaft lassen sich im außenwirtschaftlichen Gleichgewicht sehen, das zu einer Preisberuhigung führt. Gleichzeitig führt die Importsteigerung zu einem vermehrten Angebot an ausländischen Waren. Nachteilig wirkt sich die Aufwertung auf die Exportgüterindustrie aus, die durch die Exporteinschränkung einen eventuellen Beschäftigungsrückgang in ihre Unternehmensplanung einbeziehen muß.

2.2 Abwertung (Devalvation)

Abwertung bedeutet Verminderung des Außenwertes einer Währung. Der Wechselkurs steigt, dadurch erhält man für die inländische Währungseinheit weniger ausländische Währungseinheiten (1 DM = 0,27 $ vor der Abwertung, 1 DM = 0,25 $ nach der Abwertung).

Eine Ware kostet in den USA 1.000 $. Der Preis beträgt in der Bundesrepublik Deutschland
vor der Abwertung   (1 $ = 3,66 DM) 3660,00 DM,
nach der Abwertung (1 $ = 4,00 DM) 4000,00 DM.
Die USA-Ware wird also teurer. Die Folge ist ein Importrückgang.

Kostet eine Ware in der Bundesrepublik Deutschland 1000 DM, dann beträgt der Preis in den USA
vor der Abwertung (1 DM = 0,27 $) 270 $,
nach der Abwertung (1 DM = 0,25 $) 250 $.
Die deutsche Ware wird billiger, was sich in einer Exportsteigerung ausdrückt.

Abwertung bedeutet Exportsteigerung und Importrückgang.

Ergibt sich durch einen Importüberschuß ein Ungleichgewicht, so liegt der Preis über der Parität, der Wechselkurs ist gestiegen.

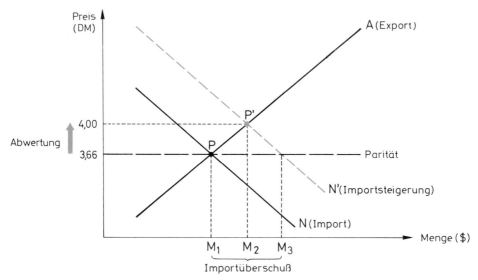

Wird nun, um Devisenangebot und Devisennachfrage ins Gleichgewicht zu bringen, abgewertet, so ergibt sich als neue Parität 4,00 DM.

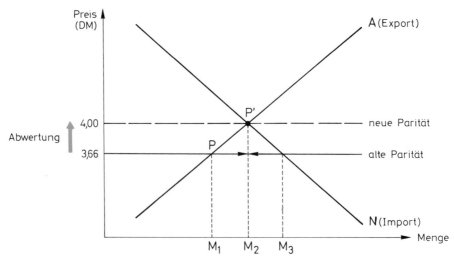

Um zum neuen Gleichgewicht zu kommen, geht der Import zurück ($M_3 - M_2$), und der Export erfährt eine Steigerung ($M_2 - M_1$).

Die Abwertung trägt mit zum außenwirtschaftlichen Gleichgewicht bei. Weiterhin wird die Lage der Exportgüterindustrie verbessert, was gleichzeitig einer Konjunkturanregung dienen kann. Als nachteilig ergibt sich ein rückläufiges Güterangebot im Inland, was wiederum zu Preissteigerungen führen kann.

Auf- und Abwertung regeln den Wechselkurs, der wiederum durch das Ausmaß seiner Änderungen entscheidenden Einfluß auf die internationalen Wettbewerbsbedingungen und Kapitalströme und damit auf den Ausgleich der Zahlungsbilanz ausübt. Im gleichen Ausmaß, in dem die Währung eines Landes aufgewertet wird, verteuert sich der Export dieses Landes ins Ausland und verbilligen sich seine Einfuhren (evtl. Passivierung der Handelsbilanz). In Ländern mit aktiven Zahlungsbilanzen ist daher die Aufwertung ein Mittel zur Verringerung des Exportüberschusses mit dem Ziel des Zahlungsbilanz-ausgleichs. Umgekehrt wirkt eine Abwertung verbilligend auf den Export und verteuernd auf die Einfuhr (evtl. Aktivierung der Handelsbilanz). Bei einem Zahlungsbilanzdefizit spart sie durch die Verringerung der Importmenge Devisen ein, erhöht durch die Steigerung der Exportmenge die Deviseneinnahmen und zielt somit auf einen Ausgleich der Zahlungsbilanz.

3 Der Internationale Währungsfonds (IWF)

Nach den verwirrenden Vorkommnissen des internationalen Geldwesens in den 30er Jahren war eine Neuordnung unumgänglich geworden. So kam es 1944 zur Währungs- und Finanzkonferenz in Bretton Woods (USA), die im Dezember 1945 mit dem Abkommen über den Internationalen Währungsfonds (International Monetary Fund) ihren Abschluß fand. Das Abkommen wurde von 30 Mitgliedsstaaten unterzeichnet. 1952 trat die Bundesrepublik Deutschland bei. Heute gehören dem Fonds 125 Länder an. Durch dieses Abkommen von Bretton Woods wuchs nach dem 2. Weltkrieg der internationale Handel sehr schnell an, auch wenn sich der Ostblock nicht beteiligte.

Der IWF hat seinen Sitz in Washington. Oberstes Organ ist der Gouverneursrat, zu dem jedes Mitgliedsland einen Gouverneur (möglichst der Bundesbankpräsident) und einen Stellvertreter entsendet. In den Organen des IWF wird nach dem Mehrheitsprinzip abgestimmt, wobei der Stimmrechtsanteil nach der Beteiligung eines Landes am Fonds (Quote) gemessen wird.

Das Bretton-Woods-Abkommen sieht die wichtigsten Aufgaben des IWF in folgenden Punkten:

● Erhalten stabiler Wechselkurse innerhalb der festgelegten Bandbreite (Auf- oder Abwertung nur bei bedeutendem Ungleichgewicht der Zahlungsbilanz),

● Abbau aller Beschränkungen im internationalen Zahlungsverkehr (volle Konvertibilität) und Ausweitung des Welthandels,

● Förderung der internationalen währungspolitischen Zusammenarbeit für ein Wachstum des internationalen Handels sowie zum Ausgleich von Gleichgewichtsstörungen der Zahlungsbilanzen und zur Stabilität der nationalen Währungen,

● Kreditgewähurung bei kurzfristigen Zahlungsbilanzschwierigkeiten einzelner Länder.

Bei einer defizitären Zahlungsbilanz wird einem Mitgliedsland auf Grund seines **Ziehungs-rechts** auf eine ausländische Leitwährung Kredit gewährt. Die vom IWF erhaltenen De-visen, die mit Landeswährung bezahlt werden, sollen das Loch in der Zahlungsbilanz stopfen. Dieses Mittel zum Ausgleich der Zahlungsbilanz kann aber nicht auf lange Sicht in Anspruch genommen werden, da die gewährten Mittel kurzfristig dem IWF zurück-gezahlt werden müssen. Langfristig gesehen, wird bei defizitären Zahlungsbilanzen also eine Abwertung nicht zu umgehen sein.

Erzielt dagegen ein Land ständig Außenhandelsüberschüsse, so muß es durch Kapital-export oder Sonderkredite an den Fonds versuchen, den Überschuß abzubauen. Gelingt dies auf lange Sicht nicht, so muß das Land aufwerten.

Da der wachsende Welthandel und der internationale Kapitalverkehr zu immer häufigeren Zahlungsbilanzschwierigkeiten führten und durch das gewaltige Wirtschaftswachstum die wichtigsten Reservewährungen knapp wurden, beschloß der IWF 1969 eine zu-sätzliche Kreditmöglichkeit durch die **Sonderziehungsrechte.** Danach werden jedem Mitgliedsland zur Stützung seiner Zahlungsbilanz Devisen von einem anderen Land ohne wirtschafts- oder währungspolitische Auflagen bewilligt. Die Finanzierung erfolgt durch die Sonderkredite der wirtschaftsstarken Länder an den Fonds.

Gleichzeitig mit dem IWF wurde die Weltbank (Internationale Bank für Wiederaufbau und Entwicklung) mit dem Sitz in Washington gegründet. Ihre Hauptaufgabe besteht in der Finanzierung von Projekten in Entwicklungsländern, die für die Entwicklung des Landes besonders vordringlich sind (z. B. Infrastruktur). Die Weltbank refinanziert sich auf den Kapitalmärkten der Welt.

4 Die Krisen des Weltwährungssystems

Im Laufe der Entwicklung treten Veränderungen auf, an die sich ein bestehendes Währungssystem anpassen muß, wenn es größeren Spannungen und Krisen vor-beugen will. So hat sich erwiesen, daß das 1945 in Bretton Woods beschlossene Welt-währungssystem gewisse Schwächen aufweist, die einer notwendigen Neuordnung bedürfen. Ziel dieser Neuordnung und Verbesserung des internationalen Währungs-systems soll sein, für eine weltweite Stabilität zu sorgen. Die neue Währungsordnung soll sich möglichst elastisch an veränderte Gegebenheiten im Welthandel und der Währungs-struktur angleichen können, da die Starrheit des bisherigen Systems dafür verantwortlich war, daß sich gewisse Spannungen anstauten. Große Meinungsverschiedenheiten be-stehen über den Weg, wie das internationale System gestärkt und krisenfester gemacht werden kann. Im folgenden sind einige Probleme aufgezeigt, die in Verbindung mit der Reform des Weltwährungssystems diskutiert werden:

● Ein wichtiger Diskussionspunkt sind die Wechselkurse. Im Laufe der Zeit sind die Wechselkurse falsch geworden. Falsche Wechselkurse führen aber zu Währungskrisen, spekulativen Kapitalbewegungen mit Inflationseffekt sowie Verzerrungen in der Handelspolitik. Daher sollen die Regeln für die Anpassung falsch gewordener Wechsel-kurse überdacht werden.

Eine größere Flexibilität der Wechselkurse, die kaum einen Unterschied zum völlig freien Wechselkurs aufweist, gilt in der Diskussion als entscheidendes Mittel zur Eindämmung der spekulativen Kapitalströme, die in den letzten Jahren immer wieder Währungskrisen ausgelöst haben. Die starren Kurse des Bretton-Woods-Systems bildeten für Währungsspekulanten eine feste Kalkulationsgrundlage. Größere Flexi-bilität würde dagegen ein Unsicherheitsmoment darstellen und abschreckend wirken.

● Ein weiteres Problem befaßt sich mit den Ungleichgewichten in den Zahlungsbilanzen der Länder. Die Zahlungsbilanzen sollen in größerer „Symmetrie" gehalten und größere Überschüsse oder Defizite schneller ausgeglichen werden. Reicht dazu die größere Flexibilität der Wechselkurse nicht aus, so sollen diese Ungleichgewichte durch häufigere Auf- bzw. Abwertungen der betreffenden Währungen ausgeglichen werden. Diejenigen Länder, die zum Abbau von Überschüssen nicht bereit sind, könnten von der internationalen Währungsgemeinschaft durch Sanktionen (z.B. Schutzzölle) zu Korrekturen gezwungen werden. Dieser Vorschlag klingt theoretisch ganz einleuchtend: jene Überschußländer, die eine Aufwertung verweigern, und jene Defizitländer, die einer Abwertungsforderung nicht nachkommen, durch Sanktionen zu einem entsprechenden Verhalten zu zwingen. Wie aber sollen diese Strafmaßnahmen in der Praxis einem mächtigen Industrieland gegenüber durchgeführt werden?

Auch der Vorschlag, die Zu- und Abnahme von Währungsreserven zum Maßstab zu machen, um darauf eine Verpflichtung zur Wechselkursänderung aufzubauen, wird diskutiert. Devisenzuflüsse können schließlich durch eine verstärkte Verschuldung im Ausland (z.B. durch dort niedriggehaltene Zinsen) herbeigeführt werden. Sie sind durchaus kein Indikator für eine ungleichgewichtige Zahlungsbilanz.

● Ein weiterer Diskussionspunkt bezieht sich auf die „Entthronung des Goldes als Währungsreserve". In einem reformierten Währungssystem soll das Gold nicht mehr im Mittelpunkt stehen und die führende Rolle als Reserveeinheit spielen. Die Starrheiten eines solchen Systems, das von den Ungewißheiten der Goldproduktion, der Spekulation und der Nachfrage für den industriellen Gebrauch abhängig ist, würden den Forderungen nicht mehr gerecht. Neben dem Gold soll auch der Dollar seine dominierende Rolle aufgeben und anderen Währungen gleichgestellt werden. Wie labil und reformbedürftig das gesamte Weltwährungssystem war, z.B. durch die Bindung an die Leitwährung Dollar, zeigte sich erneut bei der Währungskrise im Februar 1973. Ein Strom von Milliarden Dollar ergoß sich innerhalb weniger Tage vom europäischen Markt (Eurodollarmarkt) über die zu Stützungskäufen gezwungene Notenbank, die keine Abwehrmittel besaß. Die wichtigsten Industrieländer einigten sich schließlich am 13. 2. 1973 auf eine Abwertung des Dollars um 10% (Leitkurs 2,90 DM; unterer Interventionspunkt 2,835 DM; oberer Interventionspunkt 2,965 DM).

Doch schon bald wuchs der Dollarstrom wieder an. Damit war der Glaube an Wechselkurse, die an den Dollar gebunden sind, endgültig erschüttert. Die Länder der Europäischen Gemeinschaften (Belgien, Bundesrepublik Deutschland, Dänemark, Frankreich, Luxemburg, Niederlande) sowie Norwegen und Schweden einigten sich am 19. 3. 1973 auf ein gemeinsames Floaten (Block-Floating) gegenüber dem Dollar. Mit der Aufgabe des gebundenen Wechselkurses brauchte die Bundesbank keine Dollar mehr aufzukaufen, um den Kurs zu stützen. Der Kurs bildete sich jetzt frei nach Angebot und Nachfrage.

Die Währungen des Floating-Blocks blieben untereinander weiterhin flexibel gebunden (Bandbreite 2,25%).

Nach einer 3%igen Aufwertung der DM gegenüber dem Floating-Block wurde die Währungsparität nicht mehr in Dollar, sondern in Sonderziehungsrechten festgelegt (1 DM = 0,294389 SZR). Damit hatte der Dollar seine Bedeutung als Leitwährung für die Währungen der Welt verloren. An seine Stelle traten die Sonderziehungsrechte des Internationalen Währungsfonds (IWF).

Diese Sonderziehungsrechte, die 1969 als zusätzliche Kreditmöglichkeit geschaffen worden waren, weil mit dem gewaltigen Wirtschaftswachstum der westlichen Welt die traditionellen Reservewährungen immer knapper wurden und man einer Illiquidität vorbeugen wollte, räumen jedem Mitgliedsland beim IWF einen Anspruch auf Überlassung konvertierbarer Währungen ein. Der IWF kann sogar bestimmen, welches Land internationale Zahlungsmittel einem in Zahlungsschwierigkeiten geratenen Land zu liefern hat. Man kann sie auffassen als Bezugsscheine, durch die die Notenbanken von anderen Ländern internationale Zahlungsmittel erhalten können. Der Vorteil dieser Sonderziehungsrechte ist darin zu sehen, daß sie gegen Währungskrisen unanfällig sind, während die bisherigen traditionellen Bezugsgrößen Dollar und Gold in ihrem Wert schwankten. Dieses neue Zahlungsmittel, auch „Papiergold" genannt, soll den Welthandel mit internationaler Liquidität versorgen und von den Zufälligkeiten neuer Goldfunde und den Schwierigkeiten amerikanischer Zahlungsbilanzpolitik unabhängig machen.

Die Sonderziehungsrechte sind eine Art internationales Giralgeld, das aber lediglich den Notenbanken als Zahlungsmittel im internationalen Zahlungsverkehr eingeräumt wird, sie können nicht unmittelbar zu Interventionen am Devisenmarkt herangezogen werden. Verwendungsmöglichkeiten der Sonderziehungsrechte sind darin zu sehen, daß Länder mit hoher Liquidität (z. B. Bundesrepublik) sie lediglich den vorhandenen Reserven zuschlagen, während Länder mit Zahlungsbilanzschwierigkeiten diese einsetzen, indem sie über den IWF von einem währungsstarken Land konvertierbare Devisen gegen Abtretung von Sonderziehungsrechten erhalten. Ein Land kann auch die ihm nach der Mitgliedsquote beim IWF zugeteilten Sonderziehungsrechte dazu benutzen, eigene Währung aus den Beständen ausländischer Zentralbanken zurückzukaufen.

Die Sonderziehungsrechte sind zwar an das Gold gebunden (1 SZR = 0,888671 g Feingold), aber es besteht zur Zeit keine Umtauschpflicht in Gold. Mit dieser Goldbindung und der Währungsparität 1 DM = 0,294389 SZR ist auch ein theoretischer Goldgehalt für die DM errechenbar (1 DM = 0,261615 g Feingold); 1 SZR ist dann gleich 3,39687 DM.

Im Juni 1973 wurden an den europäischen Devisenbörsen in großem Umfang DM gegen Dollar gekauft. Damit und durch das Block-Floating stiegen die $-Währungsreserven der Bundesbank stark an, was am 29. 6. 1973 zu einer Aufwertung der DM um 5,5% gegenüber dem Floating-Block führte (1 DM = 0,31058 SZR). Die Wechselkurse der DM gegenüber den floatenden Ländern wurden entsprechend gesenkt, um die DM zu verteuern und einen weiteren Devisenzustrom zu unterbinden.

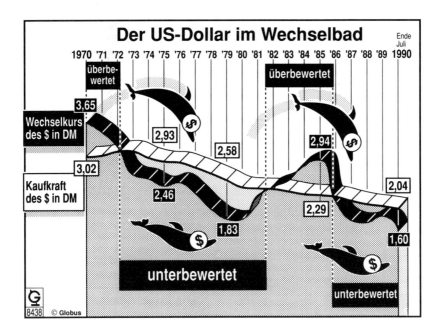

Der US-Dollar im Wechselbad Ende Juli

1970 '71 '72 '73 '74 '75 '76 '77 '78 '79 '80 '81 '82 '83 '84 '85 '86 '87 '88 '89 1990

überbewertet

überbewertet

3,65

Wechselkurs des $ in DM

2,93

2,58

2,94

Kaufkraft des $ in DM

3,02

2,46

2,04

1,83

2,29

1,60

unterbewertet

unterbewertet

8438 © Globus

Die ständigen Eingriffe in die Währungsverhältnisse der einzelnen Länder machen deutlich, daß bisher die Weltwirtschaft noch zu keinem zufriedenstellenden Weltwährungssystem gefunden hat. Eine grundlegende Neuordnung scheint dringender denn je erforderlich. Gesamtziel dieser Neuordnung muß es sein, durch Zusammenarbeit aller Länder im Rahmen des Internationalen Währungsfonds (IWF) das Wachstum des Welthandels und der Beschäftigung zu begünstigen, die wirtschaftliche Entwicklung zu fördern und zur Vermeidung von Inflation beizutragen. Der IWF-Reformplan von 1974 sah dazu folgende Richtlinien vor:

- Das Wechselkurssystem soll stabile, aber anpassungsfähige Währungsparitäten haben. Die Möglichkeit des Floatens wird für besondere Situationen als nützlich anerkannt.

- Defizit- und Überschußländer sollen gleiche Rechte und Pflichten übernehmen.

- Sonderziehungsrechte sind als zentrale Reserve vorgesehen.

- Die Liquidität der einzelnen Länder soll wirksam kontrolliert werden.

Auf der Konferenz von Jamaika 1976 wurde den durch einen stabilen Wechselkurs auftretenden Problemen Rechnung getragen in dem Beschluß, daß künftig jedes Wechselkurssystem erlaubt ist. Damit ergibt sich ein weltwährungspolitisches Mischsystem aus Floaten, Blockfloaten und Festhalten an Sonderziehungsrechten.

Die Entwicklung zeigt, daß sich die Probleme der Welt, vor allem aber die Ungleichheiten zwischen den Industrieländern und den Entwicklungsländern, nicht in einem generellen System erfassen lassen.

Der weiter zunehmende Verfall des Dollars führte dazu, daß die Regierungschefs der Europäischen Gemeinschaft zur Abwehr von spekulativen Verhältnissen an den Devisenmärkten am 01. 01. 1979 das Europäische Währungssystem (EWS) beschlossen.

Das EWS setzte den schon 1972 mit dem europäischen Wechselkursverbund, der sog. Währungsschlange, begonnenen Versuch, eine gemeinsame Währung in Europa zu schaffen, fort. Der Güter- und Kapitalverkehr in der Europäischen Union sollte durch feste, nur innerhalb fester Grenzen veränderliche Wechselkurse zwischen den beteiligten Währungen vor Wechselkursrisiken bewahrt und damit wesentlich erleichtert werden. Die Mitglieder des europäischen Währungssystems sind verpflichtet, die Kursschwankung ihrer Währung gegenüber den Partnerwährungen auf eine bestimmte Bandbreite zu begrenzen und damit auch gezwungen, ihre Wirtschaftspolitik aufeinander abzustimmen.

Berechnungsbeispiel:

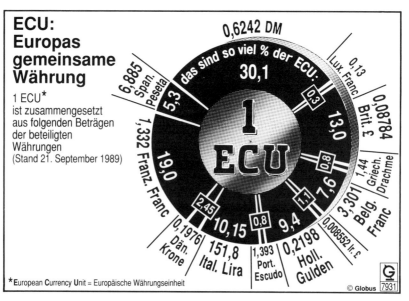

ECU: Europas gemeinsame Währung

1 ECU* ist zusammengesetzt aus folgenden Beträgen der beteiligten Währungen (Stand 21. September 1989)

*European Currency Unit = Europäische Währungseinheit

© Globus 7931

Keine Währung für den täglichen Gebrauch
Europas Währung ist die ECU (European Currency Unit = Europäische Währungseinheit). Allerdings ist sie keine Währung für den täglichen Gebrauch der EG-Bürger. Aber als Rechengröße zwischen den EG-Ländern, für den Haushalt der Gemeinschaft, für die Statistik, für die Festsetzung der Agrarpreise, als Meßinstrument für die Kursentwicklung der beteiligten Währungen und zunehmend auch als Anleihewährung spielt sie eine wichtige Rolle. Wieviel aber ist eine ECU wert? Eine ECU ist soviel wert wie 0,6242 DM plus 1,332 Französische Francs plus 151,8 Italienische Lire plus ... plus ... plus ... Jedes EG-Land tut genau die in unserem Schaubild genannten Beträge seiner Währung in den europäischen Währungskorb, und wenn alle beisammen sind, so ist das eine ECU. Wenn man nun noch die im Korb enthaltenen Beträge ausländischer Währungen in DM umrechnet und dann die DM-Beträge aller zwölf Währungen addiert, erhält man die Summe von 2,0728 DM. Eben dies ist der Wert der ECU, wenn man die am 20. September 1989 geltenden Wechselkurse zugrunde legt: Das Gewicht der DM im Währungskorb errechnet sich so: 0,6242 DM (= deutscher Korbanteil) sind 30,1 Prozent von 2,0738 DM (= Gesamtwert einer ECU). Die DM ist damit die mit Abstand wichtigste Korbwährung. *Globus*

Mittelpunkt des EWS ist der ECU (European Currency Unit = Europäische Währungseinheit). Sie ist die Bezugsgröße für die Wechselkurse

- als Indikator für Wechselkursabweichungen,
- als Rechengröße innerhalb des EWS und
- als Zahlungsmittel und Währungsreserve der Europäischen Zentralnotenbank.

Die Europäische Währungseinheit ist als Währungskorb definiert, der sich aus festen Beträgen der am Wechselkurs beteiligten Währungen zusammensetzt. Der jeweilige Anteil der einzelnen Länder am Währungskorb wurde bei Inkrafttreten des EWS nach der wirtschaftlichen Bedeutung des einzelnen Landes festgelegt. Durch Umrechnung der in der ECU enthaltenen Beträge in jeweils eine Währung ergab sich dann ein ECU Gegenwert für jede Teilnehmerwährung, der sog. ECU-Leitkurs. Mit Hilfe dieses Leitkurses ließen sich dann die bilateralen Leitkurse bestimmen, d.h. die Paritäten zwischen zwei beteiligten Währungen.

Die an den nationalen Devisenbörsen ermittelten Wechselkurse dürfen nur innerhalb der festgelegten Bandbreite nach oben oder unten schwanken. Erreicht eine Währung im Verhältnis zu einer anderen Währung den oberen oder unteren Wert der zulässigen Bandbreite, dann sind die beiden beteiligten Notenbanken zu einer Intervention am Devisenmarkt verpflichtet, um den Wechselkurs wieder zu stabilisieren. Das geschieht durch Stützungskäufe oder -verkäufe.

Wenn die Währungsparitäten durch Interventionen der Notenbanken an der Devisenbörse nicht mehr gehalten werden können, dann sieht das EWS Anpassungen der Leitkurse vor. Dafür ist das Einverständnis aller beteiligten Länder erforderlich, denn bei einer Auf- oder Abwertung einer Währung ändern sich deren gesamte bilateralen Leitkurse und damit auch alle ECU-Leitkurse sowie die Anteile der Währung im ECU-Währungskorb. Derartige Leitkursanpassungen, die auch **Realigments** genannt werden, wie sie etwa in den ersten Jahren des Europäischen Währungssystems häufig auftraten, wurden seit 1983 aber weitgehend vermieden.

Leitkursanpassungen werden weniger nötig, wenn die einzelnen EU-Länder ihr wirtschafts- und währungspolitisches Verhalten mehr aufeinander abstimmen. Daß dieser Prozeß nicht reibungslos funktioniert, haben die Vorgänge im Herbst 1992 deutlich gemacht, als das britische Pfund und die italienische Lira aus dem Wechselkursverbund ausscherten, weil ihre Kurse, an denen im EWS zu lange festgehalten worden war, gegen die Kräfte des Devisenmarktes nicht mehr verteidigt werden konnten. Peseta und Escudo wurden gegenüber den anderen europäischen Währungen abgewertet.

Die Krisen des Europäischen Währungssystems sowohl im September 1992 als auch im Juli/August 1993 haben deutlich gemacht, daß eine dauerhafte Wechselkursstabilität nur auf der Grundlage einer auf Geldwertstabilität orientierten Wirtschaftspolitik in allen Ländern der Europäischen Union möglich ist. Mit dem Vertrag über die Europäische Union hatten die EG-Länder im Februar 1992 in Maastricht einen dreistufigen Übergang zu einer Wirtschafts- und Währungsunion bis spätestens 1999 beschlossen. Diese Union ist ausdrücklich als Stabilitätsgemeinschaft geplant, d.h. nur Länder, die bestimmte Mindestvoraussetzungen im Hinblick auf

- die Preis- und Wechselkursstabilität,
- die öffentlichen Finanzen und
- die wirtschaftspolitische Abstimmung in den Partnerländern

erfüllen, sollen aufgenommen werden.

IV Die wirtschaftliche Integration Europas

1 Das Zoll- und Handelsabkommen (GATT)

Würde der multilaterale freie Außenhandel überall auf der Welt gelten, so könnten alle Länder daraus ihren Nutzen ziehen. Auf dem Weg internationaler Zusammenarbeit zu diesem Ziel ist das Allgemeine Zoll- und Handelsabkommen von 1947 (GATT = General Agreement on Tariffs and Trade) die erste Stufe (Sitz: Genf). Ziel dieses Abkommens, dem sich 38 Mitgliedsländer aus aller Welt verpflichtet haben, ist die Liberalisierung des Außenhandels mit folgenden Aufgaben:

- Abbau aller Handelshemmnisse,
- Meistbegünstigung auf breiter, überstaatlicher Ebene,
- möglichst niedrige Zölle bei konvertiblen Währungen,
- Aufhebung mengenmäßiger Beschränkung und Verbot jeglicher Diskriminierung.

2 Die europäischen Vereinigungen

Besonders in Europa wurden die Gedanken wirtschaftlicher Vorteile des Freihandels in die Tat umgesetzt. Hier sind speziell die wirtschaftlichen Vereinigungen Montanunion, EG und EFTA zu nennen. Ziel dieser wirtschaftlichen Zusammenschlüsse ist es, alle Handelshemmnisse zu beseitigen, indem sich mehrere Länder zu einer Zollunion zusammenschließen. Innerhalb dieser Zollunion können die Zollsätze und Kontingente ermäßigt oder abgeschafft werden. Für den Handel mit nicht angeschlossenen Ländern können die Zollsätze bestehenbleiben oder vereinheitlicht werden.

Neben den Vorteilen wirtschaftlicher Integration (von lat. integrare = zusammenschließen) lassen sich auch Schwierigkeiten in der Durchführung erkennen. Es stellt sich zunächst die Frage, ob die Integration nach liberalen oder mehr nach dirigistischen Gesichtspunkten durchgeführt werden soll. Weiterhin ergeben sich in einzelnen Ländern innere finanzielle Schwierigkeiten, die zu chronischen Zahlungsbilanzdefiziten führen, was einer Integration hinderlich ist. Auch die Sonderstellung gewisser Wirtschaftszweige (z. B. agrarischer Sektor) wirft Probleme auf. Ein besonders wichtiger Punkt für die auftretenden Schwierigkeiten wirtschaftlicher Zusammenarbeit ist darin zu sehen, daß die politischen Gegebenheiten eines Landes manchmal im Widerspruch zu den erforderlichen Maßnahmen der Integration stehen und manche Staaten allzu starr an ihren bisherigen nationalwirtschaftlichen Gepflogenheiten festhalten.

2.1 Die Europäische Gemeinschaft für Kohle und Stahl (Montanunion)

1951 wurde als erster Schritt europäischer Zusammenarbeit die Europäische Gemeinschaft für Kohle und Stahl (EGKS bzw. Montanunion) ins Leben gerufen. Der Vertrag, den Belgien, die Bundesrepublik Deutschland, Frankreich, Italien, Luxemburg und die Niederlande unterschrieben, trat 1952 für 50 Jahre in Kraft und war Schrittmacher für weitere europäische Zusammenschlüsse.

Die Montanunion stellt eine Produktions- und Markteinheit der 6 Mitgliedsstaaten für Kohle, Erz, Stahl und Schrott dar. Ihr Ziel ist die Schaffung eines gemeinsamen Marktes für diese Produkte und die Verzahnung der Grundstoffindustrien. Dafür sind ihr folgende wirtschaftspolitische Aufgaben gestellt:

● vollkommene Liberalisierung des Handels mit den genannten Grundstoffen innerhalb der Länder,
● gemeinsame Zölle gegenüber den Nichtmitgliedsstaaten,
● gleiche Wettbewerbsbedingungen für alle Produzenten,
● Beseitigung aller Preisbindungen,
● keine Bildung unterschiedlicher Inlands- und Auslandspreise,
● Entwicklung und Rationalisierung der Produktion,
● Förderung des zwischenstaatlichen Austausches.

In Verfolgung dieser Aufgaben erkannten die 6 Mitgliedsstaaten bald, daß der Weg zu einem wirtschaftlich vereinten Europa nicht über eine branchenmäßige Teilintegration, sondern nur über eine schrittweise Gesamtintegration aller Wirtschaftsbereiche führen kann. So schlossen sich die gleichen Staaten am 25. März 1957 im Vertrag zu Rom zur Europäischen Wirtschaftsgemeinschaft (EWG) zusammen. Gleichzeitig wurde die Europäische Atomgemeinschaft (EAG, Euratom) ins Leben gerufen.

2.2 Die Europäische Wirtschaftsgemeinschaft (EWG)

Am 1.1.1958 traten die Römischen Verträge für eine Wirtschafts- und Zollunion der 6 Montanunion-Länder in Kraft.

Die Ziele dieser Wirtschaftsgemeinschaft sind:

● Errichtung eines gemeinsamen Marktes für die gesamte Wirtschaft,
● vollständiger Abbau der Binnenzölle zwischen den Mitgliedsstaaten (freier Wettbewerb) und einheitlicher Außenzoll (Zollunion),
● gemeinsame Handelspolitik gegen Drittländer,
● Koordinierung der Wirtschafts- und Sozialpolitik,
● gemeinsame Agrar- und Verkehrspolitik,
● Angleichung nationaler Rechtsvorschriften,
● Assoziierung überseeischer Gebiete der Mitgliedsstaaten (zollfreier Export in die EWG).

Es wurde eine europäische Investitionsbank gegründet, die die Erschließung von weniger entwickelten Gebieten der EWG und alle Mitglieder interessierende Investitionen finanziert.

2.3 Kleine Freihandelszone (EFTA)

Mit der Gründung der EWG war Westeuropa wirtschaftlich gespalten worden. Als Gegenmaßnahme zur engen Bindung der EWG-Staaten gründeten die nicht der EWG angehörenden Staaten Dänemark, Finnland, Großbritannien, Island, Norwegen, Österreich, Portugal, Schweden und Schweiz 1960 die **kleine Freihandelszone** (European Free Trade

Association = EFTA) mit Sitz in Genf (Schweiz). Zum Schutz des eigenen Handels und Wirtschaftsinteresses verfolgte die EFTA den Abbau aller Binnenzölle, dagegen sollten die Außenzölle unterschiedlich bleiben.

Nachdem am 1. Januar 1995 Österreich, Schweden und Finnland Mitglieder der EU wurden und damit automatisch aus der EFTA ausgeschieden sind, besteht die EFTA nur noch aus den Ländern Island, Liechtenstein, Norwegen und Schweiz. Daher wurde die Auflösung der Wirtschaftsgemeinschaft für voraussichtlich 1995 beschlossen.

Der Unterschied zwischen einer **Zollunion** und einer **Freihandelszone** liegt darin, daß die Mitglieder der Freihandelszone ihre zollpolitische Souveränität gegenüber Drittländern behalten, während bei einer Zollunion die Mitglieder einen gemeinsamen Außenzoll gegenüber Drittländern vereinbaren.

2.4 Rat für gegenseitige Wirtschaftshilfe (Comecon)

Während die europäischen Staaten der westlichen Welt auf dem Wege des Freihandels große Fortschritte machen, waren die Staaten Osteuropas auf Grund ihrer Wirtschaftsordnung dazu nicht in der Lage.

Unter Vorherrschaft der ehemaligen Sowjetunion arbeiteten bis zu seiner Auflösung am 1. 4. 1991 die sieben Mitgliedsländer des Warschauer Pakts sowie die Mongolische Volksrepublik und Kuba (Aufnahme 1972) und als Beobachter Jugoslawien und Nordkorea im Comecon (Council of Mutual Economic Aid – Rat für gegenseitige Wirtschaftshilfe) zusammen, das 1949 als Gegenstück zum Marshallplan ins Leben gerufen wurde. **Ziel dieser Zusammenarbeit** war

● die Koordination der Wirtschaftspläne,
● eine den ganzen Block umfassende Arbeitsteilung,
● gemeinsamer Ausbau des Transportsystems und
● technischer und wissenschaftlicher Erfahrungsaustausch.

Nach dem Zerfall der Sowjetunion wurde die Wirtschaftsgemeinschaft aufgelöst.

2.5 Europäische Gemeinschaft (EG) – Europäische Union (EU)

1967 wurden die Organe der Gemeinschaft für Kohle und Stahl, der Europäischen Wirtschaftsgemeinschaft und der Europäischen Atomgemeinschaft zusammengefaßt zu den Europäischen Gemeinschaften.

EGKS + EWG + EAG = EG

Im Laufe der Entwicklung machte die EG größere Fortschritte als die EFTA, so daß sich einige EFTA-Länder der EG annäherten und den Antrag auf Vollmitgliedschaft stellten. Am 1. 1. 1973 erweiterte sich der Kreis der sechs EG-Altstaaten um Dänemark, Großbritannien und Irland. Am 1. 1. 1981 folgte Griechenland; Spanien und Portugal folgten am 1. Januar 1986. Seit dem 1. Januar 1995 gehören die Staaten Finnland, Österreich und Schweden auch dem Bündnis an, so daß die **Europäische Union (EU)** – wie die **Europäische Gemeinschaft (EG)** seit Oktober 1993 heißt – heute 15 Mitglieder hat.

Ziele der EU:

- Mitwirkung bei der Sicherung des Friedens und der menschlichen Existenz durch Bekämpfung von Hunger, Armut und Unterentwicklung
- Aufbau einer Wirtschafts- und Währungsunion zur Abwehr von Wirtschaftskrisen
- freier Wettbewerb zum Nutzen der Verbraucher
- Ausgleich der unterschiedlichen regionalen Entwicklung
- Verbesserung der sozialen Lage
- Erhaltung der Lebensqualität durch gemeinsamen Umweltschutz

Durch Assoziierungsabkommen, Freihandelsabkommen und Handelsverträge versuchen die Europäischen Gemeinschaften, den Erwartungen und Wünschen der Völker, die nicht Mitglied der Gemeinschaft sind, entgegenzukommen.

Die Europäischen Gemeinschaften werden durch 4 Organe geführt:

- **Europäische Kommission in Brüssel:** Sie besteht aus 13 Mitgliedern (größere Mitgliedstaaten entsenden je 2 Vertreter) und ist das ausführende und verwaltende Organ.
- **Ministerrat in Brüssel:** Jedes Land ist durch 1 Mitglied seiner Regierung vertreten. Der Ministerrat, dessen Vorsitz jeweils für 6 Monate von einem Land wahrgenommen wird, faßt auf der Grundlage der Verträge die wesentlichen Beschlüsse und entscheidet damit über die Politik der Gemeinschaften. Die Beschlüsse müssen einstimmig erfolgen.
- **Europäisches Parlament in Straßburg:** Es hat 518 Mitglieder (Bundesrepublik Deutschland, Frankreich, Großbritannien und Italien je 81 Sitze, Spanien 60, Niederlande 25, Belgien, Griechenland und Portugal je 24, Dänemark 16, Irland 15 und Luxemburg 6 Sitze). Das Parlament hat beratende Funktion und dient der parlamentarischen Kontrolle.
- **Europäischer Gerichtshof in Luxemburg:** Er überwacht die Rechtmäßigkeit aller Beschlüsse und ist gerichtliche Instanz für alle, die sich durch die Beschlüsse der EG-Organe verletzt fühlen.

Insgesamt scheint es sehr schwierig, die nationalen Interessen der einzelnen Staaten so aufeinander abzustimmen, daß Probleme gemeinsam gelöst werden können, ohne daß sich ein Staat benachteiligt fühlt. Der mangelnde Fortschritt in dieser Richtung hat kritische Stimmen laut werden lassen, die behaupten, die Idee eines vereinten Europas werde an den nationalen Interessen scheitern und die Vorkommnisse der letzten Jahre hätten erkennen lassen, daß die Regierungen der Länder der Gemeinschaft in vielen entscheidenden Fragen nicht willig seien, die selbstgesteckten Ziele zu verwirklichen.

2.6 Die Vollendung des Europäischen Binnenmarktes

Die Europäische Gemeinschaft hat mit dem Europäischen Binnenmarkt am 1. Januar 1993 eine bis dahin einmalige Vision eines großen Wirtschaftsraumes ohne innere Grenzen angestoßen. Die Vollendung des Europäischen Binnenmarkts ist von der Öffentlichkeit nicht so gewürdigt worden, wie es angebracht gewesen wäre. Vielmehr wurde die europäische Diskussion durch den Vertrag von Maastricht und in diesem Zusammenhang vor allem durch die Vor- und Nachteile einer Europäischen Währungsunion bestimmt. Das Thema des Europäischen Binnenmarkts trat dadurch in den Hintergrund.

Trotz alledem ist das Programm zur Vollendung des Europäischen Binnenmarkts das bisher ehrgeizigste Programm, das die Kommission der Europäischen Gemeinschaft im Juni 1985 mit ihrem zwischenzeitlich berühmt gewordenen „Weißbuch zur Vollendung des Europäischen Binnenmarktes" vorgelegt hat.

2.6.1 Ziel

Ziel dieses Vorhabens war es, die in dem EG-Vertrag niedergelegten vier Freiheiten

- des freien Personenverkehrs,
- des freien Warenverkehrs,
- des freien Dienstleistungsverkehrs,
- des Kapitalverkehrs

endgültig zu verwirklichen und außerdem die Grenzkontrollen innerhalb der Europäischen Gemeinschaft zu beseitigen. Es soll damit ein einheitlicher europäischer Markt geschaffen werden, in dem die bisherigen Grenzen keine Bedeutung mehr haben, d. h. eben ein einheitlicher Binnenmarkt. Der Verkehr von Waren, Personen, Dienstleistung und Kapital soll z.B. zwischen Köln und Paris ebenso ungehindert wie bisher zwischen Köln und München stattfinden.

Natürlich hat die Europäische Gemeinschaft auch schon vor 1985 erhebliche Anstrengungen auf dem Wege zur Verwirklichung eines einheitlichen Marktes geleistet. Deshalb nennt man auch das Projekt zu Recht das Programm zur Vollendung des Europäischen Binnenmarktes. Es ging also um die Verabschiedung all der Teilstücke, die für einen einheitlichen Markt noch fehlten.

Beseitigung der Handelsschranken

• Materielle Handelsschranken

Die materiellen Schranken zeigten sich insbesondere in den Personenkontrollen an den Grenzen. Alle Grenzkontrollen innerhalb der EU-Länder sind inzwischen abgeschafft worden.

• Personenkontrollen

Der Europäische Reisepaß war der erste Schritt zur Abschaffung der Kontrollen. Europäische Bürger waren damit gleich zu erkennen und mußten sich nicht mehr einem langwierigen Kontrollverfahren unterziehen. Dadurch beschränkten sich bis 1992 die Überprüfungen an den Grenzen auf Stichproben bei der Ausreise. Seit dem 01. 01. 1993 sind die Kontrollen an den inneren Grenzen der EU entfallen. Es muß jetzt aber an den Außengrenzen der EU stärker kontrolliert werden. Probleme wie Kriminalität, Drogenhandel oder Terrorismus müssen infolgedessen international bekämpft werden.

• Warenkontrollen

Gab es bis 1987 noch rund 70 Formulare für die Abfertigung des Güterverkehrs, so wurden diese am 01. 01. 1987 durch das Einheitsdokument ersetzt. Kontrollen an den Grenzen, die aufgrund unterschiedlicher Vorschriften (z.B. Gesundheitsschutz) erforderlich waren, mußten an den Ort des Versandes verlegt werden.

• Technische Handelsschranken

Unterschiedlichen Normen und Vorschriften für Produkte und Produktionsverfahren führten dazu, daß viele Erzeugnisse für die einzelnen Länder getrennt hergestellt wurden. Manchmal war auch der freie Warenverkehr durch Importverbote für bestimmte Waren behindert.

Beispiel:

Die Italiener bestanden darauf, in ihrem Land nur Nudeln aus Hartweizen zu verkaufen, deutsche Nudeln, die Weizen enthalten, durften nicht importiert werden. Erst ein Gerichtsurteil des Europäischen Gerichtshofs in Luxemburg schaffte Klarheit. Das Einfuhrverbot ist unzulässig, denn eine Gefahr für die Gesundheit besteht nicht. Die Zusammensetzung der Pasta ist reine Geschmacksache.

Die Vereinheitlichung aller Normen und Vorschriften wäre zeitraubend, langwierig und kaum zu bewältigen. Deshalb müssen die Mitgliedsländer die jeweiligen Normen gegenseitig anerkennen, solange es keine Europäische Norm gibt. Dabei sollen die Konsumenten durch ihre Nachfrage entscheiden, welche Produkte und Normen sich durchsetzen können. Voraussetzung für die gegenseitige Anerkennung der Rechtsvorschriften ist allerdings, daß gewisse Mindestvorschriften entsprechend den Richtlinien des Minsterrates an Sicherheit und gesundheitlicher Unbedenklichkeit gewährleistet sind.

● Steuerliche Handelsschranken

Eine wichtige und zugleich schwierige Aufgabe ist die Vereinheitlichung der indirekten Steuern. Die Bandbreite der bisher gültigen Steuersätze ist groß. Um Wettbewerbsverzerrungen zu vermeiden, hat die Kommission eine Harmonisierung der Steuersätze vorgeschlagen. Bei der Mehrwertsteuer ist ein System mit zwei Steuersätzen – einem Regelsatz und einem ermäßigten Satz – vorgesehen. Bei den Verbrauchsteuern, soweit sie nicht abgeschafft werden, sollen einheitliche auf die Europäische Währungseinheit ECU bezogene Sätze gelten. Uneinigkeit herrscht noch bei den Bagatellsteuern (Tabak-, Alkoholsteuer).

Beispiel:

Das britische Mehrwert-Steuersystem kennt z.B. einen Null-Satz für Lebensmittel, Arzneien, Zeitungen und Kinderbekleidung. Nach dem Vorschlag der Kommission müßte er durch einen ermäßigten Satz von mindestens 4% ersetzt werden. Dies bedeutet eine Verteuerung der britischen Lebenshaltungskosten.

● Harmonisierung im Dienstleistungssektor

Zur Beseitigung der Handelshemmnisse gehört auch die Harmonisierung im Bereich der Dienstleistungen (Unternehmensberatungen, Banken, Versicherungen, Verkehrsbetriebe, Reiseveranstaltungen, Funk und Fernsehen) und des Kapitalverkehrs.
Versicherungsgesellschaften sind zunächst noch der Aufsicht des Landes unterstellt, in dem sie ihre Dienste anbieten. Für die Banken muß das Niederlassungsrecht harmonisiert werden. Dafür müssen bestimmte Mindestanforderungen im Bankenaufsichtsrecht harmonisiert werden.
Der Richtlinienentwurf der EU-Kommission sieht eine völlige Liberalisierung des Kapitalverkehrs vor. Dazu mußten die wirtschaftlich stärksten EU-Länder sämtliche Kapitalverkehrs- und Devisenkontrollen abschaffen. Nach der Umsetzung des Liberalisierungsbeschlusses können alle Bürger der Gemeinschaft im EU-Ausland einen Kredit aufnehmen oder dort ein Konto unterhalten.

2.6.2 Ergebnisse

Obwohl nicht alle Wünsche in Erfüllung gegangen sind, ist festzustellen, daß das EG-Binnenmarktprogramm wohl den größten Integrationsfortschritt seit Gründung der EG gebracht hat.

Bei über 95% der ca. 300 für erforderlich gehaltenen Maßnahmen ist zwischenzeitlich Einigung erzielt worden. Die noch fehlenden Maßnahmen sind zum Teil weniger wichtig und von der EU-Kommission deshalb zurückgezogen oder zurückgestellt worden, so z. B. einige Regelungen im Gesellschaftsrecht. Einige der noch fehlenden Regelungen sind aus deutscher Sicht auch für einen EG-Binnenmarkt nicht nötig, wie z. B. die europäische Aktiengesellschaft, die mit der Mitbestimmungsproblematik eng verknüpft ist.

In zentralen Bereichen konnten die gesteckten Ziele erreicht werden:

- So wird der Kapitalverkehr weitgehend ungehindert fließen können,
- die letzten Beschränkungen der Freizügigkeit für Arbeitnehmer und bei der Niederlassung für freie Berufe und Gewerbetreibende wurden beseitigt,
- besonders bedeutsame Liberalisierungen gab es im Bereich der Dienstleistungen, z. B. in den Sektoren Banken, Versicherungen und Verkehr,
- auch im Bereich der sog. technischen Handelshemmnisse für den Warenverkehr und beim öffentlichen Auftragswesen sind die im Programm vorgesehenen Arbeiten abgeschlossen,
- die Grenzkontrollen für Waren sind ab 1993 innerhalb der EU entfallen.

Zu verkennen ist allerdings nicht, daß es noch entscheidende Hemmnisse auf dem Wege zur Verwirklichung des europäischen Binnenmarktes gibt:

- so bei den steuerlichen Kontrollen. Die dazu gefaßten Beschlüsse führen noch nicht zu einem echten Europäischen Binnenmarkt. Vielmehr wurden die Kontrollen nur von EU-Grenzen in die Unternehmen und die Steuerverwaltungen verlagert. Hier muß bis 1996 eine endgültige der Struktur eines Binnenmarktes voll gerecht werdende Lösung erarbeitet werden.
- auch bei den Personenkontrollen. Hier ist auch in absehbarer Zeit nicht mit einem völligen Wegfall der Personenkontrollen EU-weit zu rechnen.
- schließlich die Umsetzung der Binnenmarktregelungen in nationales Recht. Obwohl auch hier Fortschritte zu beobachten sind, indem letztlich jeder der EU-Staaten alle europäischen Vorschriften in nationales Recht umsetzt, jedoch in der Regel mit bedauerlichen Verzögerungen. Auch die entscheidende Umsetzung des Rechts auf der Verwaltungsebene läßt in vielen Fällen zu wünschen übrig.

Demnach waren die mit Erreichen des Zieldatums 1. Januar 1993 anfallenden Arbeiten am Europäischen Binnenmarkt keinesfalls erledigt, vielmehr muß der EU-Markt auch in Zukunft kontinuierlich weiterentwickelt werden. In einigen Bereichen wird es schon jetzt deutlich, daß demnächst eine Überarbeitung der vereinbarten Regeln stattfinden muß. Das gilt z. B. für die Mehrwertsteuer. Die beschlossene Übergangsregelung soll am 1. Januar 1997 durch die endgültige Regelung ersetzt werden. Es wird auch künftig nötig sein, die EU-Vorschriften an den technischen Fortschritt oder an andere neuere Entwicklungen anzupassen. Angesichts der Komplexität der Aufgabe kann es sich bei der Schaffung des Europäischen Binnenmarkts nur um einen Prozeß handeln, an dem auch in Zukunft noch weiter gearbeitet werden muß.

2.6.3 Wirtschaftliche Auswirkungen

Von der Vollendung des EG-Binnenmarkts erwarten sich die Mitgliedstaaten der EU zahlreiche wirtschaftliche Vorteile. Mit der Beseitigung von Hemmnissen im freien Verkehr von Personen, Waren, Dienstleistungen und Kapital werden Impulse für das wirtschaftliche Wachstum und die Beschäftigungslage der Volkswirtschaften erwartet. Das Angebot an Gütern wird für die Verbraucher nicht nur größer sondern auch vielfältiger. In vielen in der Vergangenheit vom internationalen Wettbewerb weitgehend abgeschlossenen Bereichen wird die **Wettbewerbsintensität** zunehmen. Und das ist eine wichtige Voraussetzung für fruchtbare wirtschaftliche Entwicklungen.

Auswirkungen auf Wirtschaftswachstum und Beschäftigung

Es wird erwartet, daß der Wegfall der materiellen, technischen und steuerlichen Schranken zu einer intensiveren Arbeitsteilung, zu mehr Wettbewerb und kostengünstigeren Produktionsverfahren durch zunehmende Größenvorteile führen wird. Die dadurch bedingten Produktivitätsgewinne werden die Realeinkommen und die Wettbewerbsfähigkeit des Standorts Europa in der Welt steigern helfen. So wird die Verwirklichung des Binnenmarktes auch zu einem Wachstumsschub in Europa führen, der neue Arbeitsplätze schafft. Eine Quantifizierung dieser Effekte ist allerdings schwierig. Die von der EG-Kommission im Jahre 1988 veröffentlichte Studie, der sog. **Cecchini-Bericht**, über die Vorteile des Binnenmarktes, hat auf mittlere Sicht unter anderem ein zusätzliches Wachstum von 4,5% sowie die Schaffung von 1,8 Mill. neuer Arbeitsplätze ermittelt. Die Schätzungen des Cecchini-Berichts sind häufig als weit überhöht bezeichnet worden. Trotzdem sind sie als ein Anzeichen für mögliche positive Auswirkungen des Europäischen Binnenmarktes zu werten.

Strukturpolitik

Ein entscheidender Vorteil, den die Vollendung des Europäischen Binnenmarktes mit sich bringen wird, ist im Aufbrechen der durch nationale Regulierungsmaßnahmen entstandenen verkrusteten Strukturen in Europa zu sehen. Vor allem bei den bisher durch staatliche Regulierungen geschützten Branchen, wie

● Versicherungen, Banken, öffentliches Auftragswesen, Verkehr, Telekommunikation, Anwaltschaft

werden sich erhebliche Veränderungen im Sinne einer Liberalisierung ergeben. Diese Veränderungen sind als Chancen und Herausforderungen zugleich zu betrachten.

Wirtschaftliche Auswirkungen auf einzelne EU-Regionen

Zwischenzeitlich gibt es eine Reihe von Studien, die die zu erwartenden wirtschaftlichen Auswirkungen des EG-Binnenmarktes auf einzelne Regionen der Europäischen Union behandeln. So hat das Ifo-Institut in München im Auftrag der EU-Kommission eine Untersuchung erstellt, die diese Auswirkungen auf 55 ausgewählte Regionen in der gesamten EU untersucht hat. Alle Studien gehen davon aus, daß alle Regionen der Europäischen Union von dem EG-Binnenmarkt Vorteile haben werden. Keine Region wird also benachteiligt. Die Frage ist allerdings, welche Regionen überdurchschnittlich gewinnen und welche unterdurchschnittlich, d. h. weniger gewinnen werden. Die Ifo-Studie kommt zu folgenden Ergebnissen:

Der Europäische Binnenmarkt wird vor allem in zwei Gebieten der EU besondere positive Auswirkungen haben: zum einen in der sog. „Banane", die sich von Süd-England über die Rhein-Rhone-Schiene bis in die Lombardei erstreckt, sodann in dem „Sunbelt", der sich von der Toskana über Mailand und Lyon bis Barcelona und Valencia lang zieht. Demgegenüber wird der Europäische Binnenmarkt in den Randgebieten der EU wie z.B. Irland, Süd-Italien, Portugal und Griechenland weniger positive Auswirkungen zeigen. Etablierte Wirtschaftszentren wie z.B. Oberbayern, München, Paris, Lyon werden vom Europäischen Binnenmarkt in gleicher Weise Vorteile haben, wie aufsteigende Wirtschaftszentren, zu denen z.B. das Ruhrgebiet gehört.

Das Humankapital – nämlich gut ausgebildete Arbeitskräfte – wird als wichtigster Standortfaktor angesehen. Zudem sind von großer Bedeutung die Wirtschaftsstruktur und die Raumlage.

Neben diesen sog. „harten Faktoren" kommt den sog. „weichen Faktoren", wie Kultur, Freizeit und soziale Einrichtungen immer größere Bedeutung zu.

Die besten Chancen für die Entwicklungsmöglichkeiten in der Europäischen Union werden den Regionen Oberbayern/München und Stuttgart und Frankfurt eingeräumt. Von den untersuchten Regionen schnitten am wenigsten gut ab Nord-Spanien, Navarra, Valencia und Südtirol.

Den Wirtschaftsforschern erscheint Deutschland für den europäischen Standortwettbewerb gut gerüstet zu sein. Mit seiner leistungsfähigen Infrastruktur, sehr gut ausgebildeten Arbeitskräften, einer funktionsfähigen Verwaltung und nicht zuletzt einer als vorbildlich geltenden politischen und sozialen Stabilität weist Deutschland im europäischen Vergleich wichtige Pluspunkte auf. Hinzu kommen die zentrale geographische Lage und die Kaufkraft der deutschen Bevölkerung. Auch die „traditionellen Wettbewerbsstärken" der deutschen Wirtschaft wie pünktliche Lieferung, Fähigkeit zum Angebot kompletter Problemlösungen und die Bereitschaft, auf individuelle Kundenwünsche einzugehen, haben bisher dazu beigetragen, daß Deutschland ein erstklassiger Standort im zusammenwachsenden Europa ist.

V Probleme der Entwicklungsländer

Hunger, Elend, Bevölkerungsexplosion, eine Kluft zwischen einer kleinen reichen Oberschicht und einer großen armen Unterschicht sowie Revolution sind die äußeren Merkmale einer Vielzahl von unterentwickelten Ländern in Asien, Afrika und Lateinamerika. Die Industrienationen westlicher wie östlicher Gesellschaftssysteme unterstützen diese Länder durch die Entwicklungshilfe und tragen so ihre eigenen politisch bedingten Konfrontationen in die sogenannte *Dritte Welt*, denn durch Entwicklungshilfe soll die Überlegenheit des jeweiligen Systems demonstriert werden.

Das schwierigste Problem der Entwicklungsländer zeigt sich in der Bevölkerungsexplosion. In unterentwickelten Ländern liegen die jährlichen Raten des Bevölkerungszuwachses um vieles höher als in den industriell entwickelten Ländern. Überdies hat der Einsatz von Hygiene und Medizin eine rückläufige Sterblichkeitsziffer ergeben, so daß sich die Bevölkerungsschere weit öffnet. Der Zunahme des Geburtenüberschusses stehen keine zusätzlichen Arbeitsplätze und demzufolge kein Anstieg des Einkommens gegenüber. So werden Arbeitslosigkeit sowie Elend und Armut der Massen weiter verstärkt.

Die Wirtschaft in den Entwicklungsländern stützt sich vorwiegend auf die Landwirtschaft, die mangels Mechanisierung und Aufbereitung des Bodens nur einen geringen Ertrag abwirft und eine Ertragssteigerung ausschließt. Ohne Ertragssteigerung kommt es aber zu keinem Einkommenswachstum, somit auch nicht zum Anstieg von Kaufkraft und Nachfrage noch zur Bildung von Ersparnissen, die für eine eigenständige industrielle Produktion investiert werden könnten.

Es herrscht *Bedarfsdeckungswirtschaft*, da ein großer Teil der Bevölkerung nämlich nur für sich selbst, für die eigene Familie oder das Dorf produziert. Während bei uns alle Güter über einen Markt ausgetauscht werden und dieser Markt durch den Anstieg der Kaufkraft ständig erweitert wird, fehlt den Entwicklungsländern ein solches Instrument.

Man produziert keinen Überschuß und kennt keine Arbeitsteilung. Der Ertrag der Landwirtschaft reicht kaum für den allernotwendigsten Bedarf und durch die steigende Bevölkerungszahl wird jeder landwirtschaftliche Ertragszuwachs gleich wieder aufgezehrt. So gleicht die gesamte Wirtschaftsstruktur der Entwicklungsländer einem „Teufelskreis", der immer in Armut endet und aus dem ein Ausbrechen kaum möglich erscheint.

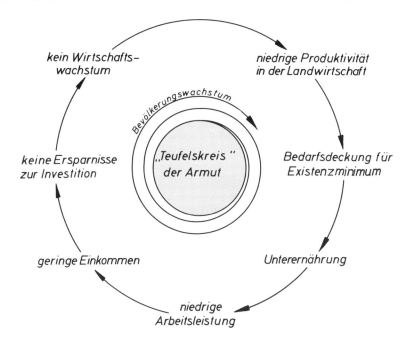

Die folgende Graphik gibt einen Eindruck von der Kluft, die zwischen armen und reichen Ländern in der Welt besteht.

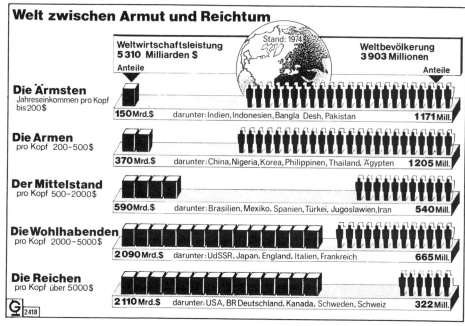

Welt zwischen Armut und Reichtum

Weltwirtschaftsleistung 5310 Milliarden $
Anteile

Stand: 1974

Weltbevölkerung 3903 Millionen
Anteile

Die Ärmsten
Jahreseinkommen pro Kopf bis 200 $

150 Mrd.$ darunter: Indien, Indonesien, Bangla Desh, Pakistan   1171 Mill.

Die Armen
pro Kopf 200–500 $

370 Mrd.$ darunter: China, Nigeria, Korea, Philippinen, Thailand, Ägypten   1205 Mill.

Der Mittelstand
pro Kopf 500–2000 $

590 Mrd.$ darunter: Brasilien, Mexiko, Spanien, Türkei, Jugoslawien, Iran   540 Mill.

Die Wohlhabenden
pro Kopf 2000–5000 $

2090 Mrd.$ darunter: UdSSR, Japan, England, Italien, Frankreich   665 Mill.

Die Reichen
pro Kopf über 5000 $

2110 Mrd.$ darunter: USA, BR Deutschland, Kanada, Schweden, Schweiz   322 Mill.

2418

Zu den ärmsten zählen diejenigen Länder, die über ein Jahreseinkommen pro Kopf der Bevölkerung von weniger als 200 Dollar verfügen. In diese Gruppe fallen 1171 Millionen Menschen, das sind 30% der Weltbevölkerung. Auf sie entfallen aber mit 150 Milliarden Dollar nur 7% der Weltwirtschaftsleistung.

Der verhängnisvolle Zustand immer größer werdender Armut hat vielfältige Ursachen. Neben der Ausbeutung von Rohstoffvorkommen durch ausländische Kapitalgesellschaften und der Herausbildung von Monokulturen, die zur Abhängigkeit und Behinderung der eigenen Entwicklung führten, sind vor allem religiöse, klimatische, geographische, politische und soziokulturelle Faktoren zu nennen.

In den industriell entwickelten Ländern geht man davon aus, daß zwischen Arbeitsertrag, Einkommen, Kapitalbildung und Nutzen der Wirtschaftsquellen (Landwirtschaft, Bergbau, Wasserkräfte) ein Wirkungszusammenhang besteht, der von seiten der Industrienationen durch Unterstützung in Form von Entwicklungshilfe gesteuert werden kann. Da das niedrige Einkommen in den Entwicklungsländern zur Erreichung des Existenzminimums konsumtiv verwendet wird und kaum Ersparnisse für notwendige Investitionen möglich sind, soll mit dem Kapitalimport aus den Industrienationen folgender kumulativer Expansionsprozeß in Bewegung gebracht werden:

Steigerung der Investition – erhöhte Nachfrage nach Arbeitskräften – erhöhtes Volkseinkommen – größeres Sparvolumen – verstärkte Investition.

In der Praxis hat sich aber gezeigt, daß sich dieses Entwicklungshilfesystem nur beschränkt auf die Entwicklungsländer anwenden läßt, da hier nicht nur ökonomische, sondern z. B. auch soziale und politische Faktoren zu beachten sind, denn es hat sich gezeigt, daß sich trotz der Entwicklungshilfe die Kluft zwischen arm und reich ständig vertieft. Statistiken belegen, daß sich in Volkswirtschaften mit hohem Pro-Kopf-Einkommen auch hohe Wachstumsraten ergeben, während das Wachstum in solchen Ländern klein bleibt, in denen das durchschnittliche Einkommen niedrig ist. Dazu entwickelt sich der Welthandel zwischen Industrieländern weit stärker als zwischen Industrie- und Entwicklungsländern und der Anteil der Entwicklungsländer am Welthandel geht zurück.

Lernkontrolle

1. Zeigen Sie Vor- und Nachteile eines freien Außenhandels auf.

2. Welche Ziele verfolgt das allgemeine Zoll- und Handelsakbommen (GATT)?

3. Welche Aufgaben hat die Zahlungsbilanz?

4. Aus welchen Teilbilanzen setzt sich die Zahlungsbilanz zusammen?

5. Erklären Sie die Saldenbildung in den einzelnen Teilbilanzen.

6. Wie kommt es zu Ungleichgewichten in den Teilbilanzen, und warum ist die Zahlungsbilanz als Ganzes immer ausgeglichen?

7. Welche Werte erfaßt die Zahlungsbilanz?

8. Was ist unter einem Währungssystem zu verstehen?

9. Erklären Sie den Begriff „Währung".

10. Erläutern Sie Ziele und Aufgaben des
    a) internationalen Währungsfonds,
    b) Europäischen Währungssystems.

11. Erklären Sie die Wechselkursbildung in einem freien Wechselkurssystem.

12. Wie wirken sich Export- und Importsteigerungen bei freier Wechselkursbildung auf den Wechselkurs aus?

13. Zeigen Sie die Rolle der Notenbank bei einem System fester Wechselkurse mit Bandbreiten auf.

14. Erklären Sie die Ursachen einer Auf- bzw. Abwertung einer Währung.

15. Systematisieren Sie die Einflußfaktoren der Wechselkursbildung und erklären Sie, wie diese sich auf den Wechselkurs auswirken.

16. Welche Auswirkungen haben Wechselkursänderungen auf das binnenwirtschaftliche Geschehen einer Volkswirtschaft?

17. Welche Mittel der Außenhandelspolitik gibt es? Erläutern Sie die Wirkungsweisen der wichtigsten preis- und mengenpolitischen Mittel der Außenhandelspolitik.

18. Aus welchen europäischen Vereinigungen hat sich die Europäische Gemeinschaft gebildet?

H Wirtschaftspolitik in der dynamischen Wirtschaft

I Die dynamische Wirtschaft

Seit der Industrialisierung läßt sich nicht nur innerhalb der Gesellschaft ein ständiger Wandel feststellen, sondern auch der Bereich der Wirtschaft ist durch eine steigende und umfassende Dynamik gekennzeichnet. So vollziehen sich in den Volkswirtschaften der westlichen Industriegesellschaften laufend Veränderungen, die zu wirtschaftlichen Ungleichgewichten, aber auch zu sozialen Konflikten führen können.

Wirtschaftliche Dynamik besteht vor allem aus saisonalen und konjunkturellen Schwankungen, den Strukturveränderungen (Änderungen im Aufbau der Wirtschaft) sowie dem langfristigen Wirtschaftswachstum.

1 Saisonale Schwankungen

Saisonale Schwankungen bedeuten ein jahreszeitliches Auf und Ab im Wirtschaftsleben. Sie werden teilweise durch klimatische Gegebenheiten, teilweise durch Sitten und Gebräuche verursacht. So ist die Bautätigkeit nach wie vor von der Jahreszeit abhängig, da Witterungseinflüsse den Produktionsablauf wesentlich behindern.

Saisonbewegungen können kurzfristig Ungleichgewichte zwischen Angebot und Nachfrage verursachen und führen zu Beschäftigungsschwankungen (z. B. Winterarbeitslosigkeit) sowie unausgelasteten Kapazitäten. Durch entsprechende Vordispositionen (z. B. Produktion auf Lager für das Weihnachtsgeschäft) wie auch sonstige geeignete unternehmerische Maßnahmen (z. B. günstigere Preise für Pelze in den Sommermonaten, Vorsaisonpreise in Hotels) können die Saisonschwankungen vermindert werden. Auch der Staat versucht durch spezielle Maßnahmen sowohl die saisonalen Schwankungen der Produktion zu vermindern (z. B. Förderung des Winterbaus) als auch einen sozialen Ausgleich für geringere Beschäftigung in den Wintermonaten zu schaffen (z. B. Schlechtwettergeld für Bauarbeiter).

2 Konjunkturelle Schwankungen

Eine wesentlich größere Bedeutung kommt im Vergleich zu den Saisonbewegungen den Konjunkturschwankungen zu.

2.1 Wesen der Konjunktur

Seit der Industrialisierung beobachtet man nicht nur ein Anwachsen der Güterproduktion, vielmehr lassen sich außerordentliche Schwankungen in der **wirtschaftlichen Aktivität** feststellen. Ein möglicher Maßstab zur Messung der wirtschaftlichen Aktivität ist die

Veränderung des Sozialproduktes. Das wirtschaftliche Wachstum verläuft nicht gleichmäßig, sondern in einer Folge von Perioden hohen Wachstums, die von Zeiten schwachen Wachstums oder sogar eines wirtschaftlichen Rückgangs abgelöst werden.

Dieses Auf und Ab der wirtschaftlichen Aktivität erfolgt mit mehr oder weniger Regelmäßigkeit in einer Art Wellenbewegung und wird als **Konjunktur** bezeichnet, soweit es nicht saisonal bedingt ist. Von den Schwankungen sind das langfristige Wirtschaftswachstum (Trend) und Strukturveränderungen auszunehmen. Unter Konjunktur versteht man demnach **zyklische Wirtschaftsschwankungen, die – Strukturveränderungen und saisonale Schwankungen ausgenommen – um den Trend verlaufen.**

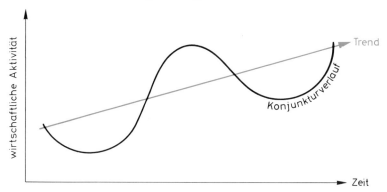

Seit der Franzose Clement Juglar (1819–1905) sich mit der Analyse der Konjunkturen näher befaßt hat, zeigen die Nationalökonomen an der Konjunkturtheorie beachtliches Interesse. Die Hoffnung, man könne Konjunkturausschläge dämpfen – ob zu Recht, wird schließlich erst die Zukunft entscheiden –, hat neuerdings die Aufmerksamkeit mehr auf das Wirtschaftswachstum gelenkt. Nach der modernen volkswirtschaftlichen Theorie sind Konjunktur und Wirtschaftswachstum mehr ein integrierter (zusammenhängender) Prozeß, und zyklische Wirtschaftsschwankungen werden als **kurzfristige Erscheinungsformen im langfristigen Wirtschaftswachstum** aufgefaßt.

2.2 Die Merkmale der Konjunkturphasen

Der Verlauf der Konjunktur läßt sich in vier Phasen unterteilen:

1. Phase: Tiefstand (Depression),
2. Phase: Aufschwung,
3. Phase: Hochkonjunktur (Boom),
4. Phase: Abschwung (Krisis).

Ein nur mäßiges Absinken wirtschaftlicher Aktivität wird im neueren Sprachgebrauch als **Rezession** bezeichnet. Depression bedeutet hingegen einen sehr geringen Stand wirtschaftlicher Tätigkeit.

Die vier genannten Phasen bilden in ihrer zeitlichen Folge einen **Konjunkturzyklus,** der von unterschiedlicher Dauer sein kann. Juglar fand auf Grund von Untersuchungen Zyklen einer Länge von etwa 7 bis 11 Jahren heraus (Juglar-Zyklus), während Kondratieff später zusätzlich Konjunkturwellen eines Ausmaßes von 50 bis 60 Jahren feststellte

(Kondratieff-Zyklus). Ein Kondratieff-Zyklus umfaßt also etwa fünf Juglar-Zyklen. Durch Konjunkturpolitik sind in neuerer Zeit die Zyklen nicht nur auf etwa 4 bis 5 Jahre verkürzt worden, sondern es ist auch gelungen, ihre Ausschläge nach oben und unten wesentlich abzuschwächen.

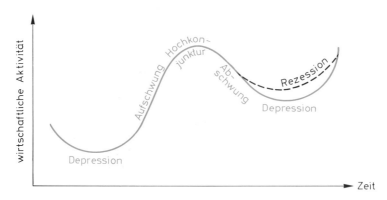

2.2.1 Depression

Die Depression ist gekennzeichnet durch geringe wirtschaftliche Aktivität; die Produktion befindet sich auf einem Tiefstand, und es gibt eine hohe Arbeitslosenquote. Durch den geringen Umsatz sind die Güterpreise niedrig, und auf die Löhne wird von den Unternehmern ein Druck ausgeübt, da ja genügend Arbeitskräfte vorhanden sind. Trotz niedriger Zinssätze für Kapital ist die Investitionstätigkeit gering, weil die bereits vorhandenen Kapazitäten nicht voll ausgelastet und die Gewinnerwartungen bei niedrigen Preisen und hohen Fixkosten pro Stück ungünstig sind. Die allgemeine wirtschaftliche Stimmung ist gedrückt (depressiv).

In der Depression werden zunächst die Läger geräumt, die Grenzunternehmen mit der ungünstigsten Kostensituation vom Markt verdrängt und damit die Kapazitäten gesamtwirtschaftlich bereinigt. Durch den geringen Kapitalzins sowie die tendenziell niedrigen Löhne und Rohstoffkosten werden die Produktionsbedingungen günstiger, so daß die Grundlage für einen wirtschaftlichen Aufschwung gelegt ist.

2.2.2 Aufschwung

Zusätzliche Kredite oder günstigere Zukunftserwartungen führen in einigen Unternehmensbereichen zu Produktionsausweitungen und zur Einstellung zusätzlicher Arbeitskräfte. Durch das sich erhöhende Einkommen und den sich verstärkenden Güterstrom kann der Wirtschaftskreislauf weiter expandieren; der Aufschwung greift auf andere Wirtschaftsbereiche über. Die Preise steigen zunächst noch nicht, da die zusätzliche Güternachfrage durch bessere Ausnutzung der Kapazitäten befriedigt werden kann. Auch die Löhne verharren zunächst auf dem bisherigen Niveau, da die Arbeiter wenig Neigung besitzen, in Lohnkämpfe einzutreten. Zum einen haben noch nicht alle Arbeitskräfte wieder einen Arbeitsplatz gefunden, zum anderen sind ja die Güterpreise zunächst stabil, und das Realeinkommen sinkt nicht. Die zunehmenden Gewinnerwartungen führen zu einer höheren Investitionsneigung und zu erhöhter Kapitalnachfrage, die von den Banken zunächst noch leicht befriedigt werden kann, ohne daß der Zinssatz steigt.

Gegen Ende der Aufschwungsphase kommt es zu Preissteigerungen, zunächst im Investitionsgüterbereich, mit zeitlicher Verzögerung dann auch bei den Konsumgütern.

2.2.3 Hochkonjunktur

Wegen des leichten Güterabsatzes und der hohen Nachfrage steigen die Güterpreise, jetzt verstärkt, weiter, zumal immer mehr Unternehmen bis zur Grenze ihrer Kapazität beschäftigt sind. Kurzfristig kommt es zur Überbeschäftigung, wodurch die Gesamtkosten überproportional ansteigen. Die hohe Investitionsneigung bedingt schließlich eine Kapitalverknappung und damit eine spürbare Verteuerung des Kapitalzinses.

Die Überbeschäftigung im Bereich der Arbeitnehmer führt zu steigenden Löhnen und größerer Bereitschaft zu Lohnkämpfen, zumal auch die Güterpreise steigen. Infolge der mit Verzögerung angehobenen Löhne lassen sich die Preise am Markt schließlich nicht mehr erhöhen, die Nachfrage geht zurück. Die Preissteigerungen sind zum Stillstand gekommen. Die wirtschaftliche Stimmung wird skeptisch und schlägt schließlich in Pessimismus um.

2.2.4 Abschwung

Es kommt zum Rückgang der wirtschaftlichen Aktivität; nachgebende Warenpreise und Absatzschwierigkeiten bewirken eine Verringerung der Produktion.

Die vorgenommenen Investitionen werden unrentabel, da bei noch hohem Zins die Güterpreise zurückgehen. Zahlreiche Unternehmen kommen in Absatzschwierigkeiten und müssen Arbeitskräfte entlassen. Die Arbeitslosenquote steigt an, und es kommt schließlich zu tendenziell sinkenden Zuwachsraten der Lohnsätze. Der Wirtschaftskreislauf verengt sich, bis der Abschwung schließlich in eine oft lang anhaltende Periode der Depression übergeht.

Helfende Eingriffe in die Wirtschaft, wie sie die soziale Marktwirtschaft kennt, können meist den Abschwung bremsen und verhindern, daß es zur Depression kommt. In neuerer Zeit sind deshalb nur noch Rezessionen zu verzeichnen.

Phasen / Merkmale	Tiefstand	Aufschwung	Hochkonjunktur	Abschwung
Auftragseingänge	gering	steigend	schnell steigend	schnell fallend
Produktion	gering	langsam steigend	schnell steigend	fallend
Beschäftigungslage	hohe Arbeitslosenquote	Rückgang der Arbeitslosenquote	Voll- bis Überbeschäftigung	Zunahme der Arbeitslosenquote
Löhne	tendenziell niedrig	stark verzögert ansteigend	hoch und steigend	verzögert fallende Zuwachsraten
Zinsen	niedrig	verzögert ansteigend	hoch und steigend	fallend
Warenpreise	niedrig	verzögert ansteigend	hoch und steigend	fallend
Investitionsneigung	gering	langsam steigend	nachlassend	schnell fallend
Stimmung	niedergedrückt	optimistisch	skeptisch	pessimistisch

Merkmale der Konjunkturphasen

243

2.3 Ursachen der Konjunkturzyklen

Der moderne Wirtschaftsprozeß ist zu vielgestaltig, als daß man die Konjunkturzyklen auf eine einzige Ursache zurückführen könnte. Einige Gründe für das Schwanken der wirtschaftlichen Aktivität liegen aber wohl in der Natur der industriellen Marktwirtschaft:

● Die Produktion erfolgt für den anonymen Markt. Die Unternehmer produzieren in der Erwartung, daß ihre Produkte auch abgesetzt werden können. Fehleinschätzungen der Nachfrage führen zu Absatzschwierigkeiten.

● Die für den Wirtschaftsablauf bedeutsamen Investitionen besitzen einen wachsenden Anteil an der Gesamtproduktion. Schwankungen im Investitionsvolumen wirken sich wesentlich in einer Veränderung der Gesamtnachfrage aus.

● Die durch die Kreditschöpfung der Banken verursachte Ausweitung oder Schrumpfung des Geld- und Kreditvolumens wirkt anregend oder dämpfend auf die wirtschaftliche Aktivität.

● Die mangelnde Anpassungsfähigkeit der Preise nach unten verhindert oder verzögert die Ausgleichsvorgänge am Markt.

Konjunkturelle Störungen ergeben sich, wenn Ungleichgewichte vorliegen, insbesondere zwischen

● Sparen und Investieren,
● Konsumtion und Produktion,
● Gütervolumen und Geldvolumen.

Durch die Möglichkeit der Kreditschöpfung kann das Investitionsvolumen die Sparquote übersteigen ($I > S$). Da mehr investiert wird, verstärkt sich die Nachfrage auf den Gütermärkten. Andererseits geht die Nachfrage zurück, wenn die Sparquote die Investitionen übertrifft ($S > I$).

Investitionen führen nach erfolgtem Abschluß zu einer höheren Güterproduktion. Es kommt zu einem Ungleichgewicht, wenn der Verbrauch nicht entsprechend zunimmt. Sofern die Löhne und die Renten aus der Sozialversicherung zu niedrig liegen, wird nicht genügend konsumiert. Auch bei zu großer Sparneigung kann die Konsumtion mit der Produktion nicht Schritt halten.

Schließlich führen auch Ungleichgewichte zwischen Güter- und Geldvolumen zu konjunkturellen Störungen. Im Aufschwung nimmt die Geldmenge durch Kreditexpansion (Kreditausdehnung) zu, um schließlich in der Phase der Hochkonjunktur das Gütervolumen zu übersteigen. Umgekehrt geht die Geldmenge in der Depression unter das Gütervolumen zurück, da sowohl die Kreditnachfrage nachläßt als auch die Neigung zur Bildung von Geldrücklagen wächst.

Auf die Frage, welche Ursachen nun insbesondere für die Konjunkturzyklen verantwortlich sind, gehen die Meinungen sehr auseinander. Die im folgenden beschriebenen verschiedenen Konjunkturtheorien stellen meist ein ganz bestimmtes Merkmal in den Vordergrund. Nach der neueren Konjunkturtheorie rechtfertigt aber die **Einmaligkeit** einer konjunkturellen Lage nicht, ihr eine **einzige** oder eine **einheitliche** Ursache zugrunde zu legen.

2.4 Konjunkturforschung

Um sich über die konjunkturelle Lage klar zu werden (Konjunkturdiagnose) und aus ihr Schlüsse für die künftige Entwicklung zu ziehen (Konjunkturprognose), müssen die wirtschaftlichen Daten analysiert werden. Man bedient sich bestimmter **Konjunktur-indikatoren,** mit denen man die Situation zu charakterisieren versucht. Solche Daten sind u. a.

- Auftragslage,
- Produktion,
- Umsatzentwicklung,
- Arbeitslose und offene Stellen,
- Preisentwicklung,
- Außenhandelsvolumen,
- Kreditausweitung,
- Sozialprodukt,
- Börsenlage.

Mit der Erstellung von Konjunkturprognosen beschäftigen sich in der Bundesrepublik Deutschland zahlreiche Institutionen. Bei den öffentlich vorgelegten und diskutierten Konjunkturprognosen sind in der Bundesrepublik Deutschland der Sachverständigenrat zur Begutachtung der gesamtwirtschaftlichen Entwicklung und die fünf großen wirt-schaftswissenschaftlichen Forschungsinstitute – das Ifo-Institut für Wirtschaftsforschung in München, das Deutsche Institut für Wirtschaftsforschung (DIW) in Berlin, das Rhei-nisch-Westfälische Institut für Wirtschaftsforschung (RWI) in Essen, das Institut für Welt-wirtschaft in Kiel und das HWWA-Institut für Wirtschaftsforschung in Hamburg – die Hauptinstitutionen, die wirtschaftliche Prognosen erstellen. Besondere Beachtung fin-den die Frühjahrs- und Herbstgutachten, die von diesen fünf Instituten jeweils gemein-sam erstellt werden. Diese Gutachten finden auch deshalb besondere Beachtung, weil sie nicht einer bestimmten Interessengruppe zuzuordnen sind, wie z. B. das Wirtschafts- und Sozialwissenschaftliche Institut des Deutschen Gewerkschaftsbundes (WSI) oder das Institut der Deutschen Wirtschaft (IW), die ebenfalls regelmäßig Prognosen zur Wirtschaftslage und der Entwicklung der wirtschaftlichen Situation abgeben. Der Sach-verständigenrat aber ist zweifellos der meistbeachtete Prognosenersteller, das nicht nur deshalb, weil die Bundesregierung, die aufgrund des Stabilitätsgesetzes zur Erstel-lung einer eigenen Konjunkturprognose aufgefordert ist und sich mit dem Jahresgut-achten des Sachverständigenrates in ihrem Jahreswirtschaftsbericht auseinandersetzen muß, sondern wohl auch deshalb, weil der Sachverständigenrat als neutrale Institution zur Begutachtung der wirtschaftlichen Entwicklung angesehen wird.

Die Instrumente, deren sich die Forschungsinstitute und der Sachverständigenrat zur Konjunkturdiagnose und -prognose bedienen, sind bisher noch nicht so entwickelt, daß die wirtschaftliche Entwicklung mit großer Wahrscheinlichkeit sicher vorausgesagt wer-den kann. Bisher jedenfalls ist die wirtschaftliche Entwicklung häufig anders verlaufen als sie in den Prognosen errechnet worden war. Es läßt sich zwar sagen, daß die voraus-gesagte tendenzielle Entwicklung auch tatsächlich eingetreten ist. Jedoch ergeben sich bei einzelnen Prognosewerten wie z. B. der Entwicklung der Arbeitslosenzahl, der Preis-entwicklung oder der Entwicklung des Wachstumstempos teilweise recht erhebliche Ab-weichungen von der geschätzten Entwicklung zur tatsächlichen Entwicklung.

II Träger der Wirtschaftspolitik

Da der Staat sich heute nicht mehr als „Nachtwächter", sondern als Helfer und Förderer der Wirtschaft begreifen muß, ist er aufgerufen, durch wirtschaftliche Aktivität stabilisierend auf den Wirtschaftskreislauf einzuwirken, Krisen zu verhindern und den Pfad wirtschaftlicher Aufwärtsentwicklungen zu ebnen.

Die Gesamtheit aller Maßnahmen, die auf Beeinflussung der Wirtschaft hinzielen, um vorgegebene Ziele zu erreichen, wird als **Wirtschaftspolitik** bezeichnet.

Die Wirtschaftspolitik wird im wesentlichen von Parlament und Regierung getragen. Die Zahl der Ministerien, die sich auf der Ebene des Bundes – unter der die Richtlinien zu gebenden Kompetenz des Bundeskanzlers – mit wirtschaftlichen Fragen befassen, unterstreicht die dem wirtschaftlichen Bereich zukommende Bedeutung. In der föderalistisch gegliederten Bundesrepublik zählen aber auch die Länder und – zumindest im bezug auf Gestaltung ihrer Ausgaben – die Gemeinden zu den Trägern staatlicher Wirtschaftspolitik.

Die Deutsche Bundesbank als Hüterin der Währung kann durch ihr kreditpolitisches Instrumentarium die Wirtschaft beeinflussen. In ihrer Aufgabe der Sicherung des Geldwertes ist sie nicht Weisungen der Bundesregierung unterworfen. Sie ist allerdings verpflichtet, die allgemeine Wirtschaftspolitik der Bundesregierung zu unterstützen, denn nur eine sinnvolle Zusammenarbeit zwischen Bundesbank und Regierung sichert den Erfolg wirtschaftspolitischer Maßnahmen.

Auch die Interessenverbände – Zusammenschlüsse mit dem Ziel, gemeinsame Anliegen erfolgreicher zu vertreten – betreiben Wirtschaftspolitik. Sie versuchen, Regierung und Parlament im Sinne ihrer Interessen zu beeinflussen. Häufig sind Vertreter dieser Vereinigungen Abgeordnete des Bundestages oder der Landtage, womit ein direkter Einfluß auf die Gesetzgebung besteht.

Wirtschaftspolitik betreiben außerdem die Tarifpartner, die in grundsätzlich freier Vereinbarung die Höhe der Löhne oder Gehälter und sonstige Arbeitsbedingungen aushandeln und damit Einfluß auf den Wirtschaftsablauf nehmen.

Zu den Trägern der Wirtschaftspolitik zählen auch die überstaatlichen Organisationen, sei es, daß ihnen nationale Hoheitsrechte übertragen wurden (z. B. EG) oder daß sich die Regierung durch internationale Abmachungen in ihrer Handlungsweise gebunden hat (z. B. Einhaltung der Bestimmungen des Internationalen Währungsfonds). So hat die staatliche Wirtschaftspolitik, die im folgenden erörtert wird, zunehmend auf überstaatliche Organisationen Rücksicht zu nehmen.

Träger der Wirtschaftspolitik

| Parlament und Regierung | Deutsche Bundesbank | Tarif-partner | Sonstige Interessen-verbände | Überstaatliche Organisationen |

III Ziele der staatlichen Wirtschaftspolitik

Zur staatlichen Wirtschaftspolitik gehörten nach dem Zweiten Weltkrieg vorwiegend ordnungspolitische Maßnahmen. Zur Verwirklichung der sozialen Marktwirtschaft in den letzten Jahren wurde es jedoch immer deutlicher, daß es nicht genügte, grundsätzliche Probleme der Wirtschaftsordnung zu lösen, sondern daß darüber hinaus der Wirtschaftsablauf einer aktiven Gestaltung bedurfte. Alle wirtschaftspolitischen Maßnahmen wie auch Einzelziele haben sich aber dem ordnungspolitischen Rahmen der sozialen Marktwirtschaft einzuordnen.

Als Ziele staatlicher Wirtschaftspolitik werden in dem 1967 vom Bundestag verabschiedeten „Gesetz zur Förderung der Stabilität und des Wachstums der Wirtschaft" (Stabilitätsgesetz) genannt:

> „Bund und Länder haben bei ihren wirtschafts- und finanzpolitischen Maßnahmen die Erfordernisse des gesamtwirtschaftlichen Gleichgewichts zu beachten. Die Maßnahmen sind so zu treffen, daß sie im Rahmen der marktwirtschaftlichen Ordnung gleichzeitig zur Stabilität des Preisniveaus, zu einem hohen Beschäftigungsstand und außenwirtschaftlichem Gleichgewicht bei stetigem und angemessenem Wirtschaftswachstum beitragen."

1 Vollbeschäftigung

Das Gespenst der Arbeitslosigkeit ist vielen Menschen noch aus der Weltwirtschaftskrise (1929–1932) bekannt. Die Massenarbeitslosigkeit mit ihren sozialen Nöten führte in Deutschland schließlich zur politischen Krise. Es ist also nicht nur aus wirtschaftlichen, sondern auch aus sozialen und politischen Gründen erforderlich, Depressionen zu verhindern und die Vollbeschäftigung zu sichern.

Ein gewisser Prozentsatz an Arbeitslosigkeit aus saisonalen, strukturellen und friktionellen Gründen besteht immer. Daher kann von Vollbeschäftigung gesprochen werden, wenn die Arbeitslosenquote zwischen 1–2% liegt. Auch das Verhältnis von Arbeitslosen zu offenen Stellen gibt Auskunft über die Beschäftigungslage. So spricht man ebensooft von Vollbeschäftigung, wenn die Zahl der Arbeitslosen der Zahl der offenen Stellen entspricht. Zusätzlich ist die Zahl der Kurzarbeiter zu beachten.

Die *Arbeitslosenquote* gibt den prozentualen Anteil der arbeitslos registrierten unselbständigen Erwerbstätigen an der Zahl der gesamten Erwerbspersonen an.

$$\text{Arbeitslosenquote} = \frac{\text{Zahl der arbeitslos registrierten unselbständigen Erwerbstätigen} \cdot 100}{\text{gesamte Erwerbstätige}}$$

Kurzarbeit, Arbeitslosigkeit, offene Stellen

Jahr	Erwerbs-tätige[1])	Kurz-arbeiter[1])	Arbeits-lose[1])	Arbeitslosen-quote %[2])	Offene Stellen[1])
1960	20257	3	271	1,3	465
1965	21757	1	147	0,7	649
1970	22246	10	149	0,7	795
1975	22014	773	1074	4,7	236
1980	22986	137	889	3,8	308
1981	26144	347	1272	5,5	208
1982	25709	606	1833	7,5	105
1983	25331	675	2258	9,1	76
1984	25358	384	2266	9,1	88
1985	26593	235	2304	9,3	110
1986	26960	197	2228	9,0	154
1987	25157	278	2229	8,9	171
1988	27366	208	2242	8,7	189
1989	27761	108	2038	7,9	251
1990	28486	56	1883	7,2	314
1991	28993	145	1689	6,3	331
1992	29141	283	1808	6,6	324
1993	28652	767	2270	8,2	243

Quelle: Monatsberichte der Deutschen Bundesbank 3/75, 3/83, 3/84, 3/87, 3/91, 3/94 Statistischer
Teil S. 79

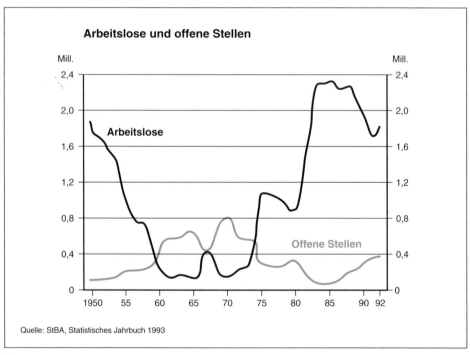

Arbeitslose und offene Stellen

Mill.

Arbeitslose

Offene Stellen

1950 55 60 65 70 75 80 85 90 92

Quelle: StBA, Statistisches Jahrbuch 1993

Quelle: StBA, Statistisches Jahrbuch 1993

---

[1]) Zahlen in 1000
[2]) Anteil der Arbeitslosen an den unselbständigen Erwerbspersonen

2 Stabilität des Preisniveaus

Das Ziel der Stabilität des Preisniveaus bedeutet nicht, daß die Preise aller Güter stabil bleiben müssen, es bedeutet lediglich die **Konstanz des durchschnittlichen Niveaus**, d. h. im Durchschnitt müssen alle Preise konstant bleiben. Es ist deshalb möglich, daß Preissteigerungen einzelner Sachgüter und Dienstleistungen durch Preissenkungen bei anderen Sachgütern und Dienstleistungen kompensiert werden. Die Messung des Preisniveaus erfolgt durch Indexziffern, die einen zeitlichen oder örtlichen Vergleich des Preisniveaus ermöglichen. Das **Statistische Bundesamt** ermittelt ca. 25 Preisindices.

Beispiele:
Preisindices für:
- die Lebenshaltung
- das Bruttosozialprodukt
- die Erzeugerpreise landwirtschaftlicher Produkte
- die Importe
- die Wohngebäude.

Vorwiegend werden jedoch die folgenden vier Preisindices verwendet:

- der Preisindex für die Lebenshaltung aller privaten Haushalte,
- der Preisindex für die Lebenshaltung von 4-Personen-Haushalten von Arbeitnehmern mit mittlerem Einkommen,
- der Großhandelspreisindex,
- der Preisindex des Bruttosozialprodukts.

Das Ziel der Preisniveaustabilität wird heute als erreicht angesehen, wenn sich die Preise des gesamten Verbrauchs aller privaten Haushalte pro Jahr um nicht mehr als 2–3% erhöhen. Gelegentlich spricht man dann auch von **„relativer Preisniveaustabilität"**.

Veränderungen der Verbraucherpreise gegenüber dem Vorjahr (Jahresdurchschnitt) in vH

Jahr	1980	1985	1986	1987	1988	1989	1990	1991	1992
EG-Länder									
Bundesrepublik Deutschland[1]	+5,4	+2,0	−0,1	+0,2	+1,3	+2,8	+2,7	+3,5	+4,0
Belgien	+6,6	+4,9	+1,3	+1,6	+1,2	+3,1	+3,5	+3,2	+2,4
Frankreich	+13,6	+5,8	+2,7	+3,1	+2,7	+3,6	+3,4	+3,2	+2,4
Italien	+21,2	+9,2	+5,9	+4,7	+5,0	+6,3	+6,5	+6,4	+5,3
Luxemburg	+6,3	+4,1	+0,3	−0,1	+1,4	+3,4	+3,7	+3,1	+3,2
Niederlande	+7,0	+2,3	+0,3	−0,4	+0,8	+1,1	+2,6	+4,0	+3,7
Dänemark	+12,3	+4,7	+3,6	+4,0	+4,6	+4,8	+2,6	+2,4	+2,1
Großbritannien	+18,0	+6,1	+3,4	+4,1	+4,9	+7,8	+9,5	+5,9	+3,7
Irland	+18,2	+5,4	+3,9	+3,2	+2,1	+4,0	+3,4	+3,2	+3,0
Griechenland	+24,9	+19,3	+23,0	+16,4	+13,5	+13,7	+20,4	+19,5	+15,8
Spanien	+15,6	+8,8	+8,8	+5,3	+4,8	+6,8	+6,7	+6,0	+5,8
Portugal	+16,6	+19,7	+11,8	+9,7	+9,6	+12,6	+13,4	+11,3	+9,1
andere europäische Länder									
Schweden	+13,7	+7,4	+4,2	+4,2	+5,8	+6,5	+10,4	+9,7	+2,2
Schweiz	+4,0	+3,4	+0,8	+1,4	+1,9	+3,2	+5,4	+5,9	+4,0
Finnland	+11,6	+5,9	+3,6	+3,7	+5,1	+6,6	+6,1	+4,2	+2,6
Norwegen	+10,9	+5,7	+7,2	+8,7	+6,7	+4,6	+4,1	+3,4	+2,3
Österreich	+6,4	+3,2	+1,7	+1,4	+2,0	+2,5	+3,3	+3,3	+4,1
Kanada	+10,1	+4,0	+4,2	+4,3	+4,1	+5,0	+4,8	+5,6	+1,5
USA	+13,5	+3,6	+1,9	+3,7	+4,1	+4,8	+5,4	+4,2	+3,0
Japan	+8,0	+2,1	+0,6	+0,1	+0,7	+2,3	+3,1	+3,3	+1,6

[1] Preisindex für die Lebenshaltung aller privaten Haushalte im früheren Bundesgebiet.
Quelle: BMWi, Wirtschaft in Zahlen '93, S. 28

Doch auch durch eine „schleichende Inflation" werden diejenigen Bevölkerungs-gruppen benachteiligt, die relativ feste Einkommen beziehen, vor allem aber wirkt sie sich auf Menschen aus, deren Vermögen aus Spareinlagen oder sonstigen Geldforderun-gen besteht. Inflation bedeutet hier partielle Enteignung gerade der wirtschaftlich schwä-cheren Bevölkerungsschichten. Hält der Zustand länger an, kann auch der Sparwille gehemmt werden, weil die Zinsen zum großen Teil von den Preissteigerungen aufgezehrt werden. Da aber Investitionen (Finanzierungen durch Konsumverzicht) der Schlüssel zum Wirtschaftswachstum sind, kann so das Problem der **Stagflation** (wirtschaftliche Stagnation bei steigendem Preisniveau) auftreten.

3 Außenwirtschaftliches Gleichgewicht (AWG)

Die zunehmende **internationale Verflechtung der Volkswirtschaften** zwingt die Wirt-schaftspolitik, auch das Ziel des außenwirtschaftlichen Gleichgewichts mit zu berücksich-tigen. Da die Importe von Sachgütern und Dienstleistungen mit Devisen bezahlt werden müssen, die im wesentlichen aus den Exporten stammen, bedeutet ein langfristiger Im-portüberschuß schließlich internationale Zahlungsunfähigkeit, da er zu einem Devisen-mangel führt. Übersteigen aber die Exporte die Importe, so wächst der Devisenvorrat an (die Devisen werden von der Bundesbank angekauft), was eine Erhöhung des inländi-schen Geldumlaufs zur Folge hat mit einer inflationistischen Tendenz. Deshalb muß langfristig möglichst ein Gleichgewicht im Außenhandel erreicht werden.

Ebenso wie bei den vorgenannten Zielen des Stabilitätsgesetzes ist auch bei dem Ziel außenwirtschaftlichen Gleichgewichts eine exakte quantitative Bestimmung schwierig. Ein **außenwirtschaftliches Gleichgewicht** ist dann gegeben, wenn von den wirtschaftli-chen Transaktionen zwischen Inländern und Ausländern keine störenden Einflüsse auf die Binnenwirtschaft ausgehen. Dabei sind drei Sichtweisen möglich:

① **Außenbeitrag = 1,55–2% am BSP**
AWG wäre dann gegeben, wenn Außenbeitrag (Ex-Im) = 1,5–2% am Bruttosozialpro-dukt beträgt.

② **Leistungsbilanzgleichgewicht**
AWG wäre dann gegeben, wenn die Leistungsbilanz ausgeglichen ist.

③ **Devisenbilanzgleichgewicht**
AWG ist gegeben, wenn sich längerfristig die Devisenzuflüsse und -abflüsse eines Landes ausschließlich aufgrund autonomer Transaktionen gerade ausgleichen.

Der Saldo der Devisenbilanz am BSP sollte +0,5 nicht übersteigen.

AWG: ausgeglichene Devisenbilanz sowie keine außenwirtschaftlich bedingten Stö-rungen auf das Gleichgewicht im Inland.

---

4 Stetiges und angemessenes Wirtschaftswachstum

Wenn die bisher genannten wirtschaftlichen Ziele erreicht werden, dann sind günstige Voraussetzungen für das Wirtschaftswachstum gegeben. Deshalb ist es fraglich, ob der Staat durch besondere wirtschaftspolitische Maßnahmen eine bestimmte Wachstumsrate anstreben oder ob er lediglich allgemeine wachstumsfördernde Maßnahmen ergreifen soll. Ein ausreichendes und stetiges Wachstum ist ein Ausweis für die Bewährung einer freiheitlichen Wirtschaftsordnung.

Das wirtschaftliche Wachstum läßt sich messen:

- als Wachstumsrate des realen (um die Preissteigerung bereinigten) Bruttosozialprodukts pro Jahr,
- als Wachstumsrate des realen Nettosozialprodukts pro Kopf,
- als Wachstumsrate des realen Nettosozialprodukts pro Arbeitsstunde.

Jede dieser Wachstumsdefinitionen verfolgt eine andere Absicht. In der Bundesrepublik Deutschland gilt für das Ziel des stetigen und angemessenen Wirtschaftswachstums die **Wachstumsrate des realen Bruttosozialprodukts**. Als angemessen gilt eine jährliche Wachstumsrate des realen Bruttosozialproduktes von etwa 4%. In den letzten Jahren konnte ein solches stetiges Wachstum jedoch nicht erreicht werden.

Bruttoinlandsprodukt je Einwohner im internationalen Vergleich[1]) 1980 = 100

Jahr	1985	1986	1987	1988	1989	1990	1991	1992
Bundesrepublik Deutschland[2])	106	109	110	114	116	120	123	123
Belgien	104	105	107	112	116	120	122	122
Frankreich	105	107	109	113	117	119	119	121
Italien	106	109	112	116	120	122	125	125
Niederlande	103	104	104	106	111	114	116	117
Großbritannien	110	114	119	124	126	127	123	122
Vereinigte Staaten	107	109	111	115	116	117	114	116
Japan	116	119	123	130	135	141	147	148
Veränderung gegenüber dem Vorjahr in v. H.								
Bundesrepublik Deutschland[2])	2,1	2,2	1,4	3,1	2,4	3,1	2,4	0,2
Belgien	0,8	1,4	2,0	4,4	3,6	3,1	1,5	0,1
Frankreich	1,3	2,2	1,7	3,8	2,8	1,7	0,6	1,2
Italien	2,3	2,8	2,9	3,9	2,8	2,0	2,4	−0,2
Niederlande	2,2	1,5	0,2	2,0	4,1	3,2	1,5	0,8
Großbritannien	3,5	3,9	4,5	4,1	1,8	0,2	−2,7	−1,2
Vereinigte Staaten	2,0	1,6	2,1	2,9	1,7	0,3	−2,2	1,1
Japan	4,3	2,0	3,6	5,8	4,3	4,5	3,7	0,9

[1]) Aufgrund von Preisen und US-$-Wechselkursen des Jahres 1985.
[2]) Früheres Bundesgebiet.

Quelle: BMWi, Wirtschaft in Zahlen '93, S. 42

Die Wirtschaftspolitik hat bisher nur von Fall zu Fall in den Wirtschaftsprozeß eingegriffen, mehr unter dem Gesichtspunkt kurzfristiger Konjunkturpolitik statt langfristiger Wachstumsförderung.
Gegenwärtig gehen die Absichten der Wirtschaftspolitiker, insbesondere unter den stetigen Anforderungen der Spannungen am Arbeitsmarkt, dahin, mehr und mehr den Blick auf die Förderung der Wachstumskräfte zu richten.

5 Umweltstabilität

Jede Wirtschaftstätigkeit des Menschen beeinflußt grundsätzlich auch die Umwelt, da Produktion im Kern eine Umwandlung von Stoffen ist, die zunächst aus der Natur entnommen und später in anderer Form wieder an sie abgegeben werden.

Wenn Wirtschaftspolitik also die ökonomischen Tätigkeiten beeinflußt, dann berührt sie stets auch die Umwelt. Deswegen muß die Lösung der beim Wirtschaften entstehenden Umweltprobleme bereits bei der **Formulierung der Wirtschaftspolitik** mit berücksichtigt werden. Sie darf nicht einer bloß korrigierenden Umweltpolitik überlassen bleiben. Nachträglich „angehängter Umweltschutz" ist teurer und in der Regel weniger wirksam.

Ein rein „quantitatives Wachstum" kann und darf nicht fortgesetzt werden. Es soll aber auch nicht durch rein ökologisch orientierte Gleichgewichtswirtschaft ersetzt werden, die in demütiger Unterordnung unter die Natur verharrt. Anzustreben ist vielmehr ein **qualitatives Wachstum**, das auf der Erkenntnis beruht, daß die schöpferischen Fähigkeiten des Menschen ihn aus den ökologischen Kreisläufen insoweit heraushebt, als er dadurch die natürlichen Grenzen erweitern, sie aber nicht total sprengen kann. So wird die wirtschaftliche Entwicklung sowohl von der Natur als auch vom technischen Fortschritt getragen.

Bei qualitativem Wachstum wird die Technologie vorrangig für den **sparsamen Umgang mit** den **natürlichen Ressourcen** eingesetzt: sie lassen sich dadurch so weit strecken, daß sie für lange Zeiträume ausreichen und künftigen Generationen Zeit für die Entwicklung neuer Produktionsformen lassen. Angestrebt werden sollte Beibehaltung des Wohlstandes bei haushälterischem und bedachtsamem Umgang mit der Natur.

6 Ziel der gerechten Einkommensverteilung

Die Ziele der Stabilität des Preisniveaus, des hohen Beschäftigungsstandes, des außenwirtschaftlichen Gleichgewichts und des stetigen und angemessenen Wirtschaftswachstums sind die sog. **Instrumentalziele** des Stabilitätsgesetzes. An ihnen ist die Wirtschaftspolitik ausgerichtet. Der Sachverständigenrat zur Begutachtung der gesamtwirtschaftlichen Entwicklung soll darüber hinaus in seinem jährlichen Gutachten auch zu Fragen der Bildung und Verteilung von Einkommen und Vermögen Stellung nehmen. Dieses **Verteilungsziel** ist **nicht in das Stabilitätsgesetz aufgenommen** worden. Das vor allem deshalb, weil der Begriff der gerechten Einkommensverteilung schwer definiert werden kann, weil er gesellschafts- und zeitbezogen ist. Seine wissenschaftliche Konkretisierbarkeit ist daher nur sehr schwer zu leisten. Was unter gerechter Verteilung zu verstehen ist, kann eigentlich nur durch die Mehrheit bestehender Ansichten ermittelt werden, in dem Sinne, daß erfragt wird, was die Mehrheit der Gesellschaft in bezug auf die Einkommensverteilung als gerecht empfindet.

Allgemein anerkannte Maßstäbe für die Einkommens- und Vermögensverteilung liegen für die Bundesrepublik Deutschland nicht vor. Einigkeit besteht jedoch darüber, daß die **derzeitige Einkommens- und Vermögensverteilung nicht** als **gleichmäßig** bezeichnet werden kann. Und deshalb wird von manchen Gruppen der Gesellschaft eine gleichmäßigere Verteilung gefordert.

Andere Wirtschaftspolitiker sind der Auffassung, daß in der Erfüllung der Ziele des Stabilitätsgesetzes auch ein gutes Maß an Erreichung des Ziels der gerechten Einkommensverteilung in der freiheitlichen Wirtschaftsordnung mit realisiert wird.

7 Zielkonflikte

Obwohl die vier genannten Ziele von der wirtschaftspolitischen Aktivität angestrebt werden, können nicht alle mit gleichem Nachdruck verfolgt werden. Es kommt zu Zielkonflikten, und die Wirtschaftspolitik steht vor der Frage, entweder einen Kompromiß zwischen den einzelnen Zielen zuzulassen oder aber einem der Ziele den direkten Vorrang einzuräumen.

Da also nicht alle vier Ziele gleichzeitig erreichbar sind, spricht man von einem **magischen Viereck,** denn es wären gleichsam magische Kräfte erforderlich, aus dem Bann auszubrechen.

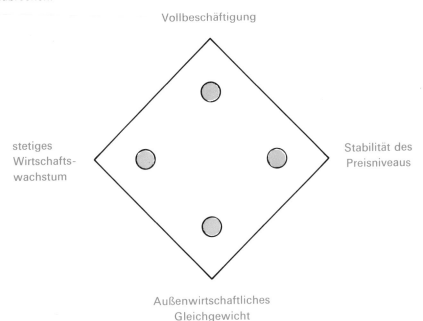

Vollbeschäftigung

stetiges Wirtschafts- wachstum

Stabilität des Preisniveaus

Außenwirtschaftliches Gleichgewicht

Ein Zielkonflikt besteht vor allem zwischen Preisstabilität und Vollbeschäftigung. Die Erfahrung lehrt, daß Vollbeschäftigung und Wirtschaftswachstum oft durch ein gewisses Maß an Preissteigerungen erkauft werden müssen.

Jahr	Arbeits- losenquote[1]	Preisindex für Lebenshaltung Veränd. gegen Vorjahr in %[2]	Veränderungen des Bruttosozial- produkts[3]
1980	3,8	+5,3	1,0
1985	9,3	+2,0	1,8
1986	9,0	−0,2	2,2
1987	8,9	+0,1	1,5
1988	8,7	+1,1	3,7
1989	7,9	+2,9	4,0
1990	7,2	+2,7	4,9
1991	6,3	+3,6	3,6

Quelle: Bundesministerium für Wirtschaft, Wirtschaft in Zahlen '92, S. 16, 26, 37

[1] Anteil der Arbeitslosen an den abhängigen Erwerbspersonen (ohne Soldaten)
[2] 1985 = 100
[3] In Preisen von 1985; 1975 = 100

Langfristige statistische Untersuchungen über Preissteigerungen und Arbeitslosigkeit lassen einen Zusammenhang zwischen beiden Größen erkennen. Diese Beziehung wird durch die sogenannte Phillipskurve (benannt nach dem englischen Nationalökonomen Phillips) ausgedrückt. Die im folgenden für die USA berechnete Phillipskurve zeigt z. B., daß völlige Preisstabilität offenbar nur bei einer Arbeitslosigkeit von mehr als 5% erreicht werden kann.

Für die Bundesrepublik Deutschland, deren wirtschaftliche Verhältnisse nicht ohne weiteres mit denen der USA verglichen werden können, ergaben entsprechende Berechnungen, daß eine absolute Preisstabilität eine Arbeitslosenquote von etwa 3,5% vorauszusetzen hätte.

Von vielen unserer Partnerländer, die mit Inflation zu kämpfen haben (gerade wegen des Vorrangs der Vollbeschäftigung), wird bei festen Wechselkursen die Preissteigerung in andere, bisher preisstabilere Länder exportiert. Damit aber lassen sich weder Preisstabilität noch Ausgleich der Zahlungsbilanz erreichen.

Trotz aller Schwierigkeiten darf keines der vier Ziele außer acht gelassen werden. Bei Rückgang der Beschäftigung tritt das Problem der Vollbeschäftigung in den Vordergrund; bei Preissteigerungen, die über eine Toleranzgrenze von etwa 2% hinausgehen, ist vor allem das Ziel der Preisstabilität aktuell. Es sind stets sämtliche Mittel der Wirtschaftspolitik für das gewählte Ziel einzusetzen, es ist eine Zielkonformität aller staatlichen Stellen notwendig.

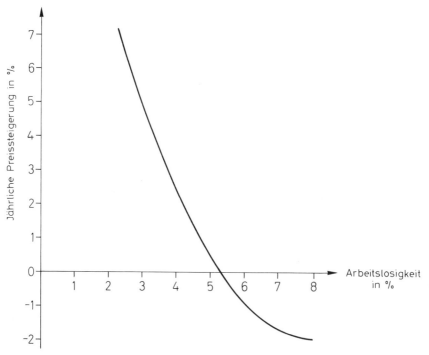

Phillipskurve (Berechnung für die USA)

IV Mittel der staatlichen Wirtschaftspolitik

Dem Staat steht ein Bündel von Maßnahmen zur Verfügung, mit denen er Einfluß auf die Wirtschaft nehmen kann, um wirtschaftspolitische Zielvorstellungen zu verwirklichen. Der Vorrang gebührt dabei grundsätzlich den marktkonformen Maßnahmen gegenüber inkonformen Eingriffen (wie z. B. Lohn- und Preisstopp), wenn die soziale Marktwirtschaft funktionsfähig bleiben soll.

1 Geldpolitische Maßnahmen

Unter Geldpolitik versteht man die Gesamtheit aller Maßnahmen, die auf die Beeinflussung der Geldmenge abzielen, um die Kaufkraft zu erhalten. Da Konjunkturen als ein Wechsel zwischen Inflation und Deflation angesehen werden können, sind monetäre Maßnahmen gleichzeitig auch ein Mittel der Konjunktursteuerung. Das kreditpolitische Instrumentarium, das der Deutschen Bundesbank zur Verfügung steht, muß jeweils rechtzeitig und auch in Übereinstimmung mit sonstigen wirtschaftspolitischen Maßnahmen eingesetzt werden. Bei der starken internationalen Verflechtung unserer Volkswirtschaft müssen jedoch bei allen Maßnahmen auch die außenwirtschaftlichen Wirkungen berücksichtigt werden.

2 Fiskalpolitische Maßnahmen

2.1 Einnahmen und Ausgaben der öffentlichen Hand

Kennzeichnend für die Bundesrepublik wie auch für die übrigen westlichen Industriegesellschaften sind die wachsenden Aufgaben, die der öffentlichen Hand bzw. dem Staat übertragen werden. Für diese Aufgaben verschafft sich der Staat Einnahmen aus

- Steuern,
- Zöllen,
- Gebühren und Beiträgen,
- Gewinnen staatlicher Unternehmen,
- Kreditaufnahme.

Die Steuern machen mit über 80% den wesentlichen Teil der Einnahmen von Bund, Ländern und Gemeinden aus.

Steuer- und Aufgabenverteilung auf einen Blick

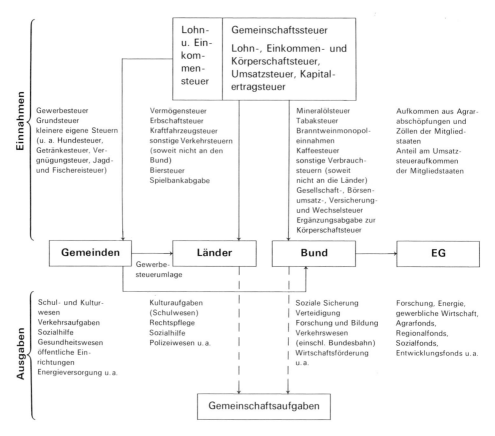

Quelle: nach: Bundesminister der Finanzen, Der Bundeshaushalt. Unser Geld, Bonn 1978, S. 12/13.

Wachsende Ansprüche an den Staat können nur mittels höherer Steuern finanziert werden. Der Anstieg der volkswirtschaftlichen *Steuerquote* – sie drückt den prozentualen Anteil aller Steuern am Bruttosozialprodukt aus – in den letzten Jahren macht die wachsenden Ansprüche an den Staat besonders deutlich.

Abgabenquote im internationalen Vergleich[1])

Jahr	Steuern und Sozialabgaben in v.H. des BSP								
	1970	1975	1980	1985	1986	1987	1988	1989	1990
Belgien	35,7	41,8	44,4	47,6	45,2	47,7	46,3	44,6	44,9
Dänemark	40,4	41,4	45,5	49,0	52,9	51,5	51,7	50,4	48,6
Deutschland	32,9	36,0	38,2	38,1	37,4	38,0	37,7	38,3	36,3
Frankreich	35,1	36,9	41,7	44,5	44,3	44,5	43,8	43,7	43,7
Griechenland	25,3	25,5	29,4	35,1	37,3	37,3	34,7	33,3	36,5
Großbritannien	36,9	35,5	35,3	37,8	38,0	37,1	37,6	−31,7	31,7
Irland	31,2	31,5	34,0	38,0	44,2	38,9	40,6	37,0	37,0
Italien	26,1	26,2	30,2	34,4	36,3	36,3	37,0	37,9	39,1
Japan	19,7	20,9	25,4	27,6	29,0	29,7	30,3	−30,7	31,3
Luxemburg	30,9	42,8	46,0	50,1	41,1	50,1	49,7	48,8	50,3
Niederlande	37,6	43,7	45,8	44,9	45,9	48,5	48,4	45,8	45,2
Norwegen	39,3	44,9	47,1	47,6	50,9	47,9	47,8	−46,0	46,3
Österreich	35,7	38,6	41,2	43,1	42,9	42,3	42,1	−41,2	41,6
Schweden	40,0	43,6	49,1	50,4	54,7	56,1	55,5	−56,0	56,9
Schweiz	23,8	29,6	30,8	32,0	31,1	32,0	32,6	−31,7	31,7
USA	29,2	29,0	29,5	29,2	28,2	30,2	29,4	29,6	29,9

Quelle: OECD-Revenue Statistics 1965–1991, Paris 1992
Quelle: BMWi, Wirtschaft in Zahlen '92, S. 148

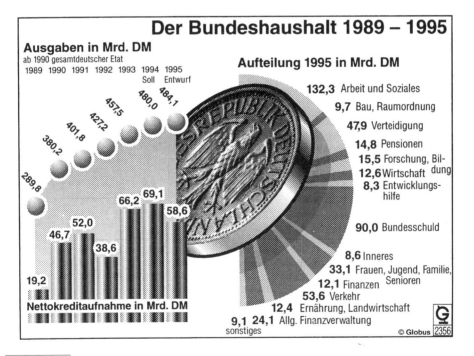

Der Bundeshaushalt 1989 – 1995

Ausgaben in Mrd. DM
ab 1990 gesamtdeutscher Etat
1989 1990 1991 1992 1993 1994 1995
Soll Entwurf

Aufteilung 1995 in Mrd. DM

457,5
480,0
484,1
427,2
401,8
380,2
289,8
66,2
69,1
58,6
52,0
46,7
38,6
19,2

Nettokreditaufnahme in Mrd. DM

132,3 Arbeit und Soziales
9,7 Bau, Raumordnung
47,9 Verteidigung
14,8 Pensionen
15,5 Forschung, Bil-
12,6 Wirtschaft dung
8,3 Entwicklungs-
hilfe

90,0 Bundesschuld

8,6 Inneres
33,1 Frauen, Jugend, Familie,
Senioren
12,1 Finanzen
53,6 Verkehr
12,4 Ernährung, Landwirtschaft
9,1 24,1 Allg. Finanzverwaltung
sonstiges

© Globus 2356

[1]) Steuerquote der Bundesrepublik Deutschland in haushaltsrechtlicher Abgrenzung; Sozialabga-
ben in der Abgrenzung der volkswirtschaftlichen Gesamtrechnung. Abgabenquoten der übrigen
Länder entsprechend den Abgrenzungen in der Bundesrepublik Deutschland; 1989 z. T. Schätzungen
[2]) vorläufig
[3]) einschl. Beiträge des Staates für Sozialleistungsempfänger u. Eigenbeiträge derselben

Auf der anderen Seite beträgt der Anteil des Staates in seinen Ausgaben am Bruttoso-zialprodukt 1986 bereits ca. 50%. Auch hier werden die wachsenden Ansprüche an den Staat deutlich, wenn man sich den Umfang der Staatsquote von ca. 50% vergegenwär-tigt. Damit wird gleichzeitig aber auch die große Bedeutung der öffentlichen Hand für die gesamtwirtschaftliche Nachfrage sichtbar.

2.2 Antizyklische Fiskalpolitik

Die Fiskalpolitik will durch **Variation der Staatseinkünfte und Staatsausgaben** Einfluß auf das Wirtschaftsleben nehmen. Zur Stabilisierung der gesamtwirtschaftlichen Nachfrage, die aus Konsumausgaben, Investitionen und Staatsausgaben besteht, wird die Forderung nach **antizyklischer Fiskalpolitik** erhoben. Bei geringer Nachfrage innerhalb der Wirtschaft soll der Staat das Nachfragedefizit durch verstärkte Ausgaben ausgleichen, bei Übernachfrage hingegen soll er seine Ausgaben drosseln, um damit die Gesamtnachfrage zu verringern.

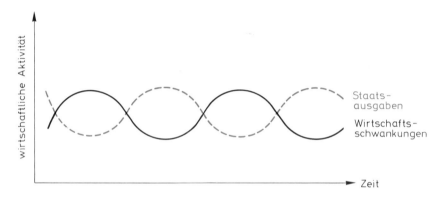

Antizyklische Fiskalpolitik

Die Fiskalpolitik ist meist nicht so beweglich, als daß sie kurzfristig genügend wirksam werden könnte. Viele Ausgaben sind bereits gesetzlich für eine Reihe von Jahren fest-gelegt, und auch das Steuersystem kann nur beschränkt Veränderungen unterworfen werden. Ebenso sind politische Widerstände zu beachten; zum Beispiel können un-populäre Maßnahmen wie Steuererhöhungen oft überhaupt nicht oder aber nur ver-spätet durchgesetzt werden.
Steuerung der Fiskalpolitik setzt auch eine Koordinierung der Maßnahmen von Bund, Ländern und Gemeinden voraus. Das Grundgesetz jedoch bestimmt, daß Bund und Länder in ihrer Haushaltswirtschaft selbständig und voneinander unabhängig sind. Dies gilt grundsätzlich auch für die Gemeinden.
Unterstützung erfährt die antizyklische Fiskalpolitik durch das Stabilitätsgesetz, das die kurzfristige Erhöhung oder Ermäßigung der Lohn- und Einkommensteuer bis zu 10% vorsieht. Ebenso gibt dieses Gesetz die Möglichkeit zur Bildung einer Konjunkturaus-gleichsrücklage (Stillegung von Einnahmen) sowie die der Begrenzung der Kreditauf-nahme von Bund, Ländern und Gemeinden bei bestehender Übernachfrage in der Wirtschaft. Bei rückläufiger Konjunktur kann die Konjunkturausgleichsrücklage aufgelöst werden und schafft dann zusätzliche Nachfrage.

Instrumente	Wirtschaftslage	
	Rezession	Hochkonjunktur
Beeinflussung der öffentlichen Nachfrage	• Zusätzliche Ausgaben, finanziert mit den Mitteln der Konjunkturausgleichsrücklage • Kreditaufnahme des Bundes bis zu fünf Milliarden DM auf dem Geld- und Kapitalmarkt	• Ausgabesperre bei Bund und Ländern, Bildung einer Konjunkturausgleichsrücklage • Kreditlimitierungsverordnungen für Länder und Gemeinden
Beeinflussung der privaten Nachfrage	• Herabsetzung des Lohn-, Einkommens- und Körperschaftssteuersatzes bis zu zehn Prozent • Investitionsbonus	• Aussetzung der degressiven Abschreibung • Erhöhung des Lohn-, Einkommens- und Körperschaftssteuersatzes bis zu zehn Prozent

3 Außenwirtschaftliche Maßnahmen

Die wirtschaftlichen Beziehungen im internationalen Handel werden durch die Außenwirtschaftspolitik geregelt. Im einzelnen kommen Auf- und Abwertung, Zölle und Exportsubventionen, Kontingente, Devisenbewirtschaftung sowie Maßnahmen zur wirtschaftlichen Integration in Betracht (vgl. hierzu das Kapitel „Die Außenwirtschaft"). Erwähnt werden muß aber, daß gerade in der Außenwirtschaft internationale Vereinbarungen den Spielraum zu eigenen Maßnahmen einengen und daß Außenwirtschaftspolitik nur unter langfristigen Zielsetzungen betrieben werden kann.

4 Lohnpolitische Maßnahmen

Die Vereinbarung der Arbeitsentgelte ist Sache der autonomen Tarifpartner. Bei den Auseinandersetzungen zwischen Arbeitgeber und Arbeitnehmer geht es letztlich um die Verteilung des Sozialproduktes. Insofern ist die Lohnpolitik ein Mittel, den Arbeitnehmern einen höheren Anteil an der volkswirtschaftlichen Produktion zu sichern.

Lohnerhöhungen, die über dem Produktivitätsfortschritt liegen, bringen Gefahr für die Geldwertstabilität mit sich (Lohn-Preis-Spirale). Die Gewerkschaften folgen aber nicht der Orientierung an den Zuwachsraten der Produktivität, da das den unveränderten Anteil der Arbeitnehmer am Volkseinkommen bedeuten würde; die bisherige Einkommensverteilung würde gleichsam zementiert werden.

Die Lohnpolitik muß im Rahmen der Konjunkturpolitik wie auch der Geldwertstabilität gesehen werden. Bei wirtschaftlich geringer Aktivität bedeuten Lohnerhöhungen zusätzliche Nachfrage und sind volkswirtschaftlich erwünscht. Auch bedarf es der Lohnerhöhungen, um bei einer wachsenden Wirtschaft die Mehrproduktion absetzen zu können. Andererseits muß man bei Gefahren für die Preisstabilität mit Lohnerhöhungen sehr vorsichtig sein.

---

* Gebietskörperschaften, LAF, ERP, EG-Anteile

Da die Absprachen der Tarifpartner den wirtschaftspolitischen Maßnahmen des Staates zuwiderlaufen können, wird im Rahmen der konzertierten Aktion versucht, hinsichtlich der Lohnerhöhungen volkswirtschaftliche Belange zu berücksichtigen. Bei den prinzipiell unterschiedlichen Interessen der Tarifpartner kann ein solches Vorgehen indes nur beschränkte Wirksamkeit haben. Die lohnpolitischen Steuerungsmöglichkeiten des Staates sind stark begrenzt, will er nicht die Tarifautonomie antasten.

5 Strukturpolitische Maßnahmen

Strukturpolitische Maßnahmen zielen auf eine Änderung im Aufbau der Wirtschaft hin.

Es gibt drei Problembereiche grundsätzlicher Art:

● Branchenbezogene Probleme, ● Regionale Probleme, ● Probleme der Betriebsgröße.

Der wichtigste Teil der Strukturpolitik besteht aus branchenbezogenen Maßnahmen. In einer dynamischen Wirtschaft entwickeln sich nicht alle Wirtschaftsbereiche gleichmäßig. Während einige Branchen hohe Wachstumsraten zu verzeichnen haben (z. B. Kunststoffe, Chemie), stagnieren andere oder weisen sogar rückläufige Produktionsziffern auf (z. B. Eisenerz- und Kohlenbergbau).

Stagnation oder Rückgang in einem Wirtschaftszweig bringt soziale Probleme wie Arbeitslosigkeit, Kurzarbeit und evtl. Verringerung des Einkommens mit sich. Die bedrohten Branchen wehren sich daher gegen den wirtschaftlichen und sozialen Abstieg und versuchen oft, durch politischen Druck auf Regierung und Parteien eine Verschlechterung ihrer Lage zu verhindern. Kohlenbergbau und Landwirtschaft sind Beispiele hierfür.

Staatliche Strukturpolitik muß jedoch den Strukturwandel fördern und die Anpassung – bei Vermeidung sozialer Härten – beschleunigen, denn nur so ist der Weg zu besserer gesamtwirtschaftlicher Güterversorgung frei. Keineswegs darf sie bisherige Strukturen konservieren. Die Betroffenen müssen allerdings bereit sein, sich den veränderten wirtschaftlichen Bedingungen anzupassen, was nicht zuletzt ein Problem beruflicher und geistiger Mobilität bedeutet.

Die regionale Strukturpolitik sucht die Wirtschaftskraft geringer entwickelter Gegenden zu stärken. Das kann z. B. geschehen durch:

● Ausbau der Infrastruktur (Bau von Straßen, Schulen, Versorgungseinrichtungen usw.),
● Investitionshilfen für die Ansiedlung neuer Betriebe,
● Steuerliche Vergünstigungen.

Schließlich gehört zur staatlichen Strukturpolitik die Förderung von Betrieben zur Erlangung wettbewerbsfähiger Größen. Hier ist vor allem an die (Mindest-) Betriebsgrößen in der Landwirtschaft zu denken. Aber auch die Förderung oder Hemmung der Konzentration im Industriesektor zählt dazu.

V Ansatzpunkte für eine wirksame Wirtschaftspolitik

Alle wirtschaftspolitischen Maßnahmen von Bund, Ländern und Gemeinden müssen sinnvoll koordiniert werden. Kurzfristig geht es darum, sowohl konjunkturelle Abschwächungen mit Arbeitslosigkeit als auch eine überschäumende Konjunktur mit hoher Inflationsrate zu verhindern. Langfristig muß eine wirksame Wachstumspolitik hinzutreten.

1 Bekämpfung von Rezession und Depression

Soll Vollbeschäftigung erreicht werden, so müssen zunächst Rezessionen verhindert werden. Konjunkturelle Tiefs sind durch einen Nachfrageausfall sowohl nach Konsumgütern als auch nach Investitionsgütern gekennzeichnet. Hier ist der Staat aufgefordert, mit wirtschaftspolitischen Maßnahmen die Nachfragelücke zu schließen.

Sind die Ersparnisse im Vergleich zu den Investitionen zu hoch und ergibt sich damit ein Nachfrageausfall, so muß dieser frühzeitig aufgefangen werden, da sich sonst ein eigendynamischer Prozeß einer mangelnden Nachfrage zunächst nach weniger Konsumgütern, in der Folge dann nach weniger Investitionsgütern ergeben würde. Dieser allgemeine Nachfrageausfall führt zu Einkommensbußen derjenigen Wirtschaftssubjekte, die in den Wirtschaftszweigen beschäftigt sind, die von dem Nachfrageausfall betroffen sind. Dieser in einer Rezession allgemein auftretende Einkommensrückgang der privaten Haushalte führt wiederum zu sinkender Nachfrage und umgekehrt.

Im Rahmen der staatlichen Haushaltspolitik ist der Staat aufgefordert, mit erhöhten Investitionen einzugreifen und zwar rechtzeitig, bevor es zu einem Abschwung kommt. Zum anderen kann der Staat die Steuern senken, so daß hierdurch der Konsum angeregt wird. Die Steuersenkungen sind insbesondere dann wirksam, wenn sie Personen mit relativ geringem Einkommen treffen, da deren Sparneigung normalerweise gering ist. Bei den Investitionen des Staates ist z. B. an den zusätzlichen Bau von Schulen, Hochschulen, Forschungsstätten, Straßen und Verkehrswegen oder Talsperren zu denken, sowie an Rationalisierungsmaßnahmen bei Bundesbahn und Bundespost. Die Ausgaben des Staates für solche Investitionen schaffen zunächst einmal Einkommen, die anregend auf die gesamte Wirtschaft wirken können, sofern diese Einkommen für konsumtive Zwecke ausgegeben werden. Staatliche Investitionen sind bei der Gefahr eines gesamtwirtschaftlichen Nachfragerückgangs den privaten Investitionen vorzuziehen, da öffentliche Investitionen zwar Einkommen schaffen, aber nicht unmittelbar eine Erhöhung des gesamtwirtschaftlichen Angebotes bedeuten. Sie haben zunächst einmal einen Einkommenseffekt (d. h. sie schaffen zusätzliche Einkommen), sie haben aber keinen direkten Kapazitätseffekt (sie wirken nicht unmittelbar auf die Vermehrung des gesamtwirtschaftlichen Angebotes der laufenden Periode).

Verringerte Steuereinnahmen auf der einen Seite, erhöhte Investitionsausgaben auf der anderen Seite führen dazu, daß der Staatshaushalt nicht ausgeglichen ist. Der Staat kann also nur durch zusätzliche Verschuldung bei der Bundesbank seine Ausgaben finanzieren. Er muß in solchen Situationen den Mut zur Haushaltslücke haben, die These vom ausgeglichenen Staatshaushalt ist volkswirtschaftlich nicht haltbar. Durch sie würde die Depression eher noch verschärft werden. Zum anderen kann der Staat die Kredite aus den in der Hochkonjunktur zunehmenden Steuereinnahmen zurückzahlen. Es kommt nur auf die richtige Dosierung der fiskalpolitischen Maßnahmen und den richtigen Zeitpunkt an.

Auch Investitionen der privaten Unternehmer bewirken einen Einkommenseffekt, allerdings ebenso einen Kapazitätseffekt, weshalb sie bei Unterbeschäftigung zunächst weniger sinnvoll sind. Sie können durch staatliche Investitionsprämien und insbesondere durch Erhöhung der steuerlichen Abschreibungssätze angeregt werden. Hinzu treten müssen entsprechende monetäre Maßnahmen der Bundesbank zur Erleichterung der Kreditaufnahme. Obwohl wirtschaftspolitisch sinnvoll, sind diese Maßnahmen sozialpolitisch bedenklich, da die Vermögensbildung gerade der ohnehin Vermögenden hierdurch noch begünstigt wird. Hier tritt also auch ein Zielkonflikt zwischen wirtschaftspolitischen und sozialpolitischen Zielsetzungen auf.

Nicht nur durch Steuerminderungen, sondern auch durch Erhöhung der Arbeitslosen-unterstützung, der Renten sowie durch sonstige konsumfördernde Maßnahmen kann die Konsumgüternachfrage angeregt werden. Durch den Abbau von Sparprämien kann zusätzlich versucht werden, die Konsumneigung zu verstärken. Aber auch dieses Mittel widerspricht der sozialpolitischen Zielsetzung einer weitgestreuten Vermögensbildung.

Eine derart gezielte Wirtschaftspolitik fördert das Vertrauen in die Wirtschaft und schafft ein günstiges Klima. Das sind psychologische Voraussetzungen für eine expandierende Wirtschaft. Zwar hätten im Rahmen der Lohnpolitik auch Lohnerhöhungen zur Belebung der Nachfrage eine günstige Wirkung, jedoch ist es zunächst schwierig, wenn nicht gar unmöglich, sie durchzusetzen. Die Unternehmer sind in dieser Situation nicht zu großen Zugeständnissen bereit, zum anderen würden von den Gewerkschaften „erzwungene" Lohnerhöhungen zu Kostensteigerung und Dämpfung der Investitionsneigung führen. Eine Anregung der Wirtschaft läßt sich auch durch exportfördernde und importhemmende Maßnahmen (z. B. Abwertung) herbeiführen.

Maßnahmen zur Anregung der Wirtschaft			
Geld-politik	Senkung des Diskontsatzes Senkung der Mindestreserven Ankauf von Wertpapieren durch die Bundesbank Senkung des Lombardsatzes	**Psycho-logische Beein-flussung**	Stärkung des Vertrauens in die Wirtschaft: Psychologische Konsumanregung Psychologische Investitions-anregung
Fiskal-politik	Steuersenkungen (insbeson-dere Lohn- und Einkommen-steuern)	**Lohn-politik**	Beeinflussung der Tarifpartner zu Lohnerhöhungen durch Orientierungsdaten
	Sonderabschreibungen bzw. Zinsvergünstigungen bei Investitionen Investitionsprämien Abbau der Sparprämien Förderung der Abzahlungs-geschäfte Erhöhung der Arbeitslosen-unterstützung und der Renten Auflösung von Haushalts-rücklagen Verstärkte Kreditaufnahme zur Finanzierung zusätzlicher staatlicher Investitionen	**Außen-wirt-schafts-politik**	Exportförderung (Abwertung, Exportsubventionen) Importdrosselung (Importzölle, Einfuhrkontingente)

2 Vermeidung von Konjunkturüberhitzung und Inflation

Ist es zwar relativ einfach, in Zeiten der Unterbeschäftigung die Auswertung der staatlichen Nachfrage (deficit spending) zu betreiben, so ist die Eindämmung der Staatsnachfrage in Perioden der Hochkonjunktur politisch oft schwieriger durchzu-setzen. Soll man mit dem Bau eines Altersheimes oder Kindergartens warten, bis die bestehende Übernachfrage abgebaut ist? Ist gegen den privaten Swimmingpool nichts einzuwenden, während der Bau des öffentlichen Schwimmbades zurückgestellt wird?

Hier zeigen sich schon die Schwierigkeiten der Nachfrageeindämmung der öffentlichen Hand, zumal Investitionen für Sozialbedürfnisse ohnehin erheblich im Rückstand sind und ihre Dringlichkeit oft die der Individualbedürfnisse übersteigt.

Immerhin sollte der Staat bei Übernachfrage und inflatorischen Preissteigerungen die wachsenden Steuereinnahmen zum Teil stillegen, seine Ausgaben also einschränken, um die Nachfrage insgesamt zu drosseln. Bei überhöhter Konsumgüternachfrage wird es zweckmäßig sein, die Lohn- und Einkommensteuer wie auch die Verbrauchssteuern auf langlebige Konsumgüter zu erhöhen und diese Beträge dem Wirtschaftskreislauf zu entziehen. Zusätzlich empfehlen sich Sparförderungsmaßnahmen, da auch hierdurch die Konsumgüternachfrage zurückgeht. Kommt die Übernachfrage durch den Investitionssektor zustande, so kann eine Senkung der Abschreibungssätze oder gar eine zeitlich begrenzte Investitionssteuer erwogen werden.

Auch hier kommt es darauf an, die Maßnahmen rechtzeitig einzuleiten und richtig zu dosieren. Bisher ist die Fiskalpolitik oftmals nicht schnell genug wirksam geworden. Eine Maßnahme zum falschen Zeitpunkt aber schadet mehr, als sie nützt.

Das kreditpolitische Instrumentarium der Deutschen Bundesbank vermag durch Einengung des Kreditspielraumes zumindest eine relative Preisstabilität herbeizuführen, wenn die öffentliche Hand tatsächlich ihre Ausgaben einschränkt. In letzter Zeit wurde es jedoch immer deutlicher, daß auch eine außenwirtschaftliche Absicherung notwendig wird. Falls sich z. B. eine Aufwertung der DM volkswirtschaftlich empfiehlt, sollte sie in diese Phase übersteigerter Nachfrage fallen.

Orientierungsdaten für die Tarifpartner zielen auf maßvolle Lohnerhöhungen, um die Lohn-Preis-Spirale zu verhindern.

Maßnahmen zur Dämpfung der Wirtschaft			
Geld-politik	Erhöhung des Diskontsatzes Erhöhung der Mindestreserven Verkauf von Wertpapieren durch die Bundesbank Erhöhung des Lombardsatzes	**Psycho-logische Beein-flussung**	Maßhalteappelle an Verbraucher und Unternehmer Psychologische Maßnahmen zur Preisberuhigung
Fiskal-politik	Steuererhöhungen (z. B. Konjunkturzuschlag zur Lohn- und Einkommensteuer) Senkung der Abschreibungssätze auf Investitionen Investitionssteuer Erhöhung der Sparprämien Erschwerung der Abzahlungsgeschäfte Zeitliche Verschiebung von Rentenerhöhungen Kreditrückzahlung und Bildung von Haushaltsrücklagen Zeitlicher Aufschub staatlicher Investitionen	**Lohn-politik**	Beeinflussung der Tarifpartner durch Orientierungsdaten: Zurückhaltung in Lohnerhöhungen, Lohnstopp
		Außen-wirt-schafts-politik	Exportdrosselung (Aufwertung, Exportzölle) Freigabe des Wechselkurses bei zu hoch gebundenem Kurs Importförderung (Aufhebung von Importzöllen)

VI Wirtschaftswachstum und Wachstumspolitik

Eine Wirtschaftspolitik darf neben den konjunkturellen Problemen die Probleme des langfristigen Wirtschaftswachstums nicht übersehen. Da es kein stetiges Wirtschaftswachstum der Volkswirtschaften ohne aktive Wirtschaftspolitik gibt, ist die staatliche Wirtschaftspolitik aufgefordert, neben den kurzfristigen Maßnahmen der Konjunkturpolitik, d. h. der Beseitigung von Rezession und Depression bzw. Hochkonjunktur und Inflation, die Förderung der Wachstumskräfte nicht zu übersehen.

Deshalb bedarf es einer besonderen Auseinandersetzung mit den Problemen des Wirtschaftswachstums und der Wachstumspolitik.

1 Notwendigkeit und Problematik des Wirtschaftswachstums

Obwohl in neuerer Zeit mit Recht Zweifel laut werden, ob wirtschaftliches Wachstum um jeden Preis notwendig sei, muß andererseits bedacht werden, daß das Wirtschaftswachstum eine Voraussetzung zu verbesserten Lebensbedingungen ist.

Armut und Not in den Entwicklungsländern und die große Kluft zwischen der Einkommenshöhe dieser Länder und der der Industriegesellschaften gebieten nicht nur aus humanitären Gründen, das Wirtschaftswachstum dieser Länder zu fördern. Aber auch in hochentwickelten Volkswirtschaften ist das Wirtschaftswachstum Voraussetzung für eine Stärkung der sozialen Sicherheit und gibt dem Staat bessere Möglichkeiten, seine zunehmenden gesamtgesellschaftlichen Aufgaben (Ausbau des Bildungswesens und der Forschung, Umweltschutz usw.) zu erfüllen. Einen gewissen Zwang zur Herbeiführung wirtschaftlichen Wachstums übt auch der Wettkampf zwischen den unterschiedlichen Wirtschaftsordnungen, den marktwirtschaftlichen und den zentralverwaltungswirtschaftlichen Systemen, aus. Ziel des Kommunismus ist die Erhöhung des Lebensstandards über den der „kapitalistischen" Länder hinaus. Den marktwirtschaftlich geordneten Volkswirtschaften werden dadurch große Leistungen in Hinblick auf das Wirtschaftswachstum abverlangt, wollen sie im Wettbewerb nicht unterliegen.

Erscheint Wirtschaftswachstum einerseits notwendig, so werden andererseits die Grenzen des Wachstums aufgrund begrenzter Rohstoffvorkommen und wachsender Umweltbelastungen gegenwärtig immer augenfälliger. So kommt der Bericht des Club of Rome*) aufgrund von Untersuchungen zu dem Schluß, daß in Zukunft Sparsamkeit bei der Ausbeutung der vorhandenen Bodenschätze notwendig sein werde, da es bei ungebrochenem und ungelenktem Wachstum zur weltweiten Katastrophe und zum Zusammenbruch kommen könne. Wachstum müsse ersetzt werden durch ein weltweites Gleichgewicht, in welchem sowohl die Bevölkerung als auch das Kapital konstant bleiben. – Obwohl diese Studie unter Wirtschaftswissenschaftlern auch heftige Kritik gefunden hat, erscheint doch zumindest eine qualitative Lenkung des Wachstums erforderlich.

---

*) Dennis Meadows, Die Grenzen des Wachstums, rororo Sachbuch 6825

Über die Grenzen des Wachstums ist in den letzten Jahren viel diskutiert worden. Die Diskussion ist überwiegend von einem Wachstumspessimismus gekennzeichnet. Den Höhepunkt erreichte diese Diskussion, als die sog. Energiekrise 1973/74 einer breiteren Öffentlichkeit das Problem der begrenzten Energiereserven mit zuvor nicht erlebter Schärfe deutlich machte. Es sind im Grunde 5 Problemkreise, die miteinander in Beziehung stehen, wenn es um die langfristigen **Gefahren für das wirtschaftliche Wachstum** geht:

1. die begrenzten Rohstoffreserven,
2. das Bevölkerungswachstum,
3. die Industrieproduktion pro Kopf,
4. die Nahrungsmittelproduktion pro Kopf,
5. die Umweltverschmutzung.

Wirtschaftswachstum bedeutet den jährlichen Anstieg des **realen** Volkseinkommens pro Kopf der Bevölkerung, wobei von Vollbeschäftigung ausgegangen wird. Eine Produktionserhöhung nach vorheriger Unterbeschäftigung zählt damit nicht zum Wachstum. Die Messung des Wachstums ist nicht ohne Problematik, da es sich um eine rein quantitative Betrachtung handelt. Die zusätzliche Produktion von Autos erhöht zwar das Volkseinkommen, bedeutet aber auch zunehmende Verunreinigung der Luft. Heute gilt die „Qualität des Lebens" aber mehr als rein quantitatives Wachstum. Zu dieser „Qualität des Lebens" zählt auch Zunahme der Freizeit, die im Wirtschaftswachstum nicht zum Ausdruck kommt.

2 Bestimmungsgrößen des Wachstums

Die Höhe des Sozialprodukts ist von Quantität und Qualität der eingesetzten Produktionsfaktoren sowie von den bestehenden gesellschaftlichen Bedingungen abhängig. Zentrale Aufgabe einer Wachstumstheorie muß es zunächst sein, die Bestimmungsgrößen des wirtschaftlichen Wachstums aufzuzeigen.

2.1 Kapitalbildung

Während die Ersatzinvestitionen die vorhandenen Kapazitäten nicht vergrößern, bedeuten Neuinvestitionen eine Erhöhung des Kapitalbestandes einer Volkswirtschaft und ermöglichen damit eine zusätzliche Güterproduktion. Voraussetzung hierfür ist aber der Konsumverzicht, d.h. ein Land, das seinen Kapitalstock vergrößern will, muß einen Überschuß produzieren, der nicht konsumiert wird. Gerade die ohnehin „reichen" Industrienationen können daher relativ leicht Kapital bilden, während die Entwicklungsländer bei ihrem knappen Lebenszuschnitt kaum Konsumverzicht üben können.

Neben Zinshöhe, Inflationsrate und der Einstellung der Gesellschaft zum Konsumverzicht überhaupt spielen die Unternehmergewinne eine große Rolle. Hohe Gewinne erleichtern die Selbstfinanzierung und damit die Kapitalbildung. Sie können jedoch nur über tendenziell hohe Preise oder niedrige Löhne erreicht werden und führen daher zu einem Zielkonflikt zwischen Wirtschaftswachstum und gerechter Einkommensverteilung.

2.2 Arbeitsangebot

Die Zahl der Erwerbstätigen läßt sich — abgesehen von der Anwerbung ausländischer Arbeitskräfte — nicht kurzfristig vermehren. Auch die Arbeitszeiten sind durch gesetzliche, tarifvertragliche und sonstige soziale Normen weitgehend festgelegt. Daher bildet gerade das Arbeitsangebot in unserer hochentwickelten Volkswirtschaft einen Engpaß, eine Art „Flaschenhals" des Wachstums.

Liegt das quantitative Arbeitsangebot fest, so kann nur über eine qualitative Verbesserung (z. B. durch Bildung und Ausbildung) eine höhere Arbeitsproduktivität erreicht werden.

Sieht man die Ausbildung als rein ökonomisches Problem an — sie erfordert einerseits Kosten, bringt andererseits aber Nutzen —, so spricht man von Bildungsökonomik. Obwohl sich die Relation zwischen Kosten und Nutzen nur schwer abschätzen läßt, ist ein gutes Schul- und Bildungswesen wesentliche Voraussetzung für die Produktivität der Arbeit und damit für das Wirtschaftswachstum.

2.3 Technisches Wissen

Technisches Wissen schlägt sich in Erfindungen nieder, die abhängig sind von dem jeweiligen Wissensstand einer Gesellschaft, den eingesetzten Forschungsmitteln und der Dringlichkeit der ungelösten Probleme einer Gesellschaft. So kann man davon ausgehen, daß die im Herbst 1973 hereingebrochene Ölkrise zu vermehrten Forschungsanstrengungen hinsichtlich der Nutzbarmachung anderer Energiequellen führen wird.

Die Verbesserung des technischen Wissens, die z. B. in leistungsfähigeren Maschinen und verbesserten Produktionsverfahren ihren Ausdruck findet, wird als technischer Fortschritt bezeichnet. Das Ausmaß dieses Fortschritts ist ein wesentlicher Bestimmungsfaktor für das Wirtschaftswachstum.

2.4 Sozial-kulturelle Faktoren

Neben wirtschaftlichen Faktoren sind auch sozial-kulturelle Merkmale für die Entwicklung des Wirtschaftswachstums von Bedeutung. Gesellschaften, die ökonomischem Wohlergehen einen hohen Wert beimessen, werden zu größerem Wachstum gelangen als Länder, in denen nicht in solchen ökonomischen Kategorien gedacht wird.

Auch die Religion als eine der sozialen Einstellungen kann eine wichtige Rolle spielen. Den Zusammenhang zwischen Religion und wirtschaftlicher Entfaltung eines Landes hat Max Weber herausgestellt. Seinen Ausführungen zufolge bedeutete der Kalvinismus, der von der Vorherbestimmung (Prädestination) des Menschen ausging und annahm, daß man diese am wirtschaftlichen Erfolg erkennen könne, einen gewaltigen Anreiz für Spartätigkeit und Produktionsausdehnung. Vielen Entwicklungsländern ist eine solche Leistungsmotivation jedoch fremd.

Auch die Mobilität in der gesellschaftlichen Schichtung kann bedeutsam sein. Während das indische Kastensystem Mobilität verhindert, ist eine hohe vertikale und horizontale Beweglichkeit — wie sie in unserer Gesellschaft besteht — geradezu Voraussetzung für die Anpassung an sich ändernde Produktionsverhältnisse und für das Leistungsstreben.

Schließlich kann auch die Rolle der Frau von Bedeutung sein, denn allein schon für das Arbeitskräfteangebot einer Volkswirtschaft ist es wichtig, ob die Frau ihren Platz in der Berufswelt einnehmen kann oder auf ihre Tätigkeit in Haushalt und Familie beschränkt wird.

3 Wachstumspolitik

Nach der kurzen Diskussion über die Notwendigkeit und Problematik sowie der Bestimmungsgrößen des Wirtschaftswachstums sollen nun die grundsätzlichen Möglichkeiten zur Förderung des Wirtschaftswachstums aufgezeigt werden. Hier sind zu nennen die Maßnahmen zur Förderung des technischen Fortschritts und der privatwirtschaftlichen Investitionen, sowie die Infrastrukturinvestitionen und die Eingriffe des Staates in den Marktprozeß zur Steuerung des Strukturwandels.

3.1 Technischer Fortschritt

Wirtschaftswachstum wird durch den technischen Fortschritt ermöglicht; dieser aber ist nicht vom Zufall abhängig, sondern vom Bildungsniveau und der Qualifizierung der Arbeitskräfte sowie der finanziellen Förderung von Forschungsvorhaben. Bildungsinvestitionen sind in ihrer „Rentabilität" zwar nicht meßbar, dennoch ist das steigende Leistungsniveau des einzelnen in der immer komplizierter werdenden Arbeitswelt von großer Bedeutung. Forschungsvorhaben werden in privaten Unternehmen nach Grundsätzen der Rentabilität durchgeführt. Aber auch Forschung, die für ein Unternehmen „unrentabel" ist, kann gesamtwirtschaftlich bedeutsam sein. Die finanzielle Förderung privater und öffentlicher Forschung, Grundlagenforschung wie auch Forschung im Bereich von Technik und Verwaltung, werfen ohne Zweifel langfristig Früchte ab.

3.2 Förderung der Investitionen

Eine weitere Möglichkeit des Wirtschaftswachstums liegt — bei gegebenem Arbeitskräftepotential — in der Bildung zusätzlichen Sachkapitals. Durch Einschränkung des gegenwärtigen Verbrauchs und Stärkung der Investitionen läßt sich das Sozialprodukt erhöhen. Es wäre sozialpolitisch erwünscht, an dieser Kapitalbildung breiteste Volksschichten zu beteiligen. Erwähnt sei hier nur der hohe Kapitalbedarf für die Einführung der Automation. Eine gezielte Politik der Vermögensbildung entspricht nicht nur sozialpolitischen Zielvorstellungen, sondern dient auch der Förderung von Investitionen, die wiederum ein Schlüssel zum Wachstum sind. Wenn die Investitionen, konjunkturpolitisch gesehen, kurzfristig auch überhöht sein können, so ist langfristig doch nur durch hohe Investitionen das Wirtschaftswachstum zu sichern.

3.3 Infrastrukturinvestitionen

Die privat durchgeführten Investitionen müssen durch öffentliche Investitionen (Verkehrs- und Energiesektor, Bildungs- und Gesundheitswesen, öffentliche Verwaltung usw.), die der Verbesserung der Infrastruktur dienen, ergänzt werden. Diese öffentlichen Investitionen sind für die Förderung des Wirtschaftswachstums von entscheidender Bedeutung. So können z.B. unzureichende Verkehrswege hohe Transportkosten verursachen, die einem weiteren Wachstum hinderlich sind. Oft sind die Infrastrukturinvestitionen auch erst die Voraussetzung für private Investitionstätigkeit. So bedarf es zur Errichtung eines Produktionsbetriebes „auf der grünen Wiese" des Ausbaues des Verkehrsnetzes, der Ergänzung von Versorgungseinrichtungen, des Baues von Schulen und anderer Dinge mehr.

3.4 Strukturpolitik

In einer vollbeschäftigten Wirtschaft sind Wachstum und Strukturwandel miteinander verzahnt. Aufgabe der Strukturpolitik ist es, durch entsprechende Eingriffe in den Markt- prozeß den Strukturwandel so zu steuern, daß das Wirtschaftswachstum nicht gehemmt, vielmehr gefördert wird. Der Strukturwandel muß befristete Übergangshilfe erhalten. Unterstützt man ihn nicht, so werden langfristige Wachstumschancen vertan.

**Maßnahmen zur Förderung
des Wirtschaftswachstums**

Förderung des technischen Fortschritts
Bildungsinvestitionen
Förderung von Forschungsvorhaben
Förderung der privaten Investitionen
Infrastrukturinvestitionen
Wachstumsorientierte Strukturpolitik

Lernkontrolle

1. Was versteht man unter Konjunktur?

2. Inwiefern hängen Konjunktur und Wirtschaftswachstum zusammen?

3. Erklären Sie den Begriff Konjunkturzyklus und erläutern Sie die wichtigsten Faktoren, die auf den Konjunkturverlauf Einfluß nehmen.

4. Nennen sie die wichtigsten Träger der Wirtschaftspolitik und skizzieren Sie kurz ihre Bedeu- tung im wirtschaftspolitischen Geschehen der Bundesrepublik Deutschland.

5. Erklären Sie die Ziele des Stabilitätsgesetzes und zeigen Sie mögliche Zielbeziehungen auf.

6. Welche Mittel stehen der staatlichen Wirtschaftspolitik zur Verfügung? Erläutern Sie, was unter dem Konzept antizyklischer Finanzpolitik zu verstehen ist.

7. Erklären Sie die wichtigsten Bestimmungsgrößen des Wirtschaftswachstums.

8. Welche Maßnahmen zur Förderung des Wirtschaftswachstums können ergriffen werden?

J Wirtschaftspolitik und Umwelt

I Wirtschaftsprozeß und Umwelt

Eingriffe des Menschen in den Naturhaushalt gehören zur Daseinsbewältigung. Nur haben diese Eingriffe in der hochindustrialisierten Gesellschaft so stark zugenommen, daß sie mehr und mehr zu einer weltweiten Gefahr für den Menschen geworden sind.

1 Umwelt, Ökologie und Ökosystem

Es gehört zum Wirtschaftsprozeß, daß der Mensch die ihm gegebenen Produktionsfaktoren immer besser ausnutzt, um immer mehr Wohlstand zu schaffen. Dazu muß er immer mehr Rohstoffe verbrauchen, immer mehr Boden überbauen und immer mehr in die Biosphäre eingreifen. Dieser auf moderner Technik und Wettbewerb beruhende Wirtschaftsprozeß führt einerseits zwar zu **wachsendem materiellem Wohlstand,** belastet aber die Umwelt. Zunehmender Flächenbedarf, ungeordnete Verstädterung und Industrialisierung steigern andererseits aber die **Belastung der Umwelt** derart, daß die natürlichen Lebensbedingungen überfordert werden. In vielen Fällen reicht die Selbstreinigungskraft von Boden, Wasser und Luft nicht mehr aus.

Ursachen der Umweltbelastung
— Bevölkerungswachstum
— Rohstoffverbrauch
— Verstädterung
— Wirtschaftswachstum
— techno-ökonomischer Wandel

Die natürlichen Gegebenheiten, wie Luft, Wasser, Wetter, Klima, Bodenart, Gesteine, Landschaft und die Pflanzen- und Tierwelt sind von grundlegender Bedeutung für den Menschen. Sein Leben hängt davon ab, wie er mit diesen Gegebenheiten umgeht. Er kann erkranken, wenn er unreines Wasser trinkt, wenn er verpestete Luft einatmet. Seine Lebenserwartung ist herabgesetzt, wenn er unter ungünstigen Umweltbedingungen lebt. So ist es für die Selbsterhaltung des Menschen wichtig, seine natürliche Umwelt zu schützen.

Unter **Umwelt** versteht man die Gesamtheit aller von außen her auf den Menschen einwirkenden Erscheinungen, Einflüsse und Faktoren, die seine Lebensbedingungen und sein Verhalten bestimmen.

In der **natürlichen Umwelt** gibt es zum einen Wechselwirkungen zwischen Pflanzen und Tieren und Menschen, zum andern aber auch zwischen dem Boden, Wasser, Luft und der Energiezufuhr, wie dem Sonnenlicht. Man kann dieses System der natürlichen

Umwelt in seinen Wechselwirkungen mit einem Haushalt vergleichen. Die Wissenschaft, die sich mit der Erforschung des Ökosystems beschäftigt, ist die **Ökologie** (griech.: Haushaltskunde).

Man kann den gesamten Lebensraum der Erde (die Biosphäre) als ein **Ökosystem** bezeichnen. Das natürliche Ökosystem befindet sich in einem Gleichgewicht. Durch Einwirkungen des Menschen auf dieses Sysem kann es zu Ungleichgewichten kommen, die wieder hergestellt werden müssen.

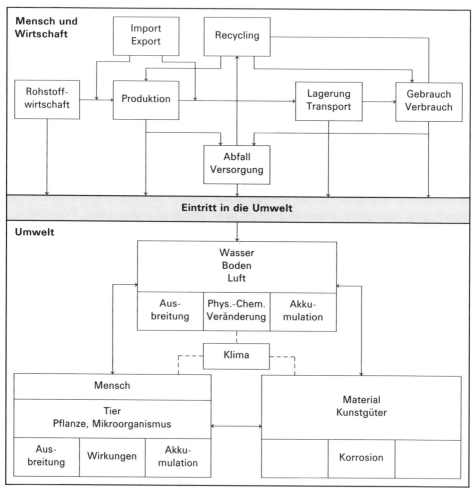

2 Umweltpolitik als Teil der Wirtschaftspolitik

● **Umweltpolitik**

Über die Gefahren der Eingriffe des Menschen in das ökologische System ist man sich seit längerem bewußt. Man hat erkannt, daß es die Aufgabe des Staates ist, den gegenwärtigen und den nachfolgenden Generationen eine lebenswerte Umwelt zu erhalten und zu sichern. Die Bewahrung unserer natürlichen Lebensgrundlagen hat sich zu einer Staatsaufgabe von besonderer Bedeutung entwickelt.

Man faßt unter der Bezeichnung **„Umweltpolitik"** all diejenigen Maßnahmen des Staates zusammen, durch die eine schädigende Auswirkung menschlicher Aktivitäten auf die Umwelt vermieden oder vermindert werden soll.

Umweltpolitik ist demnach die Gesamtheit aller Maßnahmen, die notwendig sind,
- um dem Menschen eine Umwelt zu sichern, wie er sie für seine Gesundheit und für ein menschenwürdiges Dasein braucht,
- um Boden, Luft und Wasser, Pflanzen- und Tierwelt vor nachteiligen Wirkungen menschlischer Eingriffe zu schützen und
- um Schäden oder Nachteile aus menschlichen Eingriffen zu beseitigen.

Im einzelnen sind die **Ziele staatlichen Umweltschutzes** der Schutz und die Erhaltung
- von Leben und Gesundheit des Menschen als oberste Verpflichtung jedes staatlichen Handelns,
- von Tieren, Pflanzen, Ökosystemen als natürliche Existenz-Grundlage des Menschen wie auch um ihrer selbst willen,
- von Luft, Wasser, Boden, Klima als die natürlichen Ressourcen für vielfältige Nutzungsansprüche des Menschen,
- von Sachgütern als kulturelle und wirtschaftliche Werte des einzelnen und der Gemeinschaft.

• Umweltbewußtsein

Der Umweltschutz ist aber nicht nur eine Sache des Staates, sondern er geht die Gesamtheit der wirtschaftenden Menschen einer Volkswirtschaft an. Vor allem ist die **Industrie** aufgefordert, sich der Eigenverantwortung für die Umweltverträglichkeit ihrer Verfahren und Produkte bewußt zu werden sowie für die Sicherheit ihrer Anlagen zu sorgen. Die Wirtschaft selbst soll finanzielle Anstrengungen unternehmen, um **umweltschonende Technologien** zur Vermeidung und Verminderung von Umweltbelastungen zu entwickeln und einzusetzen. Schließlich ist jeder Bürger aufgerufen, in seinem privaten und beruflichen Bereich mehr für die Schonung unserer Umwelt zu tun. Ein umweltfreundliches Verhalten muß in einer modernen Volkswirtschaft für alle zur Selbstverständlichkeit werden. Dies kann nur durch eine Schärfung des Umweltbewußtseins geschehen.

• Wirtschaftsprozeß und Umweltpolitik

Der Wirtschaftsprozeß ist eingebettet in die Umwelt. So lassen sich auch die Maßnahmen, die auf die Gestaltung und Beeinflussung des volkswirtschaftlichen Geschehens im Hinblick auf bestimmte Ziele ausgerichtet sind, nicht in wirtschaftspolitische Ziele auf der einen Seite und umweltpolitische auf der anderen Seite trennen. Umweltpolitik und Wirtschaftspolitik stehen in einem Wechselverhältnis zueinander.

Ohne wirtschaftspolitische Maßnahmen enthält der Preismechanismus in der Marktwirtschaft keine Signale für den Umweltschutz. Es werden die ökologischen Erfordernisse nicht berücksichtigt. Der Staat muß deshalb die **Rahmenbedingungen** für einen **sparsamen und vorsorgenden Umgang mit der Natur** setzen.

- **Wirtschaftswachstum und Umweltschutz**

Häufig wird behauptet, daß Wirtschaftswachstum und Umweltschutz miteinander unvereinbar sind. Umweltschutz kann nicht einen Ausstieg aus der Industriegesellschaft bedeuten. Aber die Zielsetzungen nach einem verstärkten Umweltschutz erfordern eine Umstrukturierung des Wachstumsprozesses zur Verminderung der Altlasten in Richtung auf ein **qualitatives Wirtschaftswachstum**, das auf knappe Ressourcen und die Belastung der Umwelt verstärkt Rücksicht nimmt. Korrekturen am einseitigen Wachstumsdenken sind notwendig, wenn die Zielsetzung der Lebensqualität in stärkerem Umfang verwirklicht werden soll.

Wirtschaftswachstum und Ökologie dürfen keine Gegensätze sein. Und es sollten auch bei der Lösung der Umweltprobleme keine Dirigismen den Vorrang haben. Die Wirtschaftswissenschaft hat zahlreiche Wege gewiesen, wie bei ökologischer Sicherheit effizientere Lösungen möglich sind. Die notwendigen staatlichen Rahmenbedingungen sollen dabei verbindlich und einplanbar sein. Bei der Erfüllung der Normen sollte aber auf den Einfallsreichtum der Unternehmer gesetzt werden. Marktwirtschaftliche Erfahrungen zeigen, daß dasselbe Ziel mit verschiedenen Mitteln erreicht werden kann.

- **Umweltpolitik und internationale Wettbewerbsfähigkeit**

Das Problem der Umweltverschmutzung läßt sich durch nationale Wirtschaftspolitik, Umweltpolitik allein nicht lösen, da es ein **internationales Problem** darstellt. Die Bundesrepublik Deutschland könnte in den internationalen Organisationen diesbezüglich eine Vorreiterrolle übernehmen, da sie mitten in Europa von den Umweltproblemen besonders betroffen ist.

Häufig wird behauptet, ein verstärkter Umweltschutz würde einen Verlust an internationaler Wettbewerbsfähigkeit bedeuten. Es würden demzufolge Wachstumschancen verschenkt und gesamtwirtschaftlich Arbeitsplätze vernichtet. Dies trifft aber nach den Beobachtungen und den Erfahrungen in der Vergangenheit nicht zu.

- **Umweltpolitik und Beschäftigung**

Der Umweltschutz ist inzwischen zu einem bedeutsamen Wirtschaftsfaktor geworden. Nach Schätzungen werden in der Umweltindustrie in etwa 1000 Betrieben mehr als 0,1 Mill. Arbeitnehmer beschäftigt. Ihr wird ein Jahresumsatz von ca. 16 Mrd. DM zugeschrieben. Direkt und indirekt sind nach Angaben des Ifo-Instituts für Wirtschaftsforschung über 0,4 Mill. Menschen in der Bundesrepublik Deutschland in **Umweltindustrien** tätig.

Die zunehmende Bedeutung des Umweltschutzes als Wirtschaftsfaktor zeigen auch die Ausgaben der öffentlichen Hand für den Umweltschutz. Sie nahmen in den letzten Jahren stärker zu als das reale Bruttosozialprodukt oder die öffentlichen Ausgaben. Derzeit belaufen sich die öffentlichen und privaten Umweltausgaben insgesamt auf ca. 2% des Bruttosozialprodukts. Die geschätzten Wohlfahrtsverluste durch die Umweltbelastung betragen aber 3–5% des Bruttosozialprodukts; hinzu kommen die Altlasten. Die gestiegenen Umweltschutzausgaben sind demnach immer noch nicht angemessen.

II Umweltschutz als wirtschaftspolitische Aufgabe

1 Prinzipien der Umweltpolitik

Lange Zeit wurde Umweltpolitik ausschließlich als eine korrigierende Umweltpolitik angesehen, die nach Erfüllung der gesamtwirtschaftlichen Zielsetzung — insbesondere des Wirtschaftswachstums — korrigierend eingreifen soll. Ein derartiger angehängter Umweltschutz kann langfristig nicht wirksam sein, da er den wichtigen Gesichtspunkt der vorbeugenden Maßnahmen vernachlässigt. Gegenwärtig wird das **Vermeidungsprinzip bzw. Vorsorgeprinzip** immer stärker betont, um die Frage der Beseitigung von Umweltschäden gar nicht erst aufkommen zu lassen. In der Fachsprache bedeutet dies: **integrierter Umweltschutz,** d. h. Vermeidung bzw. Verringerung von Belastungen gleich dort, wo sie entstehen können.

● Vermeidungsprinzip

Das Vermeidungsprinzip besagt, daß die Gefahren für die Umwelt schon vorausschauend erkannt und drohende **Schäden vorbeugend vermieden** oder jedenfalls möglichst niedrig gehalten werden. Durch vorausschauende und planerische Maßnahmen soll erreicht werden, daß alle gesellschaftlichen und staatlichen Kräfte sich umweltschonend verhalten und bei ihren Entscheidungen mögliche Umweltauswirkungen berücksichtigen.

Dieses Prinzip zielt vordringlich auf die Schärfung des Umweltbewußtseins aller beteiligten Wirtschaftssubjekte ab. Nicht immer aber lassen sich die Einwirkungen des Menschen auf das Wirtschaftsgeschehen insoweit abschätzen, daß bereits vorbeugende Maßnahmen ausreichen, um Umweltschutz bei gleichzeitiger Förderung des wirtschaftlichen Wachstums zu gewährleisten.

● Externe Effekte und externe Kosten

Zudem ist es auch schwierig, die Kosten für den Umweltschutz zu ermitteln.

Beispiel:

Ein Flugpassagier deckt im Preis seiner Flugkarte die Kosten für das Flugzeug, den Treibstoff, das Flugpersonal und ähnliches ab. Diese Kosten nennt man innere oder auch private Kosten. Darin sind aber nicht die Kosten abgedeckt, die durch den Fluglärm verursacht werden oder verursacht werden können, z. B. der Schallschutz für die Anwohner des Flugplatzes oder die Krankheitsfolgekosten für die durch den Fluglärm geschädigten Menschen. Man sagt, das Fliegen verursacht externe Effekte, die im übertragenen Sinne externe oder gesellschaftliche Kosten verursachen.

Externe Effekte
sind gegenseitige Einwirkungen von Wirtschaftssubjekten, die nicht über den Markt erfaßt werden, d. h. im Marktpreis erfaßt werden z. B. chemische, physikalische Einwirkungen.
Externe Kosten
sind solche Kosten, die der Gesellschaft entstehen ohne im betrieblichen Rechnungswesen, in der Kalkulation, bzw. der Wirtschaftsrechnung der privaten und öffentlichen Haushalte als Kosten aufzutauchen (z. B. nicht abgegoltene Umweltverschmutzung).

Es ist sehr schwierig, derartige Kosten die der Gesellschaft durch Umweltschäden entstehen, richtig zu ermitteln. Es gibt in der Umweltpolitik zwei Denkweisen, wer diese Kosten zu tragen hat, d. h. in seine Rechnung einzubeziehen hat. Man nennt diese zwei Denkweisen **„Umweltpolitische Prinzipien".** Diese Umweltpolitischen Prinzipien sind

● das Verursacherprinzip und
● das Gemeinlastprinzip.

● Verursacherprinzip

Das Verursacherprinzip besagt, daß die Kosten zur Vermeidung, zur Beseitigung oder zum Ausgleich von Umweltbelastungen dem Verursacher, also dem Hersteller eines Produkts, zugerechnet werden. Umweltkosten werden danach in die Wirtschaftsrechnung der Umweltbeeinträchtiger eingerechnet und erhöhen damit den Preis der Produkte.

● Gemeinlastprinzip

Das Gemeinlastprinzip besagt, daß die Kosten zur Vermeidung, zur Beseitigung oder zum Ausgleich von Umweltbelastung vom Staat, von der öffentlichen Hand getragen bzw. finanziert werden. Umweltkosten belasten danach die öffentlichen Haushalte und entlasten die Wirtschaftsrechnung der Verursacher von Umweltbeeinträchtigungen.

● Verursachergruppen

Es lassen sich ganz grob folgende drei große Verursachergruppen von Umweltschäden ausmachen:

● Industrie, stellvertretend für das produzierende Gewerbe,
● Haushalte (oft das Kleingewerbe mit eingeschlossen),
● Verkehr.

● Kooperationsprinzip

In der bisherigen Betrachtung lassen sich zumindet drei Prinzipien feststellen, die richtungsweisend für umweltpolitisches Handeln sein können. Das Vorsorge- bzw. Vermeidungsprinzip, das Verursacher- und Gemeinlastprinzip. Daneben gilt als Leitmaxime umweltpolitischen Handelns auch das Kooperationsprinzip. Es besagt, daß **Umweltpolitik nur in engem Zusammenwirken** zwischen dem Staat, der Wirtschaft, den gesellschaftlichen Kräften und den Bürgern selbst zu tragfähigen Kompromissen kommen kann. Es macht deutlich, daß gerade die konflikthaften Themen der Umweltpolitik nur durch ausgleichendes Verhalten aller Beteiligten zufriedenstellend gelöst werden können.

● Sachverständigenrat für Umweltfragen

In diesem Zusammenhang spielt der Rat der Sachverständigen für Umweltfragen eine besondere Rolle. Es ist ein Gremium von 12 Sachverständigen, das die Bundesregierung in Grundsatzfragen der Umwelt berät. Der Sachverständigenrat für Umweltfragen ist mit Errichtungserlaß des Bundesministers des Innern vom 28. 03. 1971 ins Leben gerufen worden. Er soll „die jeweilige Situation der Umwelt und deren Entwicklungstendenzen darstellen, sowie Fehlentwicklungen und Möglichkeiten zu deren Vermeidung oder deren Beseitigung aufzeigen." Im einzelnen ist er aufgefordert

- zur periodischen Begutachtung der Umweltsituation:
  Umweltgutachten,
- zur Beratung (insbesondere der Bundesregierung) in Angelegenheiten der Umweltpolitik,
- zur Erstellung von Gutachten zu speziellen Umweltproblemen (Umweltprobleme der
  Nordsee).

2 Instrumente der Umweltpolitik

Der Umweltpolitik stehen verhältnismäßig viele Instrumente zur Verfügung. Die Vielfältigkeit der Instrumente ist nötig, weil nicht jedes Mittel für die unterschiedlich gearteten Aufgabenstellungen des Umweltschutzes tauglich ist.

● Umweltethik

Es ist eine ganz wichtige Aufgabe für ein gesteigertes Umweltbewußtsein bzw. Umweltethik zu sorgen. Jedoch reicht dieses allein nicht aus. Es verbessert aber die
Durchsetzungschancen für eine Umweltpolitik und es vergrößert die Zahl derjenigen,
die sich für Umweltbelange einsetzen.

● Direkte Verhandlung

In bestimmten Fällen kann der Staat in direkte Verhandlungen mit einem Verursacher
von Umweltschäden eintreten, um ihn zu einem umweltbewußten Verhalten anzuregen
oder gesetzgeberischen Zwang auf den Betreffenden auszuüben. Freiwilligkeit, die
Schärfung des Umweltbewußtseins und die direkten Verhandlungen sind wichtige Elemente umweltpolitischen Verhaltens des Staates. Nicht immer muß durch gesetzgeberischen Zwang der Staat seine umweltpolitischen Absichten durchsetzen, wie die Geschichte vieler Unternehmungen zeigt, die bereits seit Jahrzehnten auch ohne gesetzliche Auflagen Umweltschutzmaßnahmen getroffen haben.

● Direkte staatliche Eingriffe

a) Nachträgliche Beseitigung der Umweltschäden durch den Staat

Eine nachträgliche Beseitigung von Umweltschäden durch den Staat steht im Widerspruch zum Verursacherprinzip, das ein wichtiges Grundprinzip der Umweltpolitik ist,
die sich nicht allein auf das Gemeinlastprinzip stützen kann, das wenig Anreize für ein
umweltbewußtes Verhalten bietet. Das Verantwortungsbewußtsein jedes Einzelnen für
die Gemeinschaft ist zu wenig ausgeprägt. Deshalb sollte das Instrument der nachträglichen Beseitigung von Umweltschäden nur in Ausnahmefällen gelten.

b) Verbote und Auflagen

Verbote und Auflagen sind immer dort notwendig, wo der Mensch unmittelbar in seiner Existenz gefährdet wird, zum anderen sind Verbote sehr schnell wirksam. Sie haben aber auch einen erheblichen Nachteil, denn sie schaffen gesamtwirtschaftliche Einbußen. Einzelne Produzenten und Konsumenten werden durch generelle Verbote unterschiedlich hart getroffen. Sie haben recht unterschiedliche Möglichkeiten, Umweltschäden zu vermeiden. Demzufolge müssen sie auch unterschiedlich hohe Kosten aufwenden, um die gleiche mengenmäßige Verminderung der Schadstoffe zu erreichen.

„Für die Gesellschaft können nämlich die Gesamtkosten vermindert werden, indem diejenigen, denen ein Verzicht auf Umweltschädigung relativ leicht fällt, Produktion und Konsum überdurchschnittlich reduzieren bzw. auf umweltfreundlichere Technologien übergehen. Erfordert eine Verminderung der Umweltbeeinträchtigung hingegen sehr hohe Kosten, lohnt es sich aber auch für die Gesellschaft weniger diese Anpassung durchzuführen." (*Bruno S. Fey*)

Individuelle Verbote sind jedoch zu generellen Verboten positiver zu beurteilen. Ihr Nachteil ist allerdings, daß ein größerer bürokratischer Aufwand nötig wäre, um die Effektivität der Verbote zu sichern.

● Finanzpolitische Maßnahmen

1. Steuern, Gebühren und Abgaben

Finanzpolitische Maßnahmen, in Form von Steuern, Gebühren oder Abgaben, entsprechen in besonderem Maße einer Umweltpolitik, die vom Verursacherprinzip ausgeht. Ein Verursacher von Umweltschäden soll entsprechende Steuern und Abgaben zahlen müssen, um die externen Kosten zu decken. Nimmt man an, daß bei einer Produktion eines Wirtschaftsgutes Schadstoffe entstehen, die eine Umweltbelastung verursachen, dann kann pro Schadstoffeinheit eine Abgabe erhoben werden, die eine bestimmte umweltpolitische Wirkungskette auslösen soll. Zunächst verteuert sich das Wirtschaftsgut um die Abgabe für die Umweltbelastung. Insoweit der Produzent die Kosten nicht im Preis überwälzen kann, wird er in seinem Verhalten derart beeinflußt, daß er sich fragt, ob es für ihn günstiger ist, die Abgaben zu zahlen oder aber Maßnahmen zu ergreifen, die die steuerliche Belastung verhindern:

- durch eine umweltfreundlichere Produktionstechnologie,
- durch den Einsatz von Rohstoffen, die die Umwelt weniger belasten,
- durch die Änderung der Produktionsstruktur,
- durch eine Verringerung der Produktionsmenge, daraufhin weniger Abfall verursacht wird,
- durch Einbau von Umweltschutzeinrichtungen, z. B. Abluftfilter oder Kläranlagen,
- durch Umwandlung von Schadstoffen z. B. Schwefeldioxid durch ein Doppelkontaktverfahren zu Schwefelsäure,
- durch Verfahren zur Beseitigung von Schadstoffen im Produktionsablauf,
- durch Verlagerung des Produktionsstandortes in weniger umweltbelastete Gebiete.

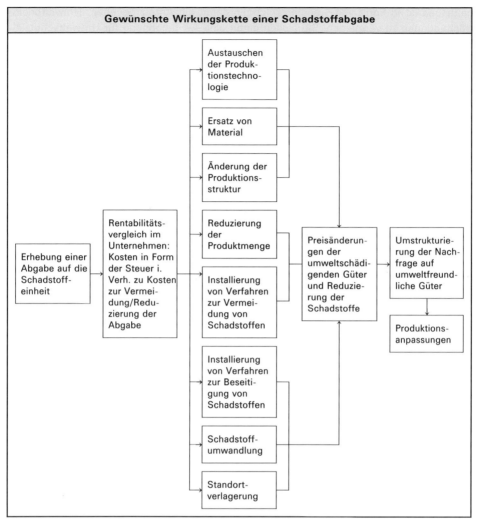

Gewünschte Wirkungskette einer Schadstoffabgabe

Angaben nach: Klaus Robert Kabelitz/Axel Köhler, Abgaben als Instrument der Umweltschutzpolitik, Köln 1977, Seite 17.

Grundsätzlich zeigt sich, daß durch staatliche Umweltpolitik ausgelöste Anstrengungen für den Umweltschutz die Produktion verteuern. Die Produkte müssen demzufolge im Preis steigen. So muß letzten Endes der Verbraucher den Umweltschutz bezahlen. Es zeigt sich aber, daß der beschriebene Anpassungsvorgang die Marktmechanismen mittels staatlicher Instrumente — hier im speziellen in Form von Abgaben für Schadstoffemissionen — für den Umweltschutz nutzbar macht.

2. Subventionen und Transferzahlungen

Subventionen und Transferzahlungen sind **zweckgebundene Unterstützungen,** die als umweltpolitische Instrumente wirksam sein können, weil sie denjenigen gewährt werden, die einen wirksamen Umweltschutz betreiben. Das gilt für Unternehmungen und Haushalte gleichermaßen. Unternehmungen ist in Form von Subventionen, Haushaltungen ist in Form von Transferzahlungen damit ein Anreiz gegeben, Umweltbeeinträchtigungen zu vermeiden. Sie stellen damit eine Art Belohnung für Umweltschutzleistungen dar.

Allerdings muß der Staat die Subventionen aus Mitteln des öffentlichen Haushalts bezahlen, die damit den Staatshaushalt belasten. Da die für den Umweltschutz verausgabten Subventionen und Transferzahlungen nicht mehr anderweitig zur Verfügung stehen, muß sorgfältig abgewogen werden, ob sich die Ausgaben im Sinne der gesamtwirtschaftlichen Zielsetzung auch lohnen. Das gleiche gilt für Transferzahlungen.

Der Staat muß abwägen, welches Instrument für eine bestimmte umweltpolitische Aufgabe das beste ist. Umweltschutz ist eine Gemeinschaftsaufgabe, die einen ständigen politischen Willensbildungsprozeß und die Mitwirkung aller Beteiligten erforderlich macht.

3 Handlungsbereiche der Umweltpolitik

Die Handlungsfelder der Umweltpolitik lassen sich zum einen untergliedern in die **Grundbereiche** und zum anderen in die **komplexen Bereiche** des Umweltschutzes. Die Grundbereiche der Umweltpolitik umfassen die Wasserwirtschaft, die Luftreinhaltung, die Abfallwirtschaft, die Lärmbekämpfung, die Vermeidung bzw. Verminderung von Fremdstoffen in Lebensmitteln und die Erzeugung fremdstoffarmer Lebensmittel. Es wurden zahlreiche Gesetze und Verordnungen zum Umweltschutz erlassen.

Bereiche der Umweltpolitik
Grundbereiche der Umweltpolitik – Wasserwirtschaft – Luftreinhaltung – Abfallwirtschaft – Lärmbekämpfung – Fremdstoffe in Lebensmitteln – Erzeugung fremdstoffarmer Lebensmittel
Komplexe Bereiche des Umweltschutzes – Stadtentwicklung – Verkehrsplanung und Verkehrstechnik – Naturschutz und Landschaftspflege

Lernkontrolle

1. Zeigen Sie die Ursachen für die immer stärker werdende Umweltbelastung auf.
2. Erklären Sie den Begriff des Ökosystems und des ökologischen Gleichgewichts.
3. Führen Sie Argumente an, die die verstärkte Einbeziehung der Umweltpolitik in die allgemeine Wirtschaftspolitik erforderlich machen.
4. Erklären Sie die Begriffe externe Effekte und externe Kosten.
5. An welchen Grundsätzen kann sich die Umweltpolitik orientieren?
6. Welche Maßnahmen werden in der Umweltpolitik angewendet?
7. Zeigen Sie mögliche Maßnahmen der Umweltpolitik und ihre Wirkungsweisen und Wirksamkeiten auf.
8. Nennen Sie die wichtigsten Handlungsfelder der Umweltpolitik.

K Wirtschaftliche Vereinigung Deutschlands

I Wirtschaftliche Vereinigung

1 Ein neues Kapitel deutscher Wirtschaftsgeschichte

Der 1. Juli 1990 wird als ein wichtiges Datum in die Wirtschaftsgeschichte Deutschlands eingehen. Zu diesem Zeitpunkt wurde die D-Mark als alleiniges Zahlungsmittel in der DDR eingeführt. Die Währungsreform 1990 läßt an die Währungsreform von 1948 erinnern. Wie die Währungsreform im Jahre 1948 mit der Entscheidung für die D-Mark die deutsche Teilung einleitete, so leitete jetzt die Einführung einer gemeinsamen Währung in der DDR und in der Bundesrepublik Deutschland den Prozeß der vollständigen politischen Einigung ein.

Ein Blick in die Währungsgeschichte macht diese Parallelität deutlich: Am 20. Juni 1948 löste in den westlichen Besatzungszonen (der späteren Bundesrepublik) die D-Mark die alte Reichsmark ab. Ein Kommentar der Sowjetunion zu diesem Schritt läßt den Zusammenhang deutlich werden, der zwischen einer einheitlichen Währung und der politischen Einheit besteht. „Die separate **Währungsreform** in den westlichen Besatzungszonen beschließt die **Spaltung Deutschlands** gegen die Interessen des Volkes." Man mag sich dieser Interpretation anschließen oder nicht. Am 24. Juni 1948 ordnete die Sowjetunion mit dem Befehl 111 in dem von ihr kontrollierten Gebiet einschließlich Ost-Berlin die Einführung einer neuen Währung an: die Mark der Deutschen Notenbank (Ost-Mark). Damit war mit der **Währungsspaltung** – allen späteren Interpretationen zum Trotz, wer denn der Schuldige für die Teilung Deutschlands sei, – auch die **politische Spaltung** eingeleitet.

Vieles ist zum Währungsstichtag 1. Juli 1990 vergleichbar mit der Situation von 1948. Damals setzte Ludwig Erhard im Frankfurter Wirtschaftsrat mit der Rückendeckung der amerikanischen Besatzungsbehörden durch, daß zusammen mit der Währungsreform das **Wagnis einer freien Marktwirtschaft** eingegangen werden konnte. In der Sowjetischen Besatzungszone, der späteren DDR, wurde dagegen ein **Wirtschaftssystem zentralistischer Planung** zur Festigung des kommunistischen Herrschaftssystems eingeführt.

2 Systemstreit in der Nachkriegszeit

Die Marktwirtschaft und das Wirtschaftssystem zentralistischer Planung unterscheiden sich zunächst darin, wer welche Planungsentscheidung trifft. Das System der Marktwirtschaft beruht auf dem Grundsatz der **Individualplanung,** die Zentralverwaltungswirtschaft auf dem Grundsatz der **Kollektivplanung.**

● **Individualplanung**

Bei der Individualplanung entscheiden die einzelnen Wirtschaftssubjeke über die Wirtschaftsplanung. Sie sind die Träger der wirtschaftlichen Planentscheidungen. Der volkswirtschaftliche Gesamtplan ergibt sich dann erst durch das Zusammenspiel der Einzelpläne der Haushaltungen und Unternehmungen.

● **Kollektivplanung**

Bei der Kollektivplanung übernimmt eine **zentrale Einrichtung,** der **Staat,** die Entscheidung über die Gestaltung des Gesamtplanes. Hier entscheidet also der Staat, d. h. die Gesamtheit der Wirtschaftssubjekte bzw. eine von ihnen zur Entscheidung bestimmte Institution über die volkswirtschaftliche Planung. Die einzelnen Wirtschaftssubjekte erhalten im Rahmen der getroffenen Gesamtentscheidung ihren wirtschaftlichen Handlungsspielraum zugeteilt. In diesem Falle ist individuelle Planentscheidung zugunsten kollektiver Planentscheidung aufgegeben.

● **Gesellschaftspolitischer Hintergrund**

Jedes Wirtschaftssystem hat immer auch einen gesellschaftspolitischen Hintergrund. Die Entscheidung eines Staates für eine der beiden Gestaltungsmöglichkeiten der Volkswirtschaft hängt von der Gesellschaftsauffassung ab, d. h. von den Vorstellungen über die Art und Weise gesellschaftlichen Zusammenlebens innerhalb des Gemeinwesens (des Staates). Der Widerstreit zwischen der marxistischen Gesellschaftsauffassung im Osten und dem Liberalismus im Westen prägen die Auseinandersetzungen nach dem Zweiten Weltkrieg. Die Wahl Michail Gorbatschows zum Generalsekretär der Kommunistischen Partei der Sowjetunion im März 1985 und die Verkündigung von Glasnost (Offenheit) und Perestroika (Umgestaltung) deuten ein Ende dieses Wettstreits an.

2.1 Klassischer Liberalismus

Die liberalistische Gesellschaftsauffassung ist bestimmt von den Ideen des klassischen Liberalismus des **18. und 19. Jahrhunderts,** der die Rechte des Individuums zum Fundament gesellschaftlichen Zusammenlebens machte. Für die Ordnung der Wirtschaft kam deshalb nur die freie Marktwirtschaft in Frage, weil sie auf Individualplanung beruht. Die marxistische Gesellschaftsauffassung dagegen geht von den Bedürfnissen der Gesellschaft aus und vernachlässigt dabei die Bedürfnisse des Individuums. Den Zentralverwaltungswirtschaften kommunistischer oder sozialistischer Art liegen diese Gesellschaftsauffassungen zugrunde.

● **Erwerbswirtschaftliches Prinzip als Handlungsmotiv**

Nach der Auffassung des klassischen Liberalismus wird der **Egoismus des einzelnen Menschen** als Motor des Wirtschaftsprozesses angesehen. Das erwerbswirtschaftliche Prinzip gilt als das den Menschen bestimmende Handlungsmotiv. Dieser Egoismus des einzelnen wird vom Markt derartig in seine Schranken gewiesen, daß er sich nur insoweit durchsetzen läßt, wie es die anderen Individuen zulassen. Damit kommt nach Auffassung des klassischen Liberalismus einem funktionstüchtigen Marktmechanismus die zentrale Aufgabe zu, die Freiheit des einzelnen zu garantieren und eine natürliche Ordnung in der Wirtschaft zu sichern.

● Aufgabe des Staates

Dem Staat fällt dabei lediglich die Aufgabe zu, echte Bedingungen des Wettbewerbs an den Märkten zu schaffen und Regeln aufzustellen, nach denen sich die beteiligten Marktparteien zu richten haben. Der Staat muß

- die Vertragsfreiheit
- die Niederlassungsfreiheit,
- die Gewerbefreiheit und
- den Schutz des Eigentums

garantieren. Diese **Freiheitsrechte** und der **Schutz des Eigentums** werden als Grundvoraussetzung für eine freie Konkurrenz angesehen, in der die Entfaltung des Individuums möglich wird. Dabei wird angenommen, daß sich bei diesen Bedingungen auch das Gesamtwohl bestmöglich erreichen läßt.

● Gründe für Aufkommen des klassischen Liberalismus

Die Gründe für das Aufkommen des klassischen Liberalismus sind in der **Philosophie der Aufklärung** und in dem **Naturrecht** zu sehen, die als Antworten auf die mittelalterliche Ständeordnung und den Absolutismus entstanden sind. Nach der Auffassung der Aufklärung soll die Gesellschaft eine Gemeinschaft freier und rechtlich gleicher Individuen sein. Sie soll frei sein von Zwängen jeglicher Art, von staatlicher und kirchlicher Bevormundung und jedem das Recht auf Eigentum gewährleisten. Jeder einzelne soll die Möglichkeit haben, die ihm angemessenen Lebenschancen durch Ausbildung und Beruf zu verwirklichen.

● Durchsetzung liberalen Ideengutes

Die Durchsetzung liberalen Ideengutes in Gesellschaft und Wirtschaft hatte gleichzeitig eine verstärkte **Durchsetzung des technischen Fortschritts** zur Folge. Umwälzende Erfindungen führten zu verbesserten produktionstechnischen Möglichkeiten, die sich durch die gewandelte Gesellschaftsauffassung in hohem Umfang in der Güterproduktion durchsetzen konnten. So ist im Grunde die Industrialisierung des 19. Jahrhunderts das Ergebnis der Ideen des klassischen Liberalismus. Ohne diese Ideen wäre der enorme Aufschwung in der industriellen Güterproduktion im 19. und im beginnenden 20. Jahrhundert nicht denkbar gewesen. Es ist unbestreitbar, daß der klassische Liberalismus zu einer vorher nicht gekannten Steigerung des Sozialprodukts geführt hat. Auf der anderen Seite aber darf nicht übersehen werden, daß sich gleichzeitig mit der **industriellen Entwicklung im 19. Jahrhundert** Probleme einstellten, die zunächst ungelöst blieben.

● Nachteil des klassischen Liberalismus

Das schrankenlose Profitstreben der Unternehmer führte mit zunehmender Industrialisierung zu einer wachsenden **Verelendung der Arbeiter,** und zwar hauptsächlich deshalb, weil die Unternehmer am Arbeitsmarkt ein gewisses Übergewicht hatten. Diese Entwicklung ergab sich zum einen wegen des enormen Angebots an Arbeitskräften bei gleichzeitig knappem Kapital und zum anderen wegen des Fehlens von Zusammenschlüssen der Arbeitnehmer. Die Folge war, daß die Lohnentwicklung hinter der allgemeinen Wohlstandsentwicklung zurückblieb.

So war das Ergebnis des klassischen Liberalismus am Ausgang des 19. Jahrhunderts nicht die erwartete Versorgung der gesamten Bevölkerung innerhalb der Volkswirtschaft mit mehr Gütern, nicht die Steigerung des allgemeinen Wohlstands, sondern geradezu das Gegenteil, nämlich die soziale Verelendung überwiegender Teile der Bevölkerung. So wurde der Ruf laut, den **Mangel an sozialem Fortschritt** durch gesetzgeberische Maßnahmen zu beseitigen. Verstärkte staatliche Eingriffe in den Wirtschaftsprozeß wurden gefordert, um die sozialen Aufgaben der Gesellschaft zu bewältigen.

Darüber hinaus ist der Liberalismus nicht mit der Aufgabe der Sicherung des Wettbewerbs fertig geworden. Die garantierte Vertragsfreiheit ermöglichte es, daß sich Unternehmer zusammenschlossen und damit den Wettbewerb verfälschten. Es kam zu Monopolbildungen, die mit dem Grundgedanken des klassischen Liberalismus nicht vereinbar waren. Auch hier wurde die Forderung laut, daß der Staat derartige **Monopolbildungen** verhindern müsse, daß es vielmehr eine wesentliche Aufgabe sei, den Wettbewerb an den Märkten zu sichern.

2.2 Lehre des Marxismus

An den aufgezeigten Schwächen des klassischen Liberalismus setzt die marxistische Kritik an. Bereits in der Mitte des 19. Jahrhunderts entstand die Bewegung, die die individualistische Gesellschafts- und Wirtschaftsordnung durch eine neue am Gesamtwohl orientierte Gesellschafts- und Wirtschaftsordnung ersetzen will, die Idee des Sozialismus. Die zentrale Gestalt des Sozialismus ist **Karl Marx (1818–1883).** Seine Ideen und Theorien bestimmen die Gesellschaftsauffassung sozialistischer bzw. kommunistischer Prägung.

Karl Marx setzt mit seiner Kritik an den Grundauffassungen des klassischen Liberalismus an. Kernstück seiner Kritik ist

● die **Mehrwertlehre** und
● die darauf fußende **Ausbeutungslehre.**

● Mehrwertlehre

Marx geht davon aus, daß auf dem Markt Güter getauscht werden, für deren Erstellung Arbeitkraft notwendig ist. Der Wert der Ware wird bestimmt durch den Umfang der in ihr gebundenen Arbeitskraft, denn nur die Arbeit ist in der Lage, einen Mehrwert zu schaffen. Auf der anderen Seite ist der **Wert des am Markt verkauften Produktes** nicht gleich dem **Wert der Arbeitskraft.** Marx ist der Auffassung, daß der Unternehmer durch seine Verfügungsgewalt über die sachlichen Produktionsmittel in der Lage ist, dem Arbeiter einen Teil des ihm zustehenden Lohnes vorzuenthalten. Durch seine Machtstellung am Arbeitsmarkt vergütet er dem Arbeiter für seine Arbeitsleistung lediglich einen Lohn, der gerade für die Reproduktion der Arbeitskraft notwendig ist. Am Gütermarkt verlangt er demgegenüber einen höheren Preis für die erstellten Güter. Die Differenz zwischen dem im Lohn bezahlten Arbeitswert und dem Warenwert ist der absolute Mehrwert, der dem Unternehmer zufließt. Dieser den Unternehmern zufließende Mehrwert ist nach Marx der Kritikpunkt am kapitalistischen System. Die Einbehaltung dieses Mehrwertes bedeutet nämlich die **Ausbeutung des Arbeiters durch die Inhaber der Produktionsmittel.**

- **Ausbeutungslehre**

Nach Marx ist der Vorgang der Ausbeutung eine notwendige Konsequenz aus den gegebenen Markt- und Machtverhältnissen. Den Unternehmern ist für ihr Verhalten kein Vorwurf zu machen, denn es ist gleichsam ein ehernes Gesetz des Wettbewerbs, sich in seinem wirtschaftlichen Handeln vom individuellen Vorteil leiten zu lassen. Die Folge eines derartigen Handelns muß nach Marx zu **Interessengegensätzen zwischen Arbeit und Kapital** führen und nicht — wie in der Auffassung des klassischen Liberalismus — zu einer natürlichen Ordnung in der Wirtschaft.

- **Zusammenballung des Kapitals**

Neben der Mehrwerttheorie und der damit verbundenen Ausbeutungstheorie steht die Marx'sche Theorie der **Konzentration** und der **Kapitalakkumulation** (Zusammenballung des Kapitals). Diese Theorie besagt, daß der größere Betrieb aufgrund seiner technischen Überlegenheit den Klein- und Mittelbetrieb langsam verdrängen müsse, so daß es zu einer verstärkten Betriebs- bzw. Unternehmenskonzentration kommen muß. So werden aus ursprünglich selbständigen Handwerkern und mittelständischen Unternehmern unselbständige Arbeitnehmer. Die Folge ist eine Zusammenballung des Kapitals in Händen weniger Unternehmer.

Durch diese Kapitalakkumulation kommt es zu sich immer mehr verstärkenden wirtschaftlichen Ungleichgewichten. Die Reichen werden immer reicher und die Armen immer ärmer. Das muß nach marxistischer Auffassung zwangsläufig zu einer wachsenden Verelendung des überwiegenden Teils der Bevölkerung einer Volkswirtschaft führen. So hängt mit der Theorie der Konzentration und der Kapitalakkumulation die Marx'sche **Theorie der Verelendung** eng zusammen. Kapitalakkumulation durch zunehmende Unternehmenskonzentration auf der einen Seite und Verelendung breiter Schichten der Bevölkerung auf der anderen Seite führen dazu, daß es zu **Absatzkrisen** kommen muß, weil immer weniger Wirtschaftssubjekte die produzierten Waren kaufen können.

Nach diesen wirtschaftlichen Entwicklungsgesetzmäßigkeiten ist das Mißverhältnis zwischen Produktion und Konsum nur aufhebbar in dem zwangsläufigen Zusammenbruch des Wirtschaftssystems. Die marxistische These, daß der Kapitalismus an seinen inneren Widersprüchen zugrunde gehen würde, hat in den Ereignissen im Herbst 1989 in der ehemaligen DDR ihre Umkehrung gefunden. Der Zusammenbruch des politischen Systems begann, nachdem schon längst die wirtschaftlichen Schwierigkeiten sichtbar geworden sind.

3 Wirtschaftssystem der Bundesrepublik Deutschland

Dem Wirtschaftssystem der Bundesrepublik Deutschland liegen die Ideen des Liberalismus zugrunde.

3.1 Ziel der sozialen Marktwirtschaft

Die soziale Marktwirtschaft versucht,
„das Prinzip der Freiheit auf dem Markte mit dem des sozialen Ausgleichs zu verbinden. Ihr primäres Koordinationsprinzip soll der Wettbewerb sein"
(Alfred Müller-Armack).

Die soziale Marktwirtschaft will die Vorteile des Liberalismus mit gewissen Elementen politischer Eingriffe durch den Staat verbinden, um soziale Härte zu überwinden und ökonomische Ungleichgewichte zu vermeiden. Damit versteht sie sich als bewußt gestaltete marktwirtschaftliche Gesamtordnung, deren erster Grundsatz der Wettbewerb ist.

Sie beruht auf der Einsicht, daß es möglich sein kann und muß, in einer Wirtschaft des freien Wettbewerbs die sozialen Aufgaben der modernen Industriegesellschaft besser als bisher zu lösen. Somit kann die soziale Marktwirtschaft als eine Wirtschaftsordnungsidee bezeichnet werden, die auf der Grundlage der Wettbewerbswirtschaft die freie Initiative mit einem durch die marktwirtschaftliche Leistung gesicherten sozialen Fortschritt zu erreichen sucht.

3.2 Neoliberale Gedanken

Die Konzeption der sozialen Marktwirtschaft wurde nach dem Zweiten Weltkrieg von der neoliberalen Schule der Nationalökonomie, deren Hauptvertreter Walter Eucken und Wilhelm Röpke sind, aus der Ablehnung des unbeschränkten Liberalismus des 19. Jahrhunderts heraus entwickelt. Dieser Entwurf einer Wirtschaftsordnung beruht auf der Einsicht, daß der Markt ein brauchbares Instrument der Wirtschaftslenkung ist, daß der Staat aber zunächst die grundlegenden Bedingungen für den Wettbewerb schaffen und darüber hinaus durch wirtschaftspolitische Maßnahmen sichern muß.

● „Konstituierende Prinzipien"

Insbesondere **Walter Eucken (1891–1950)** stellt heraus, daß die Wirtschaft **klare Rahmenbedingungen** (Organisationsmittel von Massengesellschaften) braucht, um zu funktionieren. Eucken entwickelt deshalb in seinem Buch „Grundsätze der Wirtschaftspolitik" grundlegende Gedanken, sogenannte **„konstituierende Prinzipien"**, die der Herstellung des Wettbewerbs dienen sollen. Hierzu gehören unter anderem:

● die Forderung nach einem funktionsfähigen Preissystem,
● Privateigentum,
● Vertragsfreiheit,
● offene Märkte und
● der Grundsatz der Haftung der Unternehmen für ihre wirtschaftlichen Entscheidungen.

Eine Rahmenordnung für den Wettbewerb zu schaffen, ist Aufgabe staatlicher Gesetzgebung.

● „Regulierende Prinzipien"

Neben den der Herstellung des Wettbewerbs dienenden Prinzipien sind nach Eucken weiterhin sogenannte **„regulierende Prinzipien"** notwendig, die den Wettbewerb funktionsfähig erhalten sollen: denn die strenge Befolgung der konstituierenden Prinzipien kann nicht verhindern, daß in der konkreten Wirtschaftsordnung, d. h. in der wirtschaftlichen Wirklichkeit, sich immer wieder wettbewerbshemmende Einflüsse durchsetzen wollen. Auch dann, wenn wirklich vollständige Konkurrenz verwirklicht ist, enthält sie Mängel und Schwächen, Neigungen, sich ständig aufzuheben, so daß eine **fortwährende Korrektur** notwendig wird.

● Wirtschaftspolitik „aus einem Guß"

Um den Wettbewerb zu sichern, muß der Staat deshalb eine aktive Wirtschaftsordnungspolitik betreiben. Sie kann aber nur dann wirksam sein, wenn sie aufgrund einer ordnungspolitischen Gesamtentscheidung betrieben wird. Dieser Charakter wirtschaftspolitischer Entscheidungen läßt sich anschaulich beschreiben, wenn der Neoliberalismus von einer Wirtschaftspolitik „aus einem Guß" spricht.

Wirtschaftsordnungspolitik darf deshalb nicht punktuell betrieben werden, da dann sich widersprechende Maßnahmen möglich sind.

Beispiel:

Spezialgesetze gegen Monopole müssen versagen, da ihnen etwa im Patentwesen, Markenwesen, im Bereich der Haftung und Vertragsfreiheit entgegengesetzt wirkende Tatbestände gegenüberstehen.

Wirtschaftspolitische Entscheidungen des Staates müssen immer aufgrund der einmal getroffenen ordnungspolitischen Gesamtentscheidungen, die mit den konstituierenden Prinzipien Euckens gegeben sind, getroffen werden. Und das heißt, daß sich Rechtsprechung und Verwaltung in Übereinstimmung mit der von der Gesetzgebung grundlegend getroffenen wirtschaftsverfassungsrechtlichen Gesamtentscheidung befinden müssen.

● Markt als Lenkungsinstrument

Nach neoliberaler Auffassung steht in der sozialen Marktwirtschaft der Markt als Lenkungsinstrument im Mittelpunkt der Wirtschaftsordnung. Nur **ergänzend** und **korrigierend** tritt die Wirtschaftspolitik des Staates hinzu, die den Wettbewerb sichern und wirtschaftliche Fehlentwicklungen (Konjunkturen und Krisen) mit wettbewerbsgerechten Maßnahmen verhindern soll.

3.3 Verwirklichung neoliberaler Gedanken

Auf den Einsichten der neoliberalen Schule ist die Gestalt der sozialen Marktwirtschaft der Bundesrepublik Deutschland begründet. Der Weg zu ihrer Verwirklichung wurde schon bereitet, noch bevor der Parlamentarische Rat 1949 die Annahme des Grundgesetzes beschloß und die Bundesrepublik Deutschland gegründet wurde. Wenige Tage nach dem Vollzug der Währungsreform am 20. Juni 1948 wurde das **„Gesetz über die Leitsätze für die Bewirtschaftung und Preispolitik nach der Geldreform"** (24. Juni 1948) erlassen. Mit ihm wurde der Grundstein für die Verwirklichung der sozialen Marktwirtschaft gelegt.

● Bedeutung des Grundgesetzes für Wirtschaftsordnung

Eng verknüpft mit dem weiteren Vollzug ihrer Verwirklichung ist der Name **Ludwig Erhard,** der als damaliger Direktor der Verwaltung für Wirtschaft des Vereinigten Wirtschaftsgebietes (Westzonen) das in die Tat umzusetzen versuchte, was vor allem Walter Eucken und Alfred Müller-Armack als Grundsätze für die Neugestaltung gefordert hatten. Das Grundgesetz für die Bundesrepublik Deutschland vom 23. Mai 1949 machte zwar keine direkte Aussage zur Ordnung der Wirtschaft; aus dem Grundrechte-

katalog (Artikel 1–19 Grundgesetz) kann aber auf einen Willen zu einer wettbewerbs-
orientierten Wirtschaftsordnung geschlossen werden.

- **Artikel 2** spricht von der Freiheit der Person,
- **Artikel 9** stellt die Koalitionsfreiheit heraus,
- **Artikel 12** die Freiheit der Berufs- und Arbeitsplatzwahl und
- **Artikel 14** das Recht auf Eigentum.

Von besonderer Bedeutung für die Frage der Wirtschaftsordnung ist auch der **Artikel
20 GG,** der die **Sozialstaatlichkeit** der Bundesrepublik Deutschland hervorhebt. Es
heißt dort: „Die Bundesrepublik ist ein demokratischer und sozialer Rechtsstaat." So ist
vom Grundgesetz her der verfassungsrechtliche Rahmen für die Entfaltungsmöglichkeit
einer durch soziale Grundsätze begrenzten liberalen Marktwirtschaft gegeben.

3.4 Rolle der Wirtschafts- und Sozialpolitik

Die marktwirtschaftliche Gesamtordnung kann die Grundlage für eine Wirtschaftsordnung bilden, die neben dem Gedanken des Wettbewerbs gleichzeitig den Gedanken
des sozialen Schutzes und der sozialen Gerechtigkeit vielgestaltig verwirklichen kann.
Nach Ansicht der Theoretiker der Marktwirtschaft wohnt dem Wettbewerb schon von
vornherein eine **soziale Tendenz** inne, da sich marktwirtschaftliche Ordnung am Verbrauch orientiert. In gleicher Richtung wirken die ständig erzwungenen Produktivitäts-
erhöhungen der Unternehmen, die um so größer sind, je mehr es dem Staat und dem
Wettbewerb gelingt, einseitige Einkommensbildungen einzudämmen, die aus wirtschaftlicher Sonder- und Machtstellung herrühren. Darüber hinaus hat der Staat als
Lenkungsorgan der Wettbewerbsordnung die Möglichkeit zu einer weiteren sozialen
Ausgestaltung der Wirtschaftsordnung.
Vor allem ist dabei an diejenigen staatlichen Maßnahmen zu denken, die Monopole,
Oligopole und Kartelle verhindern sollen, um dadurch dem Wettbewerb größere Wirk-
samkeit im Interesse der Verbraucher zu geben.

Das „Gesetz gegen Wettbewerbsbeschränkungen" ist hierfür ein Beispiel. Dieses Gesetz verbietet
grundsätzlich Kartelle, läßt aber Ausnahmen zu und stellt marktbeherrschende Unternehmungen
unter Kontrolle. Jedoch ist mit dieser gesetzlichen Maßnahme das Problem der Monopole nicht für
alle Zeiten gelöst, da mit der Ausdehnung der Märkte der Konzentrationsvorgang in der Wirtschaft
ständig voranschreitet. So bleibt die Verbesserung der Kartellgesetzgebung eine Daueraufgabe der
Wirtschaftspolitik.

Der sozialen Marktwirtschaft geht es aber nicht nur darum, den Wettbewerb zu sichern. Ein gut funktionierender Wettbewerb soll eine solide Grundlage für eine wirksame Sozialpolitik (staatliche Umverteilung der Einkommen in Form von Subventionen,
Wohnungsbauzuschüssen und sonstigen Sozialhilfeleistungen) sein.
Die gegenwärtige Sozialpolitik der sozialen Marktwirtschaft unterscheidet sich von früheren sozialpolitischen Eingriffen des Staates nicht durch ihre Ziele, sondern durch die
Mittel, die sie zum Durchsetzen der Zielvorstellungen einsetzen will. So erweist sich
eine Preissubventionierung mit der damit verbundenen Blockierung der Marktkräfte auf
lange Sicht als Nachteil für die breiten Schichten der Bevölkerung. Deshalb will die soziale Marktwirtschaft den sozialen Fortschritt nur über solche Maßnahmen erreichen,
die den Marktmechanismus nicht stören oder gar ausschalten, d. h. sie will ihre Ziele
über **marktkonforme Maßnahmen** erreichen, die den sozialen Zweck sichern, den
Markt aber als Lenkungsinstrument in seiner Wirksamkeit und Funktionstüchtigkeit erhalten.

In Grenzfällen mag der Begriff „marktkonform" schwer zu bestimmen sein, aber für eine auf praktische Brauchbarkeit abzielende Wirtschaftspolitik kann er zur Kennzeichnung derjenigen Maßnahmen staatlicher Lenkungsmaßnahmen genügen, die Rücksicht auf die Handlungsfähigkeit des Marktes nehmen.

So ist etwa ein allgemeiner Mietstopp marktinkonform, weil er den Wohnungsmarkt als Ganzes erfaßt, ohne die Leistungsfähigkeit der einzelnen Nachfrager zu berücksichtigen. Ein System von individuellen Mietbeihilfen für bedürftige Familien ist dagegen marktkonform, da es den Marktmechanismus auf dem Wohnungsmarkt grundsätzlich nicht außer Kraft setzt.

Der Markt soll das Lenkungsinstrument sein; nur dort, wo es notwendig erscheint, sollen marktkonforme Maßnahmen von seiten des Staates einen sozialen Ausgleich schaffen.

Unter dieser Voraussetzung ist auch die Frage des Wirtschaftswachstums zu sehen. Kein Vertreter der sozialen Marktwirtschaft wird bereit sein, allein den Gesetzmäßigkeiten des Marktes zu vertrauen und dabei eine Stagnation der Wirtschaft (kein wirtschaftliches Wachstum) und Massenarbeitslosigkeit als notwendig hinnehmen.

Soziale Marktwirtschaft enthält das Bekenntnis zu einer bewußten **Politik des wirtschaftlichen Wachstums.** Zwar wird eine Wachstumspolitik um jeden Preis, etwa durch stark ausgedehnte Kreditschöpfung der Zentralnotenbank, abgelehnt. Trotzdem vereinbart sich mit der Vorstellung der sozialen Marktwirtschaft eine Konjunkturpolitik, die im Rahmen marktwirtschaftlicher Bewegungsmöglichkeiten Vollbeschäftigung zu sichern sucht.

Hierbei spielen der Haushalt der Bundesregierung und die geschaffene Geldordnung eine besondere Rolle. Über die Finanzpolitik der öffentlichen Hand und die Geldpolitik der Notenbank, die die Maßnahmen der Regierung zur Sicherung des wirtschaftlichen Gleichgewichts unterstützen sollen, sind der Wirtschaftspolitik Mittel in die Hand gegeben, die die Wirtschaftsentwicklung steuern helfen. Dabei wird gleichzeitig deutlich, daß es sich bei diesen Maßnahmen nicht um unmittelbare Beeinflussung des Marktgeschehens handelt, sondern vielmehr um **mittelbare Steuerungsinstrumente,** die die wirtschaftliche Eigenbewegung aufrechterhalten sollen.

4 Wirtschaftssystem der ehemaligen DDR

Dem Wirtschaftssystem der ehemaligen DDR lagen die Grundgedanken des Marxismus zugrunde.

4.1 Ordnungspolitische Grundeinstellung

Seit der Festigung des Machtapparates der SED beherrschte die ökonomische Lehre des Neomarxismus oder des Marxismus-Leninismus die Wirtschaft in Mitteldeutschland. Diese wirtschaftliche Auffassung läßt sich als **Zentralverwaltungswirtschaft** mit **relativer Konsumfreiheit** charakterisieren. Die Sozialisierung hatte das Ziel der völligen Enteignung privatwirtschaftlicher Betriebe in allen Wirtschaftsbereichen, um die Form staatlicher oder genossenschaftlicher Produktion mit zentraler Planung und Lenkung durchführen zu können.

Die Überführung der Produktionsmittel in kollektives Eigentum fand ihren Ausdruck in den sogenannten Sequesterbefehlen der Sowjetischen Militäradministration (SMA) in Deutschland. Zahlreiche Unternehmungen wurden sowjetische Aktiengesellschaften (SAG), die erst 1953 den deutschen Behörden zurückgegeben und von diesen in **Volkseigene Betriebe (VEB)** umbenannt wurden. Auch der gesamte Handel wurde seit 1948 in den staatlichen **Handelsorganisationen (HO)** zusammengefaßt. Ebenso zielstrebig wurde die Verstaatlichung des Handwerks betrieben; Handwerker mußten sich gegen ihren Willen in den **Produktionsgenossenschaften des Handwerks (PGH)** zusammenschließen. Die Kollektivierung der Landwirtschaft begann schon 1945 mit der Bodenreform, die zur Bildung volkseigener Güter führte, und setzte sich in späteren Jahren fort. Der stufenweise Übergang zur sozialistischen Großproduktion fand seinen Abschluß im Jahre 1960 mit der Zwangskollektivierung des selbständigen Bauernstandes. Seitdem ist die landwirtschaftliche Erzeugung ausschließlich in den Händen **landwirtschaftlicher Produktionsgenossenschaften (LPG).**

Nach der Ideologie des Neomarxismus wurde die Wirtschaft als ein in die Zukunft hinein exakt bestimmbarer Mechanismus angesehen. Nicht zufällig bezeichnete Lenin die Wirtschaft als eine „einzige große Maschine". Dieser Glaube ist mit dem Zusammenbruch des Wirtschaftssystems der ehemaligen DDR gründlich widerlegt worden.

4.2 Grundzüge des Systems staatlicher Planung

Verantwortlich für die Planung des arbeitsteiligen Gesamtprozesses war eine **staatliche Plankommission,** die ihre Weisungen von der politischen Führung erhielt. Die politische Führung entschied darüber, welchen Zielen der Lebensgestaltung die gesamte Volkswirtschaft dienen sollte. Der staatlichen Plankommission zu- und untergeordnet war eine die ganze Wirtschaft umfassende Organisation, deren Aufgabe es war, die Daten der Planung zu beschaffen und für die Durchführung der zentralen Pläne zu sorgen.

Es wurde eine **Einheitsplanperiode** festgelegt, auf die hin alle wirtschaftlichen Vorgänge zu planen waren. In allen Ländern des Ostblocks wird die Wirtschaft nach Jahresplänen (Kalenderjahr) gelenkt. Die für fünf, sieben, zehn, fünfzehn Jahre oder eine noch längere Frist aufgestellten Pläne dienten zu einem nicht geringen Teil propagandistischen Zwecken. Ökonomisch waren es meist mehr oder weniger grobe Projekte der technischen oder ökonomischen Entwicklung, die oft nur Teilbereiche der Wirtschaft umfaßten.

Die **staatliche Wirtschaftsplanung** der DDR war in einen zentral- und einen bezirksgeleiteten Teil gegliedert. Der zentralgeleitete Teil umfaßte vor allem jene Wirtschaftszweige, die der politischen Führung besonders wichtig erschienen; es handelte sich ausschließlich um staatseigene Betriebe (VEB), die über die Vereinigungen volkseigener Betriebe (VVB) der staatlichen Plankommission unterstanden. Gegenstand des bezirksgeleiteten Plans waren vornehmlich Güter des örtlichen Bedarfs, aber auch Massenprodukte und Zulieferungsgüter.

Zu den Schwächen zentraler Wirtschaftsplanung bemerkte der Wirtschaftswissenschaftler **Ota Sik**, der von 1963–1968 als Leiter einer Regierungskommission für die ökonomische Reform der Tschechoslowakei tätig war, schon lange vor dem Zusammenbruch des Wirtschaftssystems der ehemaligen DDR folgendes:

> „Es zeigt sich, daß der Markt durch eine zentrale direkte Planung nicht ersetzt werden kann; denn kein zentrales Organ in einer industriell hochentwickelten Wirtschaft kann die Produktion von Millionen von Produktarten in allen ihren Produktionszusammenhängen konkret planen. Es kann aber auch die zukünftigen Bedürfnisse in ihrer detaillierten Konkretheit nicht voraussehen ... es entstand eine derartige Ignorierung der Bedürfnisse, wie es nie zuvor in der Wirtschaft möglich war. Nur durch die Konkurrenz und die Markteinkünfte werden die Produzenten gezwungen, die Bedürfnisse des Konsumenten zu respektieren."

4.3 Zusammenbruch des Wirtschaftssystems der DDR

Die Ursachen des wirtschaftlichen Zusammenbruchs der DDR sind zunächst in den **schwerfälligen Planungsmechanismen** zu suchen. Darüber hinaus darf aber nicht übersehen werden, daß eine wesentliche Ursache für das Nichtfunktionieren der Zentralverwaltungswirtschaft der DDR im **Fehlen eines funktionierenden Geldwesens** zu suchen ist. Das Geld hatte vorwiegend nur die Funktion eines Berechtigungsscheins, um über die hergestellten Waren verfügen zu können (Anweiseschein auf das Sozialprodukt). Ihm fehlte weitgehend die in der Marktwirtschaft zentrale Funktion, Motor und Schmiermittel für die Wirtschaft zu sein.

Wenn dem Geld diese wichtigen Funktionen für den reibungslosen Ablauf einer arbeitsteiligen Wirtschaft genommen sind, kann es auch keine funktionstüchtigen Märkte für das Geld geben. Der Kapitalmarkt erfüllt in der Wirtschaft eine wichtige Ausgleichsfunktion zwischen Sparen und Investieren, zwischen Konsumverzicht und produktive Anlage des Geldkapitals zum Schaffen der Voraussetzungen für eine Steigerung der wirtschaftlichen Leistungskraft. Ein wichtiger Grund für das Scheitern des Wirtschaftssystems der ehemaligen DDR ist im **Fehlen eines funktionierenden Kapitalmarkts** zu suchen.

5 Übergang zur Marktwirtschaft

Erstmals in der Geschichte der modernen Industrieländer wurde eine Volkswirtschaft nach 45 Jahren sozialistischer Planwirtschaft **in einem Schritt** und ohne längere Vorbereitung der Menschen und der Verwaltung in die Marktwirtschaft mit einer vollkonvertiblen Währung entlassen. Das geschah zudem noch vor dem Hintergrund einer äußerst **instabilen innenpolitischen Situation** und dem **Risiko erneuter Wanderungsbewegungen** von Ost nach West.

Erstmals kam es dabei zu einer Verschmelzung von zwei Volkswirtschaften, von denen die eine zwar wesentlich kleiner, vor allem aber auch **wirtschaftlich weniger leistungsfähig** war. Die Leistungsunterschiede zwischen der Bundesrepublik Deutschland und der DDR kamen insbesondere in den unterschiedlichen Arbeitsproduktivitäten zum Ausdruck. Die **Arbeitsproduktivität** in der DDR betrug nach Schätzungen durchschnittlich rund 30% bis 35% der Arbeitsproduktivität in der Bundesrepublik Deutschland.

5.1 Staatsvertrag

Die Grundlage für den Übergang in die Soziale Marktwirtschaft war der am 1. Juli 1990 in Kraft getretene Staatsvertrag (Vertrag über die Schaffung einer Währungs-, Wirtschafts- und Sozialunion zwischen der Bundesrepublik Deutschland und der Deutschen Demokratischen Republik vom 18. Mai 1990).

Der **Staatsvertrag** enthält im einzelnen ausführliche Bestimmungen über

(1) die **Währungsunion**
(2) die **Wirtschaftsunion**
(3) die **Sozialunion** und
(4) den **Staatshaushalt** und die **Finanzen**.

Für seine inhaltliche Ausgestaltung gab es weder ein Lehrbuch noch ein theoretisches Modell als Vorbild.

Die Zielsetzungen des Vertrages sind in Artikel 1 umschrieben:

---

(1) Die Vertragsparteien errichten eine Währungs-, Wirtschafts- und Sozialunion.

(2) Die Vertragsparteien bilden beginnend mit dem 1. Juli 1990 eine Währungsunion mit einem einheitlichen Währungsgebiet und der Deutschen Mark als gemeinsamer Währung. Die Deutsche Bundesbank ist die Währungs- und Notenbank dieses Währungsgebiets. Die auf Mark der Deutschen Demokratischen Republik lautenden Verbindlichkeiten und Forderungen werden nach Maßgabe dieses Vertrags auf Deutsche Mark umgestellt.

(3) Grundlage der Wirtschaftsunion ist die Soziale Marktwirtschaft als gemeinsame Wirtschaftsordnung beider Vertragsparteien. Sie wird insbesondere bestimmt durch Privateigentum, Leistungswettbewerb, freie Preisbildung und grundsätzlich volle Freizügigkeit von Arbeit, Kapital, Gütern und Dienstleistungen; hierdurch wird die gesetzliche Zulassung besonderer Eigentumsformen für die Beteiligung der öffentlichen Hand oder anderer Rechtsträger am Wirtschaftsverkehr nicht ausgeschlossen, soweit Rechtsträger dadurch nicht diskriminiert werden. Sie trägt den Erfordernissen des Umweltschutzes Rechnung.

(4) Die Sozialunion bildet mit der Währungs- und Wirtschaftsunion eine Einheit. Sie wird insbesondere bestimmt durch eine der Sozialen Marktwirtschaft entsprechende Arbeitsrechtsordnung und ein auf den Prinzipien der Leistungsgerechtigkeit und des sozialen Ausgleichs beruhendes umfassendes System der sozialen Sicherung.

Häufig wurde bei der Einführung der Wirtschafts-, Währungs- und Sozialunion die Frage gestellt: Warum die große Eile bei der Errichtung eines gemeinsamen Währungssystems? Der Entschluß der Bundesregierung für den harten Weg der wirtschaftlichen Vereinigung war vorwiegend in dem politischen **Druck der Realität** (Anschwellen des Übersiedlerstroms und dem Wunsch der DDR-Bevölkerung nach baldiger deutscher Einheit) begründet.

Die mit der Währungsreform eingeleitete *„Schöpferische Zerstörung"* (Joseph A. Schumpeter) beseitigte viel Bestehendes. Das konnte sich nicht ohne Schwierigkeiten bei den Betroffenen vollziehen.

Der harte Weg der Währungsreform – ohne eine Phase der schrittweisen Anpassung – war und ist mit vielen Kosten und Risiken verbunden. Die Meinungen überwogen aber, die in diesem großen Schritt für Politik und Wirtschaft und jeden einzelnen Menschen eine Herausforderung und Chance sahen. In der Übertragung der alles in allem bewährten Währungs-, Wirtschafts- und Sozialordnung der Bundesrepublik wurde eine **Chance zur Freisetzung produktiver Kräfte** und zur **Entfesselung der ökomonischen Dynamik in der DDR** gesehen.

5.2 Währungsunion

Im Währungsbereich hatte am 1. Juli 1990 die D-Mark ihren Einzug gehalten. Gleichzeitig verlor die bisherige Mark der DDR ihre Gültigkeit. „Durch die Errichtung einer Währungsunion zwischen den Vertragsparteien ist die Deutsche Mark Zahlungsmittel, Rechnungseinheit und Wertaufbewahrungsmittel im gesamten Währungsgebiet." (Art. 10 (1) Staatsvertrag) Das Recht zur Ausgabe von Münzen hatte ausschließlich die Bundesrepublik Deutschland.

So erfolgte die Währungsumstellung:

● Mit Wirkung vom 1. Juli 1990 wurde die Deutsche Mark als Währung in der Deutschen Demokratischen Republik eingeführt. Die von der Deutschen Bundesbank ausgegebenen, auf Deutsche Mark lautenden Banknoten und die von der Bundesrepublik Deutschland ausgegebenen, auf Deutsche Mark oder Pfennig lautenden Bundesmünzen sind seit dem 1. Juli 1990 alleiniges gesetzliches Zahlungsmittel.

● Löhne, Gehälter, Stipendien, Renten, Mieten und Pachten sowie weitere wiederkehrende Zahlungen wurden im Verhältnis 1 zu 1 umgestellt.

● Alle anderen auf Mark der Deutschen Demokratischen Republik lautenden Forderungen und Verbindlichkeiten wurden grundsätzlich im Verhältnis 2 zu 1 auf Deutsche Mark umgestellt.

Mit der Währungsreform war die volle Verantwortung und die alleinige Zuständigkeit für die Geldpolitik von der Staatsbank der DDR auf die Deutsche Bundesbank übergegangen. Die Bundesbank richtete in Berlin eine neue vorläufige Verwaltungsstelle unter Leitung eines Mitglieds des Direktoriums ein, darüber hinaus noch 15 Filialen in den einzelnen Bezirken der DDR. Dazu wurden die Betriebsstellen der Staatsbank der Deutschen Demokratischen Republik genutzt.

Auch das gesamte Bankensystem wurde mit dem 1. Juli 1990 fundamental verändert. An die Stelle des Geldversorgungs- und Kontenverwaltungssystems der Zentralverwaltungswirtschaft trat ein marktwirtschaftliches Bankensystem mit freiem Zugang von Auslandsbanken und der Anwendung der Bankenaufsicht der Bundesrepublik, denn es gilt ein „nach privatwirtschaftlichen Grundsätzen operierendes Geschäftsbankensystem im Wettbewerb privater, genossenschaftlicher und öffentlich-rechtlicher Banken, ein **freier Geld- und Kapitalmarkt** und eine nicht mehr reglementierte Zinsbildung an den Finanzmärkten". (Art. 10 (4) Staatsvertrag)

5.3 Wirtschaftsunion

Als Wirtschaftsordnung galt in der DDR seit dem 1. Juli 1990 die **Soziale Marktwirtschaft** der Bundesrepublik Deutschland mit dem dafür erforderlichen Rechtsrahmen. Zu diesem Zweck hatte die DDR alle wichtigen **Wirtschaftsgesetze der Bundesrepublik** einschließlich der Steuergesetze übernommen, und zwar in der für die Bundesrepublik „jeweils geltenden Fassung". Darüber hinaus hatte sie alle entgegenstehenden Rechtsvorschriften einschließlich der Verfassungsvorschriften inzwischen aufgehoben.
Übergangsregelungen galten im wesentlichen nur für den Außenhandel mit den RGW-Staaten, die Landwirtschaft, den Umweltschutz und für befristete Strukturanpassungshilfen an die Unternehmen.
In einem sogenannten **Leitsätzeprotokoll** (Gemeinsames Protokoll über Leitsätze zum Staatsvertrag), dessen Formulierungen sich bewußt eng an das im Juni 1948 von Ludwig Erhard durchgesetzte Leitsätzegesetz anlehnte, verpflichtete sich die DDR zu einer für alle Bereiche geltenden marktwirtschaftlichen Politik.
Entsprechend den Leitsätzen wurde z. B. der Vorrang staatlicher Unternehmen und des öffentlichen Eigentums beseitigt und in einen **Vorrang privatwirtschaftlicher Betätigung** verändert. Planvorgaben wurden ebenso abgeschafft wie die Preisreglementierung, sofern diese nicht aus zwingenden Gründen vorerst beibehalten werden mußten. Die bisherigen sog. volkseigenen Unternehmen und Kombinate wurden verselbständigt, wettbewerblich strukturiert und in Kapitalgesellschaften transformiert, deren Anteile von der Treuhandanstalt mit dem Ziel der Privatisierung übernommen wurden.

Kernsätze der Leitsätze zur Wirtschaftsordnung waren:

„Wirtschaftliche Leistungen sollen vorrangig privatwirtschaftlich und im **Wettbewerb** erbracht werden."

„Die **Vertragsfreiheit** wird gewährleistet. In die Freiheit der wirtschaftlichen Betätigung darf nur so wenig wie möglich eingegriffen werden."

„Unternehmerische **Entscheidungen sind frei von Planvorgaben** (zum Beispiel im Hinblick auf Produktion, Bezüge, Lieferungen, Investitionen, Arbeitsverhältnisse, Preise und Gewinnverwendung)."

„Die **Preisbildung ist frei**, sofern nicht aus zwingenden gesamtwirtschaftlichen Gründen Preise staatlich fesgesetzt werden."

„Die Freiheit des Erwerbs, der Verfügung und der Nutzung von Grund und Boden und sonstiger **Produktionsmittel** wird für wirtschaftliche Tätigkeit gewährleistet."

Im Übergang zur Marktwirtschaft wurden ca. 8000 „volkseigene Betriebe" (VEB) und Kombinate privatisiert und je nach Wirtschaftlichkeit in **„marktfähige Unternehmun-**

gen", d.h. wirtschaftlich überlebensfähige Kapitalgesellschaften (AG, GmbH, KG) umgewandelt. Mit dieser Aufgabe hatte die DDR-Volkskammer durch das Gesetz zur Privatisierung und Reorganisation des volkseigenen Vermögens (Treuhandgesetz) vom 17. Juni 1990 die Treuhandanstalt betraut.

Die Treuhandanstalt wurde **Inhaber der Anteile der Kapitalgesellschaften**, die durch Umwandlung der volkseigenen Kombinate, Betriebe, Einrichtungen und sonstiger juristisch selbständigen Wirtschaftseinheiten entstanden oder bis zum Inkrafttreten des Treuhandgesetzes bereits entstanden waren.

Die Treuhandanstalt sollte bei der Sanierung und Förderung der DDR-Wirtschaft die zentrale Rolle spielen. Sie sollte die **Strukturanpassung der Wirtschaft** an die Erfordernisse des Marktes gestalten helfen. Durch zweckmäßige Entflechtung von Unternehmensstrukturen sollten marktfähige Unternehmen und eine effiziente Wirtschaftsstruktur entstehen.

Da der Treuhandanstalt bis auf wenige Ausnahmen die gesamte Industrie der DDR unterstellt wurde, war sie derzeit **eine der größten Industrieholdings in der Welt**.

Die unmittelbare Aufgabe der Treuhandanstalt war es, den Betrieben in der DDR „im Vorgriff auf künftige Privatisierungserlöse" bei Bedarf **kurzfristig Kredite** zu geben. Die Treuhandanstalt konnte auch für Kredite bürgen, die die neuen Kapitalgesellschaften von sich aus bei den Geschäftsbanken in der Bundesrepublik oder in der DDR aufnahmen.

Untergeordnete Treuhandgesellschaften sollten dafür sorgen, daß die Zentrale in Ost-Berlin flexibel auf einzelne Branchen reagieren konnte. Die Berliner Zentrale ordnete „nach Zweckmäßigkeitsgesichtspunkten" den einzelnen Treuhand-AG's die Beteiligung an bestimmten Aktiengesellschaften zu. In den Unternehmungen ihres Bereichs mußten dann die Treuhand-AG's „solche Strukturen schaffen, die den Bedingungen des Marktes und den Zielsetzungen der sozialen Marktwirtschaft entsprechen ... (Sie) haben dafür zu sorgen, daß die Unternehmen ihres Bereichs möglichst zügig in die Lage versetzt werden, sich über die **Geld- und Kapitalmärkte** selbst zu finanzieren."

Mitte 1994 hatte die Treuhandanstalt ihren Auftrag, die Privatisierung des gesellschaftlichen Eigentums der DDR, zum größten Teil erfüllt und wurde Ende 1994 aufgelöst. Die Restaufgaben übernahm die Bundesanstalt für vereinigungsbedingte Sonderaufgaben. Das bei Abschluß der Arbeit hinterlassene Defizit übernahm der Bund.

Die Verfügungsgewalt über **privates Eigentum** ist ein Grundelement marktwirtschaftlicher Wirtschaftsordnung. Das Privateigentum ist der **Kern jeder Auseinandersetzung zwischen Kapitalismus und Sozialismus**, sollte doch gesellschaftliches Eigentum nach Marx den „Grundwiderspruch zwischen der gesellschaftlichen Produktion und der privaten Aneignung" aufheben. Zwei junge polnische Professoren haben vor kurzem in einer interessanten Untersuchung die praktischen Ergebnisse des sozialistischen Eigentums analysiert. Sie sind dabei zu folgender Schlußfolgerung gekommen:

> „Gesellschaftliches Eigentum ist gleichbedeutend mit dem Verzicht auf freie Märkte für Kapital und Arbeit. Wenn es aber keinen Preis für Kapital gibt, dann fehlen auch die Kriterien für rationelle Investitionsentscheidungen. Es gibt kein Risikokapital und keine Unternehmer, die bereit sind, Risiken auf sich zu nehmen. Die Fehlleitung von Kapital in gigantischem Ausmaß ist dann fast unvermeidbar."

Das Bekenntnis zum Privateigentum als Motor der sozialen Marktwirtschaft erstreckt sich insbesondere auch auf Grund und Boden.

5.4 Sozialunion

Der Staatsvertrag berührte nahezu alle Bereiche der Sozialpolitik, angefangen von der Arbeitsrechtsordnung bis hin zu sämtlichen Zweigen der Sozialversicherung. Mit ihm wurden die Grundstrukturen der Arbeitsrechts- und Sozialrechtsordnung der Bundesrepublik auf die DDR übertragen. Zu den Kernelementen sozialpolitischer Regelungen gehören:

---

(1) eine **Arbeitsrechtsordnung**, die die Regeln über das Zustandekommen von Tarifverträgen unter Einschluß des Arbeitskampfrechts, Regelungen über die Betriebsverfassung und die Mitbestimmung übernimmt.

(2) die **Grundsätze der Sozialversicherung**, wonach sie in Selbstverwaltungsträgerschaft unter Rechtsaufsicht des Staates in finanzieller Unabhängigkeit vom Staat durch Beiträge der Arbeitgeber und Arbeitnehmer (Ausnahme: Arbeitgeber-Umlage zur Finanzierung der gesetzlichen Unfallversicherung) durchgeführt werden soll.

5.5 Bestimmungen über den Staatshaushalt und die Finanzen

Da die Steuereinnahmen in der DDR in der schwierigen Übergangszeit nur spärlich fließen und die öffentlichen Ausgaben zur Strukturanpassung stark ansteigen würden, hatten sich Bund und Länder der Bundesrepublik bereit erklärt, der DDR in den nächsten Jahren erhebliche Finanzhilfen zu gewähren. Diese Finanzhilfen sollten größtenteils aus dem neu gegründeten Fonds „Deutsche Einheit" aufgebracht werden. Dieser Sonderfonds sollte in den ersten viereinhalb Jahren einen Umfang von 115 Mrd. DM haben.

Diese Finanzhilfen wurden notwendig, um die Voraussetzungen und Bedingungen für die Modernisierung der Infrastruktur und die notwendige soziale Flankierung der privaten Kapitalbewegungen zu schaffen. Sie sollten nur „Hilfe zur Selbsthilfe" sein, wie es der 1. und zugleich letzte freigewählte Ministerpräsident der DDR Lothar de Maizière gesagt hatte. Er fügte hinzu: „Auf Dauer wollen wir nichts geschenkt haben. Wir wollen uns unsere Zukunft selbst erarbeiten."

Die öffentlichen Finanzhilfen sollten gleichzeitig als Solidaritätsbeitrag und Zukunftsinvestitionen betrachtet und bewertet werden. Dafür war es allerdings von entscheidender Bedeutung, daß diese Hilfen auch richtig angelegt und nicht primär für Konsumzwecke verwandt wurden.

Zudem durften die Finanzhilfen nicht zu einer Belastung des Kapitalmarktes führen. Deshalb wurden im Staatsvertrag die Grenzen der Finanzierung des Defizits im DDR-Haushalt für 1990 und 1991 festgelegt und gleichzeitig damit auch die Kapitalmarktbeanspruchung durch eigene Kreditaufnahme der DDR begrenzt. Ohne Zustimmung des Bundesministers der Finanzen konnte die DDR über diese Grenzen nicht hinausgehen.

Darüber hinaus wurde auch festgelegt, daß die am Tage des Beitritts zur Bundesrepublik Deutschland bestehenden Schulden der DDR zunächst aus dem Vermögen der Treuhandanstalt zu tilgen waren. Der verbleibende Rest sollte dann je zur Hälfte auf den Bund und die sich in der DDR neu gebildeten Länder verteilt werden.

5.6 Umweltunion

Wesentliche Umweltschutzvorschriften der Bundesrepublik Deutschland wurden mit dem Staatsvertrag vom 1. Juli 1990 auch in der DDR wirksam. Mit Inkrafttreten des Umweltrahmengesetzes der DDR wurde die Währungs-, Wirtschafts- und Sozialunion durch eine Umweltunion ergänzt.

In dem Gesetz werden sieben Bereiche genannt, in denen die DDR westliche Standards übernahm:

- Immissionsschutz,
- kerntechnische Sicherheit und Strahlenschutz,
- Wasserwirtschaft,
- Abfallwirtschaft,
- Chemikalienrecht,
- Naturschutz und Landschaftspflege sowie
- Umweltverträglichkeitsprüfung.

Wohl der wichtigste Bereich war der Immissionsschutz, für den das Gesetz sowohl Bestimmungen für die bisherigen, stark die Umwelt belastenden Altanlagen als auch Regelungen für Neuvorhaben enthält. Generell sollten für die bestehenden Altanlagen der DDR die strengen Umweltschutzbestimmungen der Bundesrepublik gelten. Da aber nach Schätzungen die nötige Umrüstung ein langwieriger und kostspieliger Prozeß ist, wurde eine Frist für die Umrüstung bis zum 1. Juli 1996 eingeräumt.

II Probleme des Übergangs

1 Historisches Experiment

Wichtiger als der Vertragsinhalt ist seine konkrete Anwendung. Noch wichtiger sind aber **die ökonomischen und politischen Wirkungen** dieses historisch einmaligen Experimentes.

Die gewaltigen Übergangsschwierigkeiten, die nach so langen Jahren der Mißwirtschaft und der Abschottung von den Weltmärkten mit einem **„Sprung ins kalte Wasser des internationalen Wettbewerbes"** verbunden sind, dürfen nicht unterschätzt werden. Das „Neue Deutschland" sprach von einem „Sprung ins eiskalte Wasser", fügte jedoch hinzu, daß es zugleich ein „Sprung von einem sinkenden Schiff" sei, womit diese ehemalige SED-Zeitung zugab, daß es keine Alternative gab.

2 Inflationsrisiko oder Liquiditätsknappheit

Risiken lagen zunächst in möglichen **Inflationsgefahren**. Dabei war es entscheidend, daß durch die Währungsumstellung der Geldmantel für die güterwirtschaftlichen Bedürfnisse der DDR richtig zugeschnitten wurde; denn jeder Geldüberhang führt zur Inflation, während eine zu knappe Geldmenge die wirtschaftlichen Aktivitäten bremst.

Mit der Bundesbank hatte jedoch eine in der Geldpolitik erfahrene und international anerkannte Zentralbank die Verantwortung übernommen. Die Bundesbank konnte und durfte die notwendige Anpassung der DDR-Wirtschaft geldpolitisch nicht mit Hilfe der Notenpresse bzw. zu Lasten der Inflation unterstützen. Nach den Berechnungen der Bundesbank sollte die Geldmenge voraussichtlich um rund 10% ansteigen, eine Größenordnung, die ungefähr dem Verhältnis des BSP zwischen der DDR und der Bundesrepublik entsprach. Doch die DDR-Bevölkerung neigte keineswegs zu dem von verschiedenen Seiten befürchteten „Konsumrausch". Und die von vielen empfohlene „Sperrung" von Konten erwies sich damit auch im nachhinein als überflüssig.

Als ein weiteres Problem erwies sich die **unzureichenden Kreditversorgung der Wirtschaft der DDR**. Die Feststellung der Kreditwürdigkeit wurde wegen fehlender Unterlagen ein unter Umständen sehr zeitraubender Prozeß, so daß es zwischenzeitlich zu Zusammenbrüchen von Unternehmungen aus Liquiditätsmangel kommen mußte. Das erschwerte und verhinderte von vornherein einen zufriedenstellenden Anpassungsprozeß der DDR-Volkswirtschaft.

3 Wettbewerbsfähigkeit und Arbeitslosigkeit

Die Probleme und Risiken des Übergangs lagen vor allem in tiefgreifenden und möglicherweise bruchartigen Anpassungszwängen der Unternehmen an die neuen Wettbewerbsbedingungen. Damit war auch das **Problem einer größeren friktionellen Arbeitslosigkeit** verbunden. Gerade bei der Arbeitslosigkeit wird jedoch die Last der Vergangenheit deutlich. Nach Schätzungen eines Forschungsinstitutes gab es in der DDR eine verdeckte Arbeitslosigkeit von rund 3 Millionen.

Die Treuhandanstalt, deren Hauptaufgabe die Privatisierung war, stand vor einer schwierigen Aufgabe. Sie sollte die **Strukturanpassung** so vollziehen, daß unnötige Arbeitslosigkeit vermieden wurde. Deshalb wurden gewisse Liquiditätshilfen für viele Unternehmen unausweichlich, um ihnen aus den ersten Anpassungsschwierigkeiten herauszuhelfen. Aber es war darauf zu achten, daß aus vorübergehenden Hilfen **keine Dauersubventionen** wurden.

Da ein erheblicher Teil der DDR-Unternehmen von der **Produktgestaltung** und von den **Kosten** her international nicht konkurrenzfähig war, mußte es zu Teilstillegungen, Umstrukturierungen und auch Entlassungen kommen. Das galt insbesondere für die Landwirtschaft, die trotz Großflächenanbau mit Arbeitskräften stark überbesetzt war und zu DDR-Zeiten ein Erzeugerpreisniveau hatte, das etwa 40–60% oberhalb des Preisniveaus der Bundesrepublik lag. Im Staatsvertrag wurden deshalb für Landwirtschaft und Industrie befristete Anpassungsprogramme und spezifische Übergangshilfen vorgesehen.

Neben Maßnahmen zur vorübergehenden Abstützung und Strukturanpassung war der Außenhandel mit den RGW-Staaten (insbesondere mit der Sowjetunion) ein besonderes Problem. Zunächst wurde der Osthandel noch auf der Basis von festen Verrechnungskursen zwischen Mark-Ost und Transferrubel abgewickelt. Ferner wurden für eine Übergangszeit im Osthandel Exporthilfen gewährt, um sowohl die legitimen Exportinteressen der RGW-Partner als auch die existentiellen Ausfuhrinteressen der DDR-Unternehmen zu schützen. Erst später ging dann auch der Osthandel über zu Weltmarktpreisen und konvertiblen Währungen.

4 Arbeitsproduktivität und Tarifpolitik

Ziel war es, die **Arbeitsproduktivität** in den neuen Bundesländern durch die Einführung der DM und den Übergang zur sozialen Marktwirtschaft deutlich zu verbessern. Um eine Steigerung der Arbeitsproduktivität zu erreichen, mußten die überzähligen Arbeitskräfte abgebaut und die Produktionsengpässe im Zuliefererbereich überwunden werden.
Entscheidend mußte es deshalb sein, daß sich der Lohnanstieg im Rahmen des Anstiegs der Arbeitsproduktivität entwickelte.
Das Lohnniveau der DDR war im Vergleich zur Bundesrepublik relativ niedrig. Deshalb erwarteten die Menschen in den neuen Bundesländern einen Anstieg ihrer Einkommen. Es war daher sowohl für die Entwicklung der Beschäftigung als auch für die Entwicklung der Arbeitslosigkeit das flexible Verhalten der **Tarifparteien** entscheidend. Die Tarifparteien standen vor der schwierigen Aufgabe, einerseits die Arbeitslosenzahlen in Grenzen zu halten und andererseits den Menschen in den neuen Bundesländern Perspektiven für eine bessere **Einkommensentwicklung** und einen höheren Lebensstandard aufzuzeigen.

5 Investitions- und Kooperationshemmnisse

Die Schwierigkeiten bei Investitionen in den neuen Bundesländern waren Anlaß heftiger Kontroversen. Der Wirtschaft wurde häufig vorgeworfen, es fehle ihr nur an Mut. Der Bundesverband der Deutschen Industrie hatte daher in einem internen Papier die Hemmnisse aufgelistet, die Investoren und kooperationswillige Unternehmen in den neuen Bundesländern vorfanden und teils noch vorfinden. Die wichtigsten Stichpunkte sind:

(1) Wirtschaftsrecht
Ungeklärte Eigentums- und Vermögensfragen; Schwierigkeiten beim Grundstückserwerb; strikte Anwendung der kartell- und fusionsrechtlichen Vorschriften nach westdeutschem Vorbild.

(2) Tarifpolitik
Nicht überschaubare Lohn- und Arbeitszeitentwicklung; nicht produktivitätsorientierte Lohnabschlüsse; Mitfinanzierung sozialer Einrichtungen (Kindergärten, Krankenhäuser, Ausbildungsstätten etc.).

(3) Arbeits- und Sozialrecht

Teilweise Weitergeltung des Rationalisierungsschutzabkommens; Einführung der Montanmitbestimmung in verschiedenen Betrieben; erweiterte Kurzarbeiterregelung (Zahlung von Kurzarbeitergeld an Belegschaften von Unternehmen, die nicht mehr überlebensfähig sind); vollständige Übernahme des Kündigungsschutzgesetzes; vollständige Übernahme des Betriebsverfassungsgesetzes einschließlich der Sozialplanregelung; Weitergeltung des Arbeitsgesetzbuches der DDR; Mindesturlaub von 20 Arbeitstagen (gegenüber Bundesrepublik 18 Tage); besondere Kündigungsvorschriften für Schwangere, stillende Mütter und Alleinerziehende, die erheblich über bundesdeutsches Recht hinausgehen; unbegrenzte Freistellung von Arbeitnehmern zur Betreuung kranker Kinder.

(4) Betriebswirtschaft

Überbewertung der Vermögenswerte; Bewertungsschwierigkeiten; fehlende Kenntnisse in Planungs-, Organisations-, Management- und Marketingtechniken; fehlende Kenntnisse in Kalkulationsmethoden.

(5) Betriebliche Probleme

Nicht wettbewerbsfähige Produkte; technologischer Rückstand; veraltete Anlagen; erhebliche Umweltbelastungen; überdimensionierter Verwaltungsapparat; überhöhter Personalbestand; geringe Arbeitsproduktivität; Unflexibilität der Kosten; undurchschaubare finanzielle Situation der DDR-Betriebe; zeitaufwendiger Umdenkungsprozeß der DDR-Manager; Zeitfaktor zwischen Planung und Realisierung von Investitionsvorhaben in der Industrie.

(6) Infrastruktur

Unzureichende Logistik-, Transport-, Kommunikations- und Verteilungssysteme; unzureichendes Verkehrs- und Telekommunikationsnetz; mangelnde Verfügbarkeit von Gewerbe- und Lagerflächen.

(7) Verwaltung

Vorherrschen der alten Denk- und Entscheidungsstrukturen; Besetzung von Schlüsselpositionen mit Funktionären des alten Regimes; undurchsichtige Verwaltungsstrukturen und fehlende Ansprechpartner in Ministerien, Ländern, Bezirken und Kommunen; bewußte Verhinderung marktwirtschaftlicher Prozesse durch alte Strukturen.

Literaturempfehlungen zum Umstellungsprozeß in der Wirtschaft der ehemaligen DDR

Arbeitsgruppe Alternative Wirtschaftspolitik (Hrsg.)
Im deutsch-deutschen Umbruch: Vorrang für sozialen und ökologischen Umbau.
Köln: PapyRossa-Verlag, 1990.
(Neue kleine Bibliothek 3)

Busch, Bertold, Gruhler, Wolfram (u. a.)
DDR. Schritte aus der Krise. 1. Teil
Königswinter: Jakob-Kaiser-Stiftung, 1990.
(Entwicklung in Deutschland. Manuskripte zur Umgestaltung in der DDR)

Klein, Werner, Paraskewopoulos, Spiridon
DDR. Schritte aus der Krise. 2. Teil.
Königswinter: Jakob-Kaiser-Stiftung, 1990.
(Entwicklung in Deutschland. Manuskripte zur Umgestaltung in der DDR).

Haffner, Friedrich
Wirtschaftliche Probleme, Neuansätze und Perspektiven der Reformen in der DDR. Konsequenzen für die Deutschlandpolitik.
Königswinter: Jakob-Kaiser-Stiftung, 1990.
(Entwicklung in Deutschland. Manuskritpe zur Umgestaltung in der DDR).

Hankel, Wilhelm
Eine Mark für Deutschland.
Bonn 1990. ISBN 3-416-02239-9

Michael Heine (u. a.) (Hrsg.)
Die Zukunft der DDR-Wirtschaft.
Reinbek bei Hamburg: Rowohlt, 1990.
(rororo. Sachbuch: 8728)

WSI Mitteilungen
Monatszeitschrift des Wirtschafts- und Sozialwissenschaftlichen Instituts des Deutschen Gewerkschaftsbundes. Hrsg. vom Wirtschafts- und Sozialwissenschaftlichen Institut des Deutschen Gewerkschaftsbundes. Schwerpunktheft DDR-BRD-Perspektiven. Köln: Bund-Verlag.

Anhang

Literaturhinweise

Aschinger, F. E., Das Währungssystem des Westens.

Brandt, K., Preistheorie.

Brandt, K., Einführung in die Volkswirtschaftslehre, Eine Vorlesung zum Verständnis wirtschaftlicher Zusammenhänge.

Bülow, F., Volkswirtschaftslehre.

Bülow, F. und Langen, H., Wörterbuch der Wirtschaft.

Burghardt, H.-D., Geld und Währung.

Carell, E., Allgemeine Volkswirtschaftslehre.

Cassel, D. u. Thieme, H.-J. u. Woll, A., Übungsbuch zu „Woll, Allg. Volkswirtschaftslehre",
Bd. 1: Grundlagen der Volkswirtschaftslehre und Mikroökonomie.
Bd. 2: Makroökonomie und Außenwirtschaftstheorie.

Dahl, D., Volkswirtschaftstheorie und Volkswirtschaftspolitik.

Dahl, D., Konjunktur und Wachstum.

Dürr, E., Probleme der Konjunkturpolitik. Mit einem Vorwort von A. Müller-Armack.

Dürr. E. (Hrsg.), Geld- und Bankpolitik.

Eucken, W., Die Grundlagen der Nationalökonomie.

Eucken, W., Grundsätze der Wirtschaftspolitik.

Falterbaum, H., Volkswirtschaftslehre.

Gäfgen, G. (Hrsg.), Grundlagen der Wirtschaftspolitik.

Gahlen, B. u. a., Volkswirtschaftslehre. Eine problemorientierte Einführung.

Giersch, H., Allgemeine Wirtschaftspolitik.

Giersch, H., Staat und Wirtschaft. Vorträge und Aufsätze zur Wirtschaftspolitik.

Haller, H., Das Problem der Geldwertstabilität.

Halm, G. N., Geld, Außenhandel und Beschäftigung.

Hankel, W., Währungspolitik.

Häuser, K., Volkswirtschaftslehre. Funk-Kolleg zum Verständnis der modernen Gesellschaft, Bd. 2.

Heertje, A., Grundbegriffe der Volkswirtschaftslehre.

Heuss, E., Grundelemente der Wirtschaftstheorie.

Hicks, J. R., Einführung in die Volkswirtschaftslehre.

Hofmann, W. (Hrsg.), Einkommenstheorie. Vom Merkantilismus bis zur Gegenwart.

Keynes, J. M., Allgemeine Theorie der Beschäftigung, des Zinses und des Geldes.

Kompendium der Volkswirtschaftslehre, Hrsg. v. Ehrlicher, W. u. a., 2 Bände.

Könnecker, W., Die Deutsche Bundesbank.

Kragh, B., Konjunkturforschung in der Praxis. Prognosen und ihre Anwendung in der Konjunkturpolitik, (rowohlts deutsche enzyklopädie, Bd. 321).

Krelle, W., Volkswirtschaftliche Gesamtrechnung.

Kromphardt, J., Wachstum und Konjunktur.

Kruse, A., Außenwirtschaft. Die internationalen Wirtschaftsbeziehungen.

Krüsselberg, H.-G., Marktwirtschaft und ökonomische Theorie. Ein Beitrag zur Theorie der Wirtschaftspolitik. Mit einem Geleitwort von Th. Wessels.

Kyrer, A., Elementare Mikro- und Makroökonomie.

Lipfert, H., Einführung in die Währungspolitik.

Lutz, F. A., Das Problem der internationalen Währungsordnung.

Mändle, E., Allgemeine Volkswirtschaftslehre I. Grundlagen, Produktions- und Markttheorie.

Mahr, A., Einführung in die Allgemeine Volkswirtschaftslehre.

Meinhold, W., Grundzüge der allgemeinen Volkswirtschaftslehre.

Meinhold, W., Volkswirtschaftspolitik. Teil 1: Theoretische Grundlagen der Allgemeinen Wirtschaftspolitik.

Ohm, H., Allgemeine Volkswirtschaftspolitik.

Ott, A. E., Einführung in die dynamische Wirtschaftstheorie.

Ott, A. E., Grundzüge der Preistheorie.

Ott, A. E., (Hrsg.), Preistheorie.

Paulsen, A., Allgemeine Volkswirtschaftslehre.

Predöhl, A., Außenwirtschaft.

Predöhl, A., Das Ende der Weltwirtschaftskrise. Eine Einführung in die Probleme der Weltwirtschaft, (rowohlts deutsche enzyklopädie, Bd. 161).

Preiser, E., Bildung und Verteilung des Volkseinkommens. Gesammelte Aufsätze zur Wirtschaftstheorie und Wirtschaftspolitik.

Preiser, E., Nationalökonomie heute. Eine Einführung in die Volkswirtschaftslehre.

Preiser, E., Politische Ökonomie im 20. Jahrhundert.

Roeper, H., Geschichte der D-Mark.

Röpke, W., Die Lehre von der Wirtschaft.

Rose, K., Theorie der Einkommensverteilung.

Rose, K., Theorie der Außenwirtschaft.

Rose, K., Grundlagen der Wachstumstheorie.

Samuelson, P. A., Volkswirtschaftslehre, Bd. 1, Bd. 2.

Sauermann, P. A., Volkswirtschaftslehre.

Schachtschabel, H.-G., Wirtschaftspolitische Konzeptionen.

Schlüter, R., Wirtschaftspolitik. Eine Einführung.

Schmölders, G., Geldpolitik.

Schmölders, G., Konjunkturen und Krisen, (rowohlts deutsche enzyklopädie, Bd. 3).

Schmölders, G., Psychologie des Geldes, (rowohlts deutsche enzyklopädie Bd. 263–265).

Schmölders, G., Gutes und schlechtes Geld.

Schneider, E., Einführung in die Wirtschaftstheorie. Teil I: Theorie des Wirtschaftskreislaufs.

Schneider, E., Einführung in die Wirtschaftstheorie. Teil II: Wirtschaftspläne und wirtschaftliches Gleichgewicht in der Volkswirtschaft.

Schneider, E., Einführung in die Wirtschaftstheorie. Teil III: Geld, Kredit, Volkseinkommen und Beschäftigung.

Schneider, E., Einführung in die Wirtschaftstheorie. Teil IV/1: Ausgewählte Kapitel der Geschichte der Wirtschaftstheorie.

Sellien, R. u. Sellien, H. (Hrsg.), Dr. Gablers Wirtschaftslexikon in zwei Bänden.

Smith, H., Wirtschaftspolitik.

Solow, R. M., Wachstumstheorie.

Stackelberg, H. v., Grundlagen der theoretischen Nationalökonomie.

Stavenhagen, G., Geschichte der Wirtschaftstheorie.

Stobbe, A., Volkswirtschaftliches Rechnungswesen.

Tinbergen, J., Wirtschaftspolitik.

Tuchtfeldt, E., Zielprobleme in der modernen Wirtschaftspolitik.

Uhl, K., Aspekte der Wirtschaftspolitik.

Veit, O., Grundriß der Währungspolitik.

Weber, A., Kurzgefaßte Volkswirtschaftspolitik.

Weber, A., Allgemeine Volkswirtschaftslehre.

Weber, H., Kompendium der Volkswirtschaftslehre.

Walter, K. u. Leistico, A., Anatomie der Wirtschaft. Eine Einführung in die Volkswirtschaftslehre.

Weber, W. (Hrsg.), Konjunktur- und Beschäftigungstheorie.

Willgerodt, H. u. a., Irrwege zur europäischen Währungsunion.

Woll, A., Allgemeine Volkswirtschaftslehre.

Zinn, K. G., Allgemeine Wirtschaftspolitik als Grundlegung einer kritischen Ökonomie.

Sachwortverzeichnis